U0497257

"十四五"职业教育国家规划教材

中国旅游客源地与目的地概况

（第五版）

Zhongguo Lüyou Keyuandi yu Mudidi Gaikuang

主　编　王昆欣　饶华清
副主编　鞠海虹

新形态教材

本书另配教学资源

中国教育出版传媒集团

高等教育出版社·北京

内容提要

本书是"十四五"职业教育国家规划教材。

随着旅游业的发展,世界各个国家和地区对中国旅游业来说,既是客源地又是目的地。本书共分7个单元,分别介绍了亚洲地区、大洋洲地区、欧洲地区、北美洲地区、非洲地区、中国港澳台地区的主要旅游客源地和目的地。每一个客源地和目的地主要从国家(地区)概况、民俗风情、主要旅游城市及旅游景点等方面做了介绍,并选配了有代表性的照片,便于认识和学习。通过学习,可较全面地了解书中介绍的旅游客源地和目的地基本情况,拓展国际化视野,提高为国内外旅游者服务的技能水平。

本书既可作为高等职业本科院校、高等职业专科院校旅游大类相关课程教材,也可作为旅游行业的岗位培训用书。

图书在版编目(CIP)数据

中国旅游客源地与目的地概况 / 王昆欣,饶华清主编. —5版. —北京:高等教育出版社,2023.8(2025.1重印)
ISBN 978-7-04-060977-6

Ⅰ.①中… Ⅱ.①王…②饶… Ⅲ.①旅游客源—中国—高等职业教育—教材②景点—概况—世界—高等职业教育—教材 Ⅳ.①F592.6②K91

中国国家版本馆 CIP 数据核字(2023)第 146967 号

| 策划编辑 | 毕颖娟 刘智豪 | 责任编辑 | 毕颖娟 刘智豪 | 封面设计 | 张文豪 | 责任印制 | 高忠富 |

出版发行	高等教育出版社	网 址	http://www.hep.edu.cn
社 址	北京市西城区德外大街4号		http://www.hep.com.cn
邮政编码	100120	网上订购	http://www.hepmall.com.cn
印 刷	上海新艺印刷有限公司		http://www.hepmall.com
开 本	787mm×1092mm 1/16		http://www.hepmall.cn
印 张	19	版 次	2023年8月第5版
字 数	475千字		2006年7月第1版
购书热线	010-58581118	印 次	2025年1月第4次印刷
咨询电话	400-810-0598	定 价	39.50元

本书如有缺页、倒页、脱页等质量问题,请到所购图书销售部门联系调换
版权所有 侵权必究
物 料 号 60977-00

第五版前言

旅游业是国际化产业，正确、客观、科学地介绍各个国家和地区的概况是十分重要的。2019年我国公民出境旅游人次达1.55亿，入境旅游人次达1.45亿，均居世界前列。随着中国公民出境人数和入境国际游客的日益增多，越来越需要正面引导中外游客了解目的地的基本情况，尊重当地的文化和民俗，避免不必要的冲突。近年来旅游业的新变化，旅游职业教育的快速发展，以及本课程的实用性、时效性等特点都要求对原教材进行修订。

本书是高职院校旅游大类专业核心课程教材，自2005年出版以来，被广泛地用作高职高专旅游类专业的教学用书，并得到了师生的好评。本书2023年入选"十四五"职业教育国家规划教材，历届版本2020年入选"十三五"职业教育国家规划教材、2012年入选"十二五"职业教育国家规划教材。

本书坚持职教特色，重点介绍了中国最主要的旅游客源地和目的地概况、民俗风情、旅游景点和线路等，将立德树人思想有效体现在教材内容中，学生通过学习，可以较全面地了解世界各地包括"一带一路"国家与地区的基本情况，扎根中国，融通中外，正确把握政治方向，科学评价目的地的概况，拓展其国际化视野，提高为国内外旅游者服务的能力。

本书主要特色如下：

1. 引领创新，兼顾考证

2005年，首次开设"中国旅游客源地和目的地概况"课程并编写教材，其后不断完善课程建设，该课程也列入旅游服务与管理专业基础课程。本书也是全国导游资格证书考试的重要参考用书。

2. 课程思政，立德树人

本书注重培养学生正确的世界观、人生观和价值观，立德树人，深入推进爱国主义教育。

3. 对接岗位，注重操作

本书对接双高建设"联盟驱动、跨界融通、技能迭代"的导游专业群人才培养模式，根据旅游行业对国际化旅游人才的需求，以案例分析、旅游线路设计等模块建构知识，注重操作，培养高素质复合型旅游服务人才。

4. 校企合作，双元开发

本书采用校企合作的编写模式，编写团队是来自全国旅游职业教育教学指导委员会和外事教育工作的专家，并与知名旅游企业浙江中青国际旅游有限公司、浙江光大国际旅游有限公司合作，既注重知识性，又突出实践教学的实用性。

5. 体例新颖，形式活泼

主要单元都设有【单元导航】【小知识】【想一想】【练一练】【案例导入】【分组研讨课题】【思考题】栏目，双色设计，重点突出，形式活泼，有利于吸引学生的学习兴趣，更好地学习相关知识。

6. 资源丰富，利教便学

本书是新形态教材，读者通过扫描书中二维码，可观看与教材内容相对应的资源，体验立体化阅读。此外，本书另配有教学课件、参考答案等教学资源，供教师教学使用。

本书修订工作得到了编者所在单位浙江旅游职业学院和北京市外事学校的领导和同事的帮助，在此深表感谢。

在本书的编写过程中，编者吸收和借鉴了有关出入境旅游研究的同类教材、著作、文章和消息报道，参阅了大量的统计资料（除去本书已注明的参考书目，恕不一一列出其他参阅资料篇目）。在此，谨向所有这些论著资料的作者表示真诚的谢意。

本书中涉及的人口等数据，因为不断变化，仅供参考。

由于编者的知识、能力和水平所限，书中仍然会有一些不足之处，期望大家批评指正。

王昆欣

2023 年 8 月

第一版前言

据中国国家旅游局统计,2004年我国入境旅游人数达1.09亿人次,国际旅游(外汇)收入达257.39亿美元,中国公民出境人数达2 880万人次。中国入境旅游人数列世界第4位,已成为亚洲第一旅游接待大国。随着全球旅游业的快速发展,国际旅游客源市场的竞争也必将更加激烈。为保持我国入境旅游的持续稳定发展,1998年国家明确把旅游业作为国民经济新的增长点来培育,为旅游业在国民经济体系中的地位进行了定位。目前,我国的旅游产业规模不断扩大,产业体系进一步健全和完善;旅游产品结构不断完善,旅游生产力配套水平明显提高;旅游行业管理逐步深化,旅游市场秩序更加规范;国际地位不断提高,国际合作日益活跃。这些为我国入境旅游的持续稳定发展创造了良好的大环境。

随着我国公民出境旅游的快速增加,世界各国高度重视中国巨大的旅游市场。截至2004年,经国务院批准的中国公民出境旅游目的地总数达到90个,已经实施的达63个。中国已成为全球出境旅游市场上增幅最快、潜力最大、影响力最为广泛的国家之一。世界上许多国家都希望成为中国公民自费出国旅游的目的地,愿意加强与中国的交流与合作。因此,不论外国元首来访,还是我国领导人出访,旅游都是双边会谈的一个重要议题。

基于上述原因,为适应新形势下旅游发展的需要,迎接中国旅游业黄金时代的到来,有必要扩大、加深旅游类专业学生的知识面和知识内容,使学生对我国主要海外客源地和出境旅游目的地的地理概况、人文历史、政治经济、民族民俗、旅游业等有一个较全面而又准确的认识和了解,为科学合理地营造旅游环境,吸引更多的海外客源打好基础,为更好地发展和拓展中国的海外旅游客源市场服务,使更多的中国公民在出境旅游中得到优质的服务,我们编写了本书。

本书针对高职旅游类专业人才培养的目标、规格及专业理论知识和基本技能要求,本着在理论基础上够用,在专业技能上实用,遵循科学性、先进性、地域性和实用性的原则编写,力求做到:知识技能实用,内容结构合理,符合职教特点,规范而有创新。

本书以培养实用型人才为指导,遵循高职学生的心理、生理特点,在学生掌握基础理论知识的基础上,进一步培养学生的综合素质。本书知识内容力求体现科学、新颖、实用,便于教师教、学生学。本书强调相关国家和民族的人文习俗和旅游状况,通过学习,使学生了解世界旅游客源市场的现状和发展趋势,了解我国入境旅游和出境旅游的总体概况,掌握我国主要海外客源地和目的地的基本情况。

本书将我国主要入境旅游客源地和出境旅游目的地的内容合并在一起,改变了以往只以客源地为内容的教材编写模式，使本书的知识结构、使用范围、读者群体更广泛。这算是我们的一种尝试。

本书的三位作者在近几年分别到亚洲、欧洲、美洲、大洋洲的10余个国家，进行学习、考察和访问，有了一些在海外的切身感受和亲身经历，而且均长期从事旅游职业教育，我们希望本书能为旅游人才的培养添砖加瓦。

本书的主要对象为高等职业教育旅游类专业的学生，也可作为旅行社、旅游景区、旅游酒店及相关旅游企业员工的培训教材。

建议该课程的教学时间为36学时，参考学时分配如下：

章 节	内 容	参考学时
第一章	绪论	4
第二章	亚洲地区的主要旅游客源地和目的地	8
第三章	大洋洲地区的主要旅游客源地和目的地	4
第四章	欧洲地区的主要旅游客源地和目的地	8
第五章	北美洲地区的主要旅游客源地和目的地	4
第六章	非洲地区的主要旅游客源地和目的地	2
第七章	中国港澳台地区的主要旅游客源地和目的地	6
总 计		36

本书的编写工作得到了作者所在院校领导和同事的帮助，编写过程中还参考引用了国内外有关文献，在此谨向大家深表感谢。

由于编者水平所限，书中的不足之处在所难免，期望广大读者批评指正。

编 者
2005年8月

目 录

001	**第一单元　绪论**	
003	主题一	世界旅游业概述
006	主题二	中国旅游客源地概述
011	主题三	中国旅游目的地概述
017	**第二单元　亚洲地区的主要旅游客源地和目的地**	
019	主题一	日本（Japan）
029	主题二	韩国（South Korea）
039	主题三	新加坡（Singapore）
048	主题四	泰国（Thailand）
058	主题五	马来西亚（Malaysia）
067	主题六	菲律宾（Philippines）
076	主题七	印度尼西亚（Indonesia）
087	**第三单元　大洋洲地区的主要旅游客源地和目的地**	
089	主题一	澳大利亚（Australia）
106	主题二	新西兰（New Zealand）
119	**第四单元　欧洲地区的主要旅游客源地和目的地**	
121	主题一	英国（United Kingdom）
131	主题二	德国（Germany）
142	主题三	法国（France）
154	主题四	瑞士（Switzerland）
165	主题五	意大利（Italy）
181	主题六	西班牙（Spain）
192	主题七	俄罗斯（Russia）

205	**第五单元**	**北美洲地区的主要旅游客源地和目的地**
207	主题一	美国（United States）
220	主题二	加拿大（Canada）

233	**第六单元**	**非洲地区的主要旅游客源地和目的地**
235	主题一	埃及（Egypt）
247	主题二	南非（South Africa）

259	**第七单元**	**中国港澳台地区的主要旅游客源地和目的地**
261	主题一	香港特别行政区（Hong Kong）
272	主题二	澳门特别行政区（Macau）
283	主题三	台湾（Taiwan）

294　**主要参考文献**

第一单元

绪　论

单元导航

本单元主要介绍世界旅游业的简况,使学习者了解世界旅游业的基本情况和发展趋势,清楚中国旅游客源地和目的地的含义,了解中国入境旅游现状与发展阶段,熟悉中国旅游客源地市场分类等,并了解中国出境旅游的现状和基本特点,了解中国旅游目的地市场概况。

主题一　世界旅游业概述

一、世界旅游业概况

随着世界经济社会的发展和人们生活水平的提高,旅游已经成为人们休闲度假、社会交往、审美娱乐的主要方式之一。旅游不再是纯粹的经济活动,而成为现代社会一种重要的社会现象,它包括人员往来、商务贸易、政治活动、文化交流、体育比赛、学术会议等多方面的内容,是一种涉及经济、政治、文化、社会、宗教和生态等各个方面的社会活动。旅游作为各国和各地区人民之间重要的社会交往活动,不仅有助于增进各国人民之间的相互了解和友谊,而且有助于促进国家、地区之间的友好联系,有助于维护国际形势的和平稳定。

随着旅游业的发展,旅游在国民经济中的作用和地位日显重要,旅游不仅给许多国家提供了大量的就业机会,而且还为它们带来丰厚的外汇收入。因此,旅游业正越来越引起各国政府的重视。

据联合国世界旅游组织(World Tourism Organization,UNWTO)统计数据表明,2019年全球旅游人数达到了15亿人次,同比增长了4%。中国的悠久历史、秀丽风光、博大精深的文化和多样化的民风民俗以及安全的旅游环境等,产生了巨大吸引力,使得2000年以来中国入境旅游者总数一直稳居世界前五位。2019年中国接待入境过夜旅游者达到了6573万人次,同比增长4.5%,继续保持全球第四大入境旅游接待国的地位。2020年以来,全球旅游业正积极寻找转型之路。

二、世界旅游业发展趋势

进入21世纪以来,随着世界政治、经济、科技的变化,世界旅游业朝着区域化、多样化、全球化、普及化、可持续化等趋势发展,但2020年以来,世界旅游业面临自1950年有记录以来最严重的一次危机。

(一) 旅游活动的区域化

长期以来,世界旅游业主要以欧洲为主体,游客流主要在欧洲的范围之内。现在,逐渐形成欧洲、亚太地区和美洲三足鼎立,其他地区快速发展的局面。2022年,全球旅游总人次达到95.7亿人次,全球旅游总收入达到4.6万亿美元。全球旅游总收入相当于GDP的比例恢复至4.8%,比2021年增长了0.7%。全球旅游总收入排名前三的区域分别是美洲、欧洲和亚太地区。2022年全球国内旅游恢复程度好于国际旅游,全球国际旅游收入增速远高于全球贸易增速,发达经济体旅游恢复表现好于新兴经济体。

旅游活动的区域化还体现在国家和地区间的区域合作,如2008年的北京奥运会和2010年的上海世博会,全面带动了中国旅游业的发展,使得中国在2010年的入境旅游人数首次超过西班牙,位居世界第三;2016年的巴西奥运会带动了美洲地区国家的旅游热;2022年卡塔尔世界杯足球赛,极大地推动了中东地区的旅游业。旅游活动的区域合作往往可以实现优势互补,资源、客源与市场共享,促进区域旅游经济的共同繁荣。

(二) 旅游方式的多样化

在旅游方式的选择上,一些国家和地区采取以"新""奇""特"取胜的战略,除一些传统旅游项目外,文化旅游、商务旅游、生态旅游、休闲旅游、探险旅游和自助旅游等特色旅游,以其新颖、别致、时代性强和内容丰富多彩等特点吸引游客,取得了很好的经济效益。另外,由于受世界经济因素影响,未来国际旅游市场的竞争必将日趋激烈。

旅游方式的多样化与旅游产品的多样性是密切相关的。由于旅游活动的普及性和娱乐性越来越强,消费者的参与也越来越多。不同的游客有不同的产品需求,有的渴望回归自然,有的向往休闲放松,有的对文物古迹感兴趣,有的对民族民俗有偏爱,等等。为适应游客的不同需求,应进一步细化产品类型,追求产品的多样性,以产品的多样性满足游客需求的多样性。

(三) 旅游经济的全球化

随着世界经济全球化,特别是信息、金融、贸易和交通等的全球化,使得世界各地的联系越来越便捷,越来越密切。在世界经济全球化的过程中,社会消费观念也发生着革命性的变化。当在基本生活得到满足之后,人们开始追求心理和精神上的需要,"读万卷书,行万里路",旅游全球化扩大了人类的视野。因此,旅游经济全球化发展的一个必然态势就是旅游人数继续增长,旅游产业持续扩大。

如何更好地开发旅游资源、吸引更多游客、增加本国的外汇收入和就业机会,已经成为各国旅游业共同面对的问题。许多国家通过颁布旅游法律法规、直接投资或减税、设立旅游发展基金、制定休假制度、实行"低门槛"入境和"低门槛"收费政策等,以保证和支持本国旅游业的健康发展。

小知识

海南国际旅游岛

2010年1月,国务院颁布了《关于推进海南国际旅游岛建设发展的若干意见》,海南国际旅游岛建设正式启动。

海南是中国最大的经济特区和唯一的热带岛屿省份。建省以来,经济社会发展取得显著成就。但由于发展起步晚、基础差,目前海南经济社会发展整体水平仍然较低,保护生态环境、调整经济结构、推动科学发展的任务十分艰巨。充分发挥海南的区位和资源优势,建设海南国际旅游岛,打造有国际竞争力的旅游胜地,是海南加快发展现代服务业,实现经济社会又好又快发展的重大举措,对中国调整优化经济结构和转变发展方式具有重要示范作用。

海南国际旅游岛主要发展战略为:

——中国旅游业改革创新的试验区。充分发挥海南的经济特区优势,积极探索,先行试验,发挥市场配置资源的基础性作用,加快体制机制创新,推动海南旅游业及相关现代服务业在改革开放和科学发展方面走在全国前列。

——世界一流的海岛休闲度假旅游目的地。充分发挥海南的区位和资源优势,按照国际通行的旅游服务标准,推进旅游要素转型升级,进一步完善旅游基础设施和服务设施,开发特色旅游产品,规范旅游市场秩序,全面提升海南旅游管理和服务水平。

——中国生态文明建设示范区。坚持生态立省、环境优先,在保护中发展,在发展中保护,推进资源节约型和环境友好型社会建设,探索人与自然和谐相处的文明发展之路,使海南成为全国人民的四季花园。

2015年6月,海南成为全国首个开展省域"多规合一"改革试点的省份,把全岛作为一个大景区来规划建设;2016年海南被确定为全国首个全域旅游创建省,享受国家旅游局推出的多项支持措施;在旅游市场整治上,海南在全国率先设立旅游法庭、旅游警察。《海南省旅游发展总体规划(2017—2030)》提出:2017—2020年基本建成国际旅游岛,将海南打造成我国旅游业改革创新试验区,创建全域旅游示范省;至2025年建成世界一流的海岛休闲度假旅游胜地;至2030年建成世界一流的国际旅游目的地。

(资料来源:国务院关于推进海南国际旅游岛建设发展的若干意见(国发〔2009〕44号),有改动。)

(四)旅游需求的普及化

随着经济社会的发展,社会财富迅速增加,个人收入提高,工作时间缩短,闲暇时间增多,旅游正从一个高端的享受型产业,发展成为人类生活的一种基本需要和消费活动。

同时,旅游业的发展也达到了一个新水平,可以较好地满足这种需求。计算机的普及以及互联网的发展,使旅游预订系统形成世界网络;交通便捷使世界大部分国家(地区)可以朝发夕至;"信用卡"和移动支付通行世界;出入境手续日益简化。这些都给游客出行提供了更为方便的条件,游客的自由度也大为增加。世界旅游业的迅猛发展,以及近年来中国"黄金周"期间旅游活动的成功实践,都是旅游需求普及化的表现。

(五)旅游发展的可持续化

在世界范围内,旅游业是一个新兴的产业,是推动世界经济发展的支柱产业,体现出勃勃生机。从第二次世界大战后到21世纪初的半个多世纪中,国际旅游活动从1950年的约2 530万人次,到2022年全球国际游客超过9亿人次,是2021年的两倍。其间,尽管它经受过多次世界性的经济萧条的冲击,以及近年来一系列自然灾害、流行病等负面影响,但仍表现出长盛不衰的走势,2023年全球旅游业将迎来强劲复苏。

旅游发展的可持续化即可持续旅游,关键在于旅游业的可持续发展。旅游业可持续发展系统是经济系统、生态系统和社会系统的交集,并涉及经济、政治、文化、生态和社会各个领域。旅游业可持续发展理念的核心在于:以旅游资源环境可持续为前提,以旅游经济持续增长为手段,以旅游地社会持续进步为目的,使旅游地社会、旅游经济与旅游资源环境系统协调发展。

旅游业复原力是指行业在生态或环境灾害后提高可持续性的一种能力。在2002年南非约翰内斯堡举行的"可持续发展世界峰会"上,瑞典提出旅游复原力的构建是各国人民共同的发展责任。2022年5月,联合国大会在纽约举行了主题为"将可持续和具有复原力的旅游业置于包容复苏的核心"专题辩论,大会通过决议,将每年的2月17日定为"旅游业复原力全球日"。2022年金砖国家领导人第十四次会晤发表宣言,提出"打造有韧性、可持续、包容的旅游业",将可持续旅游业这一话题提升到国际层面。在不断遭遇各类自然灾害和公共卫生突发事件的今天,需要以提振旅游业复原力为载体,提升旅游地可持续发展能力以加强对灾害、危机和各类不确定因素的适应和恢复能力,增强风险防范意识,增强从风险中恢复的能力,强调动态发展能力,推进可持续旅游。

主题二 中国旅游客源地概述

中国旅游客源地是指到中国内地旅游的境外人士的居住地(国家或地区)。换言之,是中国内地海外旅游客源市场,即入境旅游市场。中国内地旅游客源基本上由两部分组成:一部分是外国旅游者;另一部分是中国港澳台同胞。

一、中国入境旅游现状

改革开放以来,中国旅游业全方位向世界开放。大量国际旅游者来华观光。特别是进入 21 世纪以来,中国旅游业得到迅速发展,中国已成为世界旅游大国之一。在入境旅游方面,中国的入境过夜旅游者从 1978 年的 71.6 万人次增加到 2019 年的 6 573 万人次,旅游外汇收入也从 1978 年的 2.63 亿美元猛增到 2019 年的 1 313 亿美元。

通过表 1-1 可以看到,中国近年来入境旅游的基本情况。2000 年以来中国的入境旅游一直处于较好的发展时期,相关指标都居世界前列,中国入境旅游持续稳定增长。UNWTO 公布的全球入境过夜旅游人次十强排名,中国整体上的一个排序近十多年基本上稳定在全球的第三或者第四,能够保持相对平稳的发展。

2020 年由于全球突发公共卫生事件,国际旅游经受了前所未有的打击。2020 年以来,我国入境旅游接待规模大幅收缩,商务、留学等旅行成为支撑我国入境旅游市场的基础。2022 年全年中国接待入境游客超过 2 000 万人次。2023 年,国际旅游恢复的环境在不断好转,在相关政策的刺激下,潜在来华游客需求明显回升,伴随着"一带一路"共建国家商业活动的恢复,商务旅行会是近期和一段时间以来入境旅游恢复的主力支撑。

表 1-1 2000—2019 年以来中国入境过夜旅游人数一览表

年 份	入境过夜旅游人数人次(万)	世界排名	年 份	入境过夜旅游人数人次(万)	世界排名
2000	3 122.88	5	2010	5 566.45	3
2001	3 316.67	5	2011	5 760.00	3
2002	3 680.26	5	2012	5 772.49	3
2003	3 297.05	5	2013	5 568.59	4
2004	4 180.00	4	2014	5 562.20	4
2005	4 680.90	4	2015	5 688.57	4
2006	4 991.34	4	2016	5 927.00	4
2007	5 471.98	4	2017	6 073.84	4
2008	5 300.00	4	2018	6 290.00	4
2009	5 087.52	4	2019	6 573.00	4

(资料来源:中国旅游网,经整理。)

> **小知识**
>
> **几个重要的旅游统计数据的含义**
>
> (1) 入境过夜旅游人数：指的是过夜的国际游客，不包含一日游的入境游客数量。为什么联合国世界旅游组织要用入境过夜旅游者作为比较标准呢？主要原因是：许多国家(地区)边境之间的人员来往非常频繁，而这些人员不是旅游者。因此，国际旅游组织用入境过夜旅游者作为统计数据，在世界旅游组织公布的入境旅游人数皆指入境过夜旅游人数。
>
> (2) 中国入境旅游人数：中国在统计入境旅游人数时，包含了一日游和过夜的所有入境游客，所以中国文化和旅游部统计的方式与世界旅游组织统计的方式有差异，在本书中分别以入境旅游人数、入境过夜旅游人数来表示区别。
>
> (3) 旅游外汇收入：一个国家(地区)来过夜的国际游客的旅游收入，根据入境过夜旅游人数、入境旅游者平均停留天数、入境游客的平均花费数量统计。

从入境客源市场的结构特征来看，中国港澳台三地仍然是内地(大陆)入境旅游市场的主力，占全部市场份额的 78.01%。按入境旅游人数排序，我国主要客源市场前 20 位国家如下：缅甸、越南、韩国、俄罗斯、日本、美国、蒙古国、马来西亚、菲律宾、新加坡、印度、泰国、加拿大、澳大利亚、印度尼西亚、德国、英国、朝鲜、法国、意大利(其中缅甸、越南、蒙古国、印度、朝鲜含边境旅游人数)。"一带一路"共建国家在入境旅游市场中的活跃度正持续上升。在入境的外国游客人数中，游客来源亚洲的人数占比 75.9%，美洲占 7.7%，欧洲占 13.2%，大洋洲占 1.9%，非洲占 1.4%。

由于中国的特殊情况，中国港澳台地区的旅游者在入境旅游者中占据了重要的地位，每年都有数以千万计的旅游者到祖国大陆来观光旅游、访亲探友、商务贸易、文化交流等，因此港澳台地区也是重要的客源地。

总体上看，我国入境旅游发展态势显得十分强劲，入境旅游人数和旅游外汇收入均保持了较高的增长速度。入境旅游市场需求方面，主要旅行目的是游览观光以及休闲度假，入境旅游服务的部分短板依然存在。

智慧旅游案例

> **想一想**：中国入境旅游者人数前 15 位的国家有什么特点？

二、中国入境旅游发展阶段

1998 年国家明确把旅游业作为国民经济新的增长点来培育，为旅游业在国民经济体系中进行了定位。2009 年国务院提出："把旅游业培育成国民经济的战略性支柱产业和人民群众更加满意的现代服务业。"2011 年 3 月 30 日，国务院常务会议通过决议，自 2011 年起，每年 5 月 19 日定为"中国旅游日"。目前，我国的旅游产业规模不断扩张，产业体系进一步健全和完善；旅游产品结构不断完善，旅游生产力配套水平明显提高；旅游行业管理逐步深化，旅游市场秩序更加规范；国际地位不断提高，国际合作日益活跃，为中国入境旅游的持续稳定发展创造了良好的大环境。回顾入境旅游的发展历程，可以将中国入境旅游大致划分为三个阶段。

第一阶段(1978—1988 年)为启动高速增长阶段。改革开放的前 10 年，是中国旅游业高速发展时期,国际社会十分关注中国的现实情况,大量的境外旅游者纷至沓来。入境旅游者和外汇收入均呈现高速增长,入境过夜旅游人数从 1978 年的 71.6 万人次猛增到 1988 年的 1 236.1 万人次,外汇收入从 1978 年的 2.63 亿美元猛增到 1988 年的 22.47 亿美元,而且入境旅游人数在 1988 年首次进入世界排名前 10 位。

第二阶段(1989—1999 年)为稳步快速增长阶段。经过 10 余年的努力,中国在旅游环境、旅游接待能力、旅游交通、旅游宣传促销、旅游市场等方面均有了较快的发展,形成了良好的旅游氛围。入境过夜旅游人数达到 2 704 万人次(1999 年),是 1988 年的 2.2 倍,并首次进入世界排名前 5 名;外汇收入达到 140 亿美元(1999 年),是 1988 年的 6.3 倍,并首次进入世界排名前 10 名。

第三阶段(2000—2019 年)为持续稳定增长阶段。进入 21 世纪以来,中国的旅游业持续稳定发展。虽然中国的入境旅游在 21 世纪初经历了亚洲金融危机、"9·11"事件、"非典"疫情等政治和经济形势动荡的考验,但仍实现了持续稳定的发展。特别是成功举办了 2008 年的北京奥运会和 2010 年的上海世博会,极大地推进了中国旅游业的发展,2017 年发起成立世界旅游联盟,中国与多国互办旅游年,中国旅游国际地位和影响力大幅提升,进一步促进了中国旅游业的发展。

第四阶段(2020 年至今)为分步有序促进入境旅游阶段。在全球公共卫生事件得到有效控制的前提下,根据国内外防控形势和国际环境发展变化,在确保安全的前提下,分步有序促进入境旅游发展,建立健全国家旅游对外推广体系,讲好中国故事,丰富和提升"美丽中国"旅游形象。

> **想一想**:中国旅游在哪个阶段发生了突变,为什么?

三、中国旅游客源地市场分析

中国入境旅游市场主要的状况为:在市场结构上形成了三个系列,在数量结构上分为三级市场,在需求结构上分为三个层次。

(一) 市场结构上的三个系列

1. 洲内市场

洲内市场主要包括日本、韩国、东南亚国家等一级市场;蒙古国、中亚国家、南亚诸国,以及缅甸、老挝、朝鲜等以边境旅游为特色的二级旅游市场;中东阿拉伯地区等中远程三级市场。亚洲作为世界第一大洲,面积、人口均居世界首位,经济发展已有一定基础,很多国家(地区)又与中国有着历史、文化、地缘等方面的密切联系和便利条件,市场潜力很大。目前,洲内市场在旅华市场上发展最快,客源占来华入境外国旅游者人数的 75.9% 左右。洲内市场促销投入相对较小,回报效益较好,游客再访率较高,入境后流向分布较广,受国际意外事件影响较小。从长远看,洲内市场是我国相对稳定的主要客源市场。

2. 洲际市场

洲际市场主要包括欧洲的俄罗斯、德国、英国、法国、意大利,北美洲的美国、加拿大,大洋洲的澳大利亚、新西兰等国家的一级市场;欧洲的其他国家——瑞士、奥地利、西班牙、荷兰、比利时、瑞典、挪威、丹麦、芬兰等二级市场;距中国较远,国际交通不便的南非、南美等三级市场。其中,一级市场一直是我国国际旅游的重点客源市场;二级市场尽管来华人数较少,但发展速度较快,发展形势看好;三级市场每个国家目前旅华人数较少。英国、法国、德国、意大利、澳大利亚等传统客源国市场已经比较成熟,将会保持稳定并有一定的增长。在客源国市场排序靠后的如南美地区的一些国家,也有可能上升为中国旅游比较主要的客源国。洲际市场的游客平均花费多,停留时间长,旅华潜力很大,已占入境外国旅游者人数的24.2%以上。

3. 中国港澳台特定市场

我国港澳地区和台湾地区是中国入境旅游的特定市场。从入境人数看,这一市场占入境总数的78.01%(2019年);从旅游外汇收入看,这一市场占到旅游外汇收入总数的41%左右。该市场过往率高、再访率高,但停留时间较短。

未来我国入境旅游市场总体格局不会发生重大变化。总的趋势是:洲内市场将会有较大的增长;洲际市场在稳定中适度发展;我国港澳市场继续保持生机和活力,可能形成较大增长;我国台湾地区的发展取决于海峡两岸政治、经济关系的变化,一般会保持较大的增长。

(二) 数量结构上的三级市场

从入境旅游者数量上分析,洲内市场、洲际市场又分为三级市场。

一级市场是重点市场,主要包括日本、韩国、东南亚、西欧、北美、大洋洲、俄罗斯等。2019年,外国人入境旅游市场的规模和增速分别为3 188万人次和4.4%,规模总量同样创下历史新高,外国游客在华消费771亿美元,同比增长5.4%,保持平稳增长的良好态势,其中主要来自一级市场。

二级市场是发展中的市场,主要包括中亚诸国、南亚诸国以及与我国接壤的周边国家和北欧、中欧及西欧一些国家。"一带一路"共建国家在入境旅游市场中的活跃度正持续上升。

三级市场由于地理距离和交通条件、经贸关系等方面的限制,目前还是潜在的市场,但有可能在今后成为新兴市场。

(三) 需求结构上的三个层次

以来华入境旅游者的职业和动机等方面为标准,从需求结构上可以将入境旅游市场分为三个层次,这三个层次各自有比较突出的特点。

一是商务旅游及会展旅游市场。随着中国经济的迅速发展和进一步扩大开放,尤其是加入世界贸易组织之后,这一市场获得较快的增长,它的再访率高,消费水平高。

二是以观光和度假为主要目的的一般旅游市场。这一市场目前还采用传统的方式进行传统的旅游,但在发展过程中,将会不断有新的需求和新的方式产生。这一市场是中国入境旅游的主要对象。

三是以欧美远程国家的青年学生和周边地区、周边国家退休老人为代表的旅游市场。这一市场停留时间长但消费水平低,其中青年学生将成为未来中国旅游入境市场的主体。这一市场虽然所占份额不大,但常常会形成相当大的市场影响,他们的口碑对吸引大流量的入境旅游者会起到重要的作用,另一方面也会产生弥补市场淡季的功能。

经济发展水平也是划分客源国类型的重要依据。一方面,一个国家经济发展水平越高,它的国际旅游者的数量越多,旅游支出越大。另一方面,从全球旅游的流向、流量的空间分布规律来看,旅游者热衷于流向经济高度发达的国家(地区)。所以,凡是经济发达国家(地区),大多兼有既是旅游客源国,又是目的地国的双重职能。如何看待一个国家(地区)的经济发展水平对旅游业的影响?经济发达为旅游业奠定了重要的基础。一般情况下,经济发达地区都是主要旅游客源地。经济发达地区高度发达的生产力必然带来高额的人均国民生产总值及人均收入,这使旅游者产生的客观条件得以具备。其一是经济条件,国际上有这样的经验统计,当一国人均国民生产总值达到800~1 000美元时,居民将普遍产生国内旅游的动机;达到4 000~10 000美元时,将产生出国旅游动机。因此,旅游动机的产生与可自由支配收入多少有直接关系。其二是闲暇时间,经济发达国家于20世纪60年代开始相继推行了每周五天工作制,同时带薪休假制度也开始普及,使人们有更充裕的时间去旅游。

小知识

中国的入境旅游

入境旅游是衡量一个国家或地区旅游业综合实力和国际竞争水平的重要指标,是开放经济和现代服务业的重要组成部分,是世界旅游强国的重要标志。作为中国最早对外开放的领域,入境旅游伴随着中国旅游业的变革稳步发展,并成为改革开放初期中国获取外汇的主要途径之一。如今,入境旅游不仅成为中国国家形象展示和文化传播的重要途径,更是中国现代旅游产业体系不可或缺的一部分。

2023年下半年以来,中国持续扩大免签政策初见成效,入境游热度持续攀升,"畅游中国"更加便捷。免签政策不仅彰显了中国推进高水平对外开放、加强国际交流合作的信心,还有助于世界旅游业回暖。

虽然中国入境旅游的总体规模在不断扩张,但易受到外部不确定性因素的影响而表现出一定的波动变化特征。特别是2010年之后,入境旅游开始进入低速发展期。为提振中国入境旅游市场,推动中国入境旅游的稳定有序发展,提出如下对策建议:

第一,优化产业发展环境。入境旅游兼具创汇、外交等多重属性,未来需强化对入境旅游市场的重视程度,为入境旅游提供持续的政策与环境支持;面对国际旅游市场回暖,出台针对入境旅游经营主体复苏的政策举措,在确保安全可控的前提下有序开放入境旅游;利用境内外社交媒体平台,重塑我国"开放""健康""安全""美丽"的国际旅游目的地形象,增强境外游客来华的信心。

第二,提升产业发展韧性。面对未来的诸多不确定性,推进我国入境旅游产业体系韧性建设,加快入境旅游要素市场培育,加强入境旅游相关人才体系建设;整合要素资源,优化入境旅游消费环境,提升入境旅游服务品质,丰富入境旅游内涵,延伸入境旅游产业链条,加快形成基础厚实、开放立体的现代化入境旅游产业体系,强化入境旅游风险抵御能力。同时,培育行业增长动能。结合当前国际旅游市场新需求,依托我国丰富的自然和历史人文资源,升级入境旅游产品,特别是在文旅融合背景下,开发更新有中国底蕴、有中国文化、有中国故事的旅游产品和业态,提升入境旅游产品的文化性、体验性、品质性和多样性,打造类型丰富、结构均衡、品质突出的入境旅游产品体系,切实延长入境游客停留时间,提升入境游客消费水平,为我国入境旅游发展提供增长新动能。

第三,挖掘边境客源潜力。边境客源一直都是我国入境旅游的重要客源构成,应充分依托我国边境线长、接壤国家多、边境旅游资源丰富等得天独厚优势,开发推出边境特色旅游产品,并以"一带一路"、粤港澳大湾区、中国—东盟自贸区等国家发展战略为契机,在广西、云南、新疆、广东等省份成立边境旅游先行示范区,提升边境口岸入境旅游服务设施和智能化水平,强化边境旅游市场管理与整治,积极主动地开拓周边国家入境旅游市场,充分挖掘我国边境旅游市场客源潜力。

（资料来源：林文凯,夏会琴,胡海胜,改革开放以来中国入境旅游周期波动的阶段性变迁分析,有改动）

主题三　中国旅游目的地概述

中国旅游目的地是指中国内地旅游者到境外旅游的地方（国家或地区）。旅游目的地市场为出境旅游市场。出境旅游目的地基本上由两部分组成：一部分是其他国家和地区,另一部分是中国香港、澳门和台湾地区。

一、中国出境旅游现状

中国公民出境旅游,在20世纪80年代末悄然兴起,在90年代中期迅速发展,在90年代末期开始走向规范化。进入21世纪后,中国出境旅游业继续高速发展。

1988年,除中国香港和中国澳门地区外,泰国成为中国出境旅游的第一个目的地,中国公民出境旅游自此起步。随着对外开放的不断扩大和深化,成为中国公民旅游目的地的国家和地区不断增多。1997年中国国务院批复了由国家旅游局和公安部共同制定的《中国公民自费出国旅游管理暂行条例》,确立了出国旅游基本的管理模式和主要的规范内容,使出境旅游开始走上了规范化的轨道。出境旅游的快速的发展对旅游业提出了许多新的要求,需要规范的问题逐渐增多。为保障出国旅游者和出国旅游经营者的合法权益,《中国公民出国旅游管理办法》于2002年开始实施,这标志着中国旅游业进入了一个全面发展的新时期。

随着中国旅游业的持续快速发展和国际地位的不断提高,以及中国公民出国旅游目的地的不断增多,出境旅游发展迅猛,出境旅游人数越来越多。中国出境游市场多年保持10%（表1-2）左右的高速增长。自2004年起中国出境游人数超过日本,成为亚洲最大的客源输出国;2013年以来出境旅游人数稳居世界第一位,是全球最大的出境旅游市场。2019年受宏观经济下行影响,中国出境旅游整体增速有所放缓,2019年中国公民出境游人数达1.55亿人次,但仍较2018年实现了4.5%的增长。2020—2022年,由于全球突发公共卫生事件,出境旅游按下暂停键。2023年随着形势好转,出境游迎来又一次增长。2024年以来,出境游加速恢复,出行目的地不断增加。中国旅游研究院发布的《中国出境旅游发展年度报告（2023—2024）》显示,2023年出境旅游人数超过8700万人次。中国是全球出境旅游市场上增幅最快、潜力最大、影响力最为广泛的国家。世界各国高度重视中国巨大的旅游市场,都希望成为中国公民自费出国旅游目的地,加强与中国的交流与合作。

表1-2　　　　2001—2019年中国出境旅游人数一览表

年　份	出境旅游人数（万人次）	比上年增长（%）
2001	1 213	15.9
2002	1 660	36.8

续 表

年 份	出境旅游人数（万人次）	比上年增长（%）
2003	2 020	21.7
2004	2 880	40.0
2005	3 102	9.0
2006	3 452	10.0
2007	4 095	18.6
2008	4 583	11.9
2009	4 766	4.0
2010	5 739	20.4
2011	7 025	22.4
2012	8 318	18.4
2013	9 730	17.0
2014	10 900	12.0
2015	11 700	9.8
2016	12 200	4.3
2017	13 100	7.0
2018	14 972	14.7
2019	15 463	3.3

（资料来源：中国旅游网，经整理）

二、中国出境旅游市场的特点

中国庞大的出境旅游客源及旅游者消费潜力将进一步显现，要加强对出境游客的引导和管理，让出境游客当好中华文化的传播者和国家形象的展示者。出境旅游已成为中国居民小康生活的一个重要内容。同时，在未来的一段时间内，我国出境游将呈现出以下特点。

（一）出境旅游将继续高速发展

随着国民收入的不断增加、加入世界贸易组织后相关承诺的兑现、2008 年北京奥林匹克运动会及 2022 年北京冬季奥运会的相继举办，我国与世界的经济、贸易和文化联系更加紧密，中国公民出境旅游将会保持高速发展。

中国公民出境旅游发展迅速，主要体现在出境旅游人数大幅度增长，旅游目的地增加迅速。中国公民出境旅游从 1992 年有统计数字公布以来，2000 年首次闯过 1 000 万人次大关,2003年又闯过2 000万人次大关,2005年超过3 000万人次,2012年达到8 318万人次,同比增长18.41%。2019年中国出境旅游人数达1.55亿人次,占全球出境旅游人数的10%以上,稳居世界第一大出境旅游市场。

出境旅游目的地不断增加,1983年开始确定出境旅游目的地,到1999年只有6个,主要为东南亚国家和大洋洲国家。2000年是14个,2002年是19个,2003年增加到28个,2004年底达到90个。2019年已正式开展组团业务的出境旅游目的地国家(地区)有131个,近年来,中国游客的主要目的地为中国香港、中国澳门、泰国、日本、越南、韩国、美国、中国台湾、马来西亚、新加坡、印度尼西亚、俄罗斯和澳大利亚。由于地理位置近,语言障碍小,购物等优势突出,中国港澳台地区向来是内地游客的重要选择;东南亚国家一直是国人周边国家游的热门选择,据中国旅游研究院数据,2019年在中国(内地)出境旅游目的地前15位中,东南亚国家共占据了7席;日本和韩国,凭借高超的宣传手段、毗邻中国的地理优势以及整体旅游环境优质等因素,吸引了不少周末度假和短期旅游的游客;2018年,欧洲游占我国出境游洲际市场份额的3.83%,其中包含"一带一路"国家最多的东欧地区,位列第二位。

(二)出境旅游政策将进一步放宽

对出境旅游市场,中国的政策一向是"适度发展"。但2009年《国务院关于加快发展旅游业的意见》(国发〔2009〕41号)中提出"有序发展出境旅游",明显比以往提出了更高的期望。近几年来中国出境旅游政策的最大变动是加快了出境旅游目的地的开放步伐。1983—2003年的21年间只开放了21个国家和地区,而2004—2012年,在不到9年的时间里就增加到了146个国家和地区。目前已正式开展组团业务的出境旅游目的地国家(地区)有131个,中国在国际贸易中长期的顺差也推动了出境旅游的发展,国家的相关政策也支持出境旅游的发展。随着中国旅游业近年来的快速发展,目前,中国国内旅游市场规模居全球第一位,接待入境旅游人数居全球第四位,公民出境旅游和消费居全球第一位。2013年10月1日,《旅游法》开始施行。《旅游法》有利于行业整体规范有序健康发展,使消费者的旅行体验和旅游质量得到保障。旅游法从国家层面来立法,以保障旅游者和旅游经营者的合法权益为宗旨,明确各方权利、责任,旅游者和经营者的维权、政府部门的监管执法都将有明确的法律依据。中国旅游业从此进入依法治理、依法维权的新时代。2021年,国务院印发《"十四五"旅游业发展规划》,《规划》指出,在全球公共卫生突发事件得到有效控制前提下分步有序促进入境旅游、稳步发展出境旅游。

(三)出境旅游人均花费较高

2019年中国继续蝉联全球最大出境游客源国这一位置,而且继续保持泰国、日本、中国香港、中国澳门、中国台湾、越南、新加坡、印尼、俄罗斯、柬埔寨、澳大利亚、菲律宾等国家和地区第一大入境旅游客源地的地位。从旅游花费来看,2018年人均消费2 971美元,较上年的人均消费2 586美元增长了14.9%,远高于欧洲来华游客1 953美元的人均消费。游客在目的地期间用于餐饮、文化娱乐、住宿消费等承载美好生活品质的项目获得了快速增长,与此同时,用于购物的支出和参团费用则有一定幅度的下降。中国游客在文化娱乐上的需求正不断提高,博物馆旅游开始走红。卢浮宫、大都会艺术博物馆、中途岛号航空母舰博物馆、新加坡国家博物馆、吴哥国家博物馆等备受中国游客青睐,这是消费理性和市场成熟的体现。

1 小知识

一带一路,旅游先行

自从 2013 年中国提出共建"一带一路"倡议以来,与以对话协商、共建共享、合作共赢和交流互鉴为特征的共建国家旅游交往密切,市场规模巨大,合作成效显著。

"一带一路"连接了全球主要旅游客源地与目的地。"一带一路"共建国家旅游资源丰富,拥有近 500 项世界自然和文化遗产,该区域国际旅游总量占全球旅游 70% 以上。泰国、新加坡等东南亚国家一直是中国游客出境游的热门目的地。随着"一带一路"交往的深入,塞尔维亚、罗马尼亚、斯洛文尼亚等中东欧国家,近几年也吸引着越来越多的中国游客。旅行社目前已推出覆盖"一带一路"共建国家 90% 以上旅游目的地的产品,既有体现中亚、中东非、俄罗斯、中东欧等国家的历史人文遗产,也有感受海上丝绸之路的海岛风光和雨林奥秘,均受到游客的喜爱。游客在感受壮美自然风光、体验深厚文明传承的同时,更好地理解世界文明的多样。

中国游客到"一带一路"共建国家的出境游,由 2013 年的 1 549 万人次增长到 2017 年的 2 741 万人次,5 年间增长 77%,年均增速达 15.34%。中国是诸多"一带一路"共建国家的重要旅游客源国。中国不仅成为泰国、日本、韩国、越南、柬埔寨、俄罗斯、马尔代夫、印尼、南非等国家的第一大入境旅游客源地,而且在这些国家国际游客中的占比最高达 30%。

"一带一路"倡议提出以来,沿线国家旅游交流合作明显增多,旅游往来规模不断提升,社会经济效益不断凸显。互联互通,旅游先通,"一带一路"让更多的中国游客走出国门,向世界展示现代中国的文化和风采,文化交流成为旅行潮流,旅游成为"一带一路"共建国家民心相通的纽带和桥梁。

(资料来源:"一带一路"带火沿线游,人民日报海外版,有改动)

(四)出境旅游仍处在发展期

中国出境旅游发展迅速,但仍然处于初级阶段,远远没有发展到成熟的阶段。其表现是,出境旅游人数占国民总人口的比重还相当低,长距离旅游人数比重低,以周边旅游为主,走马观花式的观光旅游为主,虽然消费水平不低,但存在非理性消费和长期积累的一种表现,它会随着出境旅游的普及而调整。2019 年中国出境游市场规模达到 1.55 亿人次,比 2018 年同比增长了 3.3%。出境游客境外消费超过 1 338 亿美元,增速超过 2%,成为世界旅游经济繁荣与增长日渐重要的基础市场。中国出境旅游的持续发展不仅让中国游客看见了美丽世界,也为世界旅游业的增长作出了巨大的贡献。

目前中国出境旅游的主要表征是:
(1) 旅游形式——以观光游览为主;
(2) 出境方式——以旅行社组团为主;
(3) 旅游目的地——以周边国家和地区为主;
(4) 消费形式——以购物消费为主。

(五)出境旅游产品更加丰富

随着旅游目的地的增多和游客出游频率的增加,以及旅游者对个性化产品需求的增加,多样化的旅游线路不断涌现,个性化特色产品逐渐流行起来。

目前,旅游产品开始精细化,大众产品主题化,长距离产品多国化,旅游经历特色化。旅游形式发展为自由行。像德国、尼泊尔这些国家已经开始自由行,港澳自由行已在全国 49

个城市开放,台湾自由行也在北京、上海、厦门开展,更多的自助游产品也不断推出。

以泰国游为例,过去游客常去的只有曼谷和芭提雅等几个景点,现在"超凡泰国"等种类繁多的泰国游线路不下20种,涉及了清莱、清迈、桂河和普吉岛等旅游城市。

到巴黎购物、到北海道滑雪和泡温泉、到非洲观赏野生动物,这些"一地游"项目为追求个性化的消费者提供了更多选择;芬兰的"圣诞老人之旅"在众多的欧洲游线路中颇受游客的青睐;一些韩国电视连续剧在中国播出后,激发了中国游客对韩国的兴趣;休闲旅游也逐渐成出境游的一道新风景线,人们不再到人多的地方去扎堆,而是到风景秀丽的瑞士、芬兰找一僻静之处,舒适地休息几天,休养身体,到大自然里去沐浴雨露、陶冶情操。

许多国家开始推进"深度旅游"概念和产品,为中高端旅游消费者提供个性化的旅游产品。

随着旅游电子商务的不断发展与成熟,游客旅游经验的不断丰富以及人们对体验旅游、深度旅游的不断追求,我国越来越多的旅游者接受了出境旅游的"自由行",即通过旅行社或旅游电子商务网站预订交通、住宿,其余则旅游者自己安排,这样一种介于自助游和参团游之间的出游方式逐渐兴起。一方面"自由行"在游览过程中不受旅游团行程的约束,更加能够体会到目的地国家的风土人情;另一方面"自由行"在价格上面往往比纯自助游更具优势,因为不管是旅行社还是旅游电子商务网站,通过他们都比消费者自己预订的价格要低很多。一些国内外航空公司在其官网上会不定期推出特价机票甚至免费机票,这对人们的出境纯自助游也有着很大的吸引力。总之,中国公民出境游方式中散客和"自由行"的比例将会逐渐增高。

> **想一想**:中国出境旅游的特点反映了什么?

三、中国旅游目的地市场分析

中国出境旅游目的地主要集中在中国港澳台地区、边境国家和东南亚国家,中国港澳台地区依然是最主要的目的地。虽然赴中国港澳台地区游客占比高于出国游客的占比,但这种差距正在逐渐缩小。日本、韩国是中国公民到国外旅游的主要目的地;东南亚国家如新加坡、泰国、马来西亚是较早向中国开放的旅游目的地,又长期以来与中国的交往密切,具有地域、语言等方面的优势,所以也是中国公民到国外旅游的主要目的地。越南、缅甸、柬埔寨都是中国的边境国家,近年来也逐步成为中国公民出国旅游的目的地。

欧洲和大洋洲地区是远程旅游重要的目的地。德国是欧盟第一个向中国公民开放的旅游目的地国家,澳大利亚、新西兰也是较早成为中国公民旅游目的地的国家,所以这些国家是中国公民远程跨洲旅游的主要旅游目的地国家。由于跨洲旅游的时间较长、消费较高,所以构成这一部分的旅游者主体是商务旅游者和高收入阶层旅游者。

在出境旅游偏好方面,有学者(包富华,2021)分析,2006—2007年中国出境旅游强偏好目的地为马来西亚、新加坡、泰国、韩国、日本、法国和俄罗斯,2008—2009年为马来西亚、韩国、日本和新加坡,2010—2011年为韩国、马来西亚、泰国和新加坡,2012—2013年为韩国、泰国和新加坡,2014—2015年为泰国、韩国、日本、美国和新加坡,2016—2017年演变为泰国、日本、韩国、越南、新加坡和美国,2018—2019年演变为越南、泰国、日本、韩国、缅甸和美国。中国出境旅游强偏好区主要位于东南亚和东亚,中国出境旅游强偏好区经历了由洲内向洲际扩散的过程;呈现出洲内洲际平衡发展的特征。

　　刺激中国公民出境旅游需求最为重要的因素之一是居民可支配收入的增加,还有闲暇时间的增多以及生活和消费方式的转变。在中国公民出境旅游的开始时期,政府的出境旅游政策一直是"合理发展"出境旅游市场——也就是说"有计划、有组织和有控制地"发展。但是,在近10年中,政府一直在逐渐放开出境旅游监管,从而导致了出境旅游需求的激增。出境旅游已成为世界上最大的民间外交活动,作为文化大国,中国出境旅游的快速发展有助于让世界更了解中国。中国应充分利用出境旅游渠道,向世界讲好中国故事。

【分组研讨课题】

　　做一个小调查:访谈曾到境外去旅游的亲属、朋友,了解他们在境外消费的情况,分析中国游客在海外的消费水平和特点,在组内进行报告。每组推选一位同学,在班内进行交流。

【思考题】

1. 分析世界旅游业发展的主要趋势。
2. 中国入境旅游市场在市场结构上、数量结构上、需求结构上有什么特点?
3. 为什么中国出境旅游连续保持了高速发展?
4. 你最想到哪个国家或地区去旅游?为什么?

第二单元

亚洲地区的主要旅游客源地和目的地

单元导航

亚洲(Asia)位于东半球的东北部,北、东、南三面分别临北冰洋、太平洋和印度洋,西濒地中海和黑海。面积为 4 400 万 km^2,约占全球陆地总面积的 29.5%,是世界上最大的洲。亚洲主要由东亚、东南亚、南亚、西亚、中亚、北亚六大部分组成,共包括 48 个国家。本章主要从国家概况、民俗风情、主要旅游城市及旅游景点等几方面,增加学习者对日本、韩国、新加坡、泰国、马来西亚、菲律宾、印度尼西亚 7 国的认识和了解。学习时,对日本、韩国、新加坡应重点掌握。

主题一 日本(Japan)

一、国家概况

案例导入

丁先生在2018年8月初向某国际旅行社预订了9月15日的赴日本北海道旅游团,并缴纳了2 000元订金,但没有签订合同。他说,旅行社经办人员说合同等具体事宜需要等护照、签证等办妥后再说,万一拒签,只收取签证费,余款可以退还。9月6日日本北海道发生6.9级地震,地震造成山体滑坡致多人下落不明后,丁先生向旅行社询问是否可以退团,被告知旅行线路不受影响。但出于对自身安全的考虑,丁先生要求取消旅行。之后旅行社表示机票已经预订,只能先退订金中的1 000元,剩余的1 000元需要等航空公司的通知才知道是否可以退。对此,丁先生觉得不合理,这1 000元该由他承担吗?

案例导读:

首先,基于日本所发生的自然灾害属我国法律规定的不可抗力事件,以及旅游合同产品不同于一般消费产品的性质,旅行业者与旅客所签订的旅游合同应视为合同目的无法实现,各旅行业者不应以航班尚在运营、旅客尚能赴日等为由,拒绝旅客退团或要求旅客支付违约金或损害赔偿金。

其次,关于旅行业者与旅客签订的旅游合同之解除事宜,应根据不同情况予以处理:① 旅游者已向旅行社缴纳定(订)金、预付款,但尚未签订正式旅游合同的,旅行社应全额退款。② 双方已经签订旅游合同,但行程尚未开始的,旅行社应将尚未实际发生的费用退还旅游者。已预订机(车)票、酒店或已经办理签证的,旅行社应积极与相关单位协商退回此类费用,并返还给旅游者;不能挽回的损失,旅行社若能提供相应证据的,由旅游者和旅行社合理分担,没有相应证据的,由旅行社承担。③ 已经出行,但是行程中断,合同无法继续履行,双方只能解除合同的,旅行社应将未发生的旅游费用退回旅游者;已经发生的费用(如未完成的行程中机票和住宿的预订费用)作为因不可抗力引起的损失,由旅行社和旅游者合理分担;这中间产生额外费用的,如:滞留某地产生的食宿费用、转换交通工具增加的费用,本着公平公正原则,双方协商解决。

(一)地理环境

1. 国土地理

日本国简称日本,位于欧亚大陆东部、太平洋西北侧,是一个呈东北—西南走向,全长约3 000 km的弧形岛国。全国由北海道、本州、四国、九州4个大岛(约占总面积95.5%)和附近约6 800多个小岛组成,其中本州岛约占国土面积的62%,是日本最重要的岛屿。日本西隔东海、黄海、朝鲜海峡、日本海,与中国、朝鲜、韩国、俄罗斯相望。国土面积37.78万 km^2。海岸线全长约3万 km。

日本是个多山的国家,山地和丘陵约占全国面积的76%。著名的富士山,海拔3 776 m,为全国最高峰,被视为日本的象征。日本多河川、湖泊。河流大多短小而湍急,最长的信浓川也不过367 km。日本集中了世界上活火山的1/10。在全国270座大小火山中,就有80多座是活火山。温泉遍布全国,数量之多堪称世界之最。它也是世界上地震最频繁的国家,全国平均每天约有 4 次地震,故被称为"火山地震之邦"。2011 年 3 月 11 日,日本发生里氏 9.0 级特大地震,并引发海啸和核电站泄漏事故。

小知识

日本的温泉

日本列岛处于环太平洋地震带上,是世界上少有的多火山地带。众多的火山为日本提供了令人心旷神怡的矿物质温泉,全国共有温泉约 1 200 处,成为温泉疗养地和开发游览观光业的重要资源。

札幌附近有那须火山带、鸟岛火山带通过,因此温泉很多。而且,不同的温泉具有不同的特色,札幌堪称温泉的宝库。日本人喜欢温泉,不仅因为温泉浴能治疗疾病,而且对消化功能也有促进作用,有益皮肤。最重要的是它能减轻因工作或生活产生的精神压力。札幌市郊的定山溪温泉、登别温泉每年都吸引了大量的游客。

2. 气候特征

日本列岛地处海洋的包围之中,属温带海洋性季风气候。国土所跨纬度较大,各地区的气候差异显著。自北向南分别属于寒温带季风气候、温带季风气候和亚热带季风气候。大部分地区四季分明,温和湿润。冬夏两季各长达数月,而处于季风交替之际的春秋季,各为两个月左右。夏秋两季多台风,6 月份多梅雨。年降水量 700~3 500 mm。

(二) 人文概况

> **问题导入**
>
> 请自己查询介绍日本的书籍或网站,填写下表:

人口		英文名称		主要城市	
民族		主要宗教		首　都	
语言		国　花		与北京时差	
货币		国　鸟		现任国家元首	

1. 历史简述

4 世纪中叶,出现统一的国家——大和国。5 世纪初,大和国发展到鼎盛时期,势力曾扩大到朝鲜半岛南部。645 年大化改新,建立起以天皇为首的中央集权制国家。12 世纪末,进入由武士阶层掌握实权的军事封建国家,史称"幕府"①时期。1868 年,日本进入明治维新时期,建立起统一的中央集权国家,恢复天皇至高无上的统治。此后,日本资本主义发展迅速,对外逐步走上侵略扩张的道路。1894 年发动甲午战争,侵占了中国的台湾和澎湖列岛;1910 年吞并朝鲜;1931 年侵占中国东三省,1937—1945 年,先后侵入中国、东南亚等国,并与美国和英国为争夺在亚洲的权益进行了太平洋战争。1945 年 8 月 15 日,日本宣布无条件投降。第二次世界大战战后初期,日本曾一度成为美国的附庸国。到 20 世纪 60 年代末,一度跃居为仅次于美国的世界经济强国。

---

① 幕府原是指将军带兵出征时处理军务的营幕,后来将军掌握全国统治权后,幕府成为最高政治机关。

2. 经济概况

日本的经济实力雄厚，是世界最主要的经济实体之一。工业是国民经济的主要支柱，其总产值约占国内生产总值的 20%，主要集中在太平洋沿岸地区。农业实行机械化商品性生产，产品主要为稻米、小麦。渔业发达，捕鱼量位居世界前茅。日本从 20 世纪 50 年代开始确立了贸易立国的发展方针。"入关"为日本的对外贸易开拓了广阔的国际市场。主要贸易对象为美国、亚洲国家和欧盟国家。近几年，日本经济保持中低速增长的态势。2019 年日本 GDP 达到 5.1 亿美元，稳居世界第三。其中，服务业占比超过 70%。汽车产业、动漫产业、新材料产业为日本的三大支柱产业。

3. 文化艺术

樱花、和服、俳句与武士、清酒、神道教一起构成了传统日本文化的两个方面——菊与刀。而茶道、花道、书道为著名的"三道"。

茶道也叫作茶汤（品茗会），是一种通过考究的奉茶礼节来体现高雅的室内传统艺术。它强调清、静、和、寂，所用工具也是经过精挑细选的。从 400 年前丰臣秀吉的茶师——千利休始创的千家流派到今日的新流派，可谓各具特色。日本人视茶道为修身养性、提高文化素养的一种手段。

花道是随着佛教从中国传入日本的。花道又称"插花"，是一种将剪下来的花草插在器皿中，使其在茶室内再现野外鲜花盛开的技法。因展示的规则和方法有所不同，花道可分成 20 多种流派。茶道和花道是日本妇女的必修课，成为其文化教养的一个方面。

佛教传入后，日本的僧侣和佛教徒学用毛笔抄录经书，故书法随之在日本开始盛行。古代日本人称书法叫"入木道"或"笔道"，直到江户时代（17 世纪），才出现"书道"这个名词。书道先驱藤原行成创立的世尊寺派在众多流派中享有最高权威。

693 年，中国的《踏歌之技》传入日本，后又有《踏摇娘》《参军戏》等相继传入，日本人民吸收了中国戏剧中的精华，很快形成了传统的日本戏剧，歌舞伎便是其中一种，它与能、人形净琉璃并称为三大国剧。到 1700 年左右，歌舞伎已形成市川团十郎系等六大派系。发展至今，歌舞伎已将音乐、舞蹈和故事融为一体，成为人们喜闻乐见的艺术形式。歌舞伎最大特征是女性角色全部由男演员扮演。其经典之作有《忠臣藏》《镜狮子》等。东京的歌舞伎座是欣赏日本传统戏剧最理想的地方。

相扑又称"国技"，是日本最受推崇的传统运动项目。它源于日本神道教的宗教仪式，人们在神殿为丰收之神举行比赛，盼望能带来好收成。相扑的发展至少已有 2 000 年的历史。相传，相扑比赛前的踩脚仪式（四顾）的目的是将场地中的恶鬼驱走，同时还起到放松肌肉的作用。场地上还要撒盐以达到净化的目的，因为神道教义认为盐能驱赶鬼魅。相扑比赛的台子为正方形，中部为直径 4.55 m 的圆圈。比赛时，两位力士束发梳髻，仅下身系一条兜带。比赛中，将对手摔倒在地或推出界外为胜。比赛在一两分钟甚至几秒钟内便能决出胜负。大力士的最高等级是"横纲"，下面是大关、关胁、小结、前颈。每年的年初、春、夏、秋举行 4 场比赛。

【练一练】

案例分析

游客小林在餐厅吃完饭，习惯性留下零钱作为小费，结果服务员很快追出来告诉他钱落下了。

为什么日本服务员不收小费？

二、民俗风情

案例导入

小陈带团在日本京都旅游,游客奇怪于日本的左行交通,对日本人都沿道路左边前行有些不习惯,就问小陈这种左行的习惯是如何形成的?世界上有哪些国家有左行的习惯?

案例导读:

全世界近76亿人口中,靠右行的"右派"约为左行的"左派"的2倍。施行"左派"的多是典型岛国和半岛、次大陆国家,如英国、日本、印度、巴基斯坦、印尼、泰国、澳大利亚、新西兰等。日本靠左行的历史缘由与英国骑士的左行习惯类似。日本武士和欧洲的骑士一样经常面临决斗,武士把长刀佩戴在身体左侧,便于自己右手拔刀。靠左行才能掩护左侧空当并方便进行攻击。武士靠左走,老百姓不敢右行冒犯,遂举国"咸于左派"。

(一) 社交礼仪

1. 礼仪特征

日本人待人接物,谦恭有礼,等级观念很深。社交场合一般行握手礼,以鞠躬礼为传统礼节。日本人将送礼看作向对方表示心意的物质体现。礼品要选择适当,中国的文房四宝、名人字画、工艺品等最受欢迎,但字画的尺寸不宜过大。赠送或接受礼物时,要用双手。中国人送礼成双,日本人却对奇数颇有好感,通常用1、3、5、7等奇数。

2. 礼仪禁忌

日本人不喜欢紫色,禁忌绿色,忌讳狐狸、獾及荷花,而喜欢樱花、乌龟和鸭子。他们忌讳数字"4"(日语发音与"死"接近)、"9"(与"苦"同音)。按日本习俗,向个人赠礼须在私下进行,不宜当众送出。礼品的包装不能草率。菊花和带有菊花图案的物品不能随意送人,因为那是皇室的标志。日文中的"梳子"的发音与"苦死"同音,因此日本人对赠送梳子有忌讳。日本人把不完整的印篆视为不吉利,因此在向日本人赠送书画印章时,应特别小心。日本人忌讳头朝北睡,因为死人停尸时都是头朝北的。

(二) 饮食文化

1. 饮食特征

饮食清淡、不油腻、精致、营养,着重视觉、味觉与器皿之搭配;善于利用当地的食材,尤其是海产类是日本料理(图2-1)又一特色。日本人喜食生鱼片。逢年过节喜吃红豆饭,以示吉祥。便当和寿司是最为常见的食物。寿司是以生鱼片、生虾、生鱼粉等为原料,配以精白米饭、醋、海鲜、辣根等,捏成饭团后食用的一种食物,种类多达数百种。吃生鱼寿司时,饮日本绿茶或清酒,别有一番风味。斟茶时以八成满为最恭敬。

2. 饮食禁忌

日本人不吃肥肉和猪内脏。招待客人用餐时,不能把饭盛得过满或带尖;当着客人的面不能一勺就将碗盛满,否则,被视为对客人不尊重;吃饭时禁忌敲饭碗,据说这是因为人们迷信敲碗声会招来饿鬼;忌讳往糕上撒盐和撕拉着吃糕;供过神灵的食品忌讳让女孩子吃,认为这样做会使女孩长大后姻缘不合。作为客人就餐时,忌讳只吃一碗就说够了,因为只吃一碗则寓意无缘;忌讳过分注意自己的服装或用手抚摸头发;在宴会上就餐时,忌讳与离得较远的人大声讲话。

图 2-1 日本料理

小知识

和 服

和服是日本人公认的礼服。它是仿照我国隋唐服饰改制的。和服不用纽扣,只用一条打结的腰带。较广泛使用的打结方法叫"太鼓结",就是在后腰打结处的腰带内垫有一个纸或布做的芯子,即和服背后的装饰品。由于打结很费事,战后又出现了备有现成结的"改良带"和"文化带"。妇女和服的款式和花色的差别是区别年龄和结婚与否的标志。例如,未婚的姑娘穿紧袖外服,已婚妇女穿宽袖外服。梳"岛田"式发型(日本式发型之一,呈钵状),穿红领衬衣的是姑娘;梳圆发髻,穿素色衬衣的是主妇。

(三)节庆风情

1. 元旦

1月1日元旦是日本最重要的节日。日本新年从12月25日开始放假,直到第二年1月5日。除夕前家家户户都要进行大扫除,并在门上挂草绳,插上橘子,门前摆上松竹梅,称为"门松",喻示健康长寿。除夕夜,一家人边吃传统的荞麦面条,边倾听除夕钟声,象征益寿延年和对幸福的祈祷。日本各寺庙从元旦的零点开始,要敲108下钟,电视和广播向全国各地转播新年钟声。钟声刚结束,人们就开始到各神社去参拜神佛,并买回护身符挂在家里,祈求新的一年幸运、吉祥。元旦早晨,一家人坐在饭桌边,以家长为中心互相恭贺新年,一起喝屠苏酒,吃杂煮(年糕汤),吃"御节料理"。元旦到1月3日称为"三贺日",全民休假。日本人辞旧岁迎新年时常举办各类"忘年会",公司、企业、机关的同事们或老同学们聚餐饮酒、联络感情。

2. 女孩节

3月3日女孩节也称"桃花节""偶人节",是祝愿女孩健康成长的节日。有女孩的家庭要设偶人架,在上面摆古装偶人,供上红、白、绿三色的菱形年糕,以及白酒和桃花。父母和亲朋会送偶人给女孩,姥姥家送的居多。祭拜完了,要带女孩出去游玩。过完这一天便将偶人收藏起来。

3. 樱花节

3月15日至4月15日为樱花节。在此期间,日本自南至北樱花次第开放。男女老幼纷纷游园赏花,饮酒跳舞,迎接春天的到来。最热闹的赏樱地在上野公园。

4. 男孩节

5月5日旧称"端午节",现为男孩子的节日。按照传统这一天,有男孩的家庭要在家中摆放武士偶人,室外悬挂布制的红、黑两色的鲤鱼旗(幡)。门上装饰辟邪的菖蒲叶,屋内挂钟馗驱鬼图,全家吃年糕或粽子。

5. 盂兰盆节

7月或8月中旬。据传说祖先的灵魂会在此时返回故乡。平时分散在各地的家人相聚一堂,在佛坛上摆上供品祭奠祖先。几十名上着花条衬衫、下面有兜裆布缠身、脚穿草鞋的大汉抬着轿子,游行队伍翩翩起舞,舞蹈动作极具民族特色。

6. 敬老节

9月的第三个星期一。旨在敬重为社会做出贡献的老人,祝福他们长寿。这一天,全国各地均要举行庆祝集会,并向老人们赠送纪念品。

7. 劳动感谢节

11月23日。此时正值收获的季节,是一个以尊重劳动、庆祝收获为宗旨的节日。也是天皇品尝新米之日。

8. 国庆日

2月23日。这一天是天皇诞辰,天皇在日本虽然已经不再被认为是神,但仍是国家的象征。

(四) 旅游纪念品

日本的旅游纪念品种类繁多,大多小巧而精致。大受游客欢迎的有:橡皮(又小又可爱,是送给小孩子的最佳礼物)、扇子(印有日本画)、袜子(大拇指分开的和五个脚趾分开的)、化妆品和笔状香水、泡澡粉末(在自家浴缸也能享受与箱根等地温泉一样的体验)、Hello Kitty商品(Hello Kitty是日本亚文化的代名词)、压缩袋(回国时可以压缩行李)、钥匙链和书签(富有日本民族特色)、浅草寺的灯笼(保佑平安)等。

【练一练】

案例分析

日语导游小刘在接待日本团队前,查阅了一下相关的材料,总结出日本游客团队意识强,遵守纪律,活动节奏快,讲礼貌;妇女对男子特别尊重;爱吃生鱼片,便当和寿司是最为常见的食物;大多数人信奉神道教和佛教等特点。还了解到他们不喜欢紫色,禁忌绿色,忌讳狐狸、獾及荷花等,觉得自己可以胜任地接的任务。

作为一个旅游接待人员,小刘还应掌握哪些知识才能带好一个日本团队?

三、主要旅游城市及旅游景点

> **案例导入**

游客王女士带着小孩在上海迪士尼乐园玩了一天又观赏了晚上璀璨的烟火秀,感觉意犹未尽,很想知道现在全球有几个迪士尼乐园?都是哪年建成的?想以后带着孩子都去玩一圈。

案例导读:

截至2021年12月底,全球共有6座迪士尼乐园度假区,分别是洛杉矶迪斯尼乐园、奥兰多迪斯尼世界、东京迪斯尼乐园、巴黎迪斯尼乐园、香港迪斯尼乐园、上海迪斯尼乐园。美国洛杉矶迪士尼乐园是第一个现代意义上的主题公园,于1955年正式启动。此后,美国奥兰多的迪士尼世界于1971年推出。这是一个老少皆宜的主题公园,也是面积最大的一个。1983年建成的东京迪士尼乐园是亚洲第一个游乐园,是仿照美国迪士尼乐园建造的,面积排名第二。1992年开业的巴黎迪士尼乐园是欧洲的第一个迪士尼,它的形状非常有趣,整个地图看起来像一只乌龟。2005年建成开放的香港迪士尼乐园是中国的第一个迪士尼乐园,也是全球最小的迪士尼乐园。上海迪士尼乐园于2016年开业,在全球迪士尼中面积排名第三。其城堡是6个迪士尼乐园中最高的。

(一) 东京(Tokyo)

东京是日本的首都,是全国政治、经济、文化和交通中心,也是世界上人口最多、最大的现代化国际城市之一。位于本州关东平原南端,东南濒临东京湾。它创建于1457年,古称江户,明治维新后,由京都迁都至此,改称东京。1943年改称东京,扩大到今日之范围。市内主要的名胜有银座、皇宫、上野公园、东京国立博物馆。银座是东京最繁华的商业区,这里有"东京的心脏"之称。从1970年8月起,禁止一切车辆通行,成为步行商业街。皇宫是天皇的起居之地,位于东京中心千代田区。明治神宫是为供奉明治天皇及昭宪皇太后而修建的神宫。上野公园是东京最大的公园,也是东京的文化中心,有"史迹和文化的宝库"之称。东京国立博物馆是日本最大的博物馆。

周恩来、鲁迅、郭沫若青年时代都曾到东京求学。1979年3月14日,东京和我国的北京市结为友好城市。

1. 富士山

富士山海拔3 776 m,是日本的最高峰,屹立于本州中南部,距东京80 km。面积为90.76 km^2,四周的剑峰、伊豆岳等8座山峰构成"富士八峰"。这座被日本人奉为"圣岳"的圆锥形火山,自781年有文字记载以来,共喷发了18次,最后一次喷发是在1707年,此后休眠至今。冬季半山腰以上均为大雪覆盖,有"玉扇倒悬东海天""富士白雪映朝阳"的赞誉。每年7、8月是登山的好季节。

2. 东京塔

东京塔位于东京市内港区,建成于1958年,高333 m,为橙白相间的棱锥体,占地2 118 m^2。它是日本最高的独立铁塔,也是东京的标志和象征。在塔的100 m处及250 m处设有特别瞭望台。

3. 东京迪士尼乐园

东京迪士尼乐园位于千叶县浦安市,距东京10 km,是日本仿造美国的迪士尼乐园修建的游乐场,堪称亚洲最大的娱乐场所,于1983年4月开放。乐园呈五角形,以童话《灰姑娘》中的古老城堡为中心,分成五个部分:"西部世界"重现美国西部拓荒时代的景象,"冒险世界"充满惊险与刺激,"奇异世界"各种童话和卡通人物齐聚于此,"世界市场"展示20世纪初的美国式建筑,"明日世界"描绘对宇宙未来的探索。2001年秋在迪士尼乐园旁边,又开放了以港口和航海为主题的东京迪士尼海乐园。

(二) 大阪(Osaka)

大阪古称浪速,又名难波,明治维新后始称大阪。它是日本的第二大城市,位于本州西南部,市内多河流,水域面积占城市总面积的10%以上,桥梁1 400座,有"水都"之美誉。

自古此地就是古都奈良和京都的门户,几代天皇均在此建都。名胜古迹主要有:奈良时代的古皇宫难波宫遗址、平安时代的大会佛寺、江户时代的丹珠庵、以"天神祭"驰名的天满宫,确定为"国宝建筑物"的住吉大社以及丰臣秀吉修建的大阪城(图2-2)等。

图2-2 大阪城

1974年大阪市与我国的上海市结为友好城市。

(三) 京都(Kyoto)

京都位于东京西南500 km,大阪东北41 km处,是著名的古都,宗教、文化中心和著名的观光城市。794年平安京城始建于京都,直至1869年迁都到东京,它一直是日本的首都,故有"千年古都"之称。现尚存1 877个寺院和神社。古城平安京的设计和建筑格式模仿唐代的洛阳城和长安城,故京都简称"洛"。

与富士山、艺伎并列为日本三大典型印象之一的——金阁寺(Kinkaku-ji)(图2-3),是足利义满于1397年打造的经典名园。它位于京都镜湖池畔,为三层楼阁,因二、三层的外墙

图2-3 金阁寺

全部用金箔贴饰而得名。到京都旅游的最佳时间是春秋两季。在岚山山麓的龟山公园内有为纪念周总理而建的"雨中岚山"诗碑(图 2-4)。

图 2-4 "雨中岚山"诗碑

京都几乎每天都有庆祝活动和例行节日,故有"祭之都"的美誉。最为热闹的是 5 月 15 日的"葵节"、7 月 17 日的"祇园节"和 10 月 23 日的"时代节"。时代节是平安神宫的祭礼,人们将京都成为首都后 1 000 多年来的风俗习惯按年代顺序列队展现,使游人能亲眼看见日本的历史画卷。

1974 年京都市与我国的西安市结为友好城市。

(四) 奈良(Nara)

奈良位于日本本州中西部,日本古都。它是中日文化交流的圣地,也是日本古代文化的发源地之一。位于西郊的平安宫遗址,仿中国唐朝长安城修建,有"小长安"之称。奈良古城 1998 年被列为世界文化遗产。

东大寺(Todaiji)(图 2-5)位于奈良杂司町,是日本佛教华严宗总寺院。金堂(大佛殿)

图 2-5 东大寺

长 57 m,宽 50 m,高 46 m,为世界上最大的木结构建筑。殿内供奉的金铜佛像——奈良大佛,总高 22 m,重 452 t,为世界第二大佛。

唐招提寺(Toshodaiji)位于奈良市西郊,是日本佛教律宗的总寺院,这座具有中国盛唐建筑风格的建筑物被确定为日本国宝。唐代高僧鉴真(688—763 年)第 6 次东渡日本后,于 759—770 年亲手建造。讲堂是当年鉴真师徒讲经之地。御影堂内供奉鉴真的干漆夹纻坐像,为日本国宝,每年只开放 3 天供人瞻仰。御影堂前东面有鉴真墓。

小知识

经典线路:北海道的北国风光

第 1 天　东京—函馆

从东京到达函馆,可以去 JR 特快车站西侧的大型早市。这个由 400 多个商店相连而成的早市,其规模之大、品种之丰富都是全岛数一数二的。在市场里填饱肚子后回到函馆车站,登上一天中可随时乘坐的"循环专线"定期观光巴士。第一站到了市北侧的五棱郭公园。它建于 1855 年,是日本最早的西式城堡遗址。接着登上了公园旁边高达 60 m 的五棱郭塔展望台。据说到了春天,约 1 700 棵樱花竞相绽放,公园变成了花的海洋。再乘巴士约 15 分钟后,在市郊的女子修道院下车。100 多年前从法国来的 8 位修女在这里创建了日本第一所特拉比斯奇奴修道院。出了修道院,巴士穿过因温泉涌量多而有名的"汤川温泉乡",沿津轻海峡的"渔火大道"疾驰。欣赏着窗外蔚蓝的海面,不知不觉就已到达函馆山麓的"元町"。这里是随着日本近代文明开化而来到日本的外国人居留地。其中最引人注目的是美式木结构建筑——原"函馆区公会堂",内部的文艺复兴式装修令人赞叹,日本天皇等要人也多次来此居住。从二楼的阳台上可远眺"元町"街区和函馆港的风景。暮色中传来冠有爱称"铛铛寺"的东正教会的钟声。乘坐 125 人的大型空中缆车,3 分钟后就可到达 334 m 山顶上的展望台,函馆的夜景美不胜收,不愧是与香港、那不勒斯并称的世界三大夜景之一。夜宿函馆。

第 2 天　函馆—札幌

早上,乘坐 JR 特快前往札幌。下车后,向象征札幌的钟台纪念馆出发。这是日本现存最古老的钟楼,当年的齿轮等主要部件仍在继续使用。钟楼内是札幌历史馆,展示着有关开拓时期的札幌和农校的历史资料。附近还有旧北海道政府大厅。它是 1888 年以美国的马萨诸塞州议会大厦为蓝本的新巴洛克式的建筑。从北海道政府大厅往南走两个街口,是有"都市绿洲"之称的大街公园。当每年 2 月上旬举行"札幌冰雪节"时,这里作为主会场陈列有多达 300 座以上的雪塑、冰雕等艺术作品。再乘地铁转巴士,可以到达 2000 年 4 月才改装开放的大仓山滑雪赛场,这里是 1972 年的冬季奥林匹克札幌赛区的 90 m 级跳台滑雪的比赛场地。在长长的斜坡上,乘坐沿减速赛道安装的双人乘坐的缆车,5 分钟就到了跳台顶部的展望室。从海拔 300 m 高处往远处眺望,札幌市全景和石狩平原一览无余。下一站是坐落在平缓丘陵地带的羊丘展望台,手指着草原的雕像是留下"年轻人要有雄心壮志"这一名言的美国教师威廉・S. 克拉克博士。而草原的另一头则是博士的学生们开拓出来的札幌市街。

再回到札幌市里时已是万家灯火。在这个大都市,除有北海道特色菜"羊肉烧烤"和海鲜外,还可吃到西餐、中餐和世界各地的菜肴,但札幌人最喜欢吃的要数面条了。在闹市薄野的一角,有一条"拉面横丁"(拉面一条街),多达 16 间面条店成排相连,已被公认为札幌一景。在这里才能吃到加有扇贝、海蟹、玉米、奶油等的正宗札幌面条。热气腾腾的面条无疑是寒冷的北国最美味的食物。夜宿札幌。

第 3 天　札幌—小樽—东京

乘坐 JR 快车从札幌来到小樽。最能反映百年前风貌的地方是小樽运河,这条全长 1 140 m 的运河是从 1914 年开始,经过 9 年岁月挖掘而成的。观光用的人力车更是增添了怀旧的气氛。可以参观由建于 1893 年的仓库改建而成的小樽市博物馆,它的附近集中了许多玻璃工艺和八音盒的小展馆、商店。从运河慢慢散步到色内本大街,这一带往日叫作"北华尔街"。一些建于 19 世纪的石造洋房被保留下来。再乘坐巴士前往小樽港湾,这一带有出售生鲜产品的市场和一块占地约 13 万 m^2 的大型商业区"麦卡路本牧",其中设有宾馆、饭店、超市、电影院,甚至还有天然温泉。北海道的葡萄酒也很有名。岛上几个有名的产地中,小樽也是其中之一。市内随处都可买到小樽产的葡萄酒。回到 JR 小樽车站,坐上了开往东京新千岁机场的 JR 快车,与美丽的北海道道别。

【练一练】

主题旅游线路设计

自 2000 年日本被国务院批准为中国公民自费出境旅游目的地国家以来,中国赴日游客增长速度很快。2019 年访日中国内地游客数量达 959 万人,占全球访日游客总数的 30%。中国不仅成为全球赴日游客中最多的国家,中国游客总消费规模也夺得第一。游客花费在"购买土特产、物品"方面的消费额较高,购入最多的为化妆品,赴日动机大都为"泡温泉"。

有一群公司白领准备赴日进行 10 天的旅游,请为这个群体设计一条有特色的深度游线路。

主题二　韩国(South Korea)

一、国家概况

> **案例导入**

小刘在奥运会颁奖礼上看到升起的韩国国旗,觉得国旗中央的圆形图案和中国的太极图案非常相似,只是颜色不同。旁边的 4 组长短杠的组合与中国的八卦也很像。他不明白韩国国旗这么设计具有怎样的内涵?您能帮助他解决心中的疑惑吗?

案例导读:

韩国国旗为太极旗,旗帜为长方形,横竖比例为 3∶2。这面旗帜是 1882 年 8 月由派往日本的使臣朴泳孝和金玉均在船上第一次绘制的,1883 年被高宗皇帝正式采纳为李氏朝鲜王朝的国旗。白色旗面代表土地。中间为太极两仪,四角为东方传统八卦符号中的四卦,代表政府。太极的圆圈代表人民,圆内上下弯鱼形两仪,上红下蓝,分别代表阳和阴,象征宇宙,是相互对立而又达成完美的和谐与平衡的两种宇宙力量的象征:火与水,昼与夜,黑暗与光明,男与女,热与冷,正与负,等等。黑色四卦中,左上角的三条整杠为乾,代表天、春、东、仁;右下角的三条断杠为坤,代表地、夏、西、义;右上角两条断杠夹一整杠为坎,代表水、日、秋、南、礼;左下角两条整杠夹一断杠为离,代表火、月、冬、北、智。整体图案意味着一切都在一个无限的范围内永恒运动、均衡和协调。

(一) 地理环境

1. 国土地理

韩国全称为大韩民国,位于亚洲东部朝鲜半岛的南半部。东、南分别隔日本海、朝鲜海峡与日本相望,北部以北纬38°线与朝鲜相邻,西隔黄海与中国相望。除与大陆相连的半岛之外,还拥有3 400多个大小岛屿。面积约为10.329万 km^2,占朝鲜半岛总面积的45%。

韩国多丘陵和平原,约70%是山区,地势比半岛北部低。韩国的河流宽、流速慢、呈现大陆性特征。主要河流有洛东江(525 km)、汉江(514 km)和锦江(401 km)等。三面环海的地理位置,使其造船业和航海术得以充分发展。

2. 气候特征

韩国位于东亚季风带,属温带季风气候。夏季炎热潮湿,冬季漫长干燥、寒冷,春秋两季相当短。6—8月雨量最多,年均降水量约为1 300～1 500 mm。

(二) 人文概况

> **问题导入**
>
> 请自己查询介绍韩国的书籍或网站,填写下表:

人口		英文名称		主要城市	
民族		主要宗教		首　　都	
语言		国　　花		与北京时差	
货币		国　　鸟		现任国家元首	

1. 历史简述

据传,散居在阿尔泰山脉的通古斯族,数千年前逐渐向东方迁移,定居于此,为韩国人的祖先。大约3 000年前传入的青铜器文化是韩国文明的起源。公元前2333年,檀君建立了韩国历史上第一个王国。公元前100年左右,朝鲜半岛上形成了高句丽、百济、新罗三国鼎立的局面。到676年,新罗定都庆州,统一三国。公元10世纪初,高丽取代新罗,"Korea"由此而来,高丽王朝取得了以青瓷和佛教繁荣为代表的文化成就。1231年蒙古人入侵高丽,高丽沦为蒙古的附庸国。1392年李氏王朝取代高丽,国号朝鲜,朝鲜早期的统治者以儒教治国。第四代国王世宗大王统治时期(1418—1450年),文化艺术空前繁荣。1897年李氏王朝改国号为"大韩帝国"。1910年沦为日本殖民地。第二次世界大战后,苏美军队对朝鲜半岛以北纬38°线为界分割占领。1948年8月15日,大韩民国宣告成立。1950年6月25日朝韩战争爆发。1953年7月,签订了停火协议。1961年朴正熙发动军事政变,开始长达18年的统治。在其统治期间,韩国经济实现持续高速增长。韩国于1991年9月17日同朝鲜一起加入联合国。

2. 经济概况

韩国经济发展迅速,曾被称为亚洲"四小龙"之一。人均国民收入超过2万美元。20世纪50年代,韩国经济从崩溃的边缘走向复苏,60年代开始推行外向型经济发展战略,70年代跻身于新兴工业国行列,80年代发展成为国际市场上颇具竞争力的国家,90年代以成为发达国家作为努力目标。在这几十年中,取得了被誉为"汉江奇迹"的经济成就;该国的高储蓄率、高投资率,以及对教育的重视,也加快了这一发展。产业以制造业和服务业为主,造船、汽车、电子、钢铁、纺织等产业的产量均进入世界前10名。大企业集团在韩国经济中举足轻重,主要有三星、现代汽车、SK、LG等。

3. 文化艺术

韩国是个具有悠久历史和灿烂文化的国家,作为东方文化的组成部分,有着鲜明的民族个性。人们将韩国文字、韩国传统服装、泡菜和烤肉、佛国寺和石窟庵、跆拳道等作为韩国文化的象征。

(1) 韩文。

大概在550年前韩国开始拥有自己的文字。虽然韩文的历史短暂,但它却具有独创性。韩语字母原为28个,现为24个。是15世纪由李氏王朝世宗大王(1418—1450年在位)创立的。每个韩文由两个字母至五个字母组成。字母按从左到右或从上到下的方式排列,每一个字代表一个音节。它既简单又具有系统性和全面性,被公认为世界上最科学的文字之一。由于韩文易于学习和书写,韩国已成为世界上读写能力比率最高的国家之一。

小知识

印刷遗产

韩国的木版印刷术始于8世纪。韩国人在1234年率先发明了金属活字印刷术,比德国古登堡的金属活字印刷术早200多年。

韩国人于13世纪雕刻了印刷《高丽大藏经》的木版,这是公认的世界上现存最古老的印刷佛经的木版,已于1995年被联合国教科文组织列入世界文化遗产。

(2) 泡菜和烤肉。

韩国人的饮食以泡菜文化为特色,一日三餐都离不开泡菜。韩国传统的烤肉、泡菜、冷面已经成为世界名菜。

韩国人吃辣泡菜的历史是从18世纪引进了辣椒之后开始的。泡菜根据不同的季节,其种类很多,但最常见的还是大白菜和小萝卜。它是热量和胆固醇低、纤维含量高的食品,与苹果相比其维生素含量更高,所以韩国人即使在冬天也可以吸取丰富的维生素C。

在韩餐中,能跟泡菜相媲美的就是烤肉。烤肉最常用的是牛肉和猪肉,其味道好坏取决于佐料。这种味道符合大众的口味,受到各国游客的欢迎。

(3) 佛国寺和石窟庵。

佛国寺是韩国最大和最精美的佛寺之一,坐落在古代新罗王国的首都——庆州。它原本是第一位信奉佛教的新罗国国王法兴王(514—540年在位)为祈求国家繁荣和平安而建造的佛寺。现在的佛国寺是751年重建的。

石窟庵坐落在佛国寺后面的山上,是一个人工开凿的石窟,被公认为世界上最精美的佛教石窟之一。它们都是韩国建筑艺术的代表作,于1995年被联合国教科文组织列入世界文化遗产名录。

（4）跆拳道。

韩国人民十分喜欢运动,民间游戏和民间体育活动的种类颇多,主要有荡秋千、踩跷跷板、放风筝等以及围棋、象棋、摔跤、跆拳道、滑雪等。跆拳道是表现韩国人刚韧性格的传统武术,也是国际上公认的一种体育运动,长期练习可达到强身健体、自卫防身的目的,现已被列入奥运会比赛项目。

小知识

假 面 剧

韩国人素以喜爱音乐和舞蹈而著称。其民族音乐又可分为"雅乐"和"民俗乐"两种。民俗乐的特色之一是配上舞蹈。韩国舞蹈非常重视舞者肩膀、胳膊的韵律。韩国的戏剧中最有代表性的是假面剧,又称"假面舞"。它是韩国民众剧的开端,产生于"朝鲜时代"。起源于人们在遇到变故、灾难的时候,为消除各种矛盾而戴着面具舞蹈的戏剧形式。由于假面剧过去是在夜间的篝火旁演出的,故面具十分夸张。

【练一练】

案例分析

地陪小金在首都机场T3航站楼接一个来自韩国釜山的20人旅游团时,为了表现自己,在接团前下了很大功夫,认真了解了每位团员的情况,他热情地与每个团员握手并准确地叫出了每个团员的名字,但是韩国团员对此颇有微词。

您知道小金哪里做得不对吗？

二、民俗风情

➢ 案例导入

为了让韩国客人深入了解北京的特色风味菜肴,地陪小李特意为客人订了风味餐——全聚德烤鸭,还建议大家一定要喝点鲜美的鸭汤,结果大多数游客并不满意。在酒宴中,小李为了表达对客人合作与支持的感谢,自己斟好酒并端起酒杯向大家祝酒,还提醒大家都把面前的酒杯斟满,令在场的客人有些不知所措。为什么小李的热情接待不被韩国游客认可呢？请说明理由。

案例导读：

北京烤鸭作为北京著名的风味菜肴,推荐给外国客人品尝本无可厚非,但推荐时一定要考虑不同国家客人的不同喜好,对于大部分韩国客人来说,这道菜品不太适合他们的口味。小李自己斟酒的行为也不符合韩国人的饮酒礼仪。韩国人聚餐饮酒时,要由服务员或主人斟酒,有一种解释说是喝了自己斟的酒有害健康,而实际上则是通过相互斟酒来表示友谊和尊重。小李应该接团之前多了解客人的饮食习惯和民风民俗,这样才能把接待工作做得周到、细致、暖心,让客人满意。

(一) 社交礼仪

1. 礼仪特征

韩国是崇尚儒教的国家,尊老是一种传统美德。路遇长辈,一般要鞠躬、问候,并给长者让路。韩国人彬彬有礼,衣着整洁。男人见面时,互相鞠躬并握手;妇女相见时,只鞠躬致意。他们崇拜太阳神,自称为太阳神的子孙,对象征太阳的白色倍加偏爱,服装以白色或浅色为多。进屋之前需要脱鞋。

韩国人的姓名大都以韩语发音的 3 个汉字组成。第一个字是姓,后面两个字是名字。也有一些韩国人用韩文替孩子取名。韩国的姓大约有 300 个,但常见的只有:金、李、朴、安、张、赵、崔、陈、韩、姜、柳和尹等十几个。妇女婚后不改姓,极少数的妇女使用夫家的姓氏。

2. 礼仪禁忌

韩国人在语音上有很多忌讳。因为韩文与中文的语音有很多联系,如"私""事""四"等字与"死"发音类似,因此对这些字都很敏感。除非在亲密的朋友之间,韩国人不直呼别人的名字。即使在兄弟姊妹之间,也不能直呼其名。

(二) 饮食文化

1. 饮食特征

韩国人主食为米饭,有时吃冷面。常见的菜肴有以肉、鱼、豆腐、蔬菜等炖煮的火锅,营养丰富的泡菜以及用韩式的调味佐料拌制的各类小菜。汤是饭食中不可缺少的组成部分。韩国人对辣椒有特殊的偏爱,佐料主要有辣椒粉和大蒜,外加多种调味品。因此除生、冷、酸、辣的特点外,韩国料理(图 2-6)还具有独特的色、香、味。

图 2-6 韩国料理

2. 饮食禁忌

韩国人一般不爱吃羊肉、肥猪肉和鸭肉;爱喝浓汤,不爱喝清汤;熟菜中不喜欢放醋;不爱吃糖和带花椒的菜肴。在餐桌上,一般用汤匙用餐,夹菜时才用筷子。捧起碗吃饭被视为失礼的举动。

小知识

韩 服

韩服是从古代演变至今的韩国传统服装。女式韩服是由装饰两根长丝带的短上衣搭配高腰长裙;男式韩服则是短褂搭配长裤,并以细带束住宽大的裤脚。男女韩服外面都可罩一件剪裁类似的长衫。韩服兼具曲线与直线之美,图案简洁,尤其是女服的短上衣配长裙上薄下厚,端庄娴雅。还可掩饰体形上的不足,使较矮的人看上去较高,较瘦的人显得丰满。如今,大部分国民已习惯穿西式服装,但是在节日或参加庆典时,仍以韩服为礼服。

(三) 节庆风情

在韩国,公历和阴历并用。全国性节日分为公共假日(按阳历算)和民间传统节日(按阴历算)。

1. 阴历新年

正月初一阴历新年,是一年中最重大的节日。节日里人们要穿上民族服装,在祖先牌位前供奉酒食,全家人举行祭祖仪式。祭祀完毕,要向家中长辈拜年,然后还要到亲戚家去拜年。

2. 月圆日

阴历正月十五为月圆日。这是一年中第一个月圆日。人们要砸碎各种坚果和燃放爆竹,旨在驱除邪魔和毒虫猛兽。晚上,人们在月光下举行各种传统比赛。相邻的村庄间要进行拔河赛,据说获胜的村庄当年能喜获丰收。

3. 寒食节

冬至后的第105天,阳历4月5日前后为寒食节。一家人清晨就要举行纪念祖先的活动,即到祖坟前行祭、扫墓。

4. 浴佛节

阴历四月初八为浴佛节,又称佛诞节,是佛祖诞辰纪念日。人们要在佛寺里举行盛大的法事活动。为祈祷来年的好运气,大家提着灯笼上街游行,使庆祝活动达到高潮。

5. 儿童节

5月5日为儿童节。这一天,要为儿童们举行各种庆祝活动,让他们与父母一起尽情玩耍。

6. 端午节

阴历五月初五为端午节。这天要举行一些特殊的活动,有的地方男子参加摔跤比赛,冠军的奖品为一头牛;女子则荡秋千,优胜者将获得一枚金戒指。

7. 光复节

8月15日为光复节。为1945年韩国从日本殖民统治下获得独立,以及1948年大韩民国宣告成立的纪念日。

8. 中秋节

阴历八月十五为中秋节,亦称秋夕,通常在阳历的九十月份。这是庆祝收获的日子,也是韩国人的感恩节。这天的特殊的食物是"松饼"。

(四) 旅游纪念品

具有韩国民族特色的旅游纪念品以铁筷子、扇子、饰物等为代表。

韩国的筷子,依材质的不同而价位各异。筷子或汤匙,一般搭配上底座后成套销售。

用韩纸制成的扇子,材质柔软、耐用,种类多样且价格幅度广。带有韩国代表性太极图形的太极扇是韩国传统扇的象征。对于女性游客而言,玲珑精巧、丝绸材质的手工艺折扇更受欢迎。

而最受欢迎的礼物要数制作精巧细致的手机饰品了。手提福袋或身穿韩服的人偶饰品是较为常见的设计。而碎布包袱皮、纽结工艺及传统刺绣等可谓韩国纤维工艺的浓缩版,技艺精湛、令人慨叹。此外,还有明信片、卡片和书签及韩服饰物等。

【练一练】

案例分析

早餐可以给人体提供一上午的能量,对于人们来说是非常重要的。在中国随处可见各种早餐店,上班族没有时间自己做早餐的时候,就会去早餐店吃早餐。

但是在韩国,您会发现街道上几乎没有早餐店的存在,这是为什么呢?请说明理由。

三、主要旅游城市及旅游景点

➤ 案例导入

韩国海女是一个很古老的职业。她们需要经过长期训练,经由年长者辅导,潜入水下采集水生物和海产品。为了保护海洋生物,韩国对一些带有营利性目的的海下作业有十分严格的规定,使用任何现代设备都算违法行为。由于是徒手潜水,海女只有一副游泳镜和一身潜水衣,不使用氧气设备。水下环境复杂,还有可能遭到鲨鱼等食肉鱼类的袭击,工作风险极高,所以海女通常集体下海。因此还要求冷静的判断力和团队合作协调能力。

听了导游的介绍,团员小丁一边感叹海女们的了不起,一边疑惑在现代社会还会有海女存在吗?

案例导读:

首先想成为海女并不容易,要有非常好的身体条件再加上严格的训练,所以她们的水性都极好。她们每天最少要在海里待上4个小时,而且要潜到海水下二十多米的深度进行工作,不少人为此付出了生命。海上的天气也是变化无常的,如果遭遇暴雨和雷击也会有生命危险。同时,这种高危职业也带给海女们不少伤痛和疾病。因为人在潜水时需要屏住呼吸,海女们因为长时间的屏息多造成头痛的病症。但不可否认的是长达千年的历史才孕育了独特的海女文化,女人们迫于生计以这种危险的方式支撑起自己的家庭,成为韩国女性独立和力量的代表。不过,由于捕捞业和养殖业的发展,使得韩国的海女文化正在逐渐消失,现在的海女基本上都是五十多岁甚至年龄更大的女性。也许将来海女文化会消失殆尽,但人们会永远记住她们创造的独特文化和宝贵精神。作为导游,不仅要熟悉自己需要讲解的旅游景区和景点,同时要了解异域文化背后的精神内涵,只有这样才能圆满地解答客人的疑惑和问题。

(一) 首尔(Seoul)

首尔是韩国首都,韩国第一大城市,人口约占韩国总人口的1/4。该市四周群山环抱,汉江迂回市区,形势险要。历史上百济王国、高句丽王国及后来的新罗王朝、高丽王朝、李氏王朝都曾设都于此,建都历史600多年。历代皇朝在此修建了许多宫殿,故首尔又称"皇宫之城"。1398年建成的南大门(崇礼门)被视为首尔的象征,它与东大门是首尔九门中最大的两座。位于钟路区世宗路一号的青瓦台是韩国总统官邸,这里原来是高丽王朝的离宫,1948年成为总统官邸,又称"青宫"。

首尔是韩国的政治、经济、文化中心,拥有韩国最主要的工商企业、金融机构的总部以及众多的政府机构。首尔综合体育中心是1988年第24届奥运会的主会场。奥林匹克公园位于首尔东南部,不仅拥有六大奥运运动场,而且公园内的草坪上还陈列着来自67个国家的雕塑作品200余件。位于安国洞路附近的曹溪寺是韩国佛教的圣地,每年佛诞节都要在此举办盛大的佛事活动。

1. 景福宫

景福宫(图2-7)位于首尔市钟路区,是1395年由李氏王朝的创立者太祖李成桂所建。勤政殿是景福宫的中心建筑,在此举行君王即位大典和文武百官朝礼等仪式。此外,还有思政殿、乾清殿、交泰殿等。宫内还建有一座10层高的敬天寺石塔,为韩国的国宝之一。景福宫外建有长3 626 m、高6.7 m的围墙。最受欢迎的景观是曾作为迎宾馆的两层楼阁——庆会楼。1592年壬辰倭乱王宫内大部分建筑被毁,到1867年重建时只有10个宫殿保持完整。

2. 昌德宫

昌德宫又名乐宫,位于首尔市院西洞,是首尔保存最完整的王宫。1405年李氏王朝第三代国王在此建离宫,壬辰倭乱时被烧毁,现存的建筑为1611年重建。整座宫殿为中国式建筑,入正门后是处理朝政的仁政殿,殿

图2-7 景福宫兴礼门前

内装饰华丽,设有帝王御座。殿后东南部分以寝宫乐善斋为主,这是一座典型的朝鲜式木质建筑,为王妃居住的地方。仁政殿后的秘苑建于17世纪,是一座依山而建的御花园。苑内有科举时代作为考场的映花堂及供君王垂钓的鱼水亭、钓鱼台等。

3. 宗庙

宗庙里供奉李氏王朝27位君王及王妃的神位。它与景福宫同年建成,内有正殿及永宁殿,以及陈列先王遗物的纪念馆。现为首尔市民散步纳凉的好地方。每年5月的第一个星期日,"雅乐"奏响,祭祀者要举行长达6小时的传统祭礼。1996年,它与昌德宫一起被列入联合国教科文组织世界文化遗产名录。

(二) 釜山(Busan)

釜山(图2-8)是韩国著名的城市和第一大海港,是韩国南部的门户。它因山势如釜而得名。釜山湾内的影岛将全湾划分为东西两港。市内及郊区古迹较多,其中位于市中心的龙头山公园,内有纪念爱国名将李舜臣的铜像。郊区金井山的禅宗梵鱼寺建于7世纪末,因传说附近有一口金井,内有一条来自极乐世界的金鱼而闻名全国。

(三) 济州岛(Chejudo)

济州岛是韩国第一大岛,位于朝鲜半岛的南面,隔济州海峡与半岛相望。面积1 825 km²,岛中央海拔1 950 m的汉拿山号称韩国第一峰。该岛自古就有"三多三无"之说:即风多、石多(图2-9)、女人多,无门、无盗、无乞丐。

图 2-8　釜山市容

图 2-9　祖父石

熔岩洞穴、柱状节理是济州岛的代表景观,该岛东北部的万丈窟,是汉拿山喷出的火山熔岩形成的洞窟,总长度为 13.4 km,规模为世界第一。洞内景观神秘而雄伟,石壁上留下的岩浆流动时的痕迹,俗称"龙王翅"。此外,成山日出峰(图 2-10)、龙头岩、观德亭、三姓穴、

图 2-10　成山日出峰

山君不离等充满神话色彩的名胜,也令游人流连忘返。

(四) 韩国民俗村(Korea's Folk Village)

韩国民俗村位于京畿道首府水原市附近,北距首尔45 km。它由农户、寺院、商店等240座各式建筑组成,再现李氏王朝时朝鲜半岛的人文与地域风情。民俗村内的店铺和露天集市上的商品大都是当地传统手工制品,有较高的保存价值。最受游客喜爱的食品是菜饼和米酒。露天广场上每日定时有精彩表演:村民们穿着李氏王朝时的服装,进行传统婚礼、歌舞等民俗表演。

小知识

经典线路:釜山深度游

第1天 釜山水族馆—尾浦生鱼片一条街—南浦洞—广安大桥—海·光美术馆

釜山是韩国最大的港口城市,初来乍到的您,自然要看海去!釜山的海水浴场都是免费开放的,除了畅游,您还有许多方式和海云台的大海亲密接触。如果您对鱼类感兴趣,那就去釜山水族馆逛一圈吧,那里有400多种、共计4万多只海洋生物,能与海洋生物近距离接触的触摸池和80多米长的海底隧道是人气最旺的去处,您一定会玩得浑然忘却时间、空间。

午饭时间到了,在釜山的第一顿午饭,您怎能舍弃生鱼片呢?沿着海云台沙滩一直往西走个十来分钟,途中经过DFS(Duty Free Shop,环球免税店)和海云台观光游船码头,可以享用海女们刚刚捕捞上来的新鲜海产品的尾浦生鱼片一条街就出现在您眼前了!

酒足饭饱,在海云台地铁站搭乘2号线,在西面站换乘1号线到南浦洞站下,就到了釜山最繁华的商业购物街了。这一带知名景点不少,既有为纪念釜山电影节而修建的BIFF(Busan International Film Festival)广场、釜山市民喜爱的龙头山公园,这里也是高级餐厅、集贸市场和美食街共存的地方。

逛到差不多天黑的时候,就该去看釜山最瑰丽的海边夜景了!搭乘地铁1号线,还是在西面站换乘2号线,在广安站下,出了地铁您就能看见南边不远处灯火璀璨的韩国规模最大的广安大桥,韩国最早的具有艺术造型美的景观照明是它的魅力所在。此外,融合光与影的全球第一座多媒体主题乐园——海·光美术馆,每天晚上8点开始进行精彩的光影艺术表演。今天玩得够累了,可别在沙滩上睡着了,回到宾馆好好休息吧。

第2天 影岛—JUMP功夫剧演出—DFS购物—海云台温泉—海云台市场海鳗胡同

早点起床去釜山南部风景秀丽的影岛玩!搭乘地铁1号线南浦站6号口出,换乘66路、88路或101路汽车大约1小时后,就到了太宗台。为保护景区的自然生态环境,太宗台游览区内禁止车辆通行,只能乘坐花花绿绿的循环班车。

您可以先去太宗台瞭望台,站在瞭望台上,您可以眺望五六岛与日本对马岛的景色。五六岛其实是大小不一地聚集在一起的六座小岛,不过在涨潮的时候常常只能看到其中的五个岛,因此得名。

之后您沿着岛上的小道往北走,经过望夫石和神仙岩,很快就到了影岛灯塔海洋文化空间,不妨进去参观一下。然后再搭乘循环班车前往不远处的太宗寺烧香敬佛,不过不要轻易许愿,据说若是愿望实现的话,您是要亲自来还愿的!太宗寺斜对面是救命寺,光看这寺名,就值得您进去一探究竟。

从救命寺出来,沿着南边海岸小道走没多远,就到了惊涛拍岸、怪石嶙峋的太宗台卵石场,照相时一定要注意安全。

饭后,休息一下,您若喜欢骑马,可以前往影岛骑马场;若是您深谙泡汤的乐趣,可以前往太宗台温泉尝试韩式泡汤。

结束影岛之旅,返回海云台。晚上可以从以下建议里挑一件您最喜欢的做:去格兰德饭店JUMP专用剧场看一场JUMP演出;去DFS或是新世界百货Centum City店购物;如果今天在影岛没有泡汤,您可以在海云台附近的首尔温泉、海云温泉、松岛温泉,选一家泡个过瘾;如果最爱吃,那就到人气很旺的海云台市场海鳗胡同享受炭火烧烤海鳗的鲜美滋味,再来一杯釜山当地烧酒。

【练一练】

主题旅游线路设计

自1998年韩国被国务院批准为中国公民自费出境旅游目的地国家,访问韩国的中国游客逐年快速增长。韩国旅游发展局发布的数据显示,2019年韩国接待中国大陆游客约为602万人次,其中,20~30岁的女性游客所占比率最大。这个群体主要消费休闲、购物、观光和美容等相关产品。

有一群想去韩国观光并做全身美容的公司白领,请为她们设计一条有特色的韩国美容之旅的线路。

主题三　新加坡(Singapore)

一、国家概况

> 案例导入

在赴新加坡5日深度游的行前会上,游客杨小姐问:"听说新加坡只有夏天,是不是四季都穿夏装呢?有没有穿毛衣的时候?我和我先生是不是只需要带夏季的短袖、短裤就行了?"如果您是领队,该如何回答客人的问题,并做好出行指导呢?

案例导读:

新加坡距离赤道只有136.8 km,5—7月是新加坡一年中最热的时段,湿度低、温度高、日照时间长是这个阶段最大的特点,每天日照时间在12个小时以上,爱好日光浴、航海、游泳的人们可以在新加坡的海边尽情享受。雨伞是必备的旅行装备,因为受到东北季风的影响,新加坡每年11月至第二年1月,降雨比较集中,经常出现雷阵雨。

赴新旅游应带足夏天的衣服,因为这里湿度大,衣服洗后不容易干。可以带一件外衣,因为室内空调开得很低,一般在16℃左右;如果长时间待在室内,长袖衬衫就十分有用。如果是男士,要带皮鞋、休闲鞋,但不要带孔的,新加坡男子不穿带孔的皮凉鞋;不要带外穿短裤,那边的男人不喜欢穿短裤。若是去工作,衬衣、领带要多带,有的公司要求员工上班穿长袖衬衣、打领带,在正式工作场所和社交场合,一般都要如此穿着。

(一) 地理环境

1. 国土地理

新加坡共和国简称新加坡,它是位于马来半岛南面的东南亚国家。由新加坡岛及附近约 63 个小岛组成。北隔柔佛海峡,借新柔长堤与马来西亚相连,南隔新加坡海峡与印度尼西亚相望。面积为 733.2 km²(2022 年)。新加坡地处印度洋和太平洋的通道——马六甲海峡的出口,素有"东方直布罗陀"之称。

新加坡岛是该国领土的主要部分,地势平坦,平均海拔 15 m,有新加坡河(图 2-11)、实里达河等河流。该国地狭人稠,自然资源贫乏。

图 2-11 新加坡河风光

2. 气候特征

新加坡地处赤道附近,属热带雨林气候,由于四面临海,年平均气温 24℃~32℃,日平均气温 26.8℃。雨量充沛,年平均降雨量为 2 345 mm,年平均湿度 84.3%。每年的 11 月到翌年的 2 月雨水最多,6—8 月比较干燥。

(二) 人文概况

> **问题导入**
>
> 请自己查询介绍新加坡的书籍或网站,填写下表:

人口	英文名称	主要城市
民族	主要宗教	首　都
语言	国　花	与北京时差
货币	国　鸟	现任国家元首

1. 历史简述

新加坡古称淡马锡。8 世纪建国,属印度尼西亚室利佛逝王朝。到 14 世纪末,梵文名称

"新加坡拉"(狮城)才成为通用的名字。18—19世纪初为马来柔佛王国的一部分。1824年沦为英国殖民地,1826年同马六甲、槟榔屿合并组成海峡殖民地,受英属印度的管辖,一直是英国在远东的转口贸易商埠和在东南亚的主要军事基地。1942—1945年曾被日军占领。1946年4月1日,成为英国直属殖民地。1959年6月3日,新加坡成为一个自治邦。1963年9月16日,它同马来亚、沙捞越和沙巴组成马来西亚联邦。1965年8月9日,新加坡脱离联邦,成立新加坡共和国。

2. 经济概况

作为一个城市岛国,新加坡没有腹地并缺乏自然资源。该国的传统经济以商业为主,包括转口贸易、航运等。独立后坚持自由经济政策,由劳动密集型工业,逐步过渡到资本、技术密集型工业和高科技产业,进而发展到目前的信息产业等知识密集型经济。为亚洲"四小龙"之一。其经济发展思路归纳起来,为"高科技战略""外贸战略"和"扩大腹地战略"。如今,已发展成为东南亚地区重要的金融中心和国际贸易中转站,世界电子产品重要制造中心和第三大炼油中心。农业在国民经济中所占比例不到1‰,粮食全部靠进口。旅游业是主要外汇收入来源之一。

3. 文化艺术

来自世界各国的移民将各自的传统文化带入新加坡,民族之间的交流与融合,不仅创造了新加坡今日多民族的社会,也形成了多元的文化特色。

新加坡华人大多数源自中国南方并受到这些地区文化的影响;而马来人以团结的民族性以及丰富的文化遗产,为新加坡的文化增添了一抹亮色;印度人被冠以"新加坡建设者"的美誉,他们在饮食、艺术、宗教方面尽力保留自己的特色,使新加坡文化的多元特质更为突出。

新加坡美术中的峇迪(Batik,一种热带地区蜡染手工艺),即用染印纱笼图案的方法表现艺术。其热带风味浓厚,有"赤道风"之称,是新加坡美术创作方面的一大特色。

小知识

新加坡的教育

新加坡的教育制度强调双语、体育、道德教育,创新和独立思考能力并重。政府推行"资讯科技教育",促使学生掌握电脑知识。新加坡素以办学认真,学术成就卓越而久负盛名,其教育目标是:发展学生学习潜能、思考能力和培养学生成为精通双语的人才。

【练一练】

案例分析

小陈是名刚走从旅游学院毕业的英文导游。第一次带新加坡旅游团,他觉得新加坡客人都是黄皮肤的华人,做完英文的自我介绍后,就试着用中文做景点介绍。谁知,他的行为引起了新加坡团员的不满,部分团员根本听不懂。小陈很奇怪,都是华人,为什么非讲英文不可?而且他们讲的英文中经常会夹杂一些听不懂的词和中文。

您能告诉小陈这是为什么吗?

二、民俗风情

> 案例导入

小丁大学毕业后,在北京某公司工作。公司让他去新加坡出差,小丁查找了一下新加坡的风俗习惯和旅游须知,了解到新加坡是个执法很严的国家,吐痰、乱扔垃圾、公共场所吸烟、吃口香糖都会被处以天价的罚款,他觉得这会不会有点言过其实,就向到过新加坡的同事咨询。

案例导读:

一提新加坡,大家首先想到的就是整洁美丽的城市环境,同时令人印象深刻的还有它严厉的法律法规。"Singapore is a fine city"是一句英文调侃,它是利用"fine"一词多义的双关句("好"与"罚款"的双关词意)。例如,就随地吐痰一项,新加坡的法律就做出了详细的规定,随地吐痰者的第一口将被罚以1 000新币(约合人民币5 000元),第二口罚2 000新币。在新法推行之初,执法是十分严格且毫不留情的,情节严重的人还会处以7天监禁,甚至在电视上露脸,或派到城市各地做义工。从20世纪90年代开始,新加坡的城市环境和公民素质已经有了质的飞跃,并开始蜚声世界。良好的公共行为意识已经内化为新加坡人的基本素质之一,并自然而然地体现在行动上。现在,新加坡的大街上几乎看不到警察,更别说其他各种类型的执法人员了,所有人的行为主要靠自觉。想想整洁的路面上自己那片突兀的痰迹和路人鄙夷的目光,以及万分之一被当场抓到处以罚款的概率,相信再不自觉的人都会移步到垃圾桶,况且城市中遍布的垃圾桶也确实能够提供方便。

(一) 社交礼仪

1. 礼仪特征

新加坡的风土人情带有浓厚的中国习俗色彩。讲究礼貌已成为新加坡人的行为准则。内阁部长和议员们经常到民众中去演讲文明礼貌的重要性,就连警察也是笑眯眯地进行执法工作。因此外国人到新加坡总有"宾至如归"的感觉。

新加坡人对色彩的想象力很强,喜欢红、绿、蓝色。喜欢红双喜、大象、蝙蝠、金鱼等图案。在新加坡进行贸易谈判时,重要的是考虑给对方面子,不妨多说几句"多多指教""多多关照"。在新加坡要注意尊重不同种族的风俗习惯。

2. 礼仪禁忌

在新加坡,紫色不受欢迎,黑、白、黄为禁忌色。在商业上反对使用如来佛的形态和侧面像。禁止使用宗教词句作为标志。忌讳猪、乌龟的图案,数字禁忌4、7、8、13、37和69。落座后不要跷二郎腿。新加坡人非常讨厌男子留长发,对蓄胡子的人也不喜欢。参观清真寺必须脱帽脱鞋进入,女士不能穿短裤或暴露的裙子,也不可进入祷告大厅。

(二) 饮食文化

1. 饮食特征

新加坡是个国际大都会,在这里能品尝到各国美食。粤菜是新加坡最受欢迎的中国菜。娘惹(Nonyas)食物融合了马来族与华族的烹调特色,是最特别的传统佳肴之一。

到新加坡人家里吃饭,可以带一束鲜花或一盒巧克力作为礼物。

2. 饮食禁忌

在新加坡，用餐时不要把筷子放在碗或菜盘上，也不要交叉摆放，应放在托架或骨碟上。和新加坡的印度人或马来人吃饭时，忌用左手。

(三) 节庆风情

在新加坡有公历、中国农历、印历和马来历 4 种历法。各民族依历法庆祝各自不同的民族节日。

1. 华族主要节日

(1) 农历正月初一农历新年。春节是华人最隆重的节日。除夕夜，全家在一起吃团圆饭，孩子们要守岁以延长寿命，到了午夜时分家长们要祭神、拜祖先。大年初一，小辈要带着橘子（因为广东人的"橘"与"吉"发音相同），给长辈拜年，长辈要给小孩发"红包"——压岁钱。一般大年初一不扫地，不洗头；否则，好运气要被扫掉、洗掉。初二开始探亲访友，全家人常在这一天拍一张"全家福"。春节期间，有社团组成的舞狮、舞龙队做精彩表演。

(2) 农历正月十五元宵节。全家人吃过团圆饭，晚上还要吃汤圆，寓意年年团圆。各家各户都把写着"春到人间，幸福满院"的红色卷轴取下来保存好，以将"幸福"留住。

(3) 农历五月初五端午节。这天是中国伟大爱国诗人、政治家屈原的祭日，人们包粽子来祭奠他。屈原投江时，渔夫们奋力划船去抢救他的行为，现已演变为赛龙舟。在新加坡，端午节最精彩、热闹的庆祝活动就是东海岸公园的国际龙舟邀请赛。

(4) 农历八月十五中秋节。节日期间，孩子们拿起五颜六色的灯笼到处游玩，而各种各样的月饼则成为人们自己享用或送礼的应节食品。大家还要举行扎灯笼比赛。到了夜晚，裕华园便成为节日的焦点，这里有传统灯笼展和猜灯谜等节庆活动。

2. 马来族主要节日

马来族一年中最重要的节日当属开斋节。每年伊斯兰教历的九月，穆斯林们从日出到日落都要禁食，禁食一个月后，见到新月才可开斋，如未见月亮则顺延，但一般不会超过 3 天。大家会把家里打扫干净，沐浴更衣，备好各式美食、糕点来庆祝开斋节。每个家庭还要向穷人施"开斋捐"。

3. 印度族主要节日

公历 10 月下旬或 11 月初，是印度人的屠妖节，即印度教的新年。届时，家家户户会把房屋打扫干净，在屋外四周点上蜡烛、油灯，迎接守护神和幸运女神。由于节日里以点灯相庆，故又称"点灯节"。节日期间，教徒都要去庙堂谢神，妇女们捧着碟子，内盛槟榔叶等，用以祭奉天神。各种庆祝仪式要持续 5 天时间，庆祝活动的中心在小印度一带。

4. 其他主要节日

(1) 公历 8 月 9 日国庆日。这是纪念 1965 年新加坡独立的日子。这一天全国要举行声势浩大的游行、集体舞蹈和大型烟花表演等庆祝活动。

(2) 公历 12 月 25 日圣诞节。这天是纪念耶稣基督诞生的日子。各大教堂都会举办隆重的庆祝仪式，教徒要唱圣诗、访问家庭。每逢圣诞节，乌节路一带都会张灯结彩，各大商厦也装饰圣诞树等以增添节日气氛。

(四) 旅游纪念品

新加坡的特色旅游纪念品种类很多，最具代表性的有各种鱼尾狮纪念品，如文化衫、钥匙扣、小装饰、小摆设等。

胡姬花(兰花)(图2-12)首饰,即在经过处理的天然胡姬花上镀一层18K金,制成各式首饰,如别针、耳环、项链、手链等,价格从十几新币到几百新币不等。由于天然的胡姬花各不相同,故每件镀金胡姬花首饰都不一样。

图2-12 美丽的胡姬花

此外,还有新加坡产的蜡染印花布,味道有点像广东甜腊肠的猪肉干等。

【练一练】

案例分析

团员小刘咨询并听取领队小张的建议后,穿着正装高高兴兴地去新加坡朋友家里做客。她带了一束芬芳的黄色康乃馨并买了一盒8块装的巧克力,作为礼物送给朋友。她的朋友接过紫色荷花图案包装的礼物,道了谢就放到了一边。用餐的过程中,小刘觉得已经吃好了,就随手将筷子放在了饭碗上。饭后她向主人礼貌地告辞后,返回了宾馆。

请问小刘在做客过程中哪些地方做得不对?应该怎样去做呢?

三、主要旅游城市及旅游景点

▶ **案例导入**

新加坡的鞭刑如同这座花园城市国家的干净整洁、有秩序一样,给全世界留下了深刻的印象。到新加坡旅游的游客小徐听导游讲了这种具有古老传统且令人恐怖的刑罚后,想知道这项刑罚适用于哪些罪行?外国人犯法也会被施以鞭刑吗?

案例导读:

在新加坡适用于鞭刑的包括公共设施的故意破坏、挟持人质、非法金融交易、抢劫、贩毒等30多项轻重不等的罪行。涂鸦在新加坡是一项要受鞭刑处罚和监禁的罪行。2010年6

月,一名来自瑞士的IT顾问奥利弗·弗里克(Oliver Fricker)因在地铁车厢外涂鸦、擅闯保护区等罪名,被判处监禁5个月和鞭笞3下。鞭刑是新加坡最严酷的刑罚。行刑前,刑鞭的前1/3会在清水中浸泡一夜,使之充分吸水,增强柔韧性。行刑时,要求行刑者用尽全力,不考虑受刑者的年龄或者罪行的轻重。鞭刑官在上岗之前要经过培训,据说是让这些即将执行鞭刑的狱警知道怎样才能在犯人身上制造最大程度的疼痛,同时产生最低程度的永久伤害。行刑者都受过特训,他们身材魁梧,肌肉结实,有些还是搏击或武术高手。此外,新加坡刑事诉讼法231(1)节规定:"鞭刑行刑,必须有狱医在场,并确定犯人的身体状况可以接受鞭刑。"狱医有权力随时终止鞭刑,他的职责还包括刑后验伤和治疗。但实际上因病而得以豁免鞭刑的人非常少。

(一)新加坡市(Singapore)

新加坡市位于全国最大的岛——新加坡岛南端,南临新加坡海峡。面积约98 km², 约占全岛面积的1/6。人口200多万,约占全国人口的83%。其南部为驰名世界的天然良港,储存吨位和年吞吐能力均超过荷兰鹿特丹港。它还是名列第四的国际金融中心。

新加坡在独立前蚊蝇遍地,是典型的贫民窟。从20世纪90年代起,在高层建筑物之间,都留有较大的空地进行绿化,城市地面除了柏油马路和铺砖的便道以外,均以花草树木覆盖。政府规定,市民中凡是种花较好的,可以享受减免房租的优待。在街头乱扔纸屑、烟头要罚500新加坡元。城市环境卫生出色,空气清新宜人,有"花园之国""美丽的花园城市"的美誉。著名景点有全开放型的新加坡动物园、植物园,具有民俗文化色彩的"小印度"(图2-13)、马来文化村、虎豹别墅、"唐城",辛亥革命的历史遗迹——晚晴园,最具规模的佛教寺院——双林寺,等等。

图2-13 "小印度"的街头

(二)新加坡的标志——鱼尾狮像(Merlion)

2002年9月15日开始,守护了新加坡河口30年的鱼尾狮迁往福尔顿一号斜对面填海地的新居,占地2 500 m²。每年有100多万来自世界各地的游客,专程到此与著名的鱼尾狮拍照留念。

鱼尾狮像(图2-14)矗立在雕刻着水纹的玻璃基座上,它口中向外喷射出强劲的水柱,夜晚设在基座下的灯光会将它照亮。不远处的小鱼尾狮站立于造型独特的水池中,也会喷射水柱。狮头代表传说中的狮城新加坡,鱼尾象征古城淡马锡,并代表新加坡是由一个小渔村发展起来的。

图 2-14 新加坡的标志——鱼尾狮像

(三)圣淘沙(Sentosa)

圣淘沙是新加坡南面的一个小岛。二战期间为英军的军事基地。1967 年英军撤出新加坡后,新加坡政府将其发展成为旅游度假胜地。岛上有展示亚洲艺术和风土人情的亚洲村,有栩栩如生的塑造"二战"时期历史人物的蜡像馆;有蝴蝶园、昆虫王国、珊瑚馆等博物馆;还有西乐索炮台、海事博物馆和新加坡万象馆等历史景点。

在主题公园方面,有环球影城、梦幻岛、火焰山和高尔夫乐园。而高 37 m 的鱼尾狮塔,可让游人在 9 楼或 12 楼的瞭望台远眺新加坡市区的高楼大厦。入夜后亚洲第一大激光音乐喷泉,随着交响乐的节奏翩翩起舞,激光在水幕上打出的各种景物让人看得如痴如醉。

在海底世界能看到超过 250 种共 2 500 只海洋生物。游客可通过 83 m 长的透明海底隧道近距离观察鲨鱼、魔鬼鱼、鳗鱼等海洋生物。馆内还设有触摸池,让游客亲自触摸海龟、海星等水中生物。海洋夜景是海底世界推出的夜间活动,带您观赏多种会发光的海底萤火虫。

(四)天福宫(Thian Hock Keng Temple)

天福宫是新加坡最古老、香火最盛的道教庙宇。中国福建的移民为求航海平安、酬谢神恩,1839 年在海边建造了这座庙宇。主要供奉妈祖娘娘(又称天后),是航海人的守护神。船员在出海之前都会来此祈求平安航行。1973 年,新加坡政府将天福宫定为国家级古迹。

小知识

经典线路:印象新加坡之旅

第 1 天　广州—新加坡

下午到达樟宜国际机场,开始为期 4 天的印象新加坡之旅。

先去市区转转,一进入"小印度",一股浓烈的辣椒气味就会扑面而来,这里犹如印度的缩影。商店里陈列着银器、铜器、具有民族特色的珠宝、茉莉花环和纱丽……极具民族风味。吃过晚餐,到克拉克码头上船。在船上能看到新加坡河两岸流光溢彩的景色及全球最大摩天观景轮之一的新加坡摩天观景轮、新地标——金沙酒店(图 2-15)和著名的鱼尾狮像等夜景。在码头旁边还有一条酒吧街,是沿河最具吸引力的露天就餐场所,最适合喜欢热闹的客人。下船游览完酒吧街后,回酒店休息。

图 2-15 金沙酒店

第 2 天　鱼尾狮公园—动物园—圣淘沙

早餐过后,大家去最有代表性的鱼尾狮公园参观、拍照。然后到新加坡动物园游玩。它是世界十大动物园之一。园内 172 个品种 1 700 多只动物在没有人为屏障的舒适环境下过着自由自在的生活,这里还有迷你蒸汽火车可以带大家畅游全园。游人还可欣赏海狮以及大象的精彩表演。参观完动物园,吃过简单又美味的肉骨茶午餐后,我们继续前往下一个目的地——圣淘沙。这个充满热带风情的小岛,多年来一直被世界各地观光客视为最佳度假旅游胜地。岛上丰富多彩的节目,集大自然、历史、娱乐于一体,有圣淘沙名胜世界、4D 魔幻剧院、斜坡滑车、空中吊椅、蝴蝶园、世界昆虫馆、海底世界、摩天塔、鱼尾狮塔、万象新加坡,等等。您不仅可以乘坐环岛单轨列车行驶于海滩椰林之间,欣赏美丽的海滨风景,还可以通过蜿蜒的亚热带雨林区,一睹长尾猕猴采椰子的画面。而入夜时分,一场集高科技和艺术为一体的水幕电影——海之颂,将灯光、激光、色彩和音乐融合起来,相当震撼!

第 3 天　裕廊飞禽公园—牛车水(唐人街)—夜间野生动物园

早餐后出发,第一站是裕廊飞禽公园。这里拥有约 8 500 只、360 多个品种的珍禽,大至非洲的鸵鸟,小到加勒比的七彩蜂鸟。园内还有一天两次的飞禽表演。午餐后,参观新加坡的唐人街——牛车水,然后去新加坡的最新地标——摩天观景轮,它高 165 m,比英国伦敦的"千禧眼"还要高 30 m。吃过晚餐,再坐半小时的车前往夜间野生动物园,它是世界首家于夜间供游客游览的野生动物园,这里饲养了 110 种、共计约 1 200 只奇异动物,其中 35% 是濒危物种。

第 4 天　乌节路—广州

早餐后,去乌节路看看新加坡的都市文化,顺便购物。用过午餐后赴机场飞回广州,结束新加坡印象之旅。

【练一练】

主题旅游线路设计

旅游业是新加坡主要外汇收入来源之一。1990年新加坡被国务院批准为中国公民自费出境旅游目的地国家。为了吸引更多的中国游客,2009年4月1日起,新加坡对中国公民推行电子签证(e-Visa),签证有效期为两年;还实现了与中国二三线城市之间的直航。新加坡樟宜机场已与中国36座城市通航。2019年赴新加坡旅游的中国内地游客人数突破360万人次,同比增长6%,稳居第一大客源国的位置。中国游客在新加坡创造的旅游收益,蝉联榜首。其中,购物和住宿是带动旅游收益增长的两大支柱。除此之外,诸如观光、娱乐、赛事、教育等其他类型的支出亦涨幅显著。2017年,新加坡旅游局结合自身资源推出了旅游品牌"心想狮城",以"族群化"的思路重新对游客进行梳理,划分出了美食主义者、城市探索者、精品收藏家、极限挑战者、狂欢发烧友和文化爱好者六大族群,并在线路推荐上更具针对性,着力打造个性十足的"品质旅游"。设想有一些即将毕业的中学生想考察新加坡的大学、新加坡民俗文化以及旅游名胜,请为这些中学生设计一条有特色的新加坡游学旅游线路。

主题四 泰国(Thailand)

一、国家概况

▶ **案例导入**

泰国旅游讲解

大象与泰国宗教、经济、社会密不可分。在泰国步入工业化社会之前,体积庞大、以力量著称的大象被广泛使用于交通运输、林业开发等领域,是人们最佳的劳动帮手。一位泰国历史学家曾说:如果没有大象,泰国的历史可能要重写。大象在泰国历史和文化中也有着重要意义,其中白象对泰国人更是意义非凡。白象在泰国是皇权的象征。有人说是白象就是得了白化病的大象,您觉得这种说法正确吗?

案例导读:

在佛教中,大象是一种精神力量的象征,而白象,则象征至高无上的力量和智慧。从古暹罗至今,稀有的白象一直被视为镇国瑞兽,象征昌盛吉兆。

白象并不是所谓的"白化病患者",而是非常健康的大象。一头大象必须符合以下五条标准才能被称为"白象"。① 白象的每个毛孔要有2~3根毛发。② 白象的眼睛是红色或者红棕色。③ 白象的口腔上颚是淡粉色或者白色。④ 白象的皮肤至少要呈现出发白的淡褐色。⑤ 白象的牙齿和指甲都是白色的。

一旦人们发现一头具备白象特征的大象,他们必须上报辖区,然后辖区再上报王室,由专门负责鉴定白象的部门派出专家审核确认。资料显示,普密蓬国王的第一头白象捕获于1956年,当时它还是一头五岁的小象。1959年,在曼谷的都实宫举行了正式的授予典礼,小白象被封为皇家大象,注册成为普密蓬国王的第一头白象。至2016年辞世,普密蓬国王共拥有10头白象。

(一) 地理环境

1. 国土地理

泰国全称泰王国,位于亚洲中南半岛中部,东南临泰国湾(太平洋),西南濒安达曼海(印度洋),西和西北与缅甸为邻,东北毗连老挝,东南与柬埔寨接壤,疆域沿克拉地峡向南延伸至马来半岛,与马来西亚相接,海岸线长2 705 km。面积51.3万 km²。

泰国按地形可分为四个区域:肥沃广袤的中部平原,山峦起伏的东北部高原,丛林密布的北部山区,风光迷人的南部半岛。湄公河、湄南河为该国的主要河流。

2. 气候特征

泰国大部分地区属热带季风气候,全年分为热、雨、凉三季。年均气温24℃～30℃,年平均降水量1 000 mm以上。去泰国旅行最舒适的季节是凉季,即从11月至翌年2月(阁沙梅岛除外,这里的12月和1月雨水特别多),5—10月为雨季。

(二) 人文概况

> **问题导入**
>
> 请自己查询介绍泰国的书籍或网站,填写下表:

人口		英文名称		主要城市	
民族		主要宗教		首　都	
语言		国　花		与北京时差	
货币		国　鸟		现任国家元首	

1. 历史简述

泰国原名暹罗。1238年建立了素可泰王朝。三世王兰甘亨用武力统一了国家,被尊为大帝。后经历了大城王朝、吞武里王朝和曼谷王朝。从16世纪起,先后遭到葡萄牙、荷兰、英国和法国的入侵。19世纪末,曼谷王朝五世王大量吸收西方经验进行社会改革。1896年英法签订条约,规定暹罗为英属缅甸和法属印度支那之间的缓冲国,从而使其成为东南亚唯一没有沦为殖民地的国家。1932年6月,人民党发动政变,建立君主立宪政体。1939年6月,更名为泰王国,意为"自由之地"。1941年曾被日本占领。1949年5月正式更名为泰王国。

2. 经济概况

泰国作为传统农业国,农产品是外汇收入的主要来源之一,是世界著名的大米生产国和出口国。泰国是仅次于日本、中国的亚洲第三大海产国,为世界第一产虾大国,也是世界天然橡胶最大出口国。

自1961年起,泰国连续实行"经济和社会发展计划",使国民经济有了较大发展。泰国经济结构随着经济的高速发展出现了明显的变化。制造业在其国民经济中的比重已日益扩大,已成为主要出口产业之一。其工业化进程的一大特征是充分利用丰富的农产品资源发展食品加工及其相关的制造业。自20世纪80年代以来,出口产品已逐步转为以工业品为主。泰国旅游资源丰富,主要景点除曼谷、普吉、芭提雅、清迈外,清莱、华欣、苏梅岛等一批新的旅游点也发展较快。

3. 文化艺术

泰国以"千佛之国"闻名于世,素有"黄袍佛国"美誉,是一个具有2 000多年佛教史的文明古国,拥有3万多座充满神话色彩的古老寺院和金碧辉煌的宫殿。小乘佛教是泰国的国教,几百年来,无论是风俗习惯、文学、艺术和建筑等各方面,几乎都和佛教有着密切关系。

泰国的手工艺品十分发达,有釉底金纹画、珠母镶嵌画、孔剧(哑剧)面具、宋加洛瓷器等。其中珠母镶嵌画是一种民间装饰艺术,著名的作品有曼谷卧佛寺佛像脚底的108个吉祥图等,它是泰民族的一种民族工艺。

泰国衬托建筑的雕塑也很富有民族特色,多见于佛寺和宫殿周围,如门神、各种动物雕塑等。这些雕塑形象生动、造型夸张,非人非兽。据说,这些动物是佛界中的动物,虽未曾见过,却得到泰国人的共识,承认它们的存在和神通。把它们装饰在门的两旁用于驱鬼,源自泰国古老的鬼神信仰。

> 【练一练】
>
> **案例分析**
>
> 领队小李带团去泰国旅游,到曼谷大王宫参观时,一名男团员因穿着文化衫被拦在了门外;还有的团员觉得泰国很热,经常下雨,又听说在泰国参观寺院时,都要脱鞋才能入内,为图方便穿着拖鞋就来了,结果也被禁止入内。
>
> 小李的工作有哪些地方做得不够细致?应该如何做好提醒工作呢?

二、民俗风情

> **案例导入**

恰逢旅游旺季,某国旅的英语导游短缺,面对大量的外国旅游团真是应接不暇,只好从外语学院请来英语口语很好的学生小丁,让她接待一个泰国团。小丁在暑假期间曾经作为临时导游带过美国旅游团,有一定的带团经验。小丁虽然不是专业导游,但她的口语水平高,讲解得十分细致,服务也很到位,博得了泰国客人的赞扬,但后来却发生了一件不愉快的事,导致客人向旅行社投诉。起因是团内的一对年轻夫妇带了一个5岁的男孩,长得特别可爱,小丁为了表示自己的喜爱,就摸了一下男孩的头,这种在中国看来最平常不过的举动,却是泰国"重视头、轻视脚"的重要禁忌,男孩的父母当即脸就沉下来。但小丁却不懂得察言观色,在后面的行程中,又摸了一下小孩的头,这下男孩的父母再也控制不住,当场就与小丁吵了起来,导致最后的投诉。

案例导读:

泰国人认为头颅是智慧所在的地方,神圣不可侵犯。如果用手触摸他们的头部,则被认为是一种极大的侮辱。即便是小孩子的头部也不可触摸,假如用手打了小孩的头,认为孩子一定会得病。又如长辈在座,晚辈必须坐在地下或者蹲跪,以免高于长者头部,并忌讳他人拿着东西从头上掠过,在住宅门口上方也禁挂衣物。地陪导游可以说是工作在入境旅游接待工作的最前沿。接待外国旅游者,绝不是有张导游证或外语口语能力强就能胜任的工作。因为导游们面对的是不同语言、不同肤色、不同修养、不同文化背景、不同风俗习惯的来自世界各地的游客。在存在着诸多差异的环境中工作,如果想不犯错误地做好接待、服务工作,就必须尽可能多地了解中外文化、习俗之间的差异,在接团之前,要详细了解客人所在国的各种信息,尤其是文化、风俗、教育等方面的情况,以了解将要接待的旅游者的喜好、禁忌,这样才能尽可能地满足他们的需求,而不要像案例中的小丁一样触犯游客一些最重要的禁忌。

(一) 社交礼仪

1. 礼仪特征

佛教是泰国的国教,佛教为泰国人塑造了崇尚忍让、安宁和爱好和平的礼仪风范。在泰国,凡是信佛教的男孩子,到了一定年龄,都要削发为僧,连王室和贵族也不例外。

泰国是个微笑的国度,人民热情善良,乐于助人,大多彬彬有礼,很难看到有人大声喧哗或者吵架。泰国人非常爱清洁,随地吐痰、乱扔东西被认为是非常缺乏教养的行为。他们非常尊重国王和王室成员,旅行者不要随便谈论或议论王室,遇有王室成员出席的场合,态度要恭敬。

2. 礼仪禁忌

在泰国,佛像无论大小都要尊重,切勿攀爬。对僧侣应礼让,女性不能碰触僧侣,如需奉送物品,应请男士代劳,或直接放在桌上。泰国人视头部为神圣之地,因此不要随便触摸别人的头部。不要用脚指人或物,特别是脚底不要直冲着佛像。也不要用脚开门、关门。递东西时用右手,不宜用左手。公共场合男女不应过分亲热。泰国禁赌,即使在酒店房间里也不要打牌或打麻将。切忌用红笔签名。

(二) 饮食文化

1. 饮食特征

泰国人以大米为主食,佐以一道或两道咖喱料理、一条鱼、一份汤,以及一份沙拉(生菜类),用餐顺序没有讲究,随个人喜好。餐后点心通常是时令水果或用面粉、鸡蛋、椰奶、棕榈糖做成的各式甜点。因为是一个临海的热带国家,泰国菜用料主要以海鲜、水果、蔬菜为主。吃泰国菜一定要勇于尝试各种调味酱,因为精髓皆在酱中,有很多调料是东南亚甚至是泰国特有的。最常用的有:泰国柠檬、鱼露、泰国朝天椒、咖喱酱。泰国人好生食,有些蔬菜、海产放些调料就生吃。喝啤酒和白兰地酒时掺苏打水;喝咖啡、红茶时,吃些小点心。饭后吃水果。

2. 饮食禁忌

泰国人不喜欢吃红烧、过咸和过甜的菜肴,不喜欢食用牛奶和乳制品。

(三) 节庆风情

泰国有很多节日庆典、市集以及宗教仪式,这些大大丰富了游客的旅程。

1. 清迈鲜花节

清迈鲜花节通常在2月上旬举行,是全国独一无二的节庆。泰国北方以鲜花品种繁多而闻名。届时,鲜花展示会、花车游行、手工艺品出售以及选美比赛竞相展开,热闹非凡。

2. 宋干节

宋干节于4月12—14日举行,是传统的泰国新年,俗称泼水节。清迈的宋干节气氛热烈,场面隆重,堪称全国之最。届时,正巧是清迈的农闲期,故而演变成3~5天的狂欢。人们争相在此期间做尽可能多的积功德的事,朝山进香、选美游行、跳舞狂欢,以及狂热地向他人包括素不相识的游客们泼水。这种庆祝方式象征着清扫净身,趋吉避凶,因此年复一年,风靡不衰。在这期间,还有盛大的宗教庆典,令人陶醉的选美赛和夜间游行等。

3. 农耕节

5月11日是农耕节。自13世纪的素可泰王朝始,每年此时,国王都要在曼谷的王家田广场主持春耕仪式。主犁官在号角乐声中扶着由两头白公牛拉的金色木犁耕田6圈,两名挑金担和两名挑银担的少女跟在木犁后面,主犁官不时地从金担或银担中抓出一把把谷种,撒在田里。耕田播种仪式后,围在广场四周成千上万的人涌进田中,从土壤中挖出种子,连泥土一起装进塑料袋中,带回家去。他们相信,这些种子和"圣土"会带来五谷丰登和好运。

4. 守夏节

守夏节于泰国佛历七月中旬月圆时至十月中旬举行,为期3个月。此时恰好是泰国的雨季。相传在释迦牟尼在世传教时,出家修行的人很多,佛历七月正值热季刚过,雨季到来,农民开始播种水稻,时有化缘的和尚踩坏秧苗。释迦牟尼知道这件事后,下令这段时间所有和尚不许外出化缘。每年守夏节开始时,泰国会有很多人去寺庙做和尚,在家的人也会自觉食素十几天。

5. 佛诞节

泰历六月十五为佛诞节,也称浴佛节。小乘佛教认为,释迦牟尼的"诞生""成道"和"涅槃"都在这一天,因此将这天作为重要纪念日。1954年在"世界佛教徒联谊会"上,将这天定为"世界佛陀日"。届时,人们要进行蜡烛光游行庆祝节日。

6. 水灯节

泰历十二月十五日(中国农历十月十五,公历约11月22日)为水灯节。这天晚上,泰国的男女老幼都会换上干净整齐的衣服,带着他们自制的酷似荷花的水灯,并在灯内插上焚香、蜡烛,还加一些米饭,撒一点米酒、钱币,然后放到河面上去。民间歌舞就在这点点烛光中表演起来。等到晚上11点左右,放水灯的人最多,最为热闹。这一盛事已在泰国流传了700多年。

小知识

水灯节与水灯的来历

泰国古时候主要以湄公河作为交通运输载体,人们每天都离不开水,水就像妈妈一样哺育着每一个人。大家为感谢水神妈妈的辛苦,就在月光最亮的晚上送一盏美丽的水灯来表示谢意,同时也希望水神妈妈在来年能够保佑自己平安吉祥。

水灯的大小与我们吃饭用的大一些的碗差不多。一般以木材作为水灯的底,周围用香蕉叶叠成三角形作为边,然后摆几圈各色鲜花,中心再插上三支香和一支蜡烛。放水灯前泰国人一般会用指甲刀剪一些指甲和几根头发放到水灯里,寓意自己身上不好的、旧的东西被水灯带走。人们点燃蜡烛和香,口中说一些感谢和保佑自己的话之后,再把水灯轻轻放到水里,让它自由漂浮。也有一些人乘小船到河中间去放置水灯……

(四) 旅游纪念品

泰丝是泰国最著名且最名贵的商品。泰丝以手工织制驰名世界,品质出众,质地轻柔,色彩艳丽,富有特殊光泽,图案设计也富于变化,是极具东方特色的织物。近年来 Jim Thompson 品牌几乎成为泰丝的代名词。除了围巾、方巾、靠垫套等热销商品外,Jim Thompson 的女包以其精致的做工和实惠的价格深受顾客的青睐。

此外,还有木雕、泰国香料、椰子糖、泰国T恤、虎标万金油、泰国邮票、泰式精油等也是吸引大量游客购买的富有泰国民族特色的旅游纪念品。

【练一练】

案例分析

王小姐在泰国旅游时,为了表示自己对佛祖的虔诚,她把敬奉给佛祖的鲜花和瓜果,直接交到僧侣的手中,结果遭到了他们的拒绝。王小姐百思不得其解,觉得自己买的供奉品和佛像前摆放的明明是一样的,怎么会被拒绝呢?您能告诉王小姐她应该怎么做才会被僧侣们接受吗?

三、主要旅游城市及旅游景点

▶ 案例导入

小宋随团赴泰国旅游,听领队介绍曼谷是"东方威尼斯",就问领队,曼谷是否也和威尼斯一样有着"S型"的大运河,平时人们出门如果不走桥的话,就要靠汽艇或者小船?您能帮小宋解答她的疑问吗?

案例导读:

由于曼谷地势低洼,湄南河造就了市内四通八达的水网,再加上不断开挖的人工运河,到了19世纪,曼谷已成为名副其实的水上都城。河上舟楫如梭,货运频仍,此外还有水上市集,因此有"东方威尼斯"的美称。随着陆上交通及现代化工商业的发展,曼谷市内的河流逐渐丧失其作为交通要道的作用。但至今仍有十多条河道蜿蜒流经市区,这些水道也成就了曼谷的一大特色——"水上人家"。所谓"水上人家"是指那些没有能力在岸上购房或建房的低收入人家,只好选择河畔浅水处,用长木打桩,在上面搭起木屋来居住。这些高脚屋虽然比较简陋,用木板和铁皮搭成,但在炎热的气候里却四面通风,十分凉爽。作为领队不仅要能讲解目的地国的景观,同时也要了解景观美誉中的内涵,并能讲解清楚。

(一) 曼谷市(Krung Thep Maha Nakhon,旧称Bangkok)

曼谷是泰国的首都,在泰语里是"天使之都"的意思,是全国的政治、经济、文化和交通中心,被列为东南亚第二大城市。1782年,泰国国王拉玛一世将都城迁到这里,用记录佛教经典的巴利文给新首都起了长达142个字母的名字,将美好的称号都赋予了新都。泰国人简称其为"共台甫",外国人称之为"曼谷"。

曼谷是东南亚一个重要的国际化大城市。联合国亚太经社委员会总部、东盟组织的总部以及多个国际机构的区域办事处和一所国际学院——亚洲理工学院都设在这里。曼谷也是拥有32个成员国的"世界佛教徒联谊会"的总部所在地。每年在此举行的各种国际会议多达二三百次。它是泰国文化教育高度发达的城市,集中了全国大约80%的高等学府。

曼谷是世界著名的旅游胜地之一。美丽的湄南河纵贯南北,把曼谷一分为二,最后汇入泰国湾。湄南河以东为现代化的新城曼谷,湄南河以西是旧城吞武里,仍保持着传统的色彩。市内河道纵横,水上集市贸易十分繁忙,有"东方威尼斯"之称。全市有佛寺400多座,被称为"佛庙之都"。除上述景点外,还有曼谷最大的花园——九世王御园、中泰两国友好交往的见证——郑王庙(图2-16)、华裔企业家创立的鳄鱼湖公园(图2-17)和唐人街等游览胜地。

图 2-16 郑王庙

图 2-17 鳄鱼湖公园的驯鳄表演

1. 大王宫

到了曼谷不游大王宫和玉佛寺,就如同到了北京没去故宫和长城一样遗憾。曼谷大王宫又称故宫,是泰国曼谷王朝一世王至八世王的王宫。位于湄南河东岸,占地 21.84 万 m^2,由一组融合了泰国与西方风格的建筑群构成,是曼谷市内最为壮观的古建筑群。1782 年,曼谷王朝拉玛一世开始兴建大王宫。以后历代君主不断扩建大王宫,使其达到了现在的规模。大王宫四周筑有白色宫墙,高约 5 m,总长约 1 900 m。

2. 泰国的"三大国宝"

玉佛寺(Jade Buddha Temple)(图 2-18)位于曼谷大王宫的东北角,面积约占大王宫的 1/4,是泰国最著名的佛寺。它建于 1784 年,是泰国王族供奉玉佛像和举行宗教仪式的场所,因寺内供奉玉佛而得名。玉佛殿是玉佛寺的主体建筑,大殿正中供奉着高 66 cm、宽 48 cm,由一整块碧玉雕刻而成的玉佛像。泰国国王每年在热季、雨季和凉季开始时都会亲自为玉佛换上不同的金缕衣,以保国泰民安。泰国内阁更替时,新政府的全体阁员都要在此向国王宣誓就职。每年 5 月农耕节时,国王还要在这里举行宗教仪式,祈祷丰收。寺内四周有长约 1 000 m 的壁画长廊,上面绘有 178 幅以印度古典文学《罗摩衍那》史诗为题材的精美彩色连环画,并附有泰文译诗。它和曼谷的金佛寺(Gold Buddha Temple)、卧佛寺(Reclining Buddha Temple)被誉为泰国的"三大国宝"。

图 2-18 玉佛寺的外观

位于大王宫隔壁的卧佛寺是曼谷历史最古老和最大的寺庙,拥有泰国第二大的卧佛和最多的佛塔。

金佛寺在曼谷火车站西面的一条古街上,该寺因供奉泰国唯一的大型金佛而闻名。金佛高 3 m,重 5.5 t,为素可泰王朝时代的风格。

小知识

四 面 佛

四面佛庙位于泰国曼谷崇光百货公司门前,世界贸易中心斜对面。信徒们在四面佛雕像前供奉祭品,祈求财气与好运。四面佛(图 2-19)是神,不是佛,为婆罗门教三大主神

图 2-19 四面佛

之一的梵天。四面佛的四面分别代表慈(仁爱)、悲(悲悯)、喜(吉祥)、舍(施惠),因此进香时要四面都敬到,否则不灵验。为了报答神灵带来的好运,信徒们在佛像的脚前放置花环和木制大象,有时还雇来当地的演出团体来表演传统舞蹈。

(二) 清迈(Chiang Mai)

清迈素以"美女和玫瑰"享誉天下,手工艺品名闻全国,远销国外,是泰国北部政治、经济、文化、教育中心,也是泰国第二大城市。位于曼谷以北约700 km,濒临湄南河支流滨河,坐落在群山环抱的平原上。北方凉爽的气候及古都留下的丰富文化遗产都使其拥有独特的气质,成为东南亚著名的避暑旅游胜地。

清迈是泰国古都,著名的历史文化古城,建于1296年。作为兰纳王朝的首都,直至1556年,一直是泰国宗教、文化和商业中心,当时所建的城垣大多保存至今。清迈是泰北地区的艺术及建筑物的集中地,是寺庙佛塔之城。雄踞山峰的双龙寺和皇帝的夏日行宫——蒲屏行宫都值得一游。清迈博物馆内珍藏着大量文物,可追溯到孟莱王、素可泰时代。

(三) 古城公园(Old city park)

古城公园位于泰国北榄府境内,是世界最大的露天博物馆。这里荟萃了泰国各地历史上有代表性的建筑物,经过仿制或原物搬迁而成,被游客誉为"泰国迪士尼"。古城始建于1956年,修建工程历时20年。古城的四周由砖墙围起,模仿泰国版图的轮廓,呈象头形,故又有"小泰国"之称。城内有泰国各地最著名的75处寺庙、佛塔、纪念碑等建筑的仿制品。古城内还有十几组根据佛教和泰国民间传统而制造的大型雕塑群。游客在这里可以大体了解泰国自素可泰王朝以来的历史和艺术概貌。

(四) 普吉岛(Phuket)

普吉岛(图2-20)是泰国最大的海岛,连同附近70个小岛组成普吉府,面积801 km²(主岛543 km²),因迷人的风光和丰富的旅游资源被誉为"安达曼海上的一颗明珠"。普吉既有沙白水清的海滩,也有怪石林立的悬崖峭壁和覆盖着茂密热带植被的山地森林。观海龟下蛋、水上活动、潜水等是该岛的重要旅游项目。普吉周边的主要景观有皮皮岛、攀牙湾、西美兰群岛、素林群岛等。

图2-20 普吉岛美丽的海滨

小知识

经典线路：泰国普吉岛度假之旅

第1天　北京—普吉岛

　　飞机抵达普吉岛的机场，开始在泰国的5天岛屿度假之旅！先入住酒店，熟悉周边环境。午餐后稍事休息，享受泰国正宗精油SPA按摩，消除从北京乘机过来的旅途疲惫。晚上前往亚洲最大的舞台剧院——缤纷暹罗剧场，观赏精彩的世界级的泰国艺术和文化遗产演出，除在剧场观赏戏剧以外，还可让您深入了解"泰国农村"生活、传统、文化以及艺术和手工艺的杰作，并在这里享用晚餐。随后返回酒店休息。

第2天　普吉岛

　　早餐后，乘车前往码头，乘JP游船畅游有"海上小桂林"之称的攀牙湾，观赏海面数以百计奇形怪状、变化万千的石灰岩小岛。然后抵达帕纳岛，乘坐独木舟观赏红树林，探索钻石岩洞，进入蝙蝠岩洞，探寻钟乳石洞，行程惊险惬意。随后前往因拍摄《电影007系列——金手指》而闻名于世的007岛，由于酷似一个巨大的钉子被钉到海底，在当地还被称为"铁钉岛"；在游船上享用自助午餐。稍事休息后，前往海盗洞，开始刺激的探险之旅，由专业船夫带二人一组乘坐橡皮独木舟慢慢地划入洞中之洞，漫游于海蚀山林、钟乳熔岩奇景之间，除了两岸不断的虫鸣、鸟声之外听不到任何其他声音。一拐弯，将舟划入一个神秘的洞穴中，尽头豁然开朗，竟是一个隐没在四面高壁中的神秘湖泊，宛如传说中的桃花源仙境一般。途中还将造访一个3000年前的人类古洞穴，刻画在岩壁上的神秘物种图腾会令您感觉不可思议并充满遐想。而后前往丛林开始骑象探索之旅，沿途每一步都惊险刺激，谷地四周尽是独立而奇特的小山，颜色因远近而层次丰富，感受丛林探险的紧张情绪，乐趣迥然不同。随后返回普吉岛，晚餐后，回酒店休息。

第3天　普吉岛—大皮皮岛

　　早餐后，前往码头搭乘快艇前往度假天堂帝王岛，岛上有着原始优美、未受任何污染的热带岛屿风光，海天一色，蔚为壮观。途经热带鱼保护区，您可以卷起裤脚在及膝的海水中喂鱼，成群结队的小鱼在您周围啄食；也可以欣赏水面下五颜六色的珊瑚，耳畔传来浪涛拍岸，俨然一个"世外桃源"。后乘快艇前往大皮皮岛(Phi Phi Don)上享用午餐，随后前往小皮皮岛(Phi Phi Le)进行环岛游，途经燕窝洞、清澈碧绿的天然游泳池——珍珠湾，后前往小皮皮岛的情人沙滩，由好莱坞明星里昂纳多主演的电影《海滩》就是在这里拍摄的，这里水清沙白，适合浮潜，船上为您提供免费的浮潜工具。之后返回大皮皮岛。皮皮群岛被泰国观光局列为喀比府风景最秀丽的国家公园，也是普吉岛周边30多个离岛中的最佳风景区。当晚住在皮皮岛上。

第4天　大皮皮岛—普吉岛

　　早餐后，前往码头搭乘快艇巡游安达曼海的度假胜地——普吉的最后秘密海滩——芭娜娜海滩(Banana Beach)，感受海天一色的人间天堂，您可以漫步于沙滩上感受暖风和煦，可躺在沙滩上晒太阳，也可边享用美食、饮料、酒水，边悠闲地看着书，赏海景，让您轻松愉快享受悠闲度假时光；继而前往游览神仙半岛，欣赏印度洋美景，也可膜拜四面佛，祈求安康幸福；午餐后，游览普吉香火最盛的海龙庙；晚间欣赏世界著名的泰国表演，随后入住酒店休息。

第5天　普吉岛—北京

　　您可以睡到自然醒，全天可以在岛上自由活动，于指定时间退房，办理离店手续。乘车前往机场，办理登机手续，离开美丽的普吉岛结束此次的休闲度假之旅，乘机返回北京。

【练一练】

主题旅游线路设计

泰国拥有丰富的旅游资源,旅游业很发达。早在20世纪80年代末90年代初,泰国、马来西亚、新加坡先后成为最早开放组团业务的中国公民出境游目的地国家。从那之后,这三个国家就常常以"打包出售"的方式,出现在中国游客的"旅行菜单"中。泰国国家旅游局的数据显示,2019年入境泰国的3 970多万外国游客中,中国游客多达1 098万人,超过全部外国游客的四分之一。中国已取代马来西亚成为泰国最大的旅游客源国。

一群老年人想去观光泰国的经典景点并感受佛教文化,请为这些老年人设计一条有特色的泰国休闲观光线路。

主题五　马来西亚(Malaysia)

一、国家概况

▶ 案例导入

留学生小丁是在吉隆坡的M大学读人类学专业的硕士研究生,为了深入了解当地的民俗风情和百姓的生活状态,他特别联系了一家接待外国留学生的家庭住宿。第一次,走进马来人家,小丁记得在进门之前脱了鞋。见到主人和他的妻子时,小丁热情地与主人握手后,向他夫人伸出的手却僵在了那里,因为女主人并未伸出手,只是向他微笑着点了一下头。小丁有点不知所措,只得尴尬地收回了手。

案例导读:

马来西亚人见面时喜欢以握手来表示友好,但是有些信奉伊斯兰教的马来妇女不喜欢与别人有肢体接触,特别是在与陌生男人相见时,只会用点头或微笑来表示友好。因此,留学生如果身为男性,不要主动去向马来西亚妇女握手,只有等到女方先伸手的情况下,男方才能握手回礼。小丁在入住之前应该先熟悉一下国际礼仪交往的规矩以及马来西亚的礼仪、禁忌,就不会遭遇这种尴尬的场面了。

(一) 地理环境

1. 国土地理

马来西亚全境被南海分成东马来西亚和西马来西亚两部分。西马是指位于马来半岛南部的马来亚地区,北与泰国接壤,西濒马六甲海峡,东临南海;东马是位于加里曼丹岛北部的沙捞越和沙巴的合称。国土面积约33万 km^2。海岸线曲折,总长4 192 km,多天然良港。

马来亚地区大部分是山地,吉保山脉纵贯中部,沿海为冲积平原。沙捞越和沙巴西部沿海为冲积平原,内地为森林覆盖的丘陵和山地,最高峰基纳巴卢山海拔4 101 m。主要河流有霹雳河、拉让河等。

2. 气候特征

马来西亚全境属热带雨林气候,终年高温多雨,内地山区平均气温22℃～28℃,沿海平原为 25℃～30℃。年降水量 3 000 mm 左右。在 11 月至翌年 2 月,马来半岛东岸、沙捞越西部和沙巴东北部雨水不断;马来半岛西岸的雨季则在 4—5 月及 10—11 月。

(二) 人文概况

> **问题导入**
>
> 请自己查询介绍马来西亚的书籍或网站,填写下表:

人口		英文名称		主要城市	
民族		主要宗教		首 都	
语言		国 花		与北京时差	
货币		国 鸟		现任国家元首	

1. 历史简述

公元初马来半岛建立了羯荼、狼牙修等古国。15 世纪初,以马六甲为中心的满剌加王国兴起,统一了马来半岛的大部分,并成为当时东南亚主要的国际贸易中心。16 世纪起,先后遭到葡萄牙、荷兰和英国的侵略。1911 年沦为英国殖民地。沙捞越、沙巴历史上属文莱,1888 年两地沦为英国保护地。第二次世界大战期间,马来亚、沙捞越、沙巴被日本占领。战后英国恢复其殖民统治。1948 年 2 月 1 日,成立马来亚联合邦。1963 年 9 月 16 日,马来亚联合邦同新加坡、沙捞越、沙巴合并组成马来西亚,1965 年 8 月 9 日新加坡退出。

2. 经济概况

20 世纪 70 年代以前,马来西亚经济以农业为主,依赖初级产品出口。70 年代以来不断调整产业结构,制造业、建筑业和服务业发展迅速。制造业的主要产品为电子类产品、纺织品和橡胶制品。80 年代中期受世界经济衰退的影响,经济出现下滑。政府采取刺激外资和私人资本增长措施后,经济迅速回升。1987 年后,连续 10 年保持高增速、低通货膨胀发展,国内生产总值、人均收入、对外贸易均有大幅增加。旅游业成为国家第三大经济支柱。

3. 文化艺术

马来西亚各民族在长期共同生活的过程中,形成了多元文化的特色。

马来人是马来西亚各民族中的一个民族,作为马来西亚的主体民族,马来人在该国的政治势力强大,伊斯兰教成为马来西亚的国教。除伊斯兰教以外,马来人还保留着原始宗教,其代表性的仪式是称作"昆德利"的共食仪式。这种仪式起着维持社会关系的重要作用。可以说马来人的社会组织是由伊斯兰教规范和传统习惯共同维系的。

马来西亚的华人宗教是佛教和道教。代表性的佛教寺院有吉隆坡的观音寺、三宝洞,马六甲的青云寺,槟榔屿的极乐寺等。这些寺院宏伟壮观,多为旅游名胜,充分反映了当地华人的社会力量。佛道混合是这些寺院的特征,一个寺院里往往同时供奉着福德正神、玉皇大帝和释迦牟尼、观音菩萨。

马来西亚的印度人多为印度南部的泰米尔族。印度教为其主要信仰,人们崇拜村镇神、家族神和个人神。印度教终极理想是达到梵我如一,而要达到这种至高的境界则需要做瑜伽等种种苦行。该教供奉的神主要有毗湿奴神、湿婆神。

【练一练】

案例分析

某假日旅行社英语导游小吴接待一个马来西亚来的旅游团,他注意到这些团员在握手、打招呼或馈赠礼品时,必须用右手,如果用左手就是对他们的大不敬,甚至是一种侮辱。他不知道,是只有马来西亚有这种习俗呢,还是穆斯林国家都是这样?您能替小吴解开他心中的疑惑吗?

二、民俗风情

案例导入

某国旅的英文导游小柳接待一个来自吉隆坡的商务旅行团,团里有3个马来西亚客人,小柳在接待的过程中非常注意他们的宗教禁忌和民族习惯,行程中一直很顺利,客人对他的服务也很满意。但在最后一天的游览中,由于小柳的失误,无意中碰到了一位马来西亚客人的头,尽管他对客人表示了道歉,但客人仍然不依不饶,还向旅行社进行了投诉。小柳实在想不通,客人为什么要这样小题大做?

案例导读:

马来西亚人忌讳摸头,认为摸头会给人带来厄运和被视为对他人的严重侵犯和侮辱。作为导游,一定要特别关注接待国客人的礼仪禁忌。因为一件您认为的小事,可能在接待国中就是关乎客人未来、健康、智慧、钱财等性命攸关的大事。因此,在本案例中小柳接待马来西亚客人时,一定要先了解清楚他们的习俗,然后在工作过程中尊重他们的习俗,不要忽视其中的任何一个细节;否则,就会被视作对他们的不礼貌,引起不必要的麻烦。

(一) 社交礼仪

1. 礼仪特征

马来人是热情、谦恭、大方、讲究礼节的民族。伊斯兰教是马来西亚的国教,该国的生活习俗带有浓郁的宗教色彩。穆斯林每天要祈祷五次,到麦加朝圣过的人备受尊敬。清真寺是穆斯林举行宗教仪式的地方。对外开放时,女士需穿长袍及戴头巾,否则将被拒之门外。

马来人喜爱猫。他们习惯用右手用餐或接受别人的东西。在马来人家中做客应注意举止,尊重长者。对年长者不能直呼"您",而要称"先生""夫人"或"女士"。进门时,除非得到主人的许可,客人必须把鞋脱在门口或楼梯口,方可进屋。进屋后,宾主双方要互相问候和握手,握手时双手仅仅触摸一下,然后各自双手合十,摸一下自己心窝表示问好。如果席地而坐,男子最好盘腿,女子则要跪坐。客人要走时,应向主人告辞,主人一般把客人送出门外。

2. 礼仪禁忌

马来人最禁忌的动物是猪。不喜欢别人问自己的年龄。若问年纪会被视为不礼貌。他们认为左手是不洁的,忌讳用左手,在不得不用左手时,一定要说声"对不起"。他们认为以食指指人,是对人的一种污辱。通常男士不主动与女士握手。任何人不得触摸马来人的头和背部。坐在椅子上不能跷起二郎腿,尤其是在老人面前更不应如此,女子则应并拢双脚。在黄昏时登门拜访是不受欢迎的,因为这时穆斯林都要做祷告,晚上拜访通常应在 20:30 以后。

(二)饮食文化

1. 饮食特征

马来人普遍喜好辣食,尤其是咖喱牛肉;平时喜喝咖啡、红茶,大多数人爱嚼槟榔。

2. 饮食禁忌

忌食猪肉、死物和动物血液;不饮烈性酒,在正式场合也不敬酒;禁烟。

伊斯兰教历九月是斋月,一般情况下马来人昼禁夜食,只有年老、体弱多病、孕妇或外出旅行者可例外。

小知识

马来传统服饰

马来人的传统礼服:男子为无领上衣,下着长裤,腰围短纱笼,头戴"宋谷"无边帽,脚穿皮鞋;女子穿着上衣和纱笼,宽松似袍,头披单色鲜艳纱巾。马来人的礼服和便服有着共同的特点:又宽又长,色彩鲜艳,别致美观;无论男女头上都戴着各种各样的头饰。平时他们穿西服,只有探亲访友或重大节日时,才穿传统服装。在正式场合,男子还可穿长袖巴迪衫。巴迪衫是一种蜡染花布做成的长袖上衣,质地薄而凉爽,现已成为马来西亚"国服"。在马来西亚除皇室成员外,一般不穿黄色衣饰。

(三)节庆风情

在马来西亚,节日反映了这个多民族国家的多元宗教、文化和风俗习惯。

1. 开斋节

伊斯兰教历十月一日开斋节,是马来人最重要的节日。伊斯兰教历九月,全国穆斯林都要实行白天斋戒禁食,斋月后的第一天就是开斋节。节日前夕,穆斯林要进行慈善捐赠活动。节日里,人们从四面八方赶回家里,同亲人团聚,亲朋好友互相拜访、祝贺佳节。

2. 农历新年

农历正月初一为农历新年,节日的风俗和中国的春节大致相同。到处张灯结彩、敲锣打鼓,人们舞狮,认为这样可以驱邪逐妖。亲朋好友互相登门拜年、茶话叙旧,共享美食佳肴,各自派"利是"(又称"红包"),祝贺财运亨通。

3. 圣纪节

伊斯兰教历三月十二日为圣纪节。这一天是穆罕默德诞辰日,是穆斯林的节日。每年这一天,首都数十万伊斯兰教徒在最高元首的率领下,前往清真寺举行隆重的祷告仪式,然后举行盛大的游行庆祝活动。

4. 国庆节

公历8月31日国庆节。又名"独立日"。1957年8月31日是马来西亚联邦独立的日子,每年的这一天,举国欢庆,吉隆坡都会举行盛大的庆祝游行与演出。

5. 屠妖节

公历10—11月为屠妖节,在月圆后的第15天看不见月亮的日子举行。它是印度人的新年。人们点上灯火以庆祝当年降魔伏妖的胜利。清晨,印度教徒沐浴后穿上节日盛装,男女老少拿着槟榔叶、槟榔、香蕉和鲜花,到印度庙里供神,并顶礼膜拜,祈求神的保佑。节日里家家户户灯火通明、香烟缭绕,所以又叫"光明节"。

6. 哈芝节

伊斯兰教历十二月的第 10 天为哈芝节,时值开斋节后两个月。哈芝节又名"古尔邦节""牺牲节",是穆斯林的盛大节日。是教徒前往伊斯兰教圣地朝圣后,隔天举行的重要宗教仪式,庆祝活动主要是宰杀牛羊,感谢真主。

7. 圣诞节

公历 12 月 25 日圣诞节,这天是耶稣基督诞生的日子,和世界各地一样已成为马来西亚的一个重要节日。圣诞前夕,各教堂举行夜弥撒,不论是基督徒还是非教徒都沉醉在圣诞的气氛中,大家携手同欢,普天共庆。

此外,还有联邦日、最高元首(在任)诞辰、槟城国际龙舟节、中秋节、马六甲嘉年华会、伊斯兰教历新年等。

(四)旅游纪念品

马来西亚的锡制品是具有相当价值的纪念物,也是马来西亚最出名的手工制品。锡制水杯或茶叶罐的保温和保鲜性能特别好。锡器中最有名的是皇家雪兰莪牌的,有高脚杯、瓶饰、徽章、小雕像、咖啡盘及烟灰缸等不同种类。

此外,游客们还可购买巴迪蜡染布、银制品、风筝、手工织品、雕刻画、木雕手工艺品、蝴蝶标本、凉鞋等具有民族特色的产品,还有该国的特产——豆蔻膏(功能类似于中国的万金油和风油精)和猫须茶(用马来独有的名贵草药"猫须草"制成)。

【练一练】

案例分析

某旅游团 5 个团员受邀去马来人家参加定于晚 19:00 的宴会,5 个人经商量,为了表示对主人的尊重,他们提前 20 分钟就带着准备好的礼物到了主人家,行过合十礼、把礼物交给主人后,大家走进房间。吃晚饭时,有的团员是左撇子,在席间学着主人的样子,习惯性地用左手去抓食物吃。吃过晚饭,大家对主人表示感谢并告辞。在做客的过程中,团员们有哪些地方做得不对?领队在行前应该做哪些方面的提醒呢?

三、主要旅游城市及旅游景点

案例导入

游客小胡在吉隆坡逛街时,迷了路,找不到回酒店的方向了。买完东西,沿着自己认定的方向走了很久,仍然没有看到酒店的影子。只好向旁边的行人问路,由于双方语言不通,说了半天,对方也没明白。小胡拿出酒店的名片,用右手的食指指指名片,又指指对方,意思是想让对方告诉自己回酒店的路,谁知道,对方看到小胡的手势后,很生气,说了一句什么话,转身就走了。小胡觉得莫名其妙,不明白怎么就把对方给气走了。

案例导读:

马来西亚人非常讨厌别人用右手食指指向自己,或指向其他的东西,甚至是指路都不能使用这个手势。如果不想惹怒马来西亚人,大家一定要记得,用右手的拇指指向自己想要的方向,而且另外 4 个手指一定要紧握,这才是正确的手势。多了解各国的礼仪禁忌和风俗习惯对您周游列国肯定会大有帮助。

(一) 吉隆坡市(Kuala Lumpur)

吉隆坡是马来西亚的首都,有"世界锡都、胶都"的美誉,西、北、东三面被丘陵和山脉环抱。1963年马来西亚独立时定都于此,如今已经发展成为人口百万之众的国际都市。总面积 243.6 km²,拥有自己的外埠海港、国际机场,是马来西亚的政治、经济、交通、文化和社交中心。

吉隆坡是一个硕大无比的"世界建筑博览馆",市内清真寺、佛教和印度教的寺庙比比皆是,基督教教堂穿插其中。位于国家广场一侧的司法部和最高法院是古老的"阿杜勒·萨马德建筑",被视为吉隆坡乃至整个马来西亚的象征;作为吉隆坡重要交通枢纽的火车总站,年代悠久而富丽堂皇,是一座富有英国中世纪风格的城堡式建筑;以方锥形结构建筑的印度教古庙,象征着释迦牟尼教义的无边法力;坐落在八大灵山的精武体育馆,体现了华人在此生活时间的久远;在吉隆坡国家广场与英雄广场之间,矗立着高达 100 m 的国旗旗杆,堪为壮观。

1. 吉隆坡国家石油公司双塔大楼

双塔大楼的外形像两个巨大的玉米(图 2-21),又名"双子星大厦"。它建成于 1997 年,曾经是世界最高的摩天大楼,现仍是世界最高的双塔楼,也是吉隆坡的知名地标与象征。该建筑 88 层、高 452 m,由美国建筑设计师西萨·佩里(Cesar Pelli)设计。该楼的主要用户是马来西亚国家石油公司。在主楼的 41 和 42 楼之间有一长 58.4 m、距地面 170 m 的天桥,用于连接和稳固两栋大楼。登上双塔大楼,整个吉隆坡市的秀丽风光尽收眼底。在晚上灯光璀璨时,景色尤为壮美。

图 2-21 吉隆坡国家石油公司双塔大楼

2. 国家清真寺

国家清真寺(National Mosque)在吉隆坡中央车站与雷克公园中间,是马来西亚政府于 1965 年投资近 1 000 万美元兴建的国家清真寺,1965 年竣工。建筑式样与装饰类似麦加城的三大清真寺,主要由祈祷大厅、大尖塔和陵墓三部分组成,占地面积 5.5 万 m²。大厅可容纳 8 000 人祈祷,是东南亚地区最大的清真寺,也是马来西亚穆斯林的活动中心。

(二) 马六甲(Melaka)

马六甲是马来西亚著名的文化古城和重要的港口,位于马六甲海峡东岸南段的平原上。马六甲河(图 2-22)贯穿老城区,最初的华人移民将中华文明带到这里,在这条河边繁衍生息。

图 2-22 马六甲河

1. 三保山

游马六甲必去三保山(Bukit China)。三保山也叫中国山,最早是因为明代三保太监郑和 1460 年访问马六甲时经常到此散步而得名。这座山逐渐成为中国境外最大的华人墓地,许多墓碑是明代遗存的,共有 12 000 多座坟墓。

西南山麓有座三保庙,也叫郑和庙,是当地华人为纪念郑和于 1673 年建成的。庙内有郑和坐像,上挂"郑和三保公"横幅。庙前院内有一口井,名三保井,是马来西亚最古老的水井之一。井水味道甘美,天旱也不枯竭。现今已变成一口许愿井,据说只要将一枚铜钱投入井内,将来就会重游此地。

2. 圣地亚哥城堡

游马六甲还有一个必去之处是圣地亚哥城堡(Fort Santiago)(图 2-23)。这是一处 16 世纪初期的葡萄牙式建筑,也是马六甲 400 年殖民地历史的见证。这个城堡当年号称东南亚最大和最坚固的城堡。城堡后来毁于 19 世纪初英国殖民者手中,仅有城门幸免于难。

图 2-23 圣地亚哥城堡

3. 荷兰红屋

与圣地亚哥城堡紧挨着的是荷兰红屋(Netherlands Red House)(图 2-24),这是东南亚最古老的荷兰建筑。当年是教堂,后来做了 300 多年的政府机关,直到 1980 年才改为马六甲历史博物馆,藏有马来、葡萄牙、荷兰和英国的历史文物,也展出中国和马来传统的结婚礼服。这座红色外墙的建筑可以说是马六甲的标志。

图 2-24 荷兰红屋

(三) 槟城(Pinang)

槟城包括槟榔屿(因全岛到处可见槟榔树而得名)和威斯利省。首府乔治市(因苏丹·阿卜杜拉将槟榔屿让给英国国王乔治三世而得名),位于槟榔屿岛的东北,是一个以华人为主、具有古老历史文化的大城市。这里的交通非常发达,是马来西亚第二大城市,也是该国早期的自由港。

槟榔屿扼守马六甲海峡北口,地理位置十分重要。它与马来半岛隔海相望,全岛森林覆盖面积达 30%,被誉为"印度洋上的绿宝石"。

蛇庙又叫青龙庙,原名"清水庙"(道教寺庙),已经有 100 多年历史。位于槟城以南 14 km 处,正名叫福兴宫,供奉清水祖师。据说 1795 年前后佛诞时,蝮蛇进庙偷吃香客供奉的食物,一条蛇可吞食 70 只鸡蛋。蛇庙的香火长盛不衰,游客络绎不绝,因而成为马来西亚十大名胜之一。

(四) 红滩(Red Beach)

红滩是马来西亚闻名遐迩的大海龟产卵地,位于瓜拉丁加奴以南 60 km。每年 5—9 月是海龟的产卵季节,大批游客从世界各地赶来观赏这一奇观。至今观测到的最大海龟体长 200 cm、体重 750 kg。

海龟在深夜从海里爬上来找产卵处,全力以赴地挖开沙子后,在里面产下 80~100 个乒乓球一样大小的卵,在上面盖上沙子,然后慢慢回到海里,不留任何脚印。也正是因为它太有名,如果旅游者一心想看到在海边悄悄产卵的海龟,恐怕会失望而归。

小知识

经典线路:沙巴南洋风情之旅

第 1 天 成都—香港—沙巴(Sabah)

集合于成都双流国际机场,搭乘航班飞往香港。转机前往风下之乡——沙巴。抵达后,入住酒店休息。

第2天　海洋天堂——马幕迪岛

早餐后,于码头乘船20分钟前往东故阿都拉曼国家公园中的美丽岛屿——马幕迪岛。这里是小丑鱼的世界,在投入碧海蓝天之际,别忘了穿上漂亮的泳衣及救生衣,把准备好的浮潜工具也带上。午餐在岛上享用铁板海鲜烧烤BBQ和琵琶虾,您可以一边用餐,一边享受徐徐海风的吹拂。吃完饭略作休息,您可以参与水上活动:降落伞、海底漫步、海底摩托车、摩托艇、香蕉船等。让您置身于温暖的阳光中,陶醉在迷人的海景里,度过一个美好的海上假期。晚餐在市区品尝独具特色的娘惹风味餐。

第3天　凯尔斯长鼻猿生态保护区—夜游萤河

早餐之后自由活动,享受这难得的悠闲时光。午餐后,乘车前往凯尔斯长鼻猿生态萤河之旅保护区,车程约为2小时,抵达后,先轻松地享用一下地道的马来糕点,之后搭乘快艇深入这片热带雨林,开始今日的长鼻猿生态雨林之旅(图2-25),出发前先放下捕捉红鲜的网笼,期待回航时的收获,接着享受在热带雨林中钓虾的乐趣,接着就是今日最有看头的旅程,寻访野生长鼻猿的踪迹。搭乘长尾船畅游于盘根错节的红树林间,在蓝天绿水间寻觅这世界上独一无二的长鼻猿,偶尔还能发现其他猿猴的踪影。返航时刻,让成千上万的萤火虫陪伴我们航行于寂静的河道上,让身旁树林中忽明忽暗的光亮唤醒了您儿时的记忆。

图2-25　凯尔斯长鼻猿生态保护区

第4天　美人鱼岛

早餐之后,前往美人鱼岛。美人鱼岛是沙巴州西北部对面的一个原生态海岛。这里海水清澈见底,热带鱼群色彩斑斓,珊瑚形状各异,最大的有10人圆桌那么大。这里是潜水的最佳选择,穿戴上为您准备好的潜水用具和救生衣,纵身跳入海中欣赏美丽的珊瑚群、热带鱼群,运气好的话还可以看见罕见的海龟,倘若有机会遇见美人鱼(海牛),别忘了大胆地与它共游,生性温驯的它依附在您身旁像个撒娇的孩子,有时还会和您一起在海中嬉戏。

第5天　沙巴市区观光—香港—成都

早餐后,参观沙巴造型优美的新地标——沙巴基金大厦,华人捐献建造的普陀寺及沙巴洲清真寺,之后前往莫迪卡独立广场;艾京生大钟楼,这座钟楼是在第二次世界大战时,3座没有被炸毁的建筑物之一;沙巴旅游局;澳洲坊,1945年澳洲军人登陆扎营的老街,让您认识不同的宗教文化和沙巴的风土人情。午餐后,乘车前往马来西亚免税集团,您可以选购一些土特产带回家。然后奔赴机场,结束愉快的沙巴之旅!

> **【练一练】**
>
> **主题旅游线路设计**
>
> 旅游业是马来西亚的第三大经济支柱和第二大创汇产业。1990年马来西亚被国务院批准为中国公民自费出境旅游目的地国家。数据显示,近年来,越来越多的中国游客将马来西亚作为旅行目的地。中国已连续多年在游客访问马来西亚人数上位居第一。中国已成为马来西亚最大的旅游客源市场。以观光、休闲为主要目的的旅游者仍将在中国游客中占据最大的比重。
>
> 有一群老年人想去马来西亚感受热带海滨风光及其独特的民俗文化,请为这些老年人设计一条有特色的马来西亚观光旅游的线路。

主题六　菲律宾(Philippines)

一、国家概况

▶ 案例导入

留学生小李初到菲律宾的时候,有经验的学长就告诫他,在菲律宾,出门要自己琢磨地图,在大街上不要向菲律宾人问路。他很奇怪,菲律宾人看上去都是很热情的,应该很喜欢帮助外国游客呀,为什么不能向他们问路呢?

案例导读:

菲律宾人从不轻易向他人说"不",因为那么做会被别人认为很不礼貌。就是因为他们不好意思说"不",当他们不知道路怎么走时,为了避免不礼貌,他也会努努嘴向前示意一下说"很近",让问路的人不知道该怎么办,或者干脆走错方向。

由于菲律宾人不好意思说"不",所以在他们说"是"或者答应什么事情的时候,您最好换一种方式再问一下,以确认他们的答案真的为"是",以免误事。比如您的书房需要一张新桌子,您转了好几家家具店,终于选好了自己要买的桌子,问店主一周内送货是否可行,店主保准说:"Yes,sir。"您要是按照这个答复等待您的新桌子,那到时肯定不会有新桌子送到。如果您想得到确切的答复,就要设身处地为店主着想,改为这样提问:"您看5天送货上门有困难吗?"因为不需要说"不",如果有困难,他就会对您实话实说,并告诉您可行的送货日期,这样您的新桌子才会真正按时送达。

(一) 地理环境

1. 国土地理

菲律宾共和国,简称菲律宾,是位于亚洲东南部的群岛国。北隔巴士海峡与中国台湾省遥遥相对,南和西南隔苏拉威西海、巴拉巴克海峡与印度尼西亚、马来西亚相望,东临太平洋,西濒南海。菲律宾共有大小岛屿7 000多个。其中吕宋岛、棉兰老岛、萨马岛等11个主要岛屿约占全国总面积的96%。面积为29.97万 km²。海岸线长约18 533 km。

菲律宾是个多山的国家,山地面积占全国总面积的3/4。各岛均有火山分布,地震频繁。吕宋岛上的马荣火山是最大的活火山,棉兰老岛上的阿波火山海拔2 954 m,为全国最高峰。

主要河流有棉兰老河、卡加延河等,河道均较短且水流湍急,航运价值不大但蕴含丰富水能资源。

2. 气候特征

菲律宾属季风型热带雨林气候,全年高温多雨,湿度大。年均气温27℃,年降水量2 000～3 000 mm。旱、雨两季分明,每年5—10月为雨季,11月至次年4月为旱季。菲律宾的中部和北部每年7—11月常受到台风的侵袭。

(二) 人文概况

> **问题导入**
>
> 请自己查询介绍菲律宾的书籍或网站,填写下表:

人口		英文名称		主要城市	
民族		主要宗教		首都	
语言		国花		与北京时差	
货币		国鸟		现任国家元首	

小知识

菲律宾国旗

菲律宾国旗为长方形,长宽之比为2∶1。它是在反抗西班牙殖民统治、争取自由和独立的斗争中制定的。旗面左侧的白色等边三角形中间,有一轮黄色太阳,三角形的每个角内,各有一颗黄色五角星。右侧为位置可更换的蓝、红两色。平时,蓝色在上;战时,红色在上。太阳和光芒图案象征自由的阳光普照全国。其中8道较长的光芒,代表最初起义争取民族解放和独立的8个省,其余光芒表示其他省。3颗五角星表示菲律宾的三大地区:吕宋、萨马和棉兰老。蓝色表示忠心、诚实、正直,红色象征英勇和胆量,白色象征和平与纯洁。

1. 历史简述

菲律宾人的祖先是亚洲大陆的移民。16世纪以前菲律宾北部、中部、南部均有封建割据的王国。1521年,麦哲伦率领西班牙远征队到达菲律宾群岛。此后,西班牙逐步侵占菲律宾,统治长达300多年。1898年6月12日,菲律宾宣告独立,成立菲律宾历史上第一个共和国。同年,美国通过美西战争后签订的《巴黎条约》占领了菲律宾,菲律宾又沦为美国的殖民地。1935年11月,菲律宾成立自治政府。1941年12月8日,日军入侵菲律宾。1945年,美国重新恢复对菲律宾的殖民统治,1946年7月4日,菲律宾共和国再次宣告独立。2022年5月,菲律宾举行第17届全国大选,马科斯及其搭档莎拉胜选正、副总统。

2. 经济概况

菲律宾为出口导向型经济,对外部市场依赖较大。第三产业在国民经济中占有突出地位,农业和制造业也占相当比重。主要粮食作物是稻谷和玉米。椰子、甘蔗、马尼拉麻和烟草是菲律宾的四大经济作物,其中椰子产量和出口量均占全世界总产量和出口量的60%以上。菲律宾是全球主要劳务输出国之一。旅游业也是菲律宾外汇收入的重要来源之一。

3. 文化艺术

菲律宾人的魅力来源于他们的微笑,其魅力贯穿整个群岛多样的生活方式、灿烂的民族文化,从而产生了源于土著宗教却又具有天主教象征意义的文化艺术。

菲律宾人热情豪爽、内涵丰富的艺术气质,源于他们长期生活在大自然的壮丽风景中。因而,有了诸如精致刺绣的国服,19世纪的巴洛克式建筑和艳丽色彩的吉普尼(jeepney)乘客车(图2-26)、冰淇淋车、圣诞灯笼和宗教游行。

图 2-26 个性鲜明的吉普尼

民族及民间舞蹈是菲律宾文化的一部分,由南部到北部,每个地方都有标志着其传统文化特色的民族舞。被视为国舞的"Carinosa"是菲律宾人的求爱舞,同时亦反映了菲律宾人友善、可爱及热情的民族特征;另外一种流行的舞蹈是"Maglalatik"或称"Magbabao",其实是描述一场椰浆(椰奶煮滚后所剩余的残渣)战的舞蹈;至于跳"Pandango sa llaw"舞时,舞者会将一些燃有小蜡烛的玻璃杯放在头上及手上;最后还有"Balitaw"舞等。

【练一练】

案例分析

在菲律宾,每月的1日或者15日,如果恰巧又是周末,马尼拉的街道就会"水泄不通"。因为这两天是菲律宾政府部门、企业发工资的日子。精明的商家也会利用这两天大做促销广告,提醒消费者趁手里有钱抓紧购物。一到下班时间,马尼拉人就会在银行自动提款机前排起长队,取出刚打入账户的工资。有钱人开着私家车,普通人坐着吉普尼去逛商场、下餐馆、泡酒吧、唱卡拉OK,尽情消费。

从上面的案例里,我们能够总结出菲律宾国民性中的哪些特征?

二、民俗风情

> **案例导入**

即使是在号称世界上最拥挤的20座城市之一的马尼拉街道上,面对每天拥挤不堪的道路,吉普尼的司机安迪依旧泰然自若,一边听着音乐,一边抽空和乘客聊两句天,极其富有耐心。即便道路偶尔通畅，街上的许多车辆还是不紧不慢地一路晃悠。坐在车上，听安迪说得最多的一句话就是"巴哈拉纳"，还有"我们这里的司机遇到堵车，绝对不会有人拼命按喇叭，大家都很有耐心，万事自有上帝来安排。"大家知道"巴哈拉纳"到底是什么意思吗？

案例导读：

菲律宾人无论遇到天灾人祸，还是生离死别，都爱说一句"巴哈拉纳"。有人说这是一句祷告，也有的说这是一句诅咒，其实就是"凡事急不得，一切听天由命，自有上帝来安排"的意思。这句话实际上与中国的一个成语"随遇而安"的意思比较接近。

正是因为这种不温不火、凡事听天由命的"巴哈拉纳"处世哲学，马尼拉的道路虽然拥堵，却很少发生事故。在炎热的夏季，大家坐在没有空调、不是密封窗户的吉普尼里，享受着马尼拉湾吹来的徐徐海风，怡然自得地享受着这种慢悠悠的生活。也只有当您真正理解了"巴哈拉纳"的真谛后，才能真正融入普通菲律宾人的生活。

（一）社交礼仪

1. 礼仪特征

菲律宾人的姓名大多为西班牙语姓名，顺序为：教名·母姓首字·父姓。与专业技术人员交往时要称呼他们的职称（工程师、建筑师、律师、教授等）。菲律宾人喜爱打听私人情况，谈话时要低声。尊重老人，要先向长者问候、让座，不能在老人面前抽烟。宴会后常请客人唱歌，拒绝是很不礼貌的。菲律宾人对个人尊严很敏感，坦率和直言被视为鲁莽，故有不同意见时，不宜正面反驳。

2. 礼仪禁忌

与菲律宾人交谈时，要避免政治、宗教、菲律宾近代史等话题。社交活动遵守时间被视为过分热情，一般要迟到15～30分钟。受礼不能当面打开。忌讳数字"13"，视13日、星期五为不祥日子。

（二）饮食文化

1. 饮食特征

菲律宾人的主食是大米、玉米，副食以鱼、海味、肉类为主。米饭放在瓦缸或竹筒里煮，用右手抓饭进食。菲律宾人最喜欢吃的是椰子汁煮木薯、椰子汁煮饭，然后用香蕉叶包饭。喜欢使用刺激性的调味品，非常流行嚼槟榔。他们和马来西亚人一样喜欢吃鱼。城市中上层人士大多吃西餐。

2. 饮食禁忌

菲律宾穆斯林遵循伊斯兰教教规，他们不吃猪肉，不喝烈性酒，不喜欢喝牛奶，忌用左手吃东西、递物品。

小知识

菲律宾国服

菲律宾男子的国服叫"巴隆他加禄"（Barong Tagalog）衬衣。这是一种丝质紧身衬衣，领口如同一般可以扎领带的衬衫，长袖，袖口如同西服上装。前领口直到下襟两侧，都有抽丝镂空图案，花纹各异，颇为大方。20世纪50年代初，这种服装正式成为菲律宾男子的国服，为外交场合、庆祝活动和宴会的正式礼服。菲律宾女子的国服叫"特尔诺"

(Teron)。这是一种圆领短袖连衣裙,由于两袖挺直,两边高出肩稍许,宛如蝴蝶展翅,所以也叫"蝴蝶服"。这种服装结合了西欧国家特别是西班牙女服的特点,经过三四百年的沿革,成为菲律宾妇女的国服。

(三)节庆风情

菲律宾是世界上节日最多的国家之一,其中全国性的节日就有20多个。由于外来文化的熏陶,菲律宾的不少节日与天主教有关,如复活节、万圣节、圣诞节及护城神节等。

1. 元旦

1月1日元旦。是菲律宾的新年。全国各地的城市街道上到处燃放烟火,洋溢着热闹欢乐的气氛。除夕与家人团聚是菲律宾的传统习俗。饭店里举行的新年舞会,有现场的乐队演奏。1月份的第一个星期天,相当于我国的春节。届时市民集中在各区的教堂,充满虔诚和期望地参加新年的第一个弥撒。

2. 复活节

每年春分月圆后的第一个星期日为复活节,也称"耶稣复活瞻礼""主复活节",这是一年一度纪念耶稣复活的节日。庆祝活动在黎明时分开始,其中最富特色的活动是自我鞭笞赎罪和钉十字架。这一天,数以千计的戴头兜的忏悔者在大街小巷上行走,其中许多人用嵌着碎玻璃的竹棒边走边抽打自己的背,为自己的罪孽"赎罪",并祈求上帝保佑。自我鞭笞赎罪是天主教内苦行派别于13世纪所创,至今在菲律宾盛行。

3. 巴丹节

4月9日为巴丹节。1942年4月9日,巴丹被日本军队占领,人民奋起反抗。菲律宾人民以此来缅怀在第二次世界大战中为保卫菲律宾而牺牲的战士。

4. 五月花节

5月的最后一个星期日为五月花节。这一天,小女孩们手捧花束献给圣母玛利亚,举行圣母像大游行,未婚的少女们穿上白色、缀满鲜花的长袍,跟随在圣母像之后。

5. 独立节

6月12日为独立节,即国庆节,纪念菲律宾在1898年6月12日脱离西班牙,获得独立。这天,首都马尼拉市要开展各种庆祝独立日活动,如举行体育比赛和文艺演出,总统还要为庆祝独立日发表讲话。

6. 万圣节

11月1日为万圣节,华侨称之为"亡人节",类似中国的清明节。这天为纪念已经逝去的亲人,一家人会去公墓献鲜花,并通宵守夜。菲律宾人生性乐天、视死如归,他们在墓前点燃红、黄、白色蜡烛,诵念经文,还打牌、野餐、唱歌、跳舞……有与逝去亲友同乐的意义。

7. 圣诞节

12月25日为圣诞节。由于菲律宾是亚洲唯一的罗马天主教国家,因此圣诞节是该国一年之中最隆重的节日。这是个与家人欢聚团圆的节日,大家互相赠送礼物,庆祝圣婴耶稣的诞生。

(四)旅游纪念品

菲律宾的刺绣世界闻名,男士国服就是具有菲律宾民族特色的独特艺术品,还有女式的刺绣服装,及与衣服配套的围巾、提包、手绢等。各种形状、大小各异的编织篮,产自棉兰老岛色彩鲜艳的包,在当地集市上还可以找到特产的钱包,既便宜又漂亮,是您送给亲人最理想的礼物。在菲律宾的萨马岛和莱特岛上,可以找到当地所产的垫子,可以买回去将它们挂在起居室的墙上,朴素又大方。

此外,木雕工艺品、马尼拉的特产——椰子、吕宋雪茄、水果干(芒果干、香蕉干)等都是很好的旅游纪念品。

【练一练】

案例分析

领队小张带团去菲律宾旅游,团员们很高兴地应邀参加当地人定于18:00举行的Party。为了不迟到,大家提前10分钟就到了会场,结果发现会场空无一人。18:20当地人才陆续到齐,主客双方交换礼品,团员们依照西方人的习惯,拿到礼物就连忙打开,并赞美主人所送的礼物。晚会开到了高潮,主人邀请一名漂亮的女团员唱首歌,但她怕唱得不好让人家笑话,就礼貌地推辞了,其他团员也纷纷谦让,结果晚会不欢而散。

请问在参加Party的过程中,领队与团员们有哪些地方做得不妥?为什么?

三、主要旅游城市及旅游景点

> **案例导入**

"那是什么?"小刘所坐的旅游大巴刚拐上马尼拉的琼斯大道,就看到了一个怪模怪样的车子,他惊奇地问。团队地陪小王向车窗外看了一眼,回答说:"那是吉普尼。"

这是一辆加长吉普车,车身是天蓝色的,下半部分则是或红或黄的图案,车厢内有两排长凳,乘客面对面坐着。天蓝、艳红、明黄,明快而具有强烈对比的色彩,让小刘颇为惊奇。

对面又出现了一辆吉普尼,车前脸上立着一排广告体的英文字母,还画了一幅田园画;车前的保险杠大概是重型农用车的,上面安装了一排彩色大灯;引擎盖正中用一支银色长号做喇叭;最特别的是车厢上的玻璃窗,为了遮阳,居然在车顶外侧横挂了一根上面卷着帆布的竹竿。车身上涂鸦内容之丰富,涉及风格之多变,整体色彩之夸张,都是菲律宾人对艺术全新的诠释。看来生活才是艺术的真正源泉。

案例导读:

到马尼拉观光的人,都会看到一种独特的交通工具——外表奇特、五彩缤纷的"吉普尼"。在喧闹的街头,它们像游弋于街道上的热带鱼,可谓美国吉普车与菲律宾文化交融的产物。吉普尼大都是手工改装而成的。每个车主都希望自己的车看起来独具特色,所以每辆吉普尼上都绘有五颜六色的图案,安装了各样的车灯和轮胎。在菲律宾您绝对找不到两辆完全一样的吉普尼。而且,每辆吉普尼都有自己的名字,"堵在马尼拉""上帝与您同在""菲律宾的美女"……在马尼拉和宿务之间有很多吉普尼出没,作为民间主要的交通运输工具,方便、廉价的吉普尼在菲律宾人的生活中不可或缺。每辆吉普尼都有自己固定的运营线路,线路就写在车子的侧面,但没有固定的车站,您可以在路边任何地方招手上车,也可以在沿途任何地点要求下车。吉普尼最多时可载14~15人,一般按段计费。到了目的地,只需用手敲敲铁皮车顶,司机就知道有人要下车。吉普尼司机的记性特别好,您在哪儿上的车,到哪儿下车,应付多少车钱很少出现差错。他们一般脚踩人字拖,一只手五个手指间夹满零钱,招呼、开车、收钱、找零一人包揽。

菲律宾群岛风光绮丽，物产富饶，水果、海鲜四季不断。再加上它是一个多民族的国家，由于历史的原因，融合了许多东西方的文化与风俗习惯特点，富于异国风情，已成为亚太地区著名的旅游胜地。旅游业是菲律宾重要的外汇来源之一。

（一）马尼拉市(Manila)

马尼拉是菲律宾首都，素有"东方明珠"之称。位于菲律宾群岛中最大的岛屿——吕宋岛的西岸，东南部濒临马尼拉湾。是一座具有浓厚的热带风情和悠久历史的城市。市内风景首推罗哈斯海滨大道（图2-27）。在此，人们可以饱览著名的马尼拉湾景色：一边是鳞次栉比的高层建筑掩映在排排棕榈和椰林中间；另一边则是浩渺无际的大海。黄昏时分，漫步在这长达10 km平坦宽直、树影婆娑的大道上，诗情画意般的风光确实让人流连忘返。

图 2-27　罗哈斯海滨大道

1. 黎刹公园

位于马尼拉市中心的黎刹公园，面对马尼拉湾。这座公园是为纪念菲律宾的民族英雄黎刹而修建的。何塞·黎刹生于1861年，因从事反对西班牙殖民统治的斗争，于1896年被殖民统治者杀害，年仅35岁。在黎刹公园里，屹立着这位爱国英雄的铜像。距离公园不远的巴石河河口，有一座当年殖民者囚禁黎刹的古城堡，即圣地亚哥城堡。这座古城堡原是古代的皇城，1590年西班牙总督圣地亚哥迫使菲律宾人将它改建为石头城堡，城墙厚达10 m，至今仍完好无缺。现已开辟为黎刹展览馆。

2. 唐人街

马尼拉市北部的王彬街又称"唐人街"，是马尼拉的商业中心之一。早在元、明两代，中国的许多商贩、工匠和园艺师，便纷纷从中国东南沿海各省（特别是福建）前往马尼拉定居。现在的王彬街就是当年华侨聚居区的旧址，全长约500 m，有180多家商店，其中多数是中国餐厅、酒楼、杂货店和旅馆。每逢华人的民间节日，这里便热闹异常。

3. 菲律宾文化村

菲律宾文化村又名"千岛缩影"，位于马尼拉市东南角马尼拉国际机场附近，占地35公顷。公园内部的设计和建筑，反映了全国几十个省的风土民情和山区土著的各式房屋建筑。每一个庭园都代表着菲律宾一个省的乡土风光和典型建筑。

(二) 宿务市(Cebu)

宿务市位于菲律宾中部宿务岛东岸,是米沙鄢群岛的文化、经济、政治中心,是菲律宾的第二大城市。南国情调的海滨风光,丰富的文化古迹和旅游设施使其具有"南菲律宾首都"和"南菲律宾皇后"之誉。该市之所以闻名遐迩,除水清景美之外,与西班牙著名航海家麦哲伦在地理上发现菲律宾群岛也是分不开的。其观光景点大部分与西班牙人或天主教有关系,如:麦哲伦十字架亭(乃宿务岛的标志)、圣婴教堂(图2-28)等。

图2-28 圣婴教堂

(三) 碧瑶(Baguio)

碧瑶是菲律宾著名的避暑胜地,有"夏都""花都"之称,位于吕宋岛西部,海拔1 524 m,年平均气温14℃~22℃。以花木繁盛、气候凉爽闻名于世。较为著名的有:万寿宫、菲律宾士官军事学校、普陀寺等名胜古迹。万寿宫的大门和建筑均仿英国的白金汉宫,建筑宏伟壮观,是菲律宾总统在碧瑶的下榻处。市内新建的少数民族博物馆,为土著民族的建筑式样,馆内展出的文物、图片,介绍了当地土著的历史和民族风情。每年来此的旅游者多达几十万人,有"旅游者的麦加"之称。

(四) 马荣火山(Mayon Volcano)

马荣火山(图2-29)是菲律宾最大的活火山,著名游览胜地。位于吕宋岛东南端,在黎牙实比市西北约16 km处。海拔2 421 m,呈圆锥形,顶端被熔岩覆盖,呈灰白色,在世界众

图2-29 马荣火山

多的火山中,以非常对称的锥形体闻名于世,有"世界最完美的山锥"之称。它白天不断喷出白色烟雾;入夜,烟雾呈暗红色,整个火山就像一个巨大的三角形烛台伫立着,蔚为壮观。马荣火山还是世界上最活跃的火山之一,自从1616年以来,这座火山已经爆发了50次,最致命的一次发生在1814年,当时火山灰和熔岩埋没了山脚下的整个城镇,只剩下教堂的塔尖露出地面,造成1 200多人丧生。2013年5月7日,马荣火山又发生小规模喷发,造成5人死亡、7人受伤。

(五) 巴纳韦梯田(Banawe Terraces)

巴纳韦梯田是菲律宾著名的古代农田工程,位于吕宋岛北部伊富高省巴纳韦镇附近。这里有3 000多年前菲律宾伊富高族在海拔1 500 m以上修建的古代梯田。面积共约400 km²。块块梯田像明镜一样镶嵌在崇山峻岭上。在陡峭的山坡上,用石块修成的梯田外壁最高达4 m,最低的仅1 m,全部梯田石壁连接起来长度可达2.25万km,所用石块超过埃及的金字塔。台阶似的灌渠总长度达1.9万km。菲律宾人自豪地称其为"世界第八奇迹"。

小知识

经典线路:菲律宾长滩岛深度游

第1天 上海—长滩岛

从上海浦东国际机场乘坐班机可直飞菲律宾长滩岛卡里波机场。抵达卡里波机场后行车1.5小时到达卡迪克兰,接着坐船15分钟抵达长滩岛(Boracay)(图2-30),入住酒店稍事休息。

图2-30 长滩岛

第2天 长滩岛

早晨睡到自然醒,中午于酒店餐厅享受酒店特别准备的欢迎午餐之后,可体验美丽海域的帆船海上巡弋及海底漫步探索之旅,让您回味碧海蓝天的魅力。精力充沛的您还可以租部自行车或电动单车纵横全岛,到蝙蝠洞、水晶洞寻幽探秘一番;也可悠闲地沿着主街大道欣赏沙滩艺术家的巧手创意。傍晚时分是长滩岛的沸腾时光,沙滩上已有雕塑成许多城堡的沙雕,在烛光的衬托下,极具诗情画意。晚餐享用黄金海岸国际自助餐,一边享受新鲜的美食,一边欣赏夕阳下沙滩的美景,体验最浪漫的时刻。餐后,可以在1~3号码头之间漫步,那里可以说是夜夜笙歌,各家饭店、酒馆无不使尽绝招好吸引客人上门。

第3天　长滩岛—卢霍山—蝙蝠洞—圣母岩礁

早餐后搭乘菲律宾特有的螃蟹船出海,来一趟东南岸海上巡礼,可以看到保存完整、不受污染的珊瑚礁,还可观赏礁岩上潜藏的可爱的寄居生物。首先前往3号码头,礁岩矗立海中,因为居民在上面供奉一尊圣母像,因此也称为圣母岩礁。退潮时,甚至可从沙滩走到礁岩。正因为圣母岩礁位于海中,能清楚地眺望整片白沙滩,所以成为游客拍照留念的好地方。接着来趟海上垂钓之旅,因为鱼实在太多,会让您不由自主地钦佩自己高超的钓技。再转往尼莫保护区、珊瑚保护区浮潜,海中珊瑚铺满海底,鱼群种类繁多,您会赞叹大自然的美。在帕卡海湾的蓝天、碧海、清风、白沙的大自然美景下,享用一顿别具风格的海岛午餐——烧烤BBQ。餐毕,您可在美丽的沙滩戏水娱乐一番,接着前往白沙滩,此乃长滩沙质最细、最绵、最柔的所在,当地人称为粉末沙。沙滩藏在透明的海水里,还能看见脚边游动的热带鱼。接下来大家带着照相机,在ATV导游的带领下,前往本岛最高点——卢霍山,这是观赏整个长滩岛的最佳地点。下来后前往贝壳沙滩和蝙蝠洞,参观翅膀1 m长的巨型蝙蝠。最后享受波塞冬SPA,该SPA馆只有7间SPA私人房间,每间都有独立的游泳池,私密性非常强。傍晚是长滩岛最美的时刻,夕阳西下,色彩变幻莫测,加上椰子树和船只的剪影,简直就是一幅赏心悦目的南国风情画。

第4天　长滩岛—上海

早餐后自由活动,下午您可以到附近的SPA馆或者沙滩上做按摩,或者漫步沙滩,然后于指定时间集合,大家带着收获与回忆搭乘航班返回上海。

【练一练】

主题旅游线路设计

1992年菲律宾被国务院批准为中国公民自费出境旅游目的地国家。随着菲律宾对中国团体游客、商人和参会人员推出落地签政策,以及中菲两国间直达航班不断增多,近年来中国内地赴菲游客数量持续快速增长。赴菲律宾旅游的中国游客逐渐从走马观花的景点游转向长滩岛、巴拉望岛(Palawan)、薄荷岛(Bohol Island)等海岛的深度游。

现有一群喜欢探险的公司白领想考察菲律宾的文化、民俗以及海岛等经典景点,请为这些公司白领设计一条有特色的菲律宾海岛深度旅游的线路。

主题七　印度尼西亚(Indonesia)

一、国家概况

▶ **案例导入**

小胡刚从马来西亚旅游归来,他发现马来西亚人有很多习俗都是与宗教有关的。例如,不吃猪肉、不喝酒、不摸别人头部、禁用左手等。现在他又被派到印尼出差,他认为,在这个世界上穆斯林人数最多的国家肯定有很多禁忌与马来西亚是一样的。他的想法是否正确呢?

案例导读:

印尼人忌讳别人摸他的头部(除非家人对自家的小孩),因为他们认为头部是神圣不可侵犯的部位,代表着一个人的尊严;如果有人摸他们孩子的头部,被认为是缺乏教养和侮辱人的行为。印尼人忌讳别人用左手给他递东西。这是因为印尼人习惯便后用左手接水冲洗,左手被认为是不洁的、肮脏的,如果用左手递东西,对方会觉得是对他极大的不尊重。如果您实在腾不开右手而不得不用左手递或您是个左撇子时,您一定要说声"对不起",以示歉意。印尼人在叫人或招呼人时,忌讳随便用手,尤其是用食指随便指人,因为那也是对人的大不敬。在与印尼人打交道时,一定要注意以上的这些忌讳。

(一)地理环境

1. 国土地理

印度尼西亚共和国,简称印尼,位于亚洲东南部,地跨赤道。由太平洋和印度洋之间的 17 508 个岛屿组成,其中约 6 000 个有人居住,素称"千岛之国"。面积为 191.35 万 km^2。北部的加里曼丹岛与马来西亚接壤,新几内亚岛与巴布亚新几内亚相连。东北部面临菲律宾,东南部是印度洋,西南与澳大利亚相望。海岸线长 54 716 km。

印尼地形以山地、丘陵为主,高原、盆地点缀其间,仅沿海有平原分布。海拔 4 884 m 的查亚峰是全国最高峰。境内河流众多,水量丰沛。

小知识

"火山之国"

由于印尼地处亚欧大陆板块与太平洋板块的交界处,地壳极不稳定,火山、地震频发,为世界活火山最多的国家。境内共有几百座火山,其中有 100 多座活火山,以爪哇、苏门答腊两岛分布最多。

2. 气候特征

印尼属热带雨林气候,年均气温 25℃~27℃。年平均降水量为 3 000 mm,1月份降雨最多。

(二)人文概况

> **问题导入**
>
> 请自己查询介绍印尼的书籍或网站,填写下表:

人口		英文名称		主要城市	
民族		主要宗教		首　都	
语言		国　花		与北京时差	
货币		国　鸟		现任国家元首	

1. 历史简述

印尼是人类最古老的居住地之一。3—7 世纪建立室利佛逝等封建王国。7 世纪末成为马来半岛和印尼各岛大部分地区的政治、文化、宗教中心。13世纪末至14世纪初,在爪哇建立了印尼历史上最强大的满者伯夷王朝。15世纪先后遭葡萄牙、西班牙和英国的入侵。1596年荷兰侵入,1602年成立具有政府职权的"东印度公司",此后,开始了长达300多年的荷兰殖民统治。1942年日本入侵。在日本投降后,印尼爆发争取民族独立的"八月革命"。1945年8月17日,宣告独立,成立印度尼西亚共和国。1945—1950年印尼人民先后武装抵抗英国、荷兰的入侵,其间曾于1949年11月签订印荷《圆桌会议协定》,根据此协定,印尼于同年12月27日成立联邦共和国,并加入荷印联邦。1950年8月,印尼联邦议院通过临时宪法,正式宣布成立印度尼西亚共和国。1954年8月,脱离荷印联邦。

2. 经济概况

印尼工业的发展方向是加强外向型的制造业,主要部门有制造、采矿、纺织、轻工、加工业等。政府采取各种措施鼓励非油气产品的出口,旅游业是印尼非油气行业中仅次于电子产品出口的第二大创汇行业。

3. 文化艺术

巴迪布是一种蜡染印花布,已有1 300多年历史,联合国已将其列为世界非物质文化遗产。其特点是布上印有多姿多彩的彩色图案,有几何图形的,也有各种花鸟图案的,有对称的,也有不对称的图案。其色彩一般以黑、红、黄为主色,鲜艳明快,也有以蓝、褐、白为主的。它不仅深受印尼人民喜爱,而且早已闻名世界。用它制作的长袖男衬衣和女士纱笼已被定为印尼国服,适于在各种场合穿着。用传统手工绘制印染的巴迪布,做工精细,颇具艺术价值。

巴厘木雕是一种传统工艺品,它与巴厘人的宗教信仰息息相关。人们把自己崇拜的印度教诸神用石头或木头雕刻出来,供奉在庙宇、庭院、堂室内。巴厘木雕大都用质地坚硬、花纹细密的乌木、柚木等雕刻而成,其造型千姿百态,有栩栩如生的神鹰、神牛、雄狮等动物及各种禽鸟,还有民间故事中脍炙人口的传奇人物,也有当代各种抽象艺术形象。

图 2-31 巴厘木雕

【练一练】

案例分析

小胡在去印尼出差之前,觉得印尼人有一些特殊的习惯,是他去该国时应注意尊重的。如他们喜欢打赤脚;喜欢在地上铺上席子后,男士、女士都盘腿席地而坐;喜欢用两只手抓饭吃。不少印尼人性格比较幽默,爱开玩笑,只要不是出于恶意,即使玩笑过火一点,也不必生气。印尼人跟其他东方民族一样,对问年龄并不特别介意,到那里可以随便问他们的年龄。

您觉得小胡的感觉准确吗?

二、民俗风情

> 案例导入

在印尼爪哇岛,每个家庭中的男性成员都会佩戴格里斯剑。现在格里斯剑一般用于宗教和仪式(结婚等)上,被当作护身符、传家宝或作为庆典的饰物。2005年,联合国教科文组织确认印尼的格里斯剑为世界非物质文化遗产。

旅行团成员小刘觉得这种短剑很独特,想知道它的来历,您能告诉他吗?

案例导读:

格里斯剑是东南亚多个民族使用的一种独特的短剑。格里斯一词源于古代爪哇语中的 ngiris,是刺或者劈的意思。西方国家常把该剑的名字拼写为 Kris,而东南亚不少国家称之为 Keris。格里斯剑的独特在于剑刃的形状特别,非对称形的剑刃除了直剑和波形剑的区分外,还有波形的不同。此外剑刃的质地极其精良,上面的花纹变化之多,纤细如须发。可以说,世界上没有两把一样的格里斯剑。关于格里斯剑的起源众说纷纭。有人认为格里斯剑是印尼土生土长,各博物馆今天所见的小型满者伯夷格里斯,都脱胎于海中雷鱼之骨。但最普遍的说法认为格里斯剑是由越南北部东山文化铁制剑、戈传到印度尼西亚后发展而成的,铸造格里斯剑最重要的原料是陨铁,即铁含量高的陨石。当今世界所确认的最早的格里斯剑,其铸造年代约为满者伯夷王朝时期的1360年左右。然而,现代学者对东南亚的一些雕像和浮雕研究后发现,在印尼的婆罗浮屠(825年)和巴兰班南坎蒂(850年)的建筑中都有类似格里斯剑的影子,因此其历史可以追溯到更久以前。

(一) 社交礼仪

1. 礼仪特征

印尼人注重礼节。在迎来送往互赠礼物时,一定要用右手,表示礼貌;如对长者则应用双手,表示敬重。他们喜欢谈论自己的家庭,喜欢打听个人情况。他们注重面子,有分歧时不宜公开辩论。印尼人视头部为神圣不可侵犯的。喜欢装饰有蛇或茉莉花(视为纯洁和友谊的象征)图案的商品。在有老虎出没的苏门答腊和爪哇等地,人们不敢直呼"老虎",而称其是"祖先"或"祖宗",因为老虎是当地人所崇拜的"图腾"。

2. 礼仪禁忌

与印尼人谈话或进房间时要摘掉墨镜。不能用左手接触别人身体,指点人或物,也不要用左手递送物品。拒收别人礼品在当地被视为不礼貌,但受礼后不要当面打开礼品;在赠送礼品时,不要送酒。与印尼人交谈要回避当地政治、社会、宗教等话题。忌讳带有猪、乌龟图案的物品。印尼人斗牛原为赌钱,斗牛者和参赌者都很迷信。斗牛当天,禁止家人洗澡或梳头打扮,更有甚者则不许家人扫地和洗衣,因为赌徒忌讳"干净"。

(二) 饮食文化

1. 饮食特征

印尼人的主食是大米、玉米和薯类,尤以大米最为普遍。喜欢用香蕉叶或棕榈叶把大米或糯米包成菱形蒸熟而吃,称为"克杜巴"。人们习惯用手抓饭吃。抓饭时,先把米饭盛在盘上,然后用右手手指将饭捏成小团送入口中。饭桌上放一碗清水,以免米饭粘在手指上。印尼盛产香料,人们做菜时喜欢放香料以及辣椒、葱、姜、蒜等,辛辣味香是印尼菜的最大特点。喜欢吃"加多加乐"(类似西方的"色拉"。即用花生酱凉拌各种煮熟的蔬菜,如空心菜、豆芽、黄瓜和马铃薯等),喜欢喝用椰子酿成的"杜哇克"酒和名为"阿莲"的棕榈酒以及咖啡。

2. 饮食禁忌

由于绝大多数印尼人信仰伊斯兰教,因此该国绝大部分居民不吃猪肉,不爱吃海参,也不吃带骨带汁的菜和鱼肚等;而是吃牛肉、羊肉、鸡肉和鱼虾之类。禁饮烈性酒。不用左手抓饭。

(三) 节庆风情

1. 元旦

1月1日元旦。和世界各国人民一样,印尼人也过元旦节。这一天节日气氛浓郁,人们欢庆新年的到来。

2. 建国五基诞生日

6月1日为建国五基诞生日。1945年6月1日,苏加诺总统提出了"潘查希拉"(建国五基印尼文为"潘查希拉")五基原则,作为建国的指导思想。后来把这一天定为建国五基诞生日。

3. 国庆节

8月17日为国庆节。1945年8月17日,苏加诺总统宣布印尼独立,这一天被定为国庆节。

4. 建军节

10月5日为建军节。印尼于1945年10月5日成立人民治安军。政府后来把这一天定为印尼的建军节。每年这一天,陆海空三军要举行隆重的阅兵式仪式。

5. 母亲节

11月22日为母亲节。1928年印尼召开首次全国妇女代表大会,决定把11月22日定为母亲节。这一天,母亲可以不做家务,并接受全家人的祝福。

6. 开斋节

每年伊斯兰教历十月一日为开斋节,全国放假一天。每年伊斯兰教历九月,穆斯林要实行白天禁食、晚上进餐、时间长达一个月的仪式,称为斋月,斋月后第一天定为开斋日,即开斋节。穆斯林在开斋的这天要举行各种活动进行庆祝。

7. 古尔邦节

伊斯兰教历十二月十日为古尔邦节(又称宰牲节)。该节是伊斯兰教的主要节日之一。

(四) 旅游纪念品

印尼的工艺品和纪念品花色品种繁多,各有独特之处。最著名的为巴迪布、巴厘木雕和银制品,在旅游景点一般都有出售。

此外,还有格里斯短剑、铜或铜合金神像、手工链饰、皮影戏傀儡、木偶戏傀儡、景物模型(婆罗浮屠佛塔、莆兰班南陵庙等)、彩贝制品、丁香串艺术品、天然宝石、印尼风景画、小型宫廷金车、爪哇绢制人像、装饰扇、牛角工艺品、果核小工艺品、榕树手杖、树皮提袋、龙目岛陶器等特产和纪念品供游客选择。产于印尼的咖啡是购物的佳品,坎帕阿仳(KapalApi)是最受欢迎的咖啡品牌。

【练一练】

案例分析

时值猪年新春,领队小王带团去印度尼西亚旅游。几名团员应邀到当地人家里做客,大家将从国内带来的印有猪年吉祥图案的已经包好的景泰蓝饰品送给主人,并带了中国的好酒,准备与他们共贺中国春节。但主人好像并不喜欢这份礼物。席间有团员向主人敬酒,主人再三推辞。在印尼人家里做客的过程中,团员们有哪些地方做得不对?为什么?

三、主要旅游城市及旅游景点

> **案例导入**

小张作为海外领队是第一次带团去印尼旅游。到这个东南亚国家旅游,参观庙宇和清真寺时,不能穿短裤、无袖的衣服、背心或裸露过多的衣服。进入任何神圣的地方参观,都必须脱鞋。他在开行前会时,把上述要求已向团员们说明得一清二楚。但此行还要去巴厘岛等几个岛屿观光,在这些岛上参观时,小张并不清楚还有什么禁忌,您觉得小张还有什么重要的内容没有说到吗?

案例导读:

印度尼西亚的巴杜伊人的衣着色彩除了他们只崇尚的白色、蓝色和黑色之外,禁忌穿戴其他色彩的衣服,甚至连谈论都不允许。爪哇岛上的人最忌讳有人吹口哨,认为这是一种下流的举动,这样做会招来幽灵。在巴厘岛上参观庙宇时,必须在腰间束一条腰带。出行之前,多了解一点印尼人的风俗和禁忌,就可以避免很多不愉快的发生。

在印尼众多旅游胜地中,最令人神往的首推巴厘岛。人们都说,如到印尼而不去巴厘岛观光旅游,那就不算到过印尼。婆罗浮屠佛塔和甫兰班南印度教陵庙群,被联合国教科文组织首批列入世界文化遗产名录。西伊里安的查业峰,雄伟壮丽,地处赤道而山顶终年积雪不化,是印尼堪称世界一绝的风景线。印尼东部班达海上的班达群岛,自然风光如诗如画,已被联合国教科文组织列入世界自然遗产名录。此外,婆罗摩火山、乌戎库隆国家公园(被联合国教科文组织列入世界自然遗产名录)、东南亚第一大淡水湖——多巴湖、茂物大植物园(世界最大的热带植物园)、茂物总统行宫都具有独特的魅力。

(一)雅加达(Jakarta)

雅加达位于爪哇岛西北部沿海,是印尼首都,东南亚第一大城市,世界著名海港。地势南高北低,有多条河流经市区。它早在14世纪就已成为初具规模的港口城市,当时叫巽他加拉巴,意思是"椰子",华侨称其为"椰城"。约在16世纪改名为雅加达,意思是"胜利和光荣之堡"。其建城日为6月22日,每年这一天都要举行大型纪念活动。

雅加达城区分为两部分,北面是旧城,南面是新区。位于独立广场东南的国家宫,原是荷兰总督的官邸,现为总统府。市内多博物馆,其中最著名的中央博物馆,又称大象博物馆或象屋,位于独立广场东侧,建于1868年,是印尼收藏品最丰富的博物馆。历史博物馆是一座建于1626年的古老大厦,从前是东印度公司的总部,馆内专门陈列雅加达开埠前后的各类历史文物。此外,还有皮影博物馆、海员博物馆、石碑博物馆、文学资料博物馆等。位于市中心的独立纪念碑(图2-32),高132 m,是雅加达市最高的建筑物,该市的象征。它的塔顶是用35 kg重的黄金铸成的自由火炬,象征印尼的独立精神。新区的丹姆林大道,宽阔整洁,现代化建筑参差林立。这里是银行、大公司云集之地,有印尼的"华尔街"之称。

图 2-32 雅加达独立纪念碑

雅加达的旅游名胜很多。在东郊距市中心 26 km 处,有世界著名的"印尼缩影公园",也有称它为"缩影国"的。公园占地 120 km²,1984 年正式开放。这里展示有印尼各地的民房、人工湖、兰花公园、纪念塔、购物中心、露天剧场、缆车、火车、水上脚踏车等各种实物的模型,制作惟妙惟肖,是印尼各民族文化的概括和缩影。

(二) 日惹王宫(Kraton of Jogyakarta)

日惹王宫(图 2-33)是一座已有近 270 年历史的故宫,位于日惹市中心。它建成于 1756 年,是由日惹苏丹国首任国王哈孟古·布沃诺一世设计并修造的。印尼独立后,政府允许原王族一家继续住在宫内,宫中所用仆人仍身着古装。宫内收藏着 20 多套加麦兰乐器。宫中两套最古老的加美兰乐器,一套是满者伯夷王朝遗物,另一套来自历史上的淡目王国。宫内有间专门收藏皮影戏傀儡的房间。在王宫近处的大仓库里储藏着各式皇家车驾,

图 2-33 日惹王宫的大门

其中一辆为在英国制造，车上镶嵌着一个英国王冠。这些车辆和傀儡，每年都要为它们进行一次"圣浴"，届时不少当地男女老少都接取这种"圣浴"用过的水沐浴自身，据说会给他们带来好运。另外，宫内到处都摆放着我国明、清两代时的瓷器，更为王宫增添了古朴高贵的氛围。

（三）婆罗浮屠(Borobudur)

婆罗浮屠位于印尼中爪哇省马格朗县的克杜山谷里，日惹市北。它由夏连特拉王朝的佛教统治者建于8—9世纪。由5层带边墙的平台组成正方形的塔基，并装饰着数以千计的反映佛陀生活的雕刻。方形平台上是4层圆形平台，上面竖立着72座钟形佛塔或佛龛，每座佛塔内有一尊佛像。各层平台向上依次收缩，在顶部有一座主佛塔。佛教徒必须从东面进入，按顺时针方向绕行，最后登上庙顶象征着一个人逐步达到完美的精神境界。在1006年，婆罗浮屠周围的居民因地震和附近一座火山喷发而纷纷逃离。直到1814年，该处才被重新发现。在20世纪70年代和80年代，对其进行了大规模的修缮，用计算机技术将石块进行复位。

这座已有1000多年历史的宏伟佛教建筑，与中国的万里长城、印度的泰姬陵和柬埔寨的吴哥窟一起，被誉为"古代东方的四大奇迹"，联合国教科文组织将它列入世界文化遗产名录。

（四）甫兰班南陵庙(Prambanan Temple)

甫兰班南陵庙位于日惹市东18 km处，由250座大大小小的陵庙组成，建于公元900年左右，是为埋藏当时国王及王后骨灰而修建的，被联合国教科文组织列入世界文化遗产名录，是印尼最宏伟壮丽的印度教寺庙，是世界建筑、雕刻和绘画艺术史上一颗璀璨的明珠，现名甫兰班南文化旅游公园。陵庙群分成两个大院。主院基础较高，院内有16座陵庙，其余均建在一个地势较低的院内。主院内有三座高高耸立的塔形石砌陵庙，南边的为梵天庙，北边的为毗湿奴庙，中央的是最受古代印尼人崇拜的大自在天神湿婆庙，塔身高达47 m。庙内四壁上均有精美的浮雕，讲述的是印度史诗《罗摩衍那》中的故事。

（五）巴厘岛(Bali)

巴厘岛位于爪哇岛西部，火山横贯中央，全岛总面积5 620 km²。无与伦比的白色沙滩、赏心悦目的椰林、热带雨林的暖风、碧蓝清澈的海水以及色彩丰富的食物、木雕、蜡染、油画、纺织都让游客沉醉其中，故有"诗之岛""天堂岛"等诸多美称。

最令人神往的是巴厘岛独特的文化和宗教。舞蹈与戏剧贯穿于巴厘岛每天的各种活动、有名目繁多的节庆和诞生礼、成年礼、婚礼、葬礼。当地的舞蹈与戏剧，除闪亮的头饰、漂亮的珠宝和特殊的服装外，带有梦幻色彩的加美兰传统音乐也为其增加了魅力。岛上有印度教寺院和其他宗教庙宇1 000多间，神舍、神坛数以万计，各个村落都有三处重要的神址，因此巴厘岛又称"千庙之岛"和"万神之居"（图2-34）。巴厘人最崇拜的

图2-34 岛上路边供奉的神像

有三大神：保护神、创造神和毁坏神。前两个是好神，后一个是恶神。除这三大神外，还有祖宗神、天神、地神、门神、井神、路神，每个神明都有专门的神坛，并与住宅分开，所以较大的院落都专门围起一个小圈，形成一个神舍群。神像有石雕或木雕的偶人、怪兽，还有半人半兽的牛头马面、飞龙飞马等。

小知识

经典线路：巴厘岛文化观光之旅

第1天　上海—巴厘岛

从上海搭乘国际航班，前往魅力之岛——巴厘岛。抵达后，入住酒店休息。

第2天　百度谷—海神庙

早餐后，前往百度谷。百度谷海拔1 000多米，常年温度都在18℃左右，空气清新，盛产蔬菜水果。下车后，先去种植着令人垂涎欲滴的粉色草莓的草莓园。然后前往康堤传统市场，体验巴厘岛人的传统生活，享受购物的乐趣。午餐时，可以欣赏伫立在湖边的普拉布拉坦寺庙，这里供奉着水泽女神——黛维达努。餐后，前往巴厘岛的地标——海神庙（图2-35）。此庙建于海中岩石上，500多年来，在波涛汹涌的印度洋海浪的冲蚀下依旧巍然耸立，涨潮时，海神庙四周被海水环绕，更显美丽与神秘！现在游客已被禁止登上神庙。参观完，去体验一下露露SPA（LuLur SPA），这是巴厘岛最有名的SPA方式。晚餐享用富有特色的印尼手抓饭。饭后回酒店休息。

图2-35　海神庙

第3天　梦幻沙滩—情人崖—金巴兰海滩

早餐后，前往梦幻海滩，这是一处私人海滩，被称为巴厘岛最好的海滩。这里的浪很大，不适于游泳，但是冲浪胜地。来这里的外国人很多，都是晒太阳和冲浪的。接下来驱车前往情人崖（乌鲁瓦图断崖），宏伟的印度教寺庙就位于半山腰上。顺着山路朝悬崖的方向走去，随处可见顽皮的猴子和客人戏耍，登上陡峭的阶梯，呈现在眼前的是那一望无际、湛蓝的印度洋，惊涛拍崖，磅礴的气势，震撼人心。随后前往著名的金巴兰海滩享用晚餐。夜幕下海风习习,一边品尝美味的海鲜,一边欣赏异乡民谣,此情此景,终生难忘。

第4天　阿勇河漂流—乌布皇宫—库塔海滩

早餐后,赴阿勇河漂流,看河流两旁风景秀丽,梯田比比皆是,还有很多大小不一的瀑布。途中有多处激流,也有些河段较为缓慢。有惊无险的漂流,令您乐趣无穷。然后乘车前往乌布地区观看具巴厘岛特色的巴龙舞表演,然后到乌布皇宫周边自由活动。午餐为印尼特色风味餐——脏鸭餐。下午去SPA香薰按摩放松,以巴厘岛独特的天然精油,配合古式按摩手法,让您全身心都受到精心的呵护……在这充满着香薰的环境里,听着悠扬的音乐,真切地体验一次心灵"SPA"。最后前往著名的库塔海滩,这是巴厘岛最美丽的海滩,也是冲浪、滑板者的乐园。附近还有热闹的商业街,出售各种巴厘传统手工艺品。傍晚,美丽的沙滩落日也是不容错过的。

第5天　巴厘岛—上海

早餐后,宾客可在酒店周边自由活动。下午前往机场,乘机飞回甜蜜温馨的家园,结束充满魅力与浪漫风情的巴厘岛之旅。

【练一练】

主题旅游线路设计

印尼是世界上旅游资源最丰富的国家之一,它以旖旎秀丽的热带风光、灿烂辉煌的历史古迹及多姿多彩的民俗风情闻名于世,每年慕名而来的世界各国游客多达五六百万人次,旅游业是印尼非油气行业中的第二大创汇行业。2002年印度尼西亚被国务院批准为中国公民自费出境旅游目的地国家。中国是印尼最大的贸易合作伙伴。中国也是巴厘岛仅次于澳大利亚的外国游客来源地。随着印尼海岛游等深度游的线路推出,赴印尼旅游的年轻人也越来越多。其中,30~40岁的游客比率将明显增加。现有一群年轻人想利用十一假期赴印尼进行一次海岛探险之旅,请为这群年轻人设计一条有特色的印尼旅游线路。

【分组研讨课题】

在本单元所学习的7个国家中任选自己最感兴趣的一部分内容,利用课余时间搜集资料、制作电子课件,在组内进行讲解练习。每组推选讲解练习中表现最好的同学,在班内进行成果展示。

【思考题】

1. 看地图对比分析,韩国与日本不同的地理位置对两国经济、文化发展的影响有何不同?
2. 相比新马泰而言,菲律宾和印度尼西亚的旅游景点有什么突出的特色?
3. 请举例说明东南亚的这5个客源国的宗教信仰对这些国家民俗风情的形成具有怎样的影响?
4. 请您举例说明为什么大部分东南亚国家有"右手优先"的礼俗。

第三单元

大洋洲地区的主要旅游客源地和目的地

单元导航

大洋洲(Oceania)位于太平洋西南部和南部、赤道南北的广大海域,陆地总面积约 897 万 km²,人口约 3 300 万,是世界上面积最小、国家最少、人口最少(除南极洲)的一个洲。大洋洲现有 16 个独立国家,另有美属萨摩亚等 8 个地区。本单元主要从国家概况、文化艺术、民俗风情和旅游胜迹等几方面,增加学习者对澳大利亚和新西兰的认识和了解。学习时,对两国都应重点掌握。

主题一 澳大利亚(Australia)

一、国家概况

> **案例导入**

澳大利亚旅游行前说明会上,不少游客出国旅游担心在外吃不惯,询问领队是否可以带一些方便面、火腿肠、牛肉粒等零食,领队小张说不可以。小张为什么这样说?到澳大利亚旅游,游客和领队需要注意哪些事项?

案例导读:

澳大利亚迷人的自然风光吸引了世界各地的游客。澳大利亚有许多植物和动物种类是地球上独一无二的。澳大利亚是个人为污染低的国家,农牧及园艺业对澳大利亚相当重要,为了保护本国的动植物、人民健康、农业和环境,尽可能维护与保持生态原始风貌,澳大利亚严格禁止各种可能危害他们自然景观或人文的物品进入。澳大利亚海关和检疫部门对入境旅客检查非常苛刻,特别禁止或限制携带动植物及其制品。任何形式的食物,包括干的、新鲜食物、熟食、腌制食品等,特别是肉类方面,其他如植物或植物的任何部分、动物、传统的药材或草药等都是禁止的。若真的需要带食品进入,则最好声明并接受检验。澳大利亚检验检疫局承担了此项任务。在航班抵达澳大利亚之前,乘客会收到一张入境旅客卡。如果携带任何食品、植物或动物产品,必须在"是"(YES)一栏打钩,并进行申报。如不想申报,也可将禁止携带入境物品弃置于机场的检疫箱内。所有申报物品必须交检疫局官员检查,违禁物品将被扣留并销毁。如经检查携带违禁物品或做出虚假申报,乘客可能会被当场罚款220澳元,情节严重者可被罚款6万澳元以上甚至处以10年监禁。

(一) 地理环境

1. 国土地理

澳大利亚(Australia)这个名字来源于拉丁文"Australis"一词,意思是"南半球",指赤道以南的陆地和海洋。澳大利亚大陆位于东经113.9°~153.39°,南纬10.41°~43.39°。南回归线穿过澳洲大陆,其中南回归线以北的区域占38.6%。澳大利亚是地球上唯一占据一个大陆的国家,面积居世界第六位,是南半球最大的国家。它包含整个澳大利亚大陆和沿海的塔斯马尼亚等一些岛屿。澳大利亚总面积为769.2万km^2。

澳大利亚是一个被海洋环抱的国家,东临太平洋,与新西兰隔海相望,大陆东南岸与新西兰的北岛之间的广阔水域是塔斯曼海。澳大利亚的西南两面为印度洋环绕。北临帝汶海和阿拉弗拉海,与东南亚的印度尼西亚、巴布亚新几内亚相望。环绕澳大利亚大陆和塔斯马尼亚岛的海岸线长约3.67万km。

2. 气候特征

澳大利亚地处南半球,其四季气候与北半球相反。气候以炎热干燥为主要特征,东北部是热带雨林气候,东南部和西南部是地中海气候,中西部为热带沙漠气候。澳大利亚有四季,但季节间的温差却不是很大。夏季温度25℃~35℃,冬季温度10℃~20℃。澳大利亚年平均降雨量在504 mm左右。

(二) 人文概况

> **问题导入**
> 请自己查询有关介绍澳大利亚的书籍或网站,填写下表:

人口		英文名称		主要城市	
民族		主要宗教		首 都	
语言		国 花		与北京时差	
货币		国 鸟		现任国家元首	

🌱 小知识

袋 鼠

袋鼠图常作为澳大利亚国家的标志。袋鼠通常以群居为主,有时每群可多达上百只,但也有些较少的袋鼠会单独生活。袋鼠不会行走,只会跳跃,或在前脚和后腿的帮助下奔跳前行。袋鼠属夜间生活的动物,通常在太阳下山后几个小时才出来寻食,而在太阳出来后不久就回巢。袋鼠每年生殖1~2次,小袋鼠在受精30~40天即出生,非常微小,无视力,少毛,生下后慢慢爬到袋鼠妈妈的保育袋内。直到6~7个月才开始短时间地离开保育袋学习生活。一年后才能正式断奶,离开保育袋。袋鼠妈妈可同时养育一袋的小袋鼠,袋鼠以矮小嫩绿、离地面近的小草为生,将长草与干草留给其他动物。个别种类的袋鼠也吃树叶或小树芽。

最著名的袋鼠是红袋鼠,其体形最大,生活在澳大利亚干燥地带,该地带的年平均降雨量在500 mm以下。由于袋鼠的食物含大量水分,所以它们在没有活水的地区也能生存。红袋鼠实际上只有公袋鼠是红色的,母袋鼠为灰蓝色(图3-1)。

图3-1 袋鼠

1. 历史简述

1770 年 4 月,一支英国探险队在船长詹姆斯·库克(James Cook)的带领下,驾驶大帆船"努力号"抵达澳大利亚大陆东海岸一个巨大的海湾,并沿海岸北航,途中曾三次登陆勘察,航行 1 800 km,最后到达澳大利亚最北角(今天的占领岛)登陆,他们在那里升起了英国国旗。库克船长的探险,澄清了长期以来人们对南太平洋存在的"黄金岛屿"和"未知的南方大陆"之谜的种种猜测,从而真正发现了澳洲,使得澳大利亚与世界历史开始联系在一起。

1788 年 1 月 26 日,阿瑟·菲利普(Arthur Phillip)船长带领一批犯人登陆澳洲,并在悉尼湾海岸建立第一个英国殖民区。1 月 26 日也被定为澳大利亚的国庆日。此后很长一段时间,澳大利亚是英国的罪犯流放地。由于需要技术人员来生产粮食,造房子,英国又陆续迁入许多自由民,悉尼成了第一个城市。1797 年,麦卡瑟(John Macarthur)由好望角引进美丽诺羊,澳大利亚畜牧业开始快速发展。19 世纪 50 年代,在新南威尔士和维多利亚两州发现金矿,大批来自欧洲、美洲的淘金者蜂拥而至,澳大利亚人口迅速增长。1901 年 1 月 1 日,6 个殖民地区组成联邦,建立澳大利亚联邦。1931 年成为英联邦内的独立国家,首都为堪培拉。

小知识

澳大利亚土著

澳大利亚是个移民国家。在欧洲殖民者来到澳大利亚之前,澳大利亚大陆就已经有人长期居住和生活了。在 7 万至 5 万年前,澳大利亚土著人从非洲或者是从亚洲(学术观点不同),逐步移入澳大利亚,他们都是澳大利亚最早的居民,形象特征:肤色棕黑,鼻翼宽扁,明显,颌部突出,发型卷曲,或呈波状,属游牧民族,没有固定的居住点,分散在整个澳大利亚大陆和岛上。随着 1788 年开始的欧洲移民和殖民化,澳大利亚土著人与殖民者的冲突造成数以万计土著人死亡。今天澳大利亚的土著大约占澳大利亚总人口的 2.7%。丰富多样的土著文化已成为澳大利亚国家特征的至关重要的组成内容。澳大利亚土著为澳大利亚的艺术、传媒和体育等诸多领域做出了重要贡献。

2. 经济概况

澳大利亚是一个后起的发达资本主义国家。从 1788 年英国向澳大利亚移民到 19 世纪末,其经济活动主要是以农牧业和采矿业为中心。1901 年澳大利亚联邦建立以来,交通运输业、通信业和制造业逐步发展起来,但直至 20 世纪中期,农牧业和采矿业仍是澳大利亚国民经济的支柱。第二次世界大战后的 20 世纪 50—60 年代,澳大利亚经济取得了迅速发展。澳大利亚政府依靠出口初级产品积累的资本和高关税的保护,积极发展制造业,以取代部分进口产品,制造业在国内生产总值中的比重从"二战"前的不足 20% 上升至 60 年代末的 28% 以上。在 60 年代,澳大利亚采矿业的迅速发展,给国民经济注入了新的活力。国际财团和本国资本相继投入大量资本进行勘探和开发,出现了"矿业景气",澳大利亚一跃成为世界主要采矿国之一。随着经济的发展,澳大利亚的经济结构发生了重要变化,服务业在国内生产总值中所占的比重,2018 年已达到 68%。

得天独厚的地理环境和独特的自然景观,使旅游业成为澳大利亚的"黄金产业"和"无形出口业"。澳大利亚气候温和,景色迷人,旅游资源十分丰富。澳大利亚幅员辽阔,地跨温、热两带。从沙漠到雨林,从绵绵海滩到茫茫雪原,从现代化大都市到一望无际的草原,从充满东方神韵的唐人街到保留原始生活方式的土著居住地,以及各种奇异独特的植物群和动物群……澳大利亚的旖旎风光每年都会吸引无数慕名而来的国外游客。

> **小知识**
>
> **澳大利亚的铁矿石**
>
> 铁是世界上发现最早,利用最广,用量也是最多的一种金属。铁矿石主要用于钢铁工业,冶炼含碳量不同的生铁(含碳量一般在2%以上)和钢(含碳量一般在2%以下)。澳大利亚是铁矿石生产大国,年生产铁矿石占全球总产量的17%。澳大利亚占有全球已探明有经济意义的铁矿资源的9%,全球排名第四位。各州均有铁矿,拥有最多铁矿的州是西澳州。西澳州拥有澳洲全部已发现铁矿资源的90%,主要集中在皮尔巴拉地区(Pilbara Region),该地区共有13个矿场。

3. 文化艺术

(1) 神奇的土著文化。

澳大利亚的土著文化艺术是澳大利亚民族文化中的瑰宝,在音乐、舞蹈和绘画方面取得了相当高的艺术成就。

在远古时期,澳大利亚当地的土著居民就创造了灿烂的远古文明。澳大利亚现存的岩石画,就是早期澳大利亚人原始文化高度发展的见证。岩石画是石器时代的一种艺术创造,史前或原始社会的人类,用坚硬的石工具或各色赭石,在石崖上刻凿或绘制了一幅幅关于狩猎、猛兽、精灵和各种原始崇拜的图像。它们是远古时代的狩猎和宗教活动的真实写照。在澳大利亚北端的卡卡杜国家公园里,耸立着著名的马兰根格岩石画,岩壁高75英尺,周长1 500英尺,岩壁上用红、黄赭石颜料所绘制的奇异生物、鱼和其他的图形,至今仍清晰可见。

在土著的绘画艺术中还有树皮画和沙石画。澳大利亚盛产的桉树皮光滑细密、颜色较浅,经烘干压平便可在上面作画。树皮画最初是用树皮搭成的遮雨棚内的装饰品,树皮画表现的主题经常是各种传说和故事,在笔法上,它以圆点、螺旋线、同心圆等几何图形来传情达意,既具象征性又显抽象性,看起来有点像西方的现代装饰画。沙石画往往见于澳大利亚中部的沙漠地带,主要供土著祭祀之用,在一块泥地用水或动物血抹平后,用各色赭石在上面画一些几何图形,或刻上一些沟渠,在两边镶上绒毛,主题大多为神话故事,在祭祀结束后便弃之不顾,一般不保留。

音乐舞蹈是土著生活中很重要的部分,澳大利亚土著的歌曲表现的主题是古老的神话和日常生活,歌曲一般比较短促,但歌词生动形象。土著音乐主要的伴奏乐器称"笛捷里都"(didjeridu),这是一种无调音孔的、在顶端吹奏的低音笛子,长90~150 cm,由竹子或桉树的空心树枝制成。由训练有素的土著人吹奏,可以奏出美妙的音乐。

澳大利亚土著的舞蹈多是集体表演,他们的歌舞剧一般分为三种:宗教礼仪、图腾仪式或纯粹取乐性的杂耍。土著在跳舞前往往会用红、黄色的赭石在身上涂抹各种花纹,有的在腰间围一块兽皮,表演时常常模仿各种图腾动物的动作。

(2) 多姿多彩的现代文化。

澳大利亚现代文化属于新兴文化,无论是文学、诗歌、戏剧,还是音乐、舞蹈、美术都与英国文化有关。"二战"以来,特别是最近的几十年,澳大利亚的文学空前繁荣,是与其经济腾飞和国际化密切相关的。由于澳大利亚是一个移民国家,来自世界各地的移民,以及澳洲的土著居民在长期的相互斗争、摩擦和共处中,逐渐发展出了具有澳大利亚特色的多元文化,形成了多姿多彩的文化格局。

澳大利亚人对音乐有比较浓厚的兴趣,虽然澳大利亚人口稀少,但澳大利亚的音乐家在世界乐坛上却占了一个令人难以置信的比例。澳大利亚音乐起初在很大程度上就是西方音乐的移植和派生,后来慢慢地摆脱了欧洲音乐的影响,逐渐形成了澳大利亚风格。在乡村音乐方面尤为突出,在澳大利亚有大批的乡村音乐爱好者。乡村音乐主要是节奏比较舒缓的抒情歌曲,反映了乡村生活的各个方面。

澳大利亚的美术在国际上也有一定的影响,产生了一些有影响的艺术大师。从艺术的角度看,澳大利亚美术最初着重以写实手法描绘澳大利亚独特的动植物,以及开拓者披荆斩棘、筚路蓝缕的艰苦生活。从19世纪下半叶开始,澳大利亚艺术家借鉴西方画坛的笔法,并形成独树一帜的绘画风格。20世纪40年代后,受西方印象主义、抽象主义的影响,澳大利亚也形成了相应的流派。"二战"后,澳大利亚美术界还出现过本土派,在绘画作品中处处显示澳大利亚艺术特有的风格,反映澳大利亚独特的环境和文化。但由于国际潮流的大势所趋,本土派只不过是昙花一现。

【练一练】

案例分析

澳大利亚的四季与北半球正好相反。中国的寒冬腊月恰恰是澳大利亚的酷暑时节。澳大利亚有近40%的国土处于南回归线以北,其年平均气温为22℃~23℃,气候与东南亚及太平洋地区相近;南回归线以南地区则温差稍大些,秋季平均气温为14℃,夏季为26℃。同世界上相同纬度的其他地区比较,它的气候要宜人得多。想一想:北京游客小王准备12月份去澳大利亚旅游,为了抵御寒冷,他准备了棉帽、呢大衣、围巾等物品。面对这种现象,作为出国领队应该如何向游客说明,为什么?

二、民俗风情

▶ **案例导入**

留学生小静到澳大利亚悉尼的姑妈家度假。想想姑妈一家平时早出晚归工作很辛苦,小静决定为他们做点力所能及的家务事。周六一早,小静看看花园的草坪有点干了,决定给花园浇浇水,并把他们的车也洗一洗。结果,小静刚拧开水龙头,就被姑妈很严肃地制止了。她告诉小静在澳大利亚有严格的限水节水措施,不能随意浇灌花园和洗车,不然会受到处罚。小静觉得澳大利亚的这个政策太不人性化,您如何理解?

案例导读:

澳大利亚是一个极度缺水的国家,2/3的国土处于干旱或半干旱地带,几乎整个澳大利亚大陆都经常受到干旱缺水的威胁。由于澳大利亚的水资源主要依赖于降雨,澳大利亚人自觉节约用水。每到旱期,许多城市都会出台严厉的节水措施,在时间上严格限制洗车、浇草坪等耗水性活动,任何人违反,都要受到处罚。比如,悉尼市就规定,市民只有在周三和周日才能浇灌花园,其他日期一律不允许,否则将受到约合人民币1300多元的罚款。在堪培拉,政府规定居民不得自己洗车,如果要洗车,必须花钱到具备循环用水技术的洗车店才行。这就是小静姑妈为什么不让小静浇灌花园和洗车的原因。

(一) 社交礼仪

澳大利亚国内居民74%以上为英国及爱尔兰移民的后裔。因此社交、礼仪、生活、饮食等习惯以及禁忌基本与英国人相似。

澳大利亚人较重视人与人之间的平等。礼尚往来,互不歧视。大多数澳大利亚人,不论其地位多高,都很平易近人。他们讨厌任何依仗地位摆架子的作风。认为人与人之间理应相互尊重,强调友谊。他们善于往来,并喜欢和陌生人交谈。他们的言谈话语极为重视礼貌,文明用语不绝于耳,口头语言既文雅又简洁。

澳大利亚人很讲究礼貌,在公共场合不大声喧哗,交谈习惯轻声细语。在银行、邮局、公共汽车站等公共场所,都是耐心等待,秩序井然。握手是一种常见的相互打招呼的方式,拥抱亲吻的情况罕见。有"女士优先"的良好社会风气,对妇女都是极为尊重的。他们非常注重公共场所的仪表,男子大多数不留胡须,出席正式场合时西装革履,女性是西服上衣、西服裙。在澳大利亚必须注意不乱扔杂物,因为他们希望来访的客人尊重澳大利亚人高标准的整洁要求。他们大多数人有强烈的社会责任感,倾向于高度重视集体的努力。

澳大利亚人的时间观念很强,约会必须事先联系并准时赴约。应邀去吃中午饭或晚饭时,给女主人带上一束鲜花或一瓶酒是受欢迎的。告别时必须对主人的款待表示感谢。

澳大利亚人还有个特殊的礼貌习俗,他们乘出租车时,习惯与司机并排而坐。即使他们是夫妇同时乘车,通常也要由丈夫在前面,妻子独自居后排。他们认为这样才是对司机的尊重。

澳大利亚人喜爱袋鼠,他们认为袋鼠是澳洲古大陆最早的主人。他们还喜欢用各种金属制成形状不同的袋鼠纪念章等物品。他们偏爱素有"篱笆树"之称的金合欢花。人们视它为大洋洲的象征,并尊之为国花。他们喜欢琴鸟,爱其貌美,鸣声婉转,善于模仿,并将其誉为国鸟。

澳大利亚人大多信奉新教和罗马天主教,此外还有东正教、犹太教和伊斯兰教等。

澳大利亚人对兔子特别忌讳,认为兔子是一种不吉祥的动物,人们看到它都会感到倒霉,认为这预示着厄运将要临头。他们对"13"很讨厌,认为"13"会给人们带来不幸和灾难。他们忌讳"自谦"的客套语言,认为这是虚伪和无能或看不起人的表现。

小知识

澳大利亚的动植物检疫

澳大利亚在动植物检疫方面如此小心谨慎,是因为这块大陆实在是与众不同。澳大利亚大陆远古时就已同世界其他大陆分开,形成其今天为人们所熟知的、特有的动植物种群。这个国家的生物链很短,任何外来的动植物病害或人为的疏忽,都将可能给本地区动植物群落带来灾难性的后果。早年的英国移民为了维持狩猎的爱好带来几只狐狸和兔子,不想这里草肥水美又无天敌遏制,野兔迅速大量繁殖,泛滥成灾,危害植被,破坏环境,造成土地裸露沙化,给这个"骑在羊背上的国家"带来了大麻烦。而狐狸因为没有天敌,迅速繁衍,很快就消灭了20种本地的动物,并威胁到另外40多种动物的生存。鲤鱼在中国是喜庆的东西,但在澳大利亚,它们被视为一大害。自100多年前从欧洲引进后,这种鲤鱼大量繁殖,吃光了水草,把本地鱼种推到了灭绝的边缘。澳大利亚人把它们称作"水兔",与坏了名声的兔子相提并论。因此,为了防止外来物种入侵,澳大利亚严格进行动植物检疫。

(二) 饮食文化

1. 饮食特征

澳大利亚是个移民国家,在这里不仅可以找到世界各地的正宗美食,还有澳大利亚独有的美味佳肴。澳大利亚传统的饮食文化以英格兰、爱尔兰为主。澳大利亚饮食文化的多元化是从 20 世纪 50 年代后期开始的,随着世界各地移民的大量涌入和定居,他们也带来了各自家乡的风味烹饪,其中影响最大的是地中海和亚洲地区的烹饪风格。澳大利亚人对鱼类的菜肴显得比英国人更爱吃,对中餐倍加喜爱,还特别热衷于野餐,并且以烧烤为主。

鱼和海鲜成为澳大利亚饮食的特色,澳大利亚海鲜如皇帝蟹、牡蛎、鲍鱼、龙虾、三文鱼肉嫩味美,全赖于澳大利亚优质的生长气候和无污染环境。传统快餐是英国风格的炸鱼薯条(Fish & Chips)。澳大利亚畜牧业发达,因此还可以品尝到味美的牛、羊肉和袋鼠肉。亚洲餐以中餐、泰餐、日餐、韩餐和越餐为主。除此,澳大利亚还是水果之乡、著名的葡萄酒产地,四大产区分别是南澳、新南威尔士、维多利亚(包括塔斯尼亚岛)、西澳。四大产区的葡萄酒各有特色,质量均堪称世界水平。

澳大利亚一些岛屿上的人,把黏土视为美味佳肴。他们招待远方来客的最好食物就是各色黏土,这也是他们尊敬客人的一种表示。澳大利亚土著人嗜好嚼猪笼草。因为猪笼草是当地的一种含麻醉剂的食物,每当他们友好往来或举行聚会之时,都以此来互相款待,共同咀嚼。

2. 饮食禁忌

澳大利亚人在饮食上以吃英式西菜为主,其特点是口味清淡,不喜油腻,忌食辣味。有不少澳大利亚人还不吃味道酸的东西。澳大利亚的食品素以丰盛和量大而著称,尤其对动物蛋白质的需要量更大。具体而言,澳大利亚人大都爱吃牛羊肉,对于鸡肉、鱼肉、禽蛋也比较爱吃。主食是面包,爱喝的饮料有牛奶、咖啡、啤酒与矿泉水等。一般来讲,澳大利亚人不吃狗肉、猫肉、蛇肉,不吃动物的内脏与头、爪。不喜欢吃加了味精的食物。在有些地方,比如达尔文市,人们外出用餐时必须衣冠楚楚,否则将被禁止入内。澳大利亚土著居民靠渔猎为生,经常生食,并且惯于以手抓食。

(三) 节庆风情

澳大利亚法定的节假日包括元旦(1 月 1 日)、国庆节(1 月 26 日)、复活节(4 月 24—27 日)、圣诞节(12 月 25 日)、节礼日等。节礼日在圣诞节的次日,如遇星期日则推迟一天。其他澳大利亚全国性的节日还包括澳新军团日、联邦日等。

1. 国庆节

澳大利亚的国庆节是每年的 1 月 26 日。它是纪念阿瑟·菲利普于 1788 年 1 月 26 日在悉尼湾登陆的日子。在 1838 年,即英国向澳洲移民 50 周年之际,1 月 26 日被官方宣布为法定节日。每到国庆节,到处鲜花竞放,彩旗招展,人们载歌载舞,用各种形式来庆祝这一盛大的节日。

2. 澳新军团日

每年的 4 月 25 日是澳新军团日。它最初是为了纪念第一次世界大战期间,配合英国作战的澳新军团于 1915 年 4 月 25 日在土耳其的加里波利岛强行登陆的战役。大约从 1920 年起,它就成为各州的公共节日。澳新军团日后来成为悼念在两次世界大战等战争中阵亡士兵的日子。这一天,澳大利亚全国下半旗向烈士致哀,士兵和退伍军人都身着戎装,威武雄壮地组织游行,满载各种经过战争洗礼的枪炮的军车穿行于主要街道。这一天,战争纪念馆、烈士纪念碑成为最神圣庄严的地方。公交系统和一些服务行业为军人提供免费服务。

3. 圣诞节

圣诞节是每年的12月25日,此时在北半球正值寒风凛冽的隆冬,而在南半球正是酷暑难当的盛夏。和欧美国家一样,澳大利亚人把圣诞节看作一年中最重要的节日,处处张灯结彩,热闹非凡。户户都买来圣诞树,家家都要吃火鸡。

除这些全国性的公共节日外,各个州还有一些独具特色的节日。比如布里斯班的华兰纳节、墨尔本的蒙巴节、阿德莱德艺术节、珀斯的野花节、悉尼的玛蒂格拉狂欢节等。

小知识

墨尔本赛马节

澳大利亚仅有200多年的历史,但始于1810年的"国民运动"墨尔本赛马节却已经有近150年的传统。墨尔本杯是澳大利亚最重要的赛马盛事,是澳大利亚人众所周知的"让整个国度屏住呼吸的赛事"。每年11月份的第一个星期二为全国公假,家家户户无不穿上节日盛装,兴致勃勃地参加这一盛典。全球的澳大利亚人不论在地球的哪个角落都会驻足观看这场赛事并为他们喜爱的赛马冲线而兴奋喝彩。墨尔本杯深深地嵌入了澳大利亚的文化并成了这个国度的一个符号。

(四)旅游纪念品

澳洲物产丰富,风味独特。澳大利亚特产包括澳宝(Opal,澳大利亚特产宝石)、羊皮、牛皮、绵羊油、葡萄酒(红酒和白酒)、艺术作品、艺术画作等。

1. 澳大利亚羊毛

澳大利亚出产的羊毛质量远近驰名,其中玛连奴羊毛(Merino Wool)的纤维是世界最长的。澳大利亚设计师巧用这种优质的羊毛,制成特色的服装如手织外套等,还有羊毛床单等。除了服装之外,其他产品还包括羊毛被褥等羊毛制品,羊毛制品冬暖夏凉,处理工艺一流,柔软,不易蛀虫。

2. 土著文化艺术品

澳洲的土著文化是世界上十分独特的古老文化,土著设计的艺术品最具澳大利亚风情,拥有独特的图腾造型。澳大利亚有各式各样极具原始风味的土著艺术品,传统的点画、树皮画、加以现代感的泥土色彩印画、珠宝首饰、木刻,以至迪吉里杜管(Didgeridoos)、回力刀、陶瓷、领巾及传统音乐的激光唱碟等。这些艺术品形式虽各有不同,但蕴含着精粹独特、引人入胜的土著文化。

3. 保健品

澳大利亚具有优越的自然环境,是世界上空气污染最少的地区之一,而且澳洲还有着近乎苛刻的药检标准及保健品管理制度,故其出产的健康食品早已享誉全球,如澳洲鱼油、蜂蜜胶囊等。

【练一练】

案例分析

一旅游团当游览了悉尼和堪培拉之后,询问导游:为什么澳大利亚的首都不设在第一大城市悉尼?悉尼是澳大利亚的商业、交通、贸易、金融、旅游、教育和文化中心,是一个国际化的大都市。首都设在较内陆的堪培拉,堪培拉人口少,历史短,许多方面相对不如悉尼。想一想:您能回答这个问题吗?

三、主要旅游城市及旅游景点

➤ 案例导入

一旅游团入住澳大利亚凯恩斯一家四星级酒店,入住房间后发现房间里有蜥蜴,向酒店投诉,酒店告知在每个房间的告示牌上写有:"The sensitive ecosystem in the tropics determines that we share our environment with a number of different creatures including ants, geckos and a variety of insects. May we suggest you avoid leaving food on benches and keep your door closed in an effort to keep these unwanted creatures out …"意思是在澳大利亚,人与动物共同分享大自然,一般靠近森林的宾馆时常会有小动物来光顾,但这些动物不会伤害人,她告知客人不要在房间里留下食物渣滓并随时关好门以防这些不速之客。游客依然无法理解,认为澳大利亚酒店环境不好。领队该如何做行前说明,才能避免以上误会。

案例导读:

在澳洲人眼里,蜥蜴是人类的朋友。2000年悉尼残奥会的吉祥物就是澳洲蜥蜴"莉齐"。这就是澳大利亚人在房间里看到蜥蜴觉得像老朋友的原因。凯恩斯地处热带雨林区,如果门窗没有关好,靠近森林的酒店有时会有蜥蜴之类的小动物光顾。而由于文化差异,很多游客普遍不能接受房间里出现的这些不速之客,这需要领队在行前做好以上的说明和提醒。

(一) 绿色之城——堪培拉(Canberra)

堪培拉是澳大利亚的首都,联邦政府所在地。堪培拉位于离东海岸不远的内陆丘陵地带,是一个先规划后建立的城市。它仅有40余万人口,是一座只有100多年历史的新兴城市。堪培拉道路宽敞,交通便利,大多数居民在政府部门或国立大学工作。这里还驻有许多国家的外交使团。同繁华的大都市悉尼、墨尔本相比,堪培拉也许更像是乡村小镇,然而它却是世界著名的花园城市。

在堪培拉东面有一座小山,叫作"黑山",山上有高大的电视塔,城西也有一座小山,叫作安斯利山,登上这两座山都可以眺望全城景色,其中最吸引人的莫过于市中心的三个半圆形如花瓣的格里芬湖(Lake Burley Griffin)。这是一个人工湖,11 km长的格里芬湖穿城而过,这个清亮的湖将堪培拉市分为南北两部分,湖上有两座长桥,湖中央的人造喷泉从宁静的湖面一跃而起,高139 m,直冲蓝天,如遇微风吹来,如烟似雾,随风散落,明朗的天空会出现美丽的彩虹,引得游人驻足忘返。这个湖是堪培拉的最大特色,这个城市的发展,也是以格里芬湖为中心逐步向外扩展。主要国家机关和公共建筑,如国会大厦、政府大厦、国立图书馆、国立大学、国立美术馆、联邦科学院等,都建在人工湖畔。湖中碧波荡漾,沿湖风景如画,是人们周末垂钓、游泳和泛舟的必去之处。

宏伟庄严的新国会大厦(图3-2)是澳大利亚最具现代特色的建筑。大厦前方耸立的巨型旗杆高81 m,是世界上最高的不锈钢结构之一。门厅有48根大理石柱和两排雕刻精美的大理石台阶。新国会大厦中的两个大厅全部对外开放,参议院和众议院均可让游人参观。正厅中悬挂着根据澳洲著名艺术家博伊德的作品制成的巨幅挂毯。

同悉尼相比,堪培拉的气温较低,冬季(7月)平均气温-0.3℃~11.1℃,历史最低气温曾达到-10℃;夏季(1月)平均气温13.1℃~27.6℃,历史最高气温曾达到42℃,各个季节都有一定雨量。

图 3-2 新国会大厦

(二) 魅力之都——悉尼(Sydney)

200多年前,菲利普船长率"第一舰队"登陆的杰克逊湾周围,已崛起一座名城——悉尼。悉尼是新南威尔士州首府、澳大利亚最老和最大的城市。悉尼是澳大利亚第一大城市,也是商业、交通、贸易、金融、旅游、教育和文化中心。它是一个国际化的大都市,人口约503万,主要的国际旅游目的地之一。2000年悉尼奥运会使悉尼的国际声望和知名度空前提高。

悉尼在澳大利亚国民经济中的地位举足轻重,其国内生产总值对全澳贡献较大。服务业是悉尼经济的主体。澳大利亚储备银行和澳大利亚证券交易所均在悉尼,澳大利亚众多银行的总部设在悉尼,最大的百家公司中,大部分在悉尼设立了公司总部或分支机构。

悉尼是国际大都市,基础设施完善发达,交通便利快捷。悉尼机场是澳大利亚主要航空港之一,悉尼也是澳大利亚最重要的"空中门户",来自世界各地的旅客,大部分是先乘飞机到达悉尼,再从这里转赴其他各地。

悉尼拥有一个特别优良的港口,这也是1788年"第一舰队"选择这里作为登陆地点的原因。悉尼港水深港阔,东临蔚蓝浩渺的太平洋,巨轮可直抵港口,是澳大利亚与世界上100多个国家和地区贸易的枢纽,也是大洋洲的贸易中心。悉尼气候温和,终年阳光充足,四季景色迷人,每年有300多天沐浴在阳光之中,夏日的海滩总是挤满了游人。有人认为:火、空气和水是构成悉尼的三大要素。火即指照耀悉尼城的灿烂阳光,悉尼日平均日照时间较长,平均气温近20℃。悉尼拥有众多的名胜古迹,其中以悉尼大铁桥、悉尼歌剧院、悉尼塔、邦迪海滩、蓝山、老悉尼城和伊丽莎白大厦最为著名。

1. 悉尼大铁桥

横跨海湾、连接南北两岸的悉尼大铁桥(Sydney Harbor Bridge)(图3-3)是早期悉尼的代表性建筑,世界上最长的单孔钢拱桥之一。大桥全长1 149 m,高出水面53 m,桥面宽49 m,上有双轨铁路、人行道、自行车道和8条平行的汽车道。

悉尼大铁桥于1924年开始建造桥基,1932年3月竣工通车,历时8年。历经近80年的风风雨雨,如今大铁桥仍稳当地横卧在杰克逊海湾上,与举世闻名的悉尼歌剧院隔海相望,澳大利亚人形容悉尼大铁桥的造型像一个"老式的大衣架",并把它誉为悉尼的象征之一。每当旭日东升,或晚霞满天,大铁桥浑身金光闪闪,像一把巨大的金弓在蔚蓝浩瀚的海面上闪烁,为悉尼增添了几分神奇的色彩和迷人的魅力。

图 3-3　悉尼大铁桥

2. 悉尼歌剧院

离大铁桥东边不远处,是世界著名的悉尼海上歌剧院(Sydney Opera House)(图 3-4)。1955 年,澳大利亚政府向海外重金征集悉尼海上歌剧院设计方案,年仅 38 岁的丹麦设计师耶尔恩·乌特松以独具匠心的构思和超凡脱俗的设计一举夺魁。1973 年落成的悉尼海上歌剧院是当代世界上最异乎寻常的建筑之一。它有三奇:一奇是建在海上;二奇是外形设计独具匠心,歌剧院建筑外表洁白晶莹,远远望去像是一支船队在扬帆远航;三奇是内部设

图 3-4　海上眺望悉尼歌剧院

备齐全,富丽堂皇。歌剧院内有 6 个剧场,可供歌剧、芭蕾舞剧、音乐会和话剧等同时演出。其中音乐演奏厅最大,有 2 800 个座位。作为 20 世纪最具特色的建筑之一,世界上著名的艺术表演中心,现代建筑史上被认为是巨型雕塑式的典型作品,2007 年 6 月 28 日,悉尼歌剧院被联合国教科文组织评为世界文化遗产。

3. 悉尼塔

可以和大铁桥、海上歌剧院相媲美的是悉尼最高建筑——悉尼塔,它建于 1968 年,竣工于 1981 年。悉尼塔高达 309 m,造型新奇,细长的铁柱托起环形塔楼,像一只仙鹤翘首独立。塔楼为钢质金色,在阳光照耀下金光闪闪,十分壮观。它的底部是由 200 多家商店组成的一座大型购物中心。登上圆锥形塔楼,纵目四望,悉尼市容一览无遗。

4. 蓝山

蓝山(Blue Mountains)位于悉尼以西 65 km 处(图 3-5),是离大城市较近的风景区。它曾被英国伊丽莎白女王二世誉为"世界上最美丽的地方"。它是东部高原中部偏南的一个平顶山,从悉尼附近一直伸展到西面的内陆,山顶是一块很长的平台,东侧是悬崖峭壁没有裂隙,因而从东面看它很像一堵墙,开发初期,这堵墙挡住了人们西进的脚步。

图 3-5 蓝山

蓝山为什么是蓝色?这是因为山中生长着许多桉树,桉树叶经常散发出大量的桉油粒子,这些桉油粒子在阳光照射下呈蓝色,所以这座山常被蓝色的雾霭所笼罩。由于树多,这里的空气特别清新宜人。

蓝山景观的特点,在于它是一个 1 000 多米高的台地,其左右是山谷和河流。一旦登上这个台地,就可以居高临下,眺望四方,豁然开朗。山中又有许多树木、花草、山涧和瀑布,有足够的地方可供游人盘旋。蓝山最著名的风景要数三姐妹峰,丹崖映照着蓝天,别有一种神韵。

(三) 金色之城——墨尔本(Melbourne)

维多利亚州首府墨尔本,是全国第二大城市,约有 500 万居民。它既是澳大利亚第二大城市,也是全国的金融中心。同犹如少女的悉尼相比,墨尔本更像是一位老成持重的绅士,城市建筑和社会生活都透出一股浓厚的英国遗风。古老的有轨电车在街上运行,不时发出当当的响声;电话簿上列有 1 000 多家银行和支行,商业之风主宰社会;饱经沧桑的希腊科林斯风格的古建筑依然耸立……然而,墨尔本并不亚于悉尼,它的市政建筑气势恢宏,不仅有南半球最大的玛亚商场,更有 20 世纪 80 年代落成的维多利亚艺术中心。墨尔本也是一个港口城市,位于菲利普港湾北岸。菲利普港湾在大陆南海岸的东端,正对着巴斯海峡湾的西口,海峡对岸就是塔斯马尼亚岛。菲利普港湾十分宽阔,由两个半岛环抱而成。

墨尔本在澳大利亚联邦的建立中发挥过重要作用。从 1901 年到 1927 年,墨尔本一直是澳大利亚的首都,联邦议会和联邦政府都设在这里。在很长一段时期中,墨尔本一直是全国的金融和政治中心,澳大利亚许多联邦总理来自这个城市。至今它仍是全国重要的政治、金融、经济和文化中心之一。

墨尔本的气候是冬天不太冷,夏天不太热,但气候多变,所以人们常说墨尔本"一天有四季"。

墨尔本市周围有许多旅游点,离城较近的是丹地农山区,这里有温带雨林,还有许多本地特有的动植物,如树高可达 60 m 的山桉,品种繁多的杜鹃花,善于模仿的琴鸟等。亚拉河发源于东部高原,自东而西流过墨尔本市区(图 3-6),在菲利普港湾入海。

图 3-6 墨尔本亚拉河畔夜景

墨尔本主要的旅游景点有:

1. 菲利普岛

到距墨尔本城东南 200 多 km 的菲利普岛观看小企鹅,路途虽远,却是来维多利亚州观光旅游者必不可少的乐事。每日黄昏,在海岸边的观赏区站满了翘首而望的游客。只见在惊涛骇浪之间,一群群黑体白肚、颇有绅士风度的企鹅不断涌向海滩。它们上岸之后,蹒跚摇晃着向前行进,离开沙滩,登上斜坡后就改为方队,各自回到自己温暖的巢穴里栖息,或喂养嗷嗷待哺的小企鹅。据粗略统计,一夜之间登陆的企鹅会有 2 000 多只。

澳大利亚特有的小企鹅(Little Penguin)是企鹅中的一个特殊品种,生活在澳大利亚大陆南海岸一带。它身高约 33 cm,虽体形娇小,却能在水中快速游进,非常敏捷。

2. 金矿区

墨尔本的西北是 19 世纪中叶澳大利亚主要的黄金产地,曾吸引过成千上万的淘金者。其中心是巴拉瑞特(Ballarat)、本迪戈(Bendigo)和索福林山(Sovereign Hill)(图 3-7)。位于墨尔本以西约 100 km,在那里,人们把 18 世纪"淘金热"时遗留下来的古迹,保护改建为今日的"户外金矿博物馆"。它展示了从 1851 年人们在此发现黄金开始,至 1860 年的 10 年间,淘金者的生产、生活环境,展示着当年的金矿井架、淘金沙的盆子、身着当年服饰的淘金者和富豪大贾去墨尔本时乘坐的马车等。

图 3-7 游客们在索福林山金矿游览区体验淘金

3. 维多利亚艺术中心

20 世纪 80 年代落成的维多利亚艺术中心,包括 3 座各具特色的建筑。顶部耸立着一座银色铁塔的是圆形大剧院,白色的铁塔和下面的建筑物象征着正在翩翩起舞中的芭蕾舞女和她飘洒的裙子。方形建筑是维多利亚国家美术馆,颇似中国风格,是具有特色的现代建筑物之一,于 1968 年建成。它是用巨大的青石建造的,大厅屋顶由深色框架和彩色玻璃组成。北面圆柱形的建筑是墨尔本音乐厅,门面由落地巨型玻璃门装饰而成,里面设有 2 600 张彩色座椅。清清的亚拉河从它身旁缓缓流过,河面上成群的海鸥在自由自在地翱翔。

4. 大洋路

大洋路(Great Ocean Road)位于墨尔本西南,是一条全长近 250 km 的海滨公路(图 3-8)。大洋路在 20 世纪 80 年代初被定为国家自然公园对游客开放,是世界著名的观光景点之一。大洋路是为纪念参加第一次世界大战的士兵修建的,参与建设的人也包括许多参战老兵,共有 3 000 余工人为此付出了艰辛的汗水。这条路于 1919 年开始动工,1932 年全线贯通。大洋路沿着维多利亚州西海岸蜿蜒伸展,带给游客壮丽的海洋风光和无数的海滩活动。

(四) 阳光之城——布里斯班(Brisbane)

有"阳光之州"美誉的昆士兰州的首府布里斯班是一座美丽的亚热带城市和太平洋的重要港口,位于大陆东海岸腰部,在悉尼以北约 1 000 km 处。拥有约 230 万人口,是澳大利亚

图 3-8 大洋路

第三大城市。布里斯班虽然偏在昆士兰州的东南角,却是昆士兰州的政治中心和交通枢纽,在这个州的建设方面发挥了重要作用。

布里斯班位于具有热带海洋性气候的澳洲东北海岸南端。这条窄长的海滨是澳大利亚的热带作物产区,是全国主要的甘蔗和蔗糖产区,还盛产菠萝、木瓜、香蕉、鳄梨和芒果等,沿海的奶牛场和森林也较多。布里斯班也是昆士兰州的制造业中心,生产制造品的企业涉及广泛的部门,包括重型车辆、拖拉机和农机制造、石油化工产品、非金属矿产品加工、冶金产品、林产品和家具、造纸和印刷、食品和饮料、纺织品、衣服和鞋袜等。

布里斯班文化发达,人文荟萃。它拥有南半球规模最大、设备最完善的皇家医院和 10 多所各具水平的大学和学院。

布里斯班气候和煦,一年四季每天的平均日照都有七个半小时,布里斯班因此被称为"阳光之城",冬季平均气温为 6 ℃～18 ℃,夏季平均气温为 19 ℃～30 ℃;年降雨量为 1 150 mm,每年 12 月至次年 3 月的降雨量占年均降雨量的一半多。

黄金海岸(Gold Coast)在昆士兰州首府布里斯班以南约 75 km 处,是一片长约 30 km 的金色海滩。黄金海岸的地理位置靠近热带区域的亚热带,一年中虽然也有四季之分,但夏日特别长,而冬季里的阳光也是暖洋洋的。因此,一年四季,黄金海岸的沙滩上总是挤满了享受日光浴的游客和弄潮的人群。这里有蔚蓝无垠的海水,有洁净如粉的细沙,还有常年照耀的温暖阳光。看上去黄金海岸虽然没有夏威夷或加利福尼亚的沙滩那样华丽,可是它的沙滩之长位居世界前列,因而成为国内外游客常去的游览和度假胜地。据有关的资料统计,每年约有 200 万游客来此度假,享受南半球最灼热的阳光和最迷人的沙滩、碧波。黄金海岸是著名的"冲浪者天堂"。这里还拥有世界一流的住宿饭店、风景名胜、各种富有吸引力的主题游览区 30 多个,世界级的主题公园有 3 个,如华纳兄弟电影世界、梦幻世界和海洋世界,因此享有"主题公园之都"的美誉。

(五) 宜居之城——珀斯(Perth)

珀斯是西澳州的首府,位于澳大利亚西部,印度洋沿岸。是占澳大利亚面积 1/3 的西澳州的最大的城市,也是充满活力的城市。这里是度假胜地,阳光和海洋是它的标志。从地理位置上看,珀斯西面是浩瀚的印度洋,沿纬度线西行 7 350 km 到达非洲海岸,南面是远隔重洋的南极洲。北方最近的港口雅加达距离也有 3 150 km,东面是大陆。

尽管地处偏僻,珀斯发展却欣欣向荣。这座城市正式创建于 19 世纪初,由于在内地发现了黄金,到 19 世纪末期,移民开始增加,进入 20 世纪,随着金矿业不断发展,珀斯也发展成为一个现代化新兴都市。珀斯于 1829 年成为自由移民的殖民地。珀斯以其丰富的地下资源为后盾,继续发展成现代化都市。

珀斯市以其众多的美术馆、野生动植物和主题公园、白色沙滩、印度洋冲浪海滩以及观赏海豚和鲸鱼的机会而自豪。由于地处澳大利亚西岸地中海气候地区,温和的气候与天鹅河沿岸的别致景色,使珀斯成为受欢迎的旅游目的地,并以广阔的居住空间及高水平的生活素质,在每年的世界最佳居住城市评选中都名列前茅。

(六) 其他著名的旅游地

1. 大堡礁

大堡礁(Great Barrier Reef)是世界上最大的珊瑚礁群。它从澳大利亚东北的约克角沿着东海岸一直延伸到布里斯班东北,全长约 2 400 km。占据了约 23 万 km^2 的海域。巧夺天工的大堡礁每年吸引了数十万名旅游者前来观光,它已成为澳大利亚著名的旅游胜地和自然保护区。是世界自然遗产。

大堡礁的范围包括各种大小珊瑚岛屿 600 多个,其中观赏价值最高的要数格林岛和赫伦岛。格林岛上建有一个精巧的水下观察室,其位置正好在珊瑚群中。旅游者可以通过舷窗观看海底世界的壮丽景观,也可乘坐玻璃底的游艇欣赏奇异的水下风光。

大堡礁的珊瑚记录了地球变动的许多历史和奥秘,从这些珊瑚中可以看到海洋高低的变化,地壳结构的变化和生物的进化,对于科学工作者来说,它们不仅可供观赏,而且可以提供许多宝贵的信息和数据。

2. 乌鲁如国家公园

乌鲁如国家公园(Uluru-Kata Tjuta National Park)位于澳大利亚中部,在达尔文市以南约 1 420 km,包括乌鲁如独石——艾尔斯岩(Ayer Rock)和卡塔特久塔独石群(奥尔加岩石)。

硕大无比的艾尔斯岩雄居澳大利亚大陆大漠的中心,通体色泽赭红,光滑的表面在阳光的照耀下闪烁着奇异的光芒。它在空旷广袤的地平线上突兀挺立,直刺苍穹,每当拂晓日出或夕阳西下,更显得蔚为壮观而又变幻无穷。它是目前世界上最大的整块不可分割的单体巨石,长 3.62 km,宽 2 km,高 0.348 km。岩石一圈周长 8.8 km,形状酷似一个长条形的大面包。据测算,艾尔斯岩的形成距今已有 5 亿年的历史,它在 1873 年被探险家戈斯发现后,逐渐成为澳大利亚的旅游名胜。正因为如此,大自然鬼斧神工创造的艾尔斯岩被土著人认为是神明的化身,将它尊称为神岩。土著人认定艾尔斯岩是"土地之母"和"一切从此开始"。

这种信仰一直从远古流传至今,因而人们又把艾尔斯岩所处的澳大利亚中部沙漠地带称为图腾崇拜的古典地区。

3. 卡卡杜国家公园

卡卡杜国家公园(Kakadu National Park)位于北部地区,在达尔文市以东 120 km 处,有奇特壮观的湿地、瀑布、岩石和大量的野生动物,包括各种淡水鳄鱼和海水鳄鱼,还有土著人绘制的岩石画。

小知识

经典线路：澳大利亚经典 8 日游

第 1 天　上海浦东—悉尼

上海浦东机场 2 号航站楼集合出发，乘机飞往澳大利亚第一大城市悉尼。

第 2 天　悉尼

抵达后前往市区，途中游览澳大利亚最著名的邦迪海滩，体验澳大利亚风情。参观富人区玫瑰湾、双湾。中午前往悉尼最大的海鲜批发市场，让您尽情挑选当天的生猛海鲜，享用海鲜大餐。下午前往游览皇家植物园，于最佳角度欣赏歌剧院、海港大桥的雄伟外观，参观澳大利亚最大的圣玛利亚大教堂，感受哥特式建筑的宏伟。游览位于市中心的海德公园，感受悉尼都市的繁华。前往参观澳大利亚标志性建筑——悉尼歌剧院外观，近距离接触这座人类伟大建筑。傍晚前往情人港码头，乘坐游船畅游著名的情人港，夕阳西下，远眺悉尼歌剧院、海港大桥的雄伟外观，并在船上享用正宗三道式西式晚餐。结束后入住酒店休息。

第 3 天　悉尼—蓝山—悉尼

早餐后乘车前往位于悉尼以西 100 km，被封为世界自然遗产的蓝山国家公园；游览回音谷，在此远眺蓝山全景及享誉世界的三姐妹峰。午餐后前往蓝山美景世界。乘坐近乎垂直的小矿车下到蓝山峡谷，漫行于热带雨林中。后乘坐 CABLEWAY 缆车横越原始山谷，饱览峡谷风貌。结束后乘车返回悉尼市区，晚餐后入住酒店休息。

第 4 天　悉尼—布里斯班—黄金海岸

早餐后乘机飞往昆士兰州首府布里斯班。抵达后在布里斯班市区观光：参观南岸公园——1988 年世界博览会的举办地，参观公园内精美绝伦的雕塑精品——尼泊尔神庙，沿着布里斯班河岸感受园内的休闲气氛，参观园内的人造海滩。后前往游览袋鼠角，俯瞰市区全景。下午乘车抵达度假胜地黄金海岸。傍晚漫步著名的冲浪者天堂海滩，体验澳洲人的悠闲生活。晚餐后入住酒店休息。

第 5 天　黄金海岸

早餐后前往天堂牧场参观，在此您可与澳大利亚特有的袋鼠、考拉、鸸鹋等特色动物来一个亲密接触。观看精彩的剪羊毛表演，并可自愿参与其中；同时还能观看澳大利亚牛仔及牧羊犬的精彩表演。随后前往耗资千万，南半球唯一一座电影主题公园——华纳兄弟电影世界。

第 6 天　黄金海岸—布里斯班—墨尔本

早餐后，乘机飞往澳大利亚第二大城市墨尔本，抵达后享用午餐。参观澳大利亚最大的天主教堂之一——圣派屈克大教堂。游览费瑞滋花园，参观"澳大利亚之父"库克船长小屋。晚餐后入住酒店休息。

第 7 天　墨尔本

早餐后市区观光，游览皇家植物园，植物园内有着世界各地 6 000 多种的植物，以及自然栖息在此的黑天鹅等澳大利亚特色动物，参观战争纪念馆，漫步亚拉河畔，体验澳大利亚花园城市的独特魅力。午餐后游览位于市中心的标志性建筑——维多利亚广场，感受都市繁华。

第 8 天　墨尔本—上海浦东

早餐后前往墨尔本国际机场，乘机飞往上海浦东国际机场，结束行程。

【练一练】

主题旅游线路设计

1998年,中国来澳大利亚旅游人数只有7.7万。2008年,这一数字达到35.3万人次。2019年,中国来澳大利亚旅游人数达140万人次,已超越新西兰成为澳大利亚最大的国际游客来源国。古老而又年轻的大陆,大自然在这片土地上孕育了世界上最美的景观,蔚蓝的大海、绿色的雨林、红色的内陆、金黄的沙滩、袋鼠和考拉的王国,一切都好像有着魔力一般,吸引着我们忍不住想去领略这片广阔、美丽而又多样化的土地。澳大利亚人认为,正是热情友好的人们、野生动物、海滨生活、礁石美景、内陆风情、生机勃勃的城市和悠闲惬意的生活方式,让澳大利亚成为一个尽是不同的独特旅游目的地。

请以"澳大利亚,尽是不同"为主题,为游客量身设计一条高品质澳式体验旅游线路。

主题二 新西兰(New Zealand)

一、国家概况

▶ 案例导入

被南太平洋环绕的岛国新西兰,是南半球有名的高端旅游目的地。这里有号称"100%纯净"的自然生态环境和闻名于世的极限运动与探险旅游资源。游客小陈慕名而来,但是一周游玩下来,发现新西兰并非100%纯净,也有一些不尽人意的地方,于是她询问当地导游如何理解"100%纯净新西兰"这个宣传口号。

案例导读:

1999年新西兰推出"100%纯净新西兰"的宣传口号,以"100%纯净""人间最后一片净土"享誉于世。热爱大自然,保护环境仿佛是每个新西兰人的神圣天职,也是作为一个新西兰人存在的骄傲。如今"100% Pure New Zealand"已经上升为新西兰的国家品牌,多年来,100%纯净新西兰推广活动已经为新西兰创造了超过50个奖项,各类视频宣传广告插播遍及美国、英国、加拿大、德国、澳大利亚、中国、韩国、日本等众多国家,观看人群超过10亿。"100%纯净新西兰"和"纯净自然环境"是两个概念。新西兰人想要表达的是,这里的景色、居民、各种活动相互结合,形成了独一无二的风景,而这才是他们认为的"100%纯净新西兰"。"100%纯净新西兰"是一种市场营销手段和承诺,一种期望,而非对自然环境问题做出的承诺。

(一) 地理环境

1. 国土地理

新西兰位于南半球的南太平洋,南纬33°~53°,西经160°~173°,介于赤道和南极之间,国土面积为27.05万 km^2。主要由北岛和南岛组成,两岛相隔25 km,占国土面积的98%,南岛以南27 km的斯图尔特岛是第三大岛,面积只有1 700多平方千米。新西兰是一个南北狭长的国家,它境内的任何地方距海边都不超过130 km,1.5万 km长的海岸线上散布着众多的岛屿、港口和海湾。

与其他大陆相比,新西兰就像是蹒跚学步的小孩。因为在数百万年前,大部分大陆已经草木繁盛、鹰飞鹿跑的时候,新西兰所在的地方依旧是汪洋一片。直到500万年前,这片新陆地才从海平面上慢慢升起,在地壳运动不断挤压下,巨大的板块上升又下沉,土地形成又消失。真正的新西兰在200万年前最终形成。新西兰北岛多火山和温泉,南岛多冰河与湖泊。

2. 气候特征

新西兰处于南半球,其季节刚好和位于北半球的国家相反。新西兰属于温带海洋性气候,气候温和,四季差别不明显。冬天温和湿润,夏天温暖干燥。新西兰四面环海,附近没有大片陆地影响气候变化,故冬夏季的气温相差甚小,仅10℃左右。即使最寒冷的7月和8月,气温也不低于10℃;最炎热的1月和2月,气温则保持在25℃左右。总的说来,越往北气温越高。北岛气候温和,常年绿草如茵。南岛气温较低,四季景色分明。北岛的年平均气温大约为15℃,南岛的年平均气温大约为10℃。

小知识

新西兰——地球上的"地理教室"

新西兰是地球上为数不多的天然"地理教室"。各种丰富的自然景观非常集中,既有壮观的高山峡谷、峭壁海滩,又有变幻无穷的活火山,还有远古的冰川、荒芜的沙地、幽深的原始森林。新西兰拥有非常独特的野生物种,诸如硕大无比的北美红杉、古老大陆遗留下来的棕榈树,以及高大的蕨类植物。动物有新西兰的大蜥蜴,胆小、怕光的奇异鸟,等等。

(二) 人文概况

▶ 问题导入

请自己查询有关介绍新西兰的书籍或网站,填写下表:

人口		英文名称		主要城市	
民族		主要宗教		首 都	
语言		国 花		与北京时差	
货币		国 鸟		现任国家元首	

小知识

奇 异 鸟

奇异鸟(又译几维鸟)分布于新西兰,因为它们的鸣叫声非常尖锐,听起来特别像"kiwi",所以被当地土著的毛利族人叫作奇异鸟。奇异鸟由于翅膀退化,因此无法飞行。奇异鸟是新西兰的特有物种,也是新西兰的国鸟及象征。在新西兰人的生活中,有的银行名字叫奇异鸟,新西兰的两角与一元的钱币上一面印的是英国女王伊丽莎白的头像,另一面便是奇异鸟。新西兰人更是坦然地以奇异鸟自称,新西兰人常常自豪地说:"我是一只几维鸟。"意思就是"我是一个新西兰人"。

1. 历史简述

现在的考古发现在 1 000 多年以前,来自库克群岛或塔希蒂的航海者乘独木舟来到新西兰。这些玻利尼西亚定居者抵达新西兰后,很快适应了这片充满飞鸟和近海哺乳类动物的新大陆上的生活方式,与众不同的毛利文化逐渐形成。新西兰早期的居民毛利人一直处在狩猎和捕鱼的社会。

新西兰真正有文字记载的历史是从欧洲殖民者到来之后开始的。1642 年,荷兰人塔斯曼从北面穿过浩瀚的太平洋发现了新西兰,但他和他的船队在这块新土地上只做了短暂的停留,他唯一的贡献在于留下了沿用至今的名字——新西兰。1769 年英国船长詹姆斯·库克乘大帆船"努力号"抵达吉斯伯恩,并在随后的航行中探访了沿海地带,最终使欧洲和世界知道了新西兰。然而在较长一段时期,以英国人为主力军的欧洲移民与毛利族部落冲突不断,但毛利族的抗争以失败告终,1840 年 2 月 6 日,受英国政府派遣,霍布森船长和 45 位毛利酋长签署了《威坦哲条约》,规定新西兰为英国殖民地,在新西兰实施英国法律,奥克兰被定为首都,1865 年首都迁至惠灵顿。

1856 年,新西兰实行内部自治,1907 年摆脱殖民地位,称为英联邦内的自治领地,但政治、经济和外交仍受英国控制。1947 年获得完全独立,成为主权国家,并属英联邦成员国。

2. 经济概况

自从 1984 年的经济改革,新西兰如今已成为一个开放而限制极少的自由经贸国家,新西兰对金融及外汇并无管制,因此资本进出自如,不受限制。自从政府取消金融管制以来,金融业的投资迅速提升,特别是在商业和贸易银行方面。利率不设限,关税大幅度降低,准许外资独控公司,购买住宅及工业地。同时可自由汇出资本盈余或股利。

以国际标准来衡量新西兰,它称得上是拥有非常丰富的天然资源。新西兰被公认为是世界上畜牧生产最丰盛的国家之一。它生产的肉品种繁多,价格低廉,颇具国际竞争力。新西兰是世界上最大的羊毛及羊肉输出国之一(图 3-9)。新西兰盛产乳酪,其出口量位居世界前列。新西兰盛产羊毛,出口额占世界羊毛总量的前列。

受惠于特佳的气候生长条件,新西兰出产各类木材及其制品。

新西兰富有能源,水力发电充沛,可供应 17% 的主要能源市场。新西兰煤的储存量约为

图 3-9 新西兰广袤的牧场

8亿t，石油储存量约为5 600万桶，还有4座天然煤气、2个大油田、地热资源及世界独一无二的合成燃料厂。

新西兰地跨温带及亚热带气候区，因此可种植的水果及蔬菜种类繁多。21世纪以来，新西兰的蔬果业成长快速。新西兰得地利之便，能供应冬季酷寒的北半球新鲜或脱水的蔬果，蔬果的外销收入近年来激增，其中奇异果占了一半，苹果次之。

新西兰拥有瑰丽的天然风景，如滑雪场、温泉、海、湖、冰山、冰河、峡湾及河流等观光资源。由于新西兰被公认为是一个干净、安定、无核威胁的旅游胜地，每年吸引60多万名的游客，其中45%来自澳大利亚，此外有美国、日本、英国、加拿大及德国等国游客。为接待游客，新西兰对住宿设备及高水准的娱乐设施都增加了大量的投资。

3. 文化艺术

（1）奇特的毛利文化。在今天的新西兰社会中，毛利人扮演了很重要的角色，独特的毛利文化成了国家对外宣传的一个主要亮点。毛利人外貌上兼有东西方人的特色，他们身材高大、强壮悍勇、肤色棕黄、头发乌黑、短鼻子、厚嘴唇，他们具有纯朴、憨厚、勇敢的性格。

像其他南太平洋的岛民一样，毛利人热爱歌舞（图3-10），他们用歌舞来表达喜怒哀乐。妇女的舞蹈叫泼伊（Poi），动作轻柔舒缓，颇具观赏性。表演时，妇女通常穿黑、白、红三色相间的上衣，胸前是三种颜色编织成菱形或几何图形的装饰，下身穿着亚麻和芦苇编成的草裙，手拿两个拴着线的小球，有节奏地敲打自己的身体，边歌边舞，摇曳生姿，极为动人，洋溢着热烈欢快的气氛。男子的舞蹈叫哈卡（Haka），跳的时候英武有力，男人上身全裸，个个粗壮，脸上或下巴刺青，下身有时穿草裙，有时围块黑布，尤其是毛利传统的战舞，一定要配上声嘶力竭的呼喊之声，不时还要奋力拍打身体，在结束时大喝一声，眼睛几乎瞪出眼眶，舌头吐出老长。据说在蛮荒时期，毛利人为了吓退猛兽及敌人，便扮出这种模样，代代相传，如今反而成了一种友好的表示了。如果有机会看到毛利人歌舞表演，那将是终生难忘的。毛利人通常的乐器是响板、笛子和号角。现在，古老的圣歌已经少见，传统的乐器已成为博物馆展品，取而代之的是现代乐器以及采用欧洲风格和现代表现手法的音乐。

图3-10 毛利人舞蹈

毛利族的手工艺品简洁古朴。毛利人的居住区设有雕刻馆，专门传授雕刻的艺术，各地的毛利族人都派送青年子弟代表到馆中研习雕刻，学成后回到族系再去教导别人。在毛利人社区的道路两旁，竖立着清一色的神像木刻。毛利人的纺织品多数以亚麻为原料。纺织品技术相当原始，他们有意保持这种祖先传下来的艺术，使原始文化代代相传。

　　在新西兰，毛利人仍保留着浓郁的民族传统和习俗。文身不仅是毛利人的一种装饰，同时还是地位的象征。男的可以在脸部、身体和臀部刺纹，女的只能在嘴唇或腭部刺纹。毛利人大都信奉原始的多神教，还相信灵魂不灭，尊奉祖先的精灵。每遇重大的活动，他们都要到河里做祈祷，而且还要相互泼水，以此表示宗教仪式上的纯洁。毛利族人特别怀念和崇拜自己的祖先，因此，每年12月，毛利人的骨雕艺术节都举行盛大的庆典，来弘扬先人的功绩。

　　（2）欧洲风情的国度。新西兰许多城市以富有欧洲风情著称，由于新西兰居民大多数是欧洲人后裔，又采用了与英国本土几乎相同的社会制度和法令，所以无论是文化教育还是建筑艺术都继承了欧洲的传统。当您漫步在新西兰的许多城市中时，仿佛走在欧洲的土地上。

> 【练一练】
>
> **案例分析**
> 　　一群刚刚退休的老人相约去澳大利亚和新西兰旅游，于是到旅行社咨询，希望旅行社的工作人员能介绍新西兰旅游有什么特色，什么时候去是最佳季节。
> 　　想一想：作为旅行社的工作人员，在查找有关资料后，该如何回答上述的问题。

二、民俗风情

▶ 案例导入

　　某旅行团到新西兰去参观毛利人民俗村时，游客看到毛利人欢迎仪式大不一样，情不自禁拿起相机对着欢迎的队伍猛拍，突然，毛利人队伍右边的一个赤身大汉犹如猛虎下山一样，手持一根木杖，一边大声吼叫，一边气势汹汹地向游客们跑来，大有把游客们赶走的意思。游客们被这阵势吓住了，情不自禁地往后退。这个武士转眼就来到游客们眼前，只见他又吼又叫，不断地做鬼脸、瞪眼、吐舌头，手里的木杖挥来挥去，样子十分吓人。游客们吓坏了。请问这个毛利人为什么要这样做？他想要表达什么呢？

案例导读：

　　原来这是毛利人的一种迎宾礼仪，源于毛利人早期部落之间的战争。他又吼又叫，不断做鬼脸，不是向来人挑衅，而是一种测试。如果是敌人被吓跑了更好，如果是朋友那就勇敢地迎上去。毛利人约于1000年前由太平洋中部的夏威夷乘木筏迁徙至新西兰，并从此定居。直至今天，毛利人依然传承着古老的毛利文化。其中，毛利人的碰鼻礼和文身是我们广为熟悉的。

　　新西兰居民大多数为英国移民的后裔，因此社交、礼仪、生活、饮食等习惯以及禁忌基本与英国人相似。

（一）社交礼仪

　　在与女士交往中女方先伸出手，男方才能相握。初次见面，身份相同的人互相称呼姓氏，并加上"先生""夫人""小姐"等，熟识之后，互相直呼其名。新西兰人时间观念较强，约会须事先商定，准时赴约。客人可以提前几分钟到达，表示对主人的尊敬。交谈可以谈论气候、体育运动(如橄榄球和板球等新西兰人特别喜欢的运动)、国内外政治、旅游等话题,避免谈及个人私事、宗教和种族等问题。

应邀到新西兰人家里做客,可送给男主人一盒巧克力或一瓶威士忌,送给女主人一束鲜花。礼物不必过多或贵重。

毛利族人之间传统的相互问候致意的方式是相互摩擦鼻子。

新西兰人不喜欢大声喧哗和装腔作势的人。打哈欠的时候,要捂住嘴,当众嚼口香糖或用牙签被认为是不文明的行为。

给人拍照,特别是毛利人,一定要先征求同意。

新西兰宗教派别很多,大多相安无事。最大的宗教是基督教,教徒超过总人口的50%,随处可见式样古朴的教堂。其次是毛利传统的原始宗教,但只在毛利人聚居地较为流行。其他还有伊斯兰教和佛教等。

(二) 饮食文化

1. 饮食特征

新西兰是农牧业国又是海洋国家,物产丰富,素有"美食天堂"之誉,盛产瓜果蔬菜、海产和禽肉。新西兰"环太平洋"烹饪风格,广集欧洲、泰国、马来西亚、印度尼西亚、日本及越南的烹调艺术之精华。典型的新西兰式的食物有羊肉、猪肉和鹿肉;三文鱼、龙虾、布拉夫牡蛎(Bluff oyster)、鲍鱼(paua)、贻贝(mussel)和扇贝;红薯(kumara)、猕猴桃和树茄果(tamarillo);蛋白蛋糕(pavlova)是新西兰的国粹甜点。石头火锅是毛利人的传统做法。把石头烤热放入洞中,再把包好的食物放入熏熟,原汁原味。

新西兰人的饮食习惯大体上与英国人相同,饮食以西餐为主。但是当地人还是非常热爱烧烤,各种鱼类扇贝都是烧烤的对象。新西兰人喜欢饮酒,特别是啤酒和葡萄酒,新西兰白葡萄酒,特别是Chardonnays和Sauvignon Blancs,赢得了优越的国际声誉。饮茶也是新西兰人的嗜好。

2. 饮食禁忌

新西兰人在饮食上与澳大利亚相似,以吃英式西菜为主,其特点是口味清淡,不喜油腻,忌食辣味。新西兰人上餐馆用餐,极少有浪费现象。小到一顿便饭、亲朋小聚,大到商务宴请、公司聚餐,都非常节俭。在新西兰,朋友聚餐都是默认AA制,吃多少就点多少食物,不能浪费。节假日,新西兰人也喜欢和家人、亲友上餐馆享受团聚、悠闲的时光。新西兰人比较注重私人空间,他们通常把晚餐时间留给家人共度,而商务宴请大都安排在中午。宴请通常也较简单,只吃三明治、比萨、寿司、沙拉或其他快餐。

(三) 节庆风情

新西兰主要节假日包括新年(1月1—2日)、国庆节(2月6日)、复活节、澳新军团日(4月25日)、劳动节(10月最后一个星期一)、圣诞节(12月25日)、节礼日(12月26日)等。主要的节庆活动还有奥克兰的游艇大赛,马斯特顿的金剪子剪羊毛大赛,哈米尔顿的全国农业日等。橄榄球是新西兰最热门的竞技体育运动,新西兰的国家橄榄球队是国际一流强队。

1. 怀唐伊日

2月6日,是新西兰一个非常重要的节日——怀唐伊日,这一天曾在1974年一度被定为新西兰的国庆节,举国上下共同欢庆新西兰的立国文献——《怀唐伊条约》(Treaty of Waitangi)的签署,它于1840年由毛利各大部落的酋长和英国王室的代表签署,条约签署地点在岛屿湾的怀唐伊。如今,怀唐伊已成新西兰最重要的历史名胜之一。每年的2月6日,《怀唐伊条约》签署的地方就成了全新西兰关注的焦点,举国上下共同参与为期四天的庆典活动。活动包括一场正式的典礼、皇家新西兰海军和地方文化团体带来的表演及阅兵式,以及各式各样的体育运动及文化活动。

2. 马尔堡酒节

位于南岛西北部的马尔堡(Marlborough),盛产葡萄酒,每年2月举行的酒节,是在葡萄园里进行的。人们搭起大帐篷,陈列着各地的葡萄酒和美食,人们在品尝美酒佳肴的同时可以参加各类交流活动。

3. 澳新军团日

澳新军团日,又称"澳纽军团日",是纪念1915年的4月25日,在加里波利之战牺牲的澳大利亚和新西兰军团(简称澳新军团)将士的日子。澳新军团日在澳大利亚和新西兰现均被定为公众假日,以缅怀他们为国牺牲的勇敢精神。澳新军团日是两国最重要的节日之一。

(四) 旅游纪念品

新西兰的旅游纪念品通常反映出毛利文化、农业传统和风景名胜。手工制作的纪念品很普遍,游客可以选择陶器、绘画、毛利花纹的雕刻、羊皮及其制品、玉石珠宝、蜂蜜、葡萄酒、餐具垫、图书,以及印有风景照片的日历。

1. 羊毛制品

新西兰盛产羊毛,羊毛制品的品质好,而且数量多,价钱合理,由高价位的服饰到各式各样的日常用品,琳琅满目,如羊毛内衣、针织和地毯均属优质出品。其中以羊毛制成的大地毯最为著名,洁白柔软,最适合放于客厅内。

2. 毛利人手工艺品

新西兰是毛利族之乡,至今仍保存不少毛利文化的艺术遗产。毛利人工艺品是最富新西兰风味的礼品。它们的艺术表达形式非常独特,巧妙的雕刻技术令人叹为观止,由小东西到客厅的装饰品,及身上的佩饰,精致陶瓷及玻璃器皿工艺品,深受游客欢迎。罗吐鲁瓦是新西兰毛利文化的中心,到处能找到出售精致毛利艺术品与手工艺品的礼品店、特产木材的雕刻品、天然纤维的编织品或绿石(pounamu)骨头、贝壳和其他材质的雕刻品。每件艺术品都道出了这个地区以及毛利族的故事。

3. 绿玉

绿玉又称绿石,是新西兰本国的"国石",新西兰人称它们"Jade",英文名"Jadeite",意思是"佩戴在腰部的宝石"。新西兰绿玉主要由翠绿色硬玉矿物组成,颜色自然而富于变化,与自然界极为协调,代表着万物生机勃勃与青春活力,象征幸运和繁荣。绿玉品种较丰富,将近有30种,细腻且坚韧。

4. 保健品

新西兰保健品以天然著称,世界各国的游客来到新西兰无不买些保健品回国,最著名的三件保健品是角鲨烯、羊胎素和绵羊油。

【练一练】

案例分析

新西兰是一个十分独特的国家,由北岛、南岛和几十个小岛组成。北岛多火山温泉,南岛多冰川湖泊。欧洲建筑文化传统及毛利文化、旖旎的风光,吸引着热爱田园、享受自然的人们不断前往。但一般旅游团安排的游览时间只有3~5天,游客普遍感觉时间不够。想一想:怎样的行程安排才能体现有效、合理、经济?

三、主要旅游城市及旅游景点

案例导入

一个旅游团入境新西兰,在机场,领队特地指着告示牌,告诉游客:"如果有带水果等食物,要么申报,要么处理掉,丢进垃圾箱。要不然,最低罚款400新币。"然而在过海关时,偏偏有一位游客把一个苹果遗忘在包内,被安检查出后,任何解释都是徒劳的,海关官员的回答只是简简单单一句:"我爱我的祖国,就像您爱您的祖国。"若拒不接受罚款,将被拘留。为何带入新西兰一个苹果的惩罚有这么严重?

案例导读:

新西兰有世界的"农家乐"称号,羊的形象都恭奉入国徽。新西兰国土面积一半是牧场,且主要是人工牧场。新西兰的经济以农业、林业和畜牧业为主,国民收入的75%来自农业,而畜牧业又占农业产值的80%。新西兰出口产品中,农牧业产品占50%。任何害虫和疾病的引进都将对其经济带来严重威胁,因此海关对旅客携入品的规定极其严格。任何植物,包括种子类的中药、土壤等必须经过严格的检查,而且一般不能携带入境。任何食物都须向海关申报,如实填写入境卡,马虎不得;否则可能会被没收或罚款,严重者会被判入狱。因此,游客前往新西兰旅游一定要事先了解新西兰的卫生检疫制度,领队也要反复提醒,以免引起麻烦。

(一)海滨山城——惠灵顿(Wellington)

惠灵顿地区位于新西兰的中心,地处北岛最南端。惠灵顿是新西兰的首都,也是新西兰的教育和文化中心。惠灵顿高等院校云集,并有国家图书馆、博物馆及其他文化教育设施,堪称新西兰之最。惠灵顿地区的人口大约45万。

惠灵顿是从一个自然力量形成的海港发展起来的城市,是一个海滨山地区域,市内的维多利亚山的陡坡足以给登山者提供训练课程,据说有的坡度达到44°,如果身体足够健壮,可以一直走到山顶。从山上看下去,海港周围高山环绕,大海更像一片湖泊。

惠灵顿地区气候温和,没有酷暑和严寒,该地阳光充足,是新西兰享受阳光最多的地区,比奥克兰、墨尔本的日照更加丰富,而降雨则比奥克兰、悉尼等地略少。

惠灵顿地区每年举办各种各样的活动。有些活动由各个不同的城市举办,有些则是全国或国际性活动。一些最受欢迎的活动为:新西兰国际艺术节(每两年举办一次)、国际龙舟节、马尔堡葡萄酒和食品节、惠灵顿杯(赛马)及其他许多赛马活动、长白云毛利传统表演艺术节、惠灵顿国际爵士乐演奏节。

惠灵顿地区不仅是新西兰的首都,而且是餐饮、节日庆典、时装和购物的首选之地。

惠灵顿的主要景点有海港大桥、老圣保罗教堂、国家档案馆、植物园、新西兰博物馆、维多利亚山瞭望台、航海博物馆、城市博物馆,等等。惠灵顿有山、沙滩、河流、湖泊和港口。各种水上运动都很受欢迎。惠灵顿地区有很多公园、健身步道和花园。不管居住在什么地方,从居住地到散步和欣赏大自然的地点都不会超过10分钟的路程。

(二)千帆之城——奥克兰(Auckland)

奥克兰(图3-11)位于新西兰北岛的西北岸,是新西兰的工商业中心,是新西兰最大、最国际化的都市。奥克兰人口约163万。奥克兰一半是都市,另一半是海景。奥克兰是一座被神奇海洋世界包围的现代都市,海上散布50多座岛屿,每个岛屿都有不同的特色。城市

图 3-11　千帆之城——奥克兰

环绕着怀特玛塔港(Waitemata Harbor)和豪拉基湾(Hauraki Gulf)两岸建设,港湾优良,也因此造就了新西兰海岸都市的独特风格。新西兰人拥有帆船与游艇比例之高,冠于全球,平均每 2.7 人拥有一艘船,因此,在奥克兰,可以看见无论是大人或是小孩,都会悠闲地乘着帆船出海,享受生活。而"帆船之都"的美誉也就不胫而走。

奥克兰多姿多彩的活动与景点也颇受全球旅行者的喜爱。由于奥克兰是由古老火山喷发所形成的,所以地形相对多变,也造就了不同的景观与活动。从钓鱼到农场体验,从逛街购物到简单刺激的冲浪,从攀岩到在夕阳下的海滩上骑马或者是轻松地享受地热温泉,可以自由选择。

奥克兰具有特色的地形和温暖、潮湿的气候,造就了此地的生活风格,常被选为全世界最适合人居住的城市之一。来到这里可以仔细地感受一下奥克兰独特的生活方式与悠闲的度假气息。奥克兰的气候与温度是相当舒服的。即使是夏天,气温也维持在 26~29℃。可以说是相当宜人,不过早晚温差较大。每年 12 月到次年 3 月,是最佳海滩季节,游客大多短裤运动衫就足够。7—9 月是冬季,白天长袖长裤,晚上需多添加外套。

奥克兰的主要景点有中央公园、海港大桥、奥克兰动物园、城市美术馆、国家航海博物馆、海底世界、维多利亚公园市场等。

(三) 童话之城——皇后镇(Queenstown)

皇后镇位于新西兰南岛,瓦卡蒂普湖(Lake Wakatipu),是一个被南阿尔卑斯山包围的美丽小镇,进入皇后镇市区,一路上都是高耸参天的白杨树,树两旁是山脉,驱车行驶其间,有如置身世外桃源。它曾以淘金闻名于世,现在是新西兰旅游的观光胜地。旅游设施完备,交通方便,是钓鱼、滑水、泛舟的好地方;有各式商店、销售地道的工艺品、首饰精品;有许多中国餐馆,深受游客的青睐(图 3-12)。

皇后镇处处都是完美的观光地点,夏季蓝天艳阳,秋季为鲜红与金黄的叶子染成缤纷多彩的面貌,冬天的气候清爽晴朗,还有大片覆盖白雪的山岭,而春天又是百花盛开的日子。四季分明,各有着截然不同的景色。市区的瓦卡蒂普湖是座深而蓝的高山湖。壮丽的山脉上几座覆盖白雪的高山点缀于风景中。

图 3-12　美丽的皇后镇

　　皇后镇最受游客喜爱的活动之一,是搭乘蒸汽船"厄恩斯劳号"(TSS Earnslaw)悠游在瓦卡蒂普湖上。20世纪初,"厄恩斯劳号"(图 3-13)是为了方便居住在湖边的居民,如今这艘船都还依原样维护得很好,载游客到瓦尔特(Walter Peak)山村里一览绵羊牧场风光。"厄恩斯劳号"老式蒸汽船在皇后镇人们的心目中具有特殊的地位,被人们亲切地誉为湖女(Lady of the Lake)。自1912年以来,它一直航行在美丽的瓦卡蒂普湖上。

图 3-13　"厄恩斯劳号"航行在美丽的瓦卡蒂普湖上

(四) 罗托鲁阿(Rotorua)

　　罗托鲁阿(图 3-14),又译罗托鲁瓦,是新西兰北岛中北部著名的地热观光城市,因坐落在火山多发区,被喻为"火山上的城市"。罗托鲁阿距奥克兰市221 km,多天然温泉,这里的热泉及泥浆池多不胜数,空气中硫黄弥漫,热泉灰黄泥浆沸腾,泡地热温泉是必不可少的节

图 3-14 罗托鲁阿

目。罗托鲁阿位于罗托鲁阿湖南畔,"罗托鲁阿"是毛利语,意为"双湖"。作为一个旅游城市,吸引游客的除了令人惊讶的火山口、高山和湖泊景观外,罗托鲁阿还有美丽的英国哥特式建筑和园林。

罗托鲁阿是毛利人聚居区,毛利族历史文化荟萃之地,素有"毛利之乡"美誉。毛利族历史源远流长,民族工艺引人入胜。毛利族人擅长用地热烧煮食物,游客在罗托鲁阿可品尝到地道的石头火锅。除此,游客还可以欣赏毛利族舞蹈,参观毛利人制作手雕工艺品的过程。在新西兰流传着一句名言"没到过罗托鲁瓦,就不算到过新西兰"。

(五) 基督城(Christchurch)

基督城西临南阿尔卑斯山,东面太平洋海岸,是南岛第一大城市,新西兰第三大城市,也是新西兰除奥克兰以外的重要港口,它同时也是进入南极的门户。基督城国际机场是新西兰、意大利及美国南极计划的主要基地。国际南极中心提供基地设施以及博物馆和游客中心。基督城艺术文化气息浓厚,处处洋溢着英国气息,是英国以外最具英国色彩的城市,19世纪的建筑比比皆是,公园绿草如茵,花草艳丽,故有世界第一流的"花园城市"美誉。每年二三月份举办的鲜花节也享有盛誉。基督城变化多样的地形地貌特征也为冒险和探索运动创造了充分的条件,这里有机会欣赏到各种各样的野生动物与大自然的奇妙景观。但近年来,基督城附近地区已接连发生两次地震。

(六) 其他著名的旅游地

1. 费奥德兰国家公园

费奥德兰国家公园(Fiordland National Park)是新西兰最大的国家公园,位于南岛南岸,公园内海湾崎岖不平,冰川切出一道道峡湾,两岸是悬崖峭壁。在 1.2 万 km^2 的土地上,许多珍稀野生动植物生存至今,充沛的降雨造就了多处壮丽的瀑布。

2. 汤加里罗国家公园

汤加里罗国家公园(Tongariro National Park)是世界文化和自然遗产,它位于北岛中部。1887年，毛利部落将自己拥有的这片土地送给了新西兰政府，使它成为新西兰第一个，世界第二个国家公园。它拥有著名的滑雪场地和活火山。

3. 特帕帕博物馆

特帕帕博物馆(Te Papa Tongarewa)展现了两种文化，毛利人的故事和新西兰移民的故事。

小知识

经典线路：新西兰经典 8 日游

第 1 天　上海—奥克兰

搭乘班机飞往新西兰第一大城——奥克兰。

第 2 天　奥克兰—基督城

班机抵达后由领队协助通关随即转往南岛第一大城素有"花园城市"之称的基督城。它保持了南岛优雅而传统的文化气质，建有古色古香的哥特式教堂，及 19 世纪灰石砌建筑，此地最早的英国移民有计划地把城市建设为家乡的模样，因此又被称为英国以外最像英国的城市，深具浓厚的古典英国风味，宛如花园城堡缤纷多彩。抵达后，参观基督城这个新西兰最具有英国风味传统都市，欣赏植物园、大教堂广场。参观艺术中心，这里富有维多利亚式的建筑和美轮美奂的花园景致。

第 3 天　基督城—梯卡坡—皇后镇

早餐后，专车前往新西兰美丽的度假城市——皇后镇，沿途欣赏有南阿尔卑斯山之称的库克山国家公园以及途经有世外桃源之称的美丽的梯卡坡小镇。午餐后可欣赏美丽的湖边景色，尽情地享受大自然带来的醉意。抵达皇后镇，晚餐后入住酒店休息，全天游览结束。

第 4 天　皇后镇

早餐后，前往新西兰最大、世界排名第五的峡湾国家公园 Fiordland National Park。毛利语称米佛峡湾为 Piopiotahi，1986 年已被授予世界遗产区。此外，前往米佛峡湾的道路被人称为全世界风景最好的高地公路之一。沿途行车欣赏峡湾国家公园内的壮丽景致。中午抵达米佛峡湾 Milford Sound 搭乘游艇游览由冰河及海水切割而成的峡湾景观，其中教冠峰 Mitre Peak 由海平面向上直拔 1 692 m，是直接从海上拔起的世界上最高的独立岩石，在峡湾巡弋航程中有机会观赏到新西兰特有的寒带动物，如新西兰软毛海豹、凸吻海豚、峡湾鸡冠企鹅或蓝企鹅等野生动物。之后返回皇后镇入住酒店休息。

第 5 天　皇后镇—奥克兰

早餐后，市区观光，包括在瓦卡提普湖边漫步、摄影。皇后镇迷人的湖光山色，美不胜收。后搭乘飞机前往新西兰千帆之城——奥克兰，抵达后用晚餐，入住酒店休息，全天游览结束！

第 6 天　奥克兰—怀托摩—罗托鲁阿

早餐后专车前往怀托摩，参观怀托摩萤火虫洞，星光点点的萤火虫犹如漫天繁星，蔚为壮观。午餐后专车前往新西兰地热中心——罗托鲁阿，它是南半球最有名的泥火山和温泉区，也是当地毛利人集居的首府。随后参观毛利文化地热中心——著名的旅游景点 Te Puia(意为喷泉)，以部落里的几个地热喷泉而名。独有的毛利文化，一直被来自世界各地的游客所喜爱，其中 Pohutu 喷泉向空中射出高达 30 m 的热水柱，这就是世界著名的"间歇喷泉"。除此，硅石台地、沸腾的泥浆及独特的植被，都不容错过，园区内还有新西兰国宝奇异鸟。晚上搭乘天空缆车至山顶一览罗托鲁阿之全景。

第 7 天　罗托鲁阿—奥克兰—上海

早上前往搭乘皇后号游轮畅游罗托鲁阿湖,并在船上享用自助早餐同时游湖观景。专车前往爱哥顿牧场,它是罗托鲁阿的五星景点,罗托鲁阿地区是新西兰农产品出口的重镇之一。在爱哥顿牧场参与一系列活动,馆内有全世界 19 种各类训练有素的羊只,在此观赏精彩的剪羊毛秀及乖巧的牧羊犬赶羊表演。观光包括参观政府花园和红森林公园等。随后返回奥克兰,市区观光包括途经海湾大桥、皇后街、美国帆船杯比赛村,战争湾以及伊甸山观看死火山口遗留下来的痕迹并在此可一览奥克兰市的全景。

第 8 天　上海

清晨,抵达上海,结束精彩愉快的新西兰之旅。

【练一练】

主题旅游线路设计

新西兰位于太平洋西南部的北岛、南岛及附近小岛上。境内多山,河流多短而湍急。北岛多火山、温泉,南岛多冰川、湖泊。新西兰历史较短,缺少具有历史意义的风光与古迹,但自然风光随处可见,是喜爱田园风味、热爱大自然人士的观光首选之地。"蓝天、白云、绿草"是这个国家最吸引人的地方,满眼的绿色、触手可及的朵朵白云,仿佛置身在童话的国度。

请以户外运动为主题设计一条新西兰特色主题旅游线路。

【分组研讨课题】

从地图上分析澳大利亚最大的城市悉尼的地理区位,通过互联网下载一幅自己喜欢的悉尼风景图片,选一个有关旅游的话题在小组里报告。

【思考题】

1. 澳大利亚自然、地理的环境特征是什么?
2. 澳大利亚的国庆节是哪一天?其起源是什么?
3. 新西兰的地理位置与中国有什么差异?澳大利亚和新西兰的春夏秋冬与中国四季在时间上有什么不同?
4. 新西兰对中国旅游者的主要吸引物有哪些?

第四单元

欧洲地区的主要旅游客源地和目的地

> 单元导航

欧洲全称欧罗巴洲(Europe),"欧罗巴"意为"西方的土地""日落的地方"。欧洲位于东半球的西北部,北临北冰洋,西濒大西洋,南隔地中海与非洲相望,东隔乌拉尔山脉、大高加索山脉、博斯普鲁斯海峡与亚洲相对。全洲面积 1 018 万 km²,约占世界陆地总面积的 6.8%,为世界第六大洲。欧洲现有 45 个国家和地区,按照地理上习惯分为北欧、东欧、中欧、西欧及南欧。本章主要从国家概况、文化艺术、民俗风情和旅游胜迹等几方面增加学习者对英国、德国、法国、瑞士、意大利、西班牙和俄罗斯 7 国的认识和了解。学习时,对英国、法国和德国应重点掌握。

主题一 英国（United Kingdom）

一、国家概况

> **案例导入**

2021年夏天，小张带旅行团从比利时坐火车去伦敦，在过海关时游客很好奇，为什么从法国进入比利时游客不用下大巴车，但是坐火车去英国，导游却让游客去海关办理退税手续，游客问为什么我们还没离开欧洲，却要先让客人在欧盟购买的物品在进入英国前办理退税？

案例导读：

法国和比利时都是欧盟国和申根国，根据《申根协定》可以自由往来，所以游客从法国进入比利时不用下车进行边境检查。英国在2016年6月23日英国举行公投，通过脱欧计划。2017年3月6日英女王伊丽莎白二世批准"脱欧法案"。英国时间2020年1月31日英国正式退出长达47年的欧盟成员国身份。根据英国和欧盟之间协议，自2021年1月1日起如果从欧洲大陆前往英国旅行或转机，游客必须在离开欧盟时获取海关验证，在欧盟购买的商品无法再在英国申请退税。

英国旅游讲解

（一）地理环境

1. 国土地理

大不列颠及北爱尔兰联合王国（The United Kingdom of Great Britain and Northern Ireland）是位于欧洲西部的岛国，简称"联合王国"，由大不列颠岛（包括英格兰、苏格兰、威尔士，简称"英伦三岛"）、爱尔兰岛东北部和一些小岛组成，隔北海、多佛尔海峡、英吉利海峡与欧洲大陆相望，陆界与爱尔兰接壤，面积24.41万 km^2。由于英格兰是全国的重心所在，经济最发达，政治占优势，人口占绝大多数，所以人们非正式地以"英格兰"来代表整个"联合王国"。

从地形上看，英国地势由西北向东南逐渐倾斜，北部的苏格兰为山地，到处牛羊成群；南部英格兰原野风光令人陶醉；西部的威尔士以崎岖的山岭和碧绿的河谷著名。英国河流湖泊众多，主要河流有大不列颠岛上的第一长河塞文河和流经牛津、伦敦的泰晤士河。

2. 气候特征

英国属海洋性温带阔叶林气候，终年温和湿润。通常最高气温不超过32℃，最低气温不低于−10℃，平均气温1月4℃～7℃，7月13℃～17℃。四季晴雨常常不定，多雨雾是英国气候的显著特点，故雨伞成了英国人外出必备之物。

🌱 小知识

约 翰 牛

英国的绰号"约翰牛"，其形象为"头戴礼帽，足踏筒靴，身材矮胖的愚笨绅士"。18世纪初，苏格兰一位名叫约翰·阿巴思诺特的医生兼作家出版了一本政治讽刺小说，借以讽刺当时辉格党的战争政策，书名叫"约翰·布尔的历史"。书中的主人公约翰·布尔（John Bull）是一位保守的乡村绅士，他身材矮胖、性情急躁、举止笨拙滑稽，身后总跟着一条斗牛犬。由于这个形象很能代表英国乡绅,因此19世纪以来,英、美等国的漫画家纷纷用约翰·布尔这个形象指代英国人。由于人物刻画逼真,形象生动,"约翰·布尔"很快传播开来,逐渐成为英国人的代名词。"布尔"(Bull)在英语里是"牛"的意思,中国将"约翰·布尔"译成"约翰牛",体现了英国人性格中固执倔强的一面,十分传神。

(二)人文概况

> **问题导入**
> 请自己查询有关介绍英国的书籍或网站,填写下表:

人口		英文名称		主要城市	
民族		主要宗教		首都	
语言		国花		与北京时差	
货币		国鸟		现任国家元首	

1. 历史简述

公元前,大不列颠岛上住着克尔特人等。1—5世纪为罗马帝国统治。5—6世纪,欧洲北部的盎格鲁人、撒克逊人、朱特人相继入侵并定居。7世纪开始形成封建制度,至829年英格兰统一,史称"盎格鲁-撒克逊时代"。1066年诺曼底公爵渡海征服英格兰,建立诺曼底王朝。1640年爆发资产阶级革命。18世纪后半叶至19世纪上半叶,英国成为世界上第一个完成工业革命的国家。19世纪是大英帝国的全盛时期,1914年占有的殖民地比本土大111倍,是第一殖民大国,自称"日不落帝国"。二战后,其殖民地体系彻底瓦解,只剩下组织松散的"英联邦"。1973年1月,英国加入欧共体。2020年1月退出欧盟。

2. 经济概况

英国是世界经济强国之一。英国的农业以乳畜业为主,较为集中,高度机械化。服务业和能源所占的比重不断增大,特别是银行业、金融业、航运业、保险业以及商业服务业占GDP的比重最大,而且处于世界领先地位。英国的教育、学术研究和科学研究亦处于世界领先地位,国际知名学府剑桥大学、牛津大学和伦敦政治经济学院都位于英国,是全球重要的教育枢纽。旅游业是英国重要的经济部门之一,旅游收入居世界第五位。与以风光旅游为主的国家不同,英国的王室文化和博物馆文化是旅游业的最大看点。英国经济被广泛形容为盎格鲁-撒克逊经济。

3. 文化艺术

英国文学源远流长,拥有大批优秀作家和诗人,英国的小说、戏剧和诗歌对西方文学影响重大。14世纪的乔叟是英国人文主义文学最早的代表,代表作品有《坎特伯雷故事集》。16世纪的莎士比亚是欧洲文艺复兴时期最伟大的作家,代表作品有《哈姆雷特》《罗密欧与朱丽叶》《威尼斯商人》等。17世纪的弥尔顿是英国最主要的诗人,代表作品有《失乐园》。18世纪的笛福被称为现代小说之祖,代表作品有《鲁滨逊漂流记》等。19世纪出现了浪漫主义诗人拜伦和雪莱、批判现实主义小说家狄更斯、戏剧家萧伯纳等。

小知识

甲壳虫乐队

甲壳虫乐队又名"披头士"(Beatles)。在英国,披头士乐队影响了20世纪60年代至今几乎每一支乐队的形成和发展。甲壳虫乐队以其反上流社会,反正统艺术的风格,锋利而快捷敢于接触社会敏感问题的内容,在舞台上那种与世俗挑战的举止,征服了各国青年。不少歌曲表现了资本主义社会一代青年失望、低落和愤懑的心情。甲壳虫乐队是流行音乐界历史上最伟大,最有影响力,拥有最多歌迷,最为成功的乐队之一。甲壳虫乐队对于流行音乐的革命性的发展与影响力无人可出其右,对于世界范围内摇滚的发展做出了非常巨大的贡献。他们不仅拥有世界上最高、令后人难以企及的唱片销售纪录,而且他们的文化影响力也早已超过了其艺术的本身。甲壳虫乐队在几十年的时间里,已成了流行音乐和流行文化的标志,同时也成了英国文化和英国历史的一个商标,他们中的成员也有被英国女王加封晋爵。

【练一练】

案例分析

2023年,导游小李带领游客参观温莎城堡,结果一早来到温莎城堡却被告知因为国王接见外国元首,当天不开放。游客问导游,国王的办公地方不是白金汉宫吗,怎么会在温莎城堡接见外宾呢?作为导游,该如何回答,并如何补救不能参观温莎城堡的景点问题?

二、民俗风情

➢ 案例导入

小张在欧洲游团队出发前发温馨提示短信给客人,提醒客人如果有喝开水习惯,尽可能自己准备烧水壶或者大点的保温杯。许多客人接到短信后纷纷表示不能理解,在国内宾馆烧水壶是必备的,为什么多数欧洲宾馆不提供呢?

案例导读:

由于地质缘故,欧洲的水质基本上偏硬(矿物质含量比较高),自来水烧开的话,水面会漂浮一层白色的晶体,而且壶底容易产生水垢,这是他们不用自来水烧开水缘故之一。另一方面,根据欧盟《饮用水水质指令》,大多数欧盟国家自来水都能做到直接饮用,而且绝大多数居民都没有喝开水的习惯。因此,游客如果要喝开水最好自带烧水壶,许多团队入住的酒店也不提供烧开水设备。

(一)社交礼仪

1. 礼仪特征

在英国,尊重妇女是体现绅士风度的一个重要方面。女士优先是一个人人皆知的行为准则。如男女一起进房间,男的要替女士开门。在街上行走,或过马路时,男子要走在女士身旁靠来车方向的一侧。如果一个男子和两个女士一起走,他应当走在两者当中。在宴会上,主人把客人领进客厅时,如果客人是位女士,她进客厅时,厅中的大多数男子都要站起来以示敬意。宴会开始,男士们为女士们拉开椅子,帮女士入座。

如果被邀请到别人家做客,早到是不礼貌的,可能女主人还没完全准备好,会令其感到非常尴尬。晚到 10 分钟最佳。晚到半小时就显得太迟了,需要向主人致歉。在主人家坐得太晚是很不礼貌的。如果只是被邀请共进晚餐和聊天,最好在 10—11 点离开或者餐后 1 小时告别。如果被邀请留下来住几天或度周末,在离开之前应特意买束花送给女主人。另外,离开后的第二天要发一封便函向主人致谢,并随附一件小礼品如一盒巧克力或一束鲜花等。

2. 礼仪禁忌

英国人有排队的习惯。他们习惯一个挨一个地排队上公共汽车、火车或买报纸。排队时插队是一种令人不齿的行为。

英国人非常不喜欢谈论男人的工资,甚至他家里的家具值多少钱,也是不该问的。

问女士的年龄也是很不合适的,因为她认为这是她自己的秘密,而且每个人都想永葆青春,没有比对中老年妇女说一声"您看上去好年轻"更好的恭维了。

在英国购物,最忌讳的是砍价。英国人不喜欢讨价还价,认为这是很丢面子的事情。即便迫不得已要还价,也需要小心地与卖方商定。英国人很少讨价还价,如果他们认为一件商品的价钱合适就买下,不合适就走开。

(二) 饮食文化

1. 饮食特征

英国人不善于烹饪,饮食简单、口味清淡,忌讳用味精调味,注意营养成分和饭桌上的礼仪,对饭菜本身并不在意。英国人喜欢吃牛肉、羊肉、土豆、烤面包,他们创造的炸鱼薯条(Fish & Chips)和三明治成为现代快餐业的标志,炸鱼薯条成了英国最典型的食品。英国人进餐时喝酒,一般喝啤酒,还喜欢喝威士忌等烈性酒,苏格兰的威士忌在世界上久负盛名。喝茶是英国人生活中的一种乐趣,每个英国人年均消费的茶叶量在西方各国中居于首位,茶可谓英国的民族饮料。英国人午后有喝"下午茶"的习惯,一般以红茶为主。

2. 饮食禁忌

英国的饭菜简单,但是吃饭的规矩复杂。每个人不能把自己使用的匙子留在汤盆或咖啡杯或其他菜盘上。汤匙应放在汤盆的托碟上,咖啡匙要放在茶托上。喝汤时最好不弄出响声,并用匙的一侧从里往外舀,不能用匙头,更不能端着汤盆把盆底剩的汤全喝光。不论吃什么东西,都尽量别弄出声响,否则就会被认为是不懂规矩。不能在别人面前打饱嗝。端上咖啡时要就着杯子喝,咖啡匙要放在托盘上。不能在餐桌上抽烟。吃完饭,客人要将餐巾放在餐桌上,然后站起来。男士们要帮女士们挪开椅子。

小知识

英国下午茶

与"广州早茶"最为异曲同工的大概要首推"英国下午茶"。格调优雅、内涵丰富的"英国下午茶"文化享誉天下。英国人历史上不曾种过一片茶叶,却用从中国进口的茶叶,创造了自己独特的生活方式。据说下午茶发端于维多利亚时代,英国贝德芙公爵夫人安娜难以打发漫长悠闲的下午,百无聊赖中感到有进食的欲望,但此时离晚餐和晚会尚早,就请女仆准备几片烤面包、奶油和茶。后来安娜女士邀请几位知心好友,伴随着茶与精致的点心,同享轻松惬意的午后时光,从此下午茶成了贵族社交圈内的风尚,一直到今天,已形成一种优雅自在的下午茶文化,也成为正统的"英国红茶文化"。下午茶最初只是在家中用高级、优雅的茶具来享用茶,后来渐渐地演变成招待友人欢聚的社交茶会,进而衍生出各种礼节,但现在形式已简化不少。虽然下午茶现在已经简单化,但是,冲泡茶的方式要正确、喝茶的摆设要优雅、茶点要丰盛,这三点则被视为吃茶的传统而被流传下来。

(三) 节庆风情

1. 圣诞节

每年的12月25日,基督教徒纪念耶稣诞生的日子,称为圣诞节。从12月24日于翌年1月6日为圣诞节节期。圣诞节是西方国家一年中盛大的节日。西方人以红、绿、白三色为圣诞色,红色的有圣诞花和圣诞蜡烛,绿色的是圣诞树,红色与白色相映成趣的是圣诞老人,他是圣诞节活动中最受欢迎的人物。西方儿童在圣诞夜临睡之前,要在壁炉前或枕头旁放上一只袜子,等候圣诞老人在他们入睡后把礼物放在袜子内。在西方,扮演圣诞老人也是一种习俗。

2. 复活节

复活节一般在每年的3月22日至4月25日之间,春分月圆后的第一个星期日。它庆祝的是基督的复活。复活节还象征重生和希望。复活节有不少传统习惯,典型的复活节礼物跟春天和再生有关系,最典型的要数复活节彩蛋。古人常把蛋视为多子多孙和复活的象征。

小知识

英国文化的象征与骄傲——莎士比亚

文艺复兴时期伟大的戏剧家威廉·莎士比亚(1564—1616)是英国文坛的巨星,他创作了37部悲剧、喜剧和历史剧以及一百五十多首十四行诗,在世界文化史上地位崇高,是公认的欧洲三大诗人(莎士比亚、歌德和但丁)之一。他的戏剧生动地描绘了欧洲17世纪的社会生活、思想政治和民族风情,受到世界各国各时代人民的普遍喜爱,是全世界出版最多,流行最广,演出也最多的戏剧。同时,莎士比亚也是被各国专家学者研究得最多的戏剧家,这使得"莎学"成为世界上一门广有影响的"显学"。

在英国,莎士比亚融入了英国文化的血脉,不仅成为英国人的骄傲,也成了英国文化的象征。英国对莎士比亚的尊崇首先体现在从未间断地上演莎氏的经典剧作,莎士比亚的戏剧仍是英国戏剧表演团体热衷上演的剧目。其次,英国对莎士比亚的尊崇还体现在积极挖掘、保护和修建与莎氏有关的文物和建筑上。莎士比亚环球剧场的修建就是其中的一个代表,每年都在这里举行莎士比亚戏剧节,上演莎士比亚及其同时代剧作家的作品,观众的上座率达90%。可见,莎士比亚在英国文化中的地位。

(四) 旅游纪念品

1. 苏格兰威士忌

英国苏格兰威士忌历史悠久,是世界上最负盛名的一种酒,其产品有独特的风格,色泽棕黄带红,清澈透明,气味焦香,带有一定的烟熏味,具有浓厚的苏格兰乡土气息。苏格兰威士忌具有口感甘洌、醇厚、劲足、圆润、绵柔的特点,是世界上最好的威士忌酒之一,被誉为"液体黄金"。

2. 泰迪熊

泰迪熊(Teddy Bear)，是用于儿童玩耍的玩具熊。泰迪熊毛绒玩具历史悠久，常常被用来安慰孩子们的难过情绪。如今的泰迪熊就像芭比娃娃，已经不再是一般玩具的概念了，更多的被赋予了各种特殊的纪念意义，担负起了传承某种文化的作用，尤其是在欧美，一只泰迪熊可以被当作家庭一员，甚至陪伴一家三代人成长。近年来一些泰迪熊变成了昂贵的收藏品。世界上第一个泰迪熊博物馆于1984年在英格兰的汉普郡彼得斯菲尔德(Petersfield, Hampshire)建立。

3. 银器

英国的银器非常华丽，造工精良而复杂，广受各国游客的欢迎，特别是银制的圣诞餐具，除了很美观，品种还很多，从蜡烛台到刀叉再到碟子应有尽有，这一类制作也是英国传统的手工艺。英国是西方经典银器的发源地，从中世纪开始，英国银器制造业已有1 000年的历史。

4. 皮革制品

英国的皮革制品由来已久，从资本主义萌芽时期的小手工作坊到现在的机械化大生产，经过历代的精化和改良形成今天的风格。英国的皮革制品表现出稳重、脱俗的绅士气质。

5. 烟斗

英国的优质手工烟斗，大多是用上等的石楠木制成的。烟斗的优势在于，既是吸烟工具，又是艺术品，在烟斗那简单的线条和造型中，蕴含着无穷的智慧和乐趣。

6. 英国雪利酒

雪利是英文Sherry的译音，也有译成谐丽、谢利等。这种酒在西班牙称为及雷茨酒，因英国人特别喜爱它，故以其近似的英文译音Sherry(王子之意)称呼。当前，世界许多国家都已仿制雪利酒。

7. 英国红茶

英国红茶已成为英国人重要的饮料，享用一杯独特的英国红茶已成为高品质生活的标志。英国红茶是一种发酵茶，随着发酵程度的不同，显现出不同的颜色、香味和口感，如同葡萄酒般。

小知识

英国人的帽子

帽子是英国淑女们最能恣意表达求新、求时尚的特殊领域。在许多场合，英国的绅士们特别喜欢戴英国绅士象征的圆顶硬礼帽——"波乐帽"(bowler或bowler hat)。而英国王宫白金汉宫的卫队以黑色熊皮帽和红色军服闻名于世。在伦敦的各大商场里，卖帽子的柜台也是英国人最爱光顾的一个地方。

在英国，您可以看到许多社交习俗都与帽子有关系。假如一个男客人去拜访他的朋友，他进屋后，就一定要先摘下帽子。如果您去亲戚朋友那里赴宴，进入餐厅时不仅要脱下帽子，而且还应该把帽子挂起来或放在近旁的椅子上，而不可把帽子放在餐桌上。在街上遇见熟人的时候，如果您是位女子，您只要对那人点头微笑或打个招呼、寒暄两句即可，但如果您是位男子，您在遇见女熟人时，一般情况还要脱帽施礼。

【练一练】

案例分析

英语导游林平接待一位英国老人,老人有70多岁的年纪了,林平总是热情洋溢、无微不至地照顾他,英国老人没有道谢反而有些不高兴。第二天,林平看到老人蹒跚过车水马龙的马路,出于同情心,他飞步上前挽住老人,要送他过去,但是他得到的却是怒目而视。林平很委屈。林平有什么地方做得不妥吗?

三、主要旅游城市及旅游景点

➢ 案例导入

在刚过去的"黄金周"里,高速公路免费通行,各名山大川人满为患。英国游客 Tim 感到十分惊讶。他告诉地陪小林,他带着他的孩子来中国旅游,不求走遍当地所有的景区,但求花更多的时间和孩子们一起熟悉当地的文化,参观各个博物馆,陪伴儿女阅读景区的历史背景介绍,告诉孩子们当地的历史,或者在湖边静静阅读上一整天。您如何理解英国人的旅游观念?

案例导读:

旅行作为一种重要的教育方式,既能让践行者增加见闻,增长知识,开阔视野,同时也推动思想、制度和文化的传播扩散。英国人对教育旅行的热衷可以追溯到中世纪,前往欧陆游历并到各文化中心体验、学习,日益成为上流社会的一种时尚,成为他们掌握近代语言和历史、熟悉社交礼仪的重要方式,被看作对上层青年教育不可或缺的组成部分。在这个进程中,英国逐渐丢掉了岛国特性,变得更加开放。英国人世代打造的这种文化旅游观念,其实最重要的是培养国人对景区人文价值的呵护。在当地人看来,自己需要做的不是游遍名山大川,而是要为自己的后人留下一个可以轻松自在、走访寻根的文化氛围和文化体验。

(资料来源:曹劼,英国人的旅游观值得借鉴 谈到自己家乡文化如数家珍,《环球时报》,2012年10月11日。)

英国是个美丽的国家,文物古迹比比皆是,自然风景优美秀丽,英格兰——典雅秀丽;苏格兰——苍劲豪迈;威尔士——古朴自然;北爱尔兰——神秘沧桑。许多城市,如"万城之花"伦敦,"北方雅典"爱丁堡,大学城牛津、剑桥,古色古香的约克城,莎翁故乡斯特拉福都是享有世界声誉的旅游名城。英国还有湖区等几十座国家公园和风景保护区。目前,被联合国列入世界文化和自然遗产的名胜古迹和天然景观就有32处。

(一)伦敦(London)

伦敦位于英格兰东南部,跨泰晤士河下游两岸,是英国政治、经济、文化中心,由伦敦城(亦称金融城)及周围32个市组成。伦敦城是英国的金融和商业中心,也是世界上最大的金融和贸易中心之一,已有600多年的金融业历史,集中了全英国最大的银行、交易所和各种企业管理机构。伦敦有2 000多年的悠久历史,是历代王朝建都之地,名胜古迹众多,拥有世界一流的博物馆、美术馆和著名建筑,是世界著名的旅游胜地,每年吸引着大量的海内外游客到此观光。它还有着丰富多彩的文化教育生活,及许多世界著名大学、学院和其他教育机构,每年都吸引着世界各地的学子来此求学深造。

1. 白金汉宫

白金汉宫建于1703年,前身为白金汉屋,从维多利亚女王登位(1837年)至今一直是英国国王或女王在伦敦的行宫(图 4-1)。如今英国国王的重要国事活动都在该宫举行。白金汉宫在每年的八九月间都对外开放,一般民众就可趁此时进入皇宫。开放参观的部分为王座室、音乐厅和国家餐厅等。位于宫殿南侧的女王美术馆和皇家马厩也开放供人参观。白金汉宫最受游客欢迎的就是上午 11 点半的禁卫军交接仪式,身着黑皮高帽与深红亮黑制服的白金汉宫禁卫军,已成为英国的传统象征之一。

2. 国会大厦

国会大厦也称英国议会、威斯敏斯特宫或西敏寺,位于泰晤士河畔,建于 11 世纪中叶,是世界最大的哥特式建筑物之一。曾为英王室居所西敏寺,现在是英国议会上下两院的所在地。国会大厦东北角是一座高达 97 m 的钟楼,举世闻名的大本钟(图 4-2)安放在此。大本钟得名于它在 1859 年修建时的建造者本杰明·霍尔爵士。大本钟代表了英国古典文化,是伦敦的标志,也是英国人的骄傲。2012 年 6 月 2 日,为纪念大不列颠及北爱尔兰联合王国女王伊丽莎白二世登基 60 周年,大本钟正式更名为"伊丽莎白塔"。

图 4-1 白金汉宫

图 4-2 大本钟

3. 伦敦塔

伦敦塔又叫"伦敦古堡",位于泰晤士河北岸,是英国最古老的王宫之一。1078 年,"征服者威廉"(William the Conqueror)为守卫伦敦城而建,占地面积约为 72 843.42 m²(18 英亩)。经过数代君主的扩建和修整,曾做过堡垒、王宫、监狱、皇家铸币厂和伦敦档案馆,现为王冠、王袍、兵器和盔甲陈列馆,塔内皇家珍宝馆藏有历代君主的皇冠和权杖等国宝,是伦敦最受欢迎的旅游点之一。1988年,伦敦塔被联合国教科文组织列入《世界遗产名录》。

4. 伦敦塔桥

伦敦塔桥(图4-3)横跨泰晤士河,建于1886—1894年,因桥身由4座塔形建筑连接而得名。伦敦塔桥一直就是伦敦的标志性建筑。伦敦塔桥升起时最为壮观,遇有大船通过或特殊场合时,塔桥桥面会升起,可达40 m高、60 m宽。登上塔桥是体验了解塔桥历史、建筑及欣赏泰晤士河风光的最佳地点。

图4-3 伦敦塔桥

5. 大英博物馆

大英博物馆又称不列颠博物馆,是英国最大的综合性博物馆,亦是世界上著名博物馆之一,与纽约大都会博物馆及巴黎卢浮宫并称为世界三大博物馆。大英博物馆建于1753年,拥有埃及艺术馆、希腊和罗马艺术馆、南亚艺术馆、欧洲中世纪艺术馆、东方艺术馆等,以收藏古罗马遗迹、古希腊雕像和埃及木乃伊而闻名于世,是人类文化遗产的宝库。

(二) 爱丁堡(Edinburgh)

爱丁堡自11世纪起一直是苏格兰首府,苏格兰政治、文化和金融中心,位于苏格兰南部低地的中心。爱丁堡于1392年建城,1437年成为苏格兰王国的首都。爱丁堡历史悠久,风景秀丽,是英国最美丽的城市之一,素有"北方雅典""欧洲最有气势的城市"之称。中世纪以来,爱丁堡在欧洲文化交流中占有重要地位,是英国的文化艺术中心。1974年以来,每年八九月份,爱丁堡都要举行为期三周的国际艺术节,来自世界各国的艺术团体云集于此,成为世界瞩目的一大盛事。爱丁堡还是苏格兰民俗和文化的展示中心,尤其是方格薄呢裙与风笛。1995年,联合国教科文组织将爱丁堡老城区作为文化遗产列入《世界遗产名录》。

(三) 利物浦(Liverpool)

利物浦是英国仅次于伦敦的第二大港,位于英格兰西北部,距离伦敦325 km。昔日利物浦市是英国著名的制造业中心,今天利物浦是英国国家旅游局认定的英国最佳旅游城市,该市有最为著名的乐队(甲壳虫乐队的故乡)与足球俱乐部(有两支参加英超的球会——埃弗顿足球俱乐部和利物浦足球俱乐部)。

(四) 牛津(Oxford)

牛津位于伦敦西北 87 km 处,有"英国雅典"之称,于公元 9 世纪建城,至今已有约 1 200 年历史。牛津大学(University of Oxford)是英国最古老的大学,创办于 1096 年,由 39 所学院组成,以社会科学见长。英国历史上 30 位首相毕业于该校,因而被誉为"象牙之塔",以培养高级政界人士而著名。

(五) 史前巨石阵(Stonehenge)

史前巨石阵(图 4-4)又称索尔兹伯里石环、环状列石、太阳神庙、史前石桌、斯通亨治石栏、斯托肯立石圈等名,是欧洲著名的史前时代文化神庙遗址,位于英格兰威尔特郡索尔兹伯里平原。巨石阵的建造年代距今已经有 4 300 年,即建于公元前 2 300 年左右。阵中的巨石每一块都重约 50 t。现经证实这些巨石来自英国威尔士地区,距离索尔兹伯里平原约 386.24 km(240 英里)。目前,科学界对史前巨石阵充满了诸多疑问,古人类究竟通过什么方法将如此庞大的巨石搬运至数百千米之外?生产技术低下的古代人,费尽辛苦垒起这么一座"石头城"究竟想干什么?这个令人困惑不解的问题引起考古学家和每年数十万来自世界各地的旅游者们的注意。在英国人的心目中,这是一个神圣的地方,也是英国最热的旅游点之一。

图 4-4 史前巨石柱

小知识

经典线路:英伦文化纵览 5 日游

第 1 天 伦敦

"伦敦一日游"中,西敏寺大教堂(威斯敏斯特教堂 Westminster Abbey)是不可错过的景点,西敏寺内的诗人角安睡着包含狄更斯、莎士比亚、简·奥斯汀乃至牛顿在内的 120 位已逝的名人、作家,被英国人称为"荣誉的宝塔尖"。漫步在伦敦街头,参观世界文化遗产、哥特式代表建筑议会大厦,远望伦敦地标式建筑大本钟。走过了唐宁街 10 号英国首相府官邸,您可以选择来到伦敦中国城度过午饭时光。您也可以逛逛那附近的特拉法加广场(鸽子广场)。而国王在伦敦的居所——白金汉宫,可以从白金汉宫的建筑外观望。想要饱览古文明艺术珍品吗?那就到大英博物馆来吧,它与纽约的大都会艺术博物馆、巴黎的卢浮宫同列为世界三大博物馆。

第2天　剑桥—莎翁故居

早餐后离开伦敦,途经英国著名学府剑桥大学所在地剑桥,造型奇特之数学桥、依傍于康河河畔的国王学院、三一学院和圣约翰学院,皆是您不可错过的重点。您也可自由漫步于康河河畔,感受当年徐志摩笔下"再别康桥"的情感旅程。午餐过后,我们将驱车前往位于斯特拉福的莎士比亚故居。在斯特拉福,您还可以在埃文河畔散散步,享受野餐的乐趣,或是在河中划舟,欣赏两岸的风景。莎士比亚于1564年在这里出生,并在此度过了青年时期,之后他在伦敦声名大噪,晚年又回到这里度过了人生最后的岁月。现在这里还保持着当年的原样。

第3天　牛津—温莎

上午前往牛津。牛津坐落在英国泰晤士河上游,是一个文化氛围浓厚并且安静怡然的地方,该城市最出名的就是世界闻名的高等学府、英国最古老的大学牛津大学。午后,乘坐马车,穿梭英格兰屋舍;置身小屋浅酌咖啡,享受下午茶时光。在温莎镇和镇内宏伟高大的古堡温莎城堡,戏剧大师莎士比亚在这里写下名著《温莎的快乐妻子们》。

第4天　温莎—巨石阵—巴斯

上午抵达巨石阵,这些超过5 000年来静静地守候在这边大陆之上的史前巨石的真正意义,却是始终不为人所知。下一站的旅程就是英国唯一列入世界文化遗产的古老城市、世界名著《傲慢与偏见》的灵感之源——巴斯(Bath)!巴斯的本意即为浴池,参观巴斯最为著名的景点古罗马浴池博物馆,在这里放松地游览与漫步,沿途领略巴斯雅芳河的清净优雅,尽览英伦田园风光。

第5天　伦敦

抵达伦敦,愉快行程结束。

【练一练】

主题旅游线路设计

英超、神秘古堡、哈利·波特、高地风光……多元化的英国已成为中国游客境外游的目的地之一。在这里,皇室与平民和谐共处,传统文化与现代技术相辅相成,激烈的足球比赛与文艺的戏剧演出互相映衬。

请以此为主题,设计一条有特色的英伦旅游线路。

主题二　德国(Germany)

一、国家概况

▶ **案例导入**

访问学者许先生租住在慕尼黑郊外一个环境优美安静的小镇。有天晚上,一个德国少女敲门说她住在小镇上,周末和朋友们要举办一个聚会,人较多,可能会有些声音,但她说他们会尽可能不大声喧哗,她要征得许先生和每一个邻居的同意并取得谅解,许先生觉得很奇怪,您如何理解德国人的这种行为?

案例导读:

德国人多喜欢清静的生活,除特殊场合外,不大喜欢喧闹(图4-5)。例如,晚上8点至第二天早晨8点不可以演奏乐器、大声喧哗。如果晚上要搞聚会活动,事先要向邻居讲明情况,请求他们谅解,并尽可能安排在周末,尽可能不大声喧闹。否则,受干扰的邻居会十分恼怒,可能会当面提出抗议,个别人甚至会请警察出面干预。

图4-5 宁静的德国小镇

(一)地理环境

1. 国土地理

德国位于欧洲的心脏地带,东邻波兰、捷克,南接奥地利、瑞士,西邻荷兰、比利时、卢森堡、法国,北接丹麦,濒临北海和波罗的海,是欧洲邻国最多的国家。从地图上看,德国居东南西北之中心,水、陆、空条条道路经过德国,故被称为"欧洲走廊"。

从地形上看,德国的自然风光秀丽迷人,地势北低南高,北部有星罗棋布的湖泊和起伏不定的丘陵;西南部莱茵断裂谷地区,两旁是山地,谷壁陡峭;南部有美丽独特的巴伐利亚高原和风景如画的阿尔卑斯山。其中德奥边境的阿尔卑斯山脉的主峰楚格峰海拔2 962 m,为全国最高峰。主要河流有莱茵河(流经境内865 km)、易北河、美因河均向北流淌,唯有多瑙河自西向东注入黑海。德国湖泊星罗棋布,最大的天然湖博登湖,位于德国、瑞士和奥地利交界处。

2. 气候特征

复杂多样的地形使得德国气候多变,西北部海洋性气候较明显,往东南部逐渐向大陆性气候过渡。德国的纬度相当于中国的黑龙江省。由于受到大西洋暖流的影响,冬季无寒冬,夏季无酷暑。气候温和湿润,大幅度气温波动较少,一年四季皆宜旅游。

(二) 人文概况

> **问题导入**
>
> 请自己查询有关介绍德国的书籍或网站，填写下表：

人口		英文名称		主要城市	
民族		主要宗教		首 都	
语言		国 花		与北京时差	
货币		国 鸟		现任国家元首	

1. 历史简述

德意志民族是日耳曼族中的一些部落经过长期融合形成的。962年建立德意志民族的神圣罗马帝国。1871年建立统一的德意志帝国。1914年德国发动第一次世界大战。1919年魏玛共和国建立。1939年德国发动第二次世界大战。1945年德国战败后被美、英、法、苏四国占领。1949年5月23日，德国西部颁布《基本法》，成立德意志联邦共和国。同年10月7日东部成立德意志民主共和国。1990年10月3日，民主德国正式加入联邦德国，德国实现统一。

小知识

勃兰特的道歉

1970年12月的一天，当时的联邦德国总理维利·勃兰特冒着凛冽的寒风来到华沙犹太人死难者纪念碑下。在向纪念碑献上花圈后，勃兰特肃穆垂首，突然双腿下跪，并开始默默祈祷："上帝饶恕我们吧，愿苦难的灵魂得到安宁。"勃兰特的下跪不仅在向二战中无辜被纳粹党杀害的犹太人表示沉痛哀悼，同时，他也虔诚地为纳粹时代的德国向受害者们道歉。评论家说："跪下的是勃兰特总理一人，但站起来的是整个德国。""勃兰特重塑了德国在整个世界的形象；一个敢于认错、敢于担责的国家和民族，没有理由不发展强大。"勃兰特在波兰犹太人纪念碑前下跪谢罪，被誉为"欧洲约一千年来最强烈的谢罪表现"。这一跪，淡化了饱受纳粹踩躏的波兰人民沉积在心底里的愤怒，为德国重返欧洲、赢得自尊、回归正常的发展道路产生了极为深远的影响。德国还在首都柏林著名的勃兰登堡门附近建立由2 700根石碑组成的纳粹大屠杀受害者纪念碑，提醒后人德国走过的歧途绝对不能重现。从勃兰特开始，德国的历届政府对反省战争罪责从不回避，并且多次向遭到纳粹德国侵略和伤害的国家及人民谢罪。德国没有避重就轻、回避曾经发生的问题，而是直面所有的过去。他们的真诚忏悔得到了世界人民的谅解和尊重。1995年6月，德国总理科尔出访以色列，继勃兰特之后，他再次双膝跪倒在以色列的犹太人受难者纪念碑前，重申国家的歉意。

（资料来源：戴震东，勃兰特的道歉，《新闻晨报》，2012年7月8日。）

2. 经济概况

德国是高度发达的资本主义工业国，德国的经济实力位居欧洲首位，是世界上仅次于美国、中国、日本的第四大经济体，德国经济也因此被称为"欧洲经济的火车头"，其中汽车工业是德国经济发展的动力和"经济晴雨表"。德国还是欧盟名副其实的盟主,同时又是西方七国首脑会议的成员国,在其中起着举足轻重的作用。

3. 文化艺术

德国素有"诗人和哲人的国度"之美誉。德国诞生了博大精深的古典哲学和现代哲学,孕育了众多伟大的哲学家:黑格尔、费尔巴哈、马克思、恩格斯等。恩格斯曾说:"没有德国的哲学,就没有科学社会主义。"马克思、恩格斯创立的共产主义学说已经指导了亿万人的革命实践活动。德国还是一个盛产诗人的民族,受意大利文艺复兴的影响,德国的18世纪文学走向顶峰,出现过歌德、海涅、席勒等伟大的诗人。歌德是德国著名诗人、剧作家和思想家,其作品为德国文学乃至世界文学的瑰宝,主要作品有《少年维特之烦恼》《浮士德》等。

音乐是德国人生活中不可缺少的组成部分。德国造就了各个不同时期的音乐大师,如贝多芬、巴赫、门德尔松、瓦格纳等。柏林爱乐乐团更是享誉世界。可以说,德国是名副其实的音乐之乡。

德国有3 000多座博物馆,收藏内容十分丰富。此外,每年都举行各种艺术节、博览会和影展等。法兰克福和莱比锡是德国图书出版业中心。德国图书出版量在世界上仅次于美国占第二位。此外,众多的教堂、宫殿和古堡也是德国重要的文化遗产。目前德国拥有51处世界文化和自然遗产。

【练一练】

案例分析

宋洋应邀参加德国朋友的婚礼,平时德国人不习惯送重礼,所送礼物多为价钱不贵、但有纪念意义的物品,以此来表示慰问、致贺或感谢之情。那结婚该送什么礼物比较好呢?像在中国一样送一个红包?宋洋左思右想,不知送什么才能符合德国的风俗。请想一想:宋洋送什么礼物给德国的新人比较合适呢?

二、民俗风情

> 案例导入

小杨在德国旅游时去了当地的一个啤酒花园用晚餐,旁边餐桌一个德国青少年吵着要吃当地特色巴伐利亚烤猪肘配薯条,他父母满足了孩子的要求,但不知是什么原因,孩子只吃了点肉和几根薯条就说吃饱了,盘子里留下了不少于三分之一的食物说不要了。孩子父母很生气,说要打电话举报。小杨觉得这种教育孩子的方式很奇怪,对此您如何理解?

案例导读:

世界上多国餐厅都针对食物浪费设处罚规定。德国被认为是处罚餐厅浪费最严的国家。在德国,无论自助餐还是点餐,都不能浪费,一旦发现有人浪费,任何见证人都可向相关机构举报,工作人员会立即赶到,按规定罚款。从幼儿园起,德国孩子们就会受到节俭就餐的教育,孩子们就餐时老师会按需分配食物,一次不能太多,有需要的孩子可再添加。在家里,孩子若浪费食物,也会被处罚劳动。

(一) 社交礼仪

在德国文化的不断熏陶塑造下，德国人养成了一些较为共同的特点：有礼貌，守时，勤奋，节俭，讲究秩序，勤劳整洁，遵纪守法，做事一板一眼。正如一句古谚所云："一个德国人可以成为哲学家，三个德国人可以组成一个俱乐部。"共同的特点使全德国人几乎都愿意加入各种非营利性质的俱乐部。德意志民族是一个讲究秩序的民族。秩序被德国人视为生命，人们不仅把一切都安排得井井有条，而且时刻都按规章制度和计划来恪守秩序，故在德国办事必须提前预约，方可成行。在公共社交场合，德国人往往显得呆板沉重，拘泥于形式，不擅长幽默。工作中，德国人一丝不苟、不徇私情，就像一部机器，严格而冷峻。

德国人讲究礼仪，追求形式上的彬彬有礼与内在文明修养的一致性，如德国男士尊重女性，处处体现女士优先；德国人非常有礼貌，日常生活中，"您好""请问""谢谢""再见"等礼貌用语总是不离口；两人相遇时，不管认识不认识，也不管在路上，或者办公室、宾馆、电梯等地方，都相互打招呼，问声"您好"。德语中有一句话"准时就是帝王的礼貌"，德国人非常守时，约定好的时间，无特殊情况，绝不轻易变动。德国人应邀到别人家做客或者是外出拜访朋友，都会按点到达，不会让主人浪费时间干等或者不得不提前招待客人。否则的话，就是不礼貌，如有特殊原因无法准时赴约时，德国人都会向朋友表示歉意，并请求原谅。

送礼在德国也很受重视。应邀去别人家做客时，一般都带礼物。大部分人带束鲜花，也有一些男性客人带瓶葡萄酒，个别人带一本有意义的书（或者是自己写的书）或者画册之类等。在欢迎客人（如车站、机场等场所）、探望病人时，也多送鲜花。在祝贺他人生日、节日或者婚嫁等时，可寄送贺卡，如送贺礼，则以实用和有意义为原则，而不是以价格高低论轻重。德国人不习惯送重礼，太贵重的礼物反而会使德国人局促不安，故礼物只要有纪念意义即可。德国人忌用钱送礼。如果送钱，受礼者会认为送礼者送礼之心不诚，连礼品都懒得选购。德国人对礼品的包装特别讲究，散装礼品或用报纸等包装的礼物是不能送人的，所送之礼物都要事先用礼品纸包好。德国人会当着送礼者的面尽快打开包装，并给予适度赞许。

小知识

德国的福利

有100多年历史的社会福利制度，让德国人享受"从摇篮到坟墓"的全方位国家照顾。19世纪末，社会福利保险开始在德国形成，当时的德意志帝国宰相俾斯麦为了缓和同产业工人的矛盾，制定了社会福利法。此后，德国的社会福利体系不断完善。德国宪法确定德国是一个社会福利的联邦国家，国家必须保障所有公民起码的生活条件，有责任保护婚姻、家庭、母亲和儿童，必须促进工作条件和工人收入的改善。在这样的规定下，德国建立了广泛的社会福利网络，包括医疗保险、养老保险、失业保险、事故保险以及各种国家补贴。这些福利费用主要由税收、社会缴纳的保险金和政府财政补贴构成。德国的社会福利之高，在世界处于领先地位。高福利让人们在任何情况下都可以衣食无忧，然而也有很大的副作用。高额失业救济金，就让很多失业者宁愿待在家里而不再工作。德国失业率居高不下，"懒惰"是一个重要的原因。这个曾经让德国人引以为豪的体系，现在却让德国社会不堪重负。

(二) 饮食文化

1. 饮食特征

德国人不是一个特别讲究吃的民族。他们一般以比较简单的食物充饥,属于那种"大块吃肉,大口喝酒"的民族,很有一些蛮荒的古代日耳曼人的遗风。德国菜味道注重原味,一般不加太多的佐料。德国人主食为黑麦、小麦和土豆,面包是德国人最喜爱的食品;还喜欢吃奶酪、香肠,配以生菜色拉和水果。德国人吃饭讲究实惠,不图浮华。早餐简单,晚餐是一天中最丰盛的一餐,以吃肉为主,一般都要有汤菜。德国人口味喜清淡、甜酸,不爱吃油腻食品,不爱吃辣。德国比较有特色的食物是啤酒、香肠和巴伐利亚烤猪脚(Pork Knuckle)(图 4-6)等。在饮料方面,德国人最爱喝啤酒,也爱喝葡萄酒。德国啤酒以种类繁多而闻名于世,据统计,至少有 5 000 种不同的牌子。香肠可谓是德国菜肴的代表作,德国人用 1 500 种香肠构建出一个庞大的香肠王国。德国人每人每年的猪肉消耗量为 65 kg,居世界首位。

图 4-6　德国啤酒和巴伐利亚烤猪脚

2. 饮食禁忌

德国的用餐有许多规矩。德国人忌讳张开嘴巴咀嚼或身子凑近盘子吃东西,忌讳含着满口食物说话,忌讳只同右边的女士说话,更忌讳吃饭时谈有关世界观或政治性的话题。德国人忌说忌用"13"这个数字,尽量在生活中避免与此打交道。13 日若和星期五赶在同一天,被视为最不吉利。德国人最为忌讳的是 13 人坐一桌吃饭。

德国人在用餐时,吃鱼用的刀叉不得用来吃肉或奶酪;若同时饮用啤酒与葡萄酒,宜先饮啤酒,后饮葡萄酒,否则被视为有损健康;食盘中不宜堆积过多的食物;忌吃核桃。

(三) 节庆风情

1. 慕尼黑啤酒节

在德国富有历史意义的节日中,最出名的就是慕尼黑啤酒节(The Munich Oktoberfest)(又称"十月节",Oktoberfest),可以说是享誉全球的节日。每年 9 月的第三个星期六至 10

月第一个星期日,慕尼黑啤酒节开启慕尼黑一年中最盛大的活动。慕尼黑盛产啤酒,人们惯称慕尼黑为"啤酒之都"。啤酒节是慕尼黑民间的传统节日。啤酒节起源于1810年10月12日,为庆贺德国巴伐利亚王太子路德维希一世与萨克森-希尔登豪森的特蕾西亚公主共结百年之好而举行的一系列庆祝活动。德国的10月正值大麦和啤酒花丰收的时节,人们在劳动之余,欢聚在一起饮酒、唱歌、跳舞,表达内心的喜悦之情。啤酒节的开幕式极为隆重热烈,来自德国巴伐利亚等其他州及奥地利、瑞士、法国等世界各地的游行队伍身着色彩缤纷的民族服装,浩浩荡荡地在慕尼黑市长及各啤酒厂老板的带领下涌向大帐篷。啤酒节期间除了畅饮啤酒之外,人们还举行一系列丰富多彩的娱乐活动。

2. 科隆狂欢节

科隆狂欢节每年11月11日11点11分开始至第二年复活节前40天为止,被称为一年中的第五个季节,是全德国最盛大也是最为疯狂的狂欢节。科隆狂欢节是人们为了纪念并迎接即将到来的大斋戒期而投入狂欢之中的。从前,人们为了将冬季恶灵驱逐出城,便头戴面具上街游行,而现在这一惯例被保留了下来。1823年2月10日,"科隆狂欢节委员会"在科隆成立,狂欢节就此成为一种独立的形式。

(四) 旅游纪念品

德国各款名牌产品,其品质、实用性及耐用性均获得一致的好评,尤其品质良好的工具、机械如照相机、光学仪器、钟表、钢笔、刀刃。另外木刻、皮革、宝石制品也很精美。每年德国所有商店都会举行两次减价清仓大行动,特别是圣诞节结束后至2月,以及6月末至7月。

1. 皮具系列

持久耐用的德国皮具有着德国严谨制造工艺与欧洲先进的设计,深受各界推崇。硬币包、钱包、手袋、旅行袋等各种款式的品质都有一定的保证。

2. 不锈钢刀具

德国西部城市索林根(Solingen)是有名的产刀区。以优质钢材制成的刀具耐用持久,刀刃锋利,备受推崇。

3. 陶瓷器具

迈森(Meissen)可说是欧洲高级瓷器的代名词,一直为皇宫烧陶瓷的窑区。自成风格独特的陶瓷派别。

4. 香水

科隆是举世闻名的香水生产基地,也是世界上最早研制成功人工合成香精的地方,以至人们把香水称为"科隆之水"。此香水最先在1709年由意大利人吉欧凡尼·玛丽亚·法丽娜(Giovanni Maria Farina)在德国的科隆推出。因为广受欢迎,其他品牌的古龙水也相继被推出,其中包括以其店铺门牌为名的4711科隆香水。

三、主要旅游城市及旅游景点

➢ 案例导入

交换生小洁到德国柏林一所高中学习,她住在当地的一个寄宿家庭。第一天,这个德国女主人就给她制定了很多规矩:如洗餐具时尽量少用洗洁精,改用稍加过热的温水;洗完衣服尽量少用干衣机,自然晾干,脏衣服不多就隔几天洗一次;每次洗澡要控制在10分钟以内;洗澡时蓄起来的水可以用来冲厕所;洗菜的水要蓄起来浇花;生活中不要使用塑料袋,去超市购物自带可以重复使用的环保袋;每次扔垃圾都要严格分类等。小洁觉得自己来德国很受约束,认为德国人太严谨。应如何看待德国人的这些做法?

案例导读:

德国一直很重视环保,每个家庭都有自己的环保绝招。德国人也是一个很自律的民族,长期的环保教育使他们具有了高度的环保责任感,他们对自己国家的自然环境,特别是著名的风景区和旅游胜地珍爱备至,几乎人人养成了自觉执行各项环保法规的习惯。在街道等场所,行人需要扔垃圾的时候,绝大多数人都是寻找附近的垃圾箱。每个城市都有公共的投放玻璃、废纸和白色金属的垃圾集装箱。塑料投入黄色的垃圾桶,纸投入蓝色的垃圾桶,其余投入褐色垃圾桶。特殊垃圾如电池和坏霓虹灯管,要送到专门的地点。德国人环保习惯的养成,是从小教育和受熏陶的结果。幼儿园和小学要培养儿童的社会责任感。各种学校、各门学科都要或多或少同环保教育相联系,并引导学生进行环保实践。在学校里,与环保有关的活动是学生课外活动的重点内容之一,社会也鼓励青少年进行与环保相关的创造。既然小洁在德国学习,就应该入乡随俗,理解并学习德国人的环保观念,让自己的学习和生活更愉快。

德国是格林的诞生地,也是无数童话故事的发源地。古老的城堡、葱郁的森林、悠闲的小镇、美丽的莱茵河,还有那些现代化的城市,孕育出了众多伟大的人物。历史名城与浪漫传说辉映,引人入胜的观光胜地比比皆是。它不仅是一个经济高度发达的现代化工业国家,同时也是一个令人神往的旅游之国。

(一) 柏林(Berlin)

柏林是德国的首都,全国第一大城市,位于德国东北部,处于东西欧交通要道,往北距离波罗的海、往南距离捷克均不到 200 km,是东西方的交会点。柏林是著名的欧洲古都,始建于 1237 年。建城人是勃兰登堡边疆伯爵阿伯特,因伯爵的绰号是"熊",后人就以一只站立的黑熊作为柏林城的城徽。1871 年俾斯麦统一德国后定都柏林。第二次世界大战前柏林是德国首都和最大城市。战后,东、西柏林分道扬镳、各自发展。1990 年德国统一,柏林结束了一个城市、两种制度的局面,重新成为德国的首都。柏林不仅是德国重要的经济城市,也是德国最大的对外文化窗口。成立于 1882 年的柏林爱乐乐团享誉世界,两年一度的柏林国际电影节是欧洲著名的电影节之一。

1. 勃兰登堡门

勃兰登堡门位于柏林菩提树下大街西端,是柏林的象征,也是德国国家统一的标志。勃兰登堡门是依据雅典城门造型而建的普鲁士王国的凯旋门,是德国古典主义建筑的杰作。城门于 1791 年竣工,门顶上有胜利女神驾驭的四马战车,是沙铎的作品。东西德分裂时代,勃兰登堡门内侧筑起柏林墙。1989 年柏林墙被拆后,勃兰登堡门与柏林墙一同成为德国统一的象征。

2. 柏林墙遗迹

柏林墙是 1961 年 8 月 13 日在柏林城建起的城墙,目的是隔离东德和西德,是"二战"以后德国分裂、东西方两大阵营对峙和冷战的标志性建筑。柏林墙于 1989 年被拆毁。为了纪念这段历史,保留了一段长约 1.3 km 的柏林墙,墙上绘有来自 21 个国家的艺术家不同风格的作品,也称东边画廊。

(二) 法兰克福(Frankfurt am Main)

法兰克福位于德国中部美因河(Main)畔,是进入欧洲的交通枢纽,德国商业与制造业的中心,也是德国的金融中心和博览会城市。众多的跨国公司、银行、国际博览会都落户于这座国际大都市。新的"世界金融大厦区"汇集了全世界各大银行和金融机构的摩天大楼,是这个城市活力的缩影,被人戏称为"美因曼哈顿"。法兰克福还是德国文化重镇,大文豪歌德1749年在此出生。从16世纪起,这里被指定为选举罗马皇帝和加冕的场所,也开始其欧陆文化中心的地位。法兰克福还是"德国最大的书柜"——德意志图书馆的所在地。

歌德故居位于法兰克福市中心,大文豪歌德在此出生并度过青年时光。故居虽曾受第二次世界大战的战火破坏,经重建后成为博物馆,公开让各界人士参观。歌德是在此完成《浮士德》及《少年维特之烦恼》等著名的作品。

(三) 科隆(Cologne)

科隆是德国的第四大城市,位于德国西部,著名的莱茵河穿城而过。早在公元前50年,科隆就已是罗马帝国的重要殖民地,其名字就是由Colonial(殖民地的)演变而来,至今科隆仍保留不少罗马帝国时代的历史遗迹。如今的科隆是莱茵区最大的国际商业中心,经常举办各类国际博览会,有"传媒与通信之城"的美誉。科隆有三宝:香水、狂欢节、大教堂,其中最出名的是科隆大教堂。

科隆大教堂(图4-7)是德国建筑的纪念碑,以轻盈、雅致著称于世,是科隆的象征,也是世界最高的教堂之一。作为最完美的哥特式大教堂,科隆大教堂始建于1248年,建造期长达630多年,堪称世界之最。科隆大教堂于1998年列入世界文化遗产,与巴黎圣母院、梵蒂冈圣彼得大教堂并称为欧洲三大宗教建筑。

图4-7 科隆大教堂

(四) 慕尼黑(Munich)

慕尼黑是仅次于柏林、汉堡的德国第三大城市,巴伐利亚州的州府,位于阿尔卑斯山北麓,自古以来就是北欧进入中欧、南欧的交通要冲,多瑙河的支流伊萨尔河流也流经此地,故有"通向世界的门户""欧洲大转盘"之称。慕尼黑素以建筑艺术、博物馆、文化活动以及邻近的阿尔卑斯山的地理优势而为世人称道,如建于15世纪的慕尼黑的标志性建筑圣母教堂、玛利亚广场的新市政厅、宝马汽车博物馆和奥林匹克中心。慕尼黑盛产啤酒,啤酒消耗量居世界第一,因此也被称为"啤酒之都"。作为历史文化名城,慕尼黑与法国的巴黎和奥地利的维也纳,并列为欧洲三大文化中心。

玛利亚广场(图4-8)是慕尼黑的市中心广场,是慕尼黑最繁华的地方。广场的名称来自广场上的"玛利亚"圆柱,设立的目的就是为了颂扬圣母玛利亚。广场中间是圣母玛利亚的雕像,广场西北面是被誉为慕尼黑象征的圣母教堂,广场北面是哥特式建筑市政厅,其高达 85 m 的钟楼上有著名的玩偶报时钟。

(五) 海德堡(Heidelberg)

海德堡位于德国的西南部,是德国历史最悠久的古城之一,也是个兼具文艺浪漫气息与热闹活泼气氛的大学城。海德堡过去曾是科学和艺术的中心,罗马帝国时期,这里成为边寨。1386 年,鲁普莱希特选侯,在这里创办了德国最古老的大学——海德堡大学。今天海德堡仍是德国乃至欧洲的大学科研基地。这里有哲学家之路,十几座博物馆、艺术馆和剧院,处处散发着文学和艺术的气息。歌德曾赞美:"海德堡是我把心遗忘的地方。"马克·吐温也说海德堡是他"到过的最美的地方"。

(六) 新天鹅堡(Neuschwanstein)

新天鹅堡是德国南部著名的城堡,位于德国浪漫大道的最南端,慕尼黑西南 120 km。同欧洲众多的城堡相比,新天鹅堡(图 4-9)不算悠久,始建于 1869 年。它的草图是当时巴伐利亚国王路德维希二世(Ludwig Ⅱ of Bavaria)亲自设计的。美国迪士尼乐园的睡美人城堡就是以此为蓝本设计的。

图 4-8 玛利亚广场

图 4-9 新天鹅堡

🌱 小知识

经典线路:德国浪漫之路 5 日游

第 1 天　慕尼黑—菲森

慕尼黑除了有都会的文艺生活与方便的交通,还有相当高比例的绿地、公园,加上附近的山岳、湖泊,是德国人心目中最适合居住的地区。参观玛利亚广场,该广场是慕尼黑古城区的中心点,广场中间是圣母玛利亚的雕像,广场的北面是高大的新市政厅——19世纪末建造的巍峨挺拔棕黑色哥特式建筑,上面像撒了一层白霜,整个建筑布局恢宏、装饰华丽,游览已撒门;之后乘车前往位于阿尔卑斯山麓下的巴伐利亚州最高城市——菲森,菲森位于山林、湖泊和阿尔卑斯山坡的交集处,是德国著名的"浪漫之路"的南方终点站,小镇的古老居舍、优美风光,值得细细品味。

第2天　菲森—奥格斯堡

早餐后,游览阿尔卑斯山麓的路易二世国王的城堡——新天鹅堡,它建于1869—1886年,白色大理石建筑,尖塔高耸,风格独特,风光奇美,被称为"童话般的城堡",迪士尼乐园即仿此建造。之后前往德国自然风光美丽地区——奥格斯堡游览。奥格斯堡市建于公元前15年罗马帝国时期,有着2 000多年历史,是德国历史最悠久的城市之一。漫步城市心脏——马克西米利安街,这是城市最古老的城区之一,参观市政厅的宏伟建筑——这座阿尔卑斯山北侧文艺复兴式的世俗建筑,产生于富裕的奥格斯堡全盛时期,是德国规模最大的文艺复兴式建筑,7层大厦高58 m,外观这幢昔日摩天大厦内闻名于世的"黄色大厅",镶金的雕塑及华丽的雕梁画栋,把黄金的富丽堂皇表现得淋漓尽致。奥格斯堡的另一象征是奥古斯都喷泉,它是这座城市三个最古老的文艺复兴式豪华喷泉之一,夜宿德国小镇。

第3天　奥格斯堡—罗腾堡

早餐后,乘车沿着著名的浪漫之路前往陶伯河上的罗滕堡,这里有"中世纪之宝"的美誉。步行进入古镇,镇内城墙环绕,完整地保留着中世纪风情的市政建筑、教堂民宅、碎石铺就的街道,处处洋溢着浓郁的浪漫气息。位于市中心广场的市政厅大楼建于14世纪,始建时为哥特式建筑风格,而最后落成时却是文艺复兴风格。如果站在城堡围墙上,古城风貌尽收眼底,还可以一览陶伯河谷美景。

第4天　罗腾堡—维尔茨堡—海德堡

早餐后,乘车前往浪漫之路的起点——维尔茨堡,外观玛利亚圣母教堂,外观维尔茨堡的标志之一——维尔茨堡宫,现已被联合国教科文组织列为世界文化遗产保护建筑物之一。此宫建于1720—1744年,是德国南部巴洛克式的杰作,也是欧洲最出色的宫殿之一。宫殿内的穹顶天花板附有独特悬挂式楼梯,以及世界最大的天花板壁画。这座城市的另一个象征是180 m长的古美因河桥,桥上耸立着圣人们的塑像。站在桥上可以看到远处是马林贝格要塞。之后乘车前往德国美丽的古堡城市——海德堡,夜宿德国小镇。

第5天　海德堡—法兰克福

早餐后,感受海德堡浪漫和浓厚的文化气息,欣赏城内著名的老桥,外观古老城堡。之后乘车前往法兰克福。法兰克福是德国第五大城市,始建于794年,充满了多元化的魅力。它不仅是德国金融业和高科技业的象征,还是欧洲货币机构汇聚之地。前往参观罗马广场包括旧市政厅、恺撒大教堂和圣尼古拉大教堂等景点,罗马广场是法兰克福现代化市容中,唯一仍保留着中古街道面貌的广场,广场旁边的建筑物有旧市政厅,其阶梯状的人字形屋顶,别具特色。然后结束愉快行程。

【练一练】

主题旅游线路设计

从旅行目的看,德国仍然是欧洲商务旅行的主要目的地。受益于全球旅游业的增长,德国 2018 年国际游客数量增加 5%,使其成为世界十大目的地之一。德国开展生态旅游已经近 20 年的时间,生态旅游资源丰富。几年来,德国旅游着力突出一个特点:与生态、环保挂钩,以绿色为主题。德国人有很强的环保意识,政府在多个领域提出征收环保税。说到游客去德国体验绿色旅游,您会发现德国的公共交通网络非常好,您可以通过交通体验一下绿色旅游。在德国,游客可以选择多种绿色低碳的旅游方式,如火车旅游就大受欢迎,并最大程度为游客提供便利。请以德国的环保为主题,设计一条绿色旅游线路。

主题三　法国(France)

一、国家概况

(一)地理环境

1. 国土地理

法兰西共和国简称法国,位于欧洲大陆西部,西临大西洋的比斯开湾,西北隔多佛尔海峡、英吉利海峡与英国相望,东北比邻比利时、卢森堡和德国,东与瑞士相依,东南与意大利相连,南濒地中海,西南与西班牙、安道尔接壤,是沟通北欧、南欧、西欧、中欧之间的重要纽带。法国版图有如六边形,三边临水,三边靠陆,距离英国的最短距离仅 33 km,这 33 km 是连接英国和欧洲的最短海道,故而成为国际重要航道。

法国总体上说是一个低地国家,2/3 的地区低于海拔 250 m。地势东南高西北低。山地集中在东部和南部边境地带,有比利牛斯山山脉、阿尔卑斯山山脉等。南部地中海沿岸平原狭窄,风景秀丽,是世界著名的游览区。法意边境的勃朗峰是法国最高峰。地中海上的科西嘉岛是法国最大岛屿。法国境内河流众多,主要河流有流入大西洋的卢瓦尔河、塞纳河和加龙河,以及流入地中海的罗纳河。

小知识

高 卢 雄 鸡

高卢(Gallia)是法国古称。罗马帝国曾把今天法国这个地方叫作高卢,高卢在拉丁语里的另一个意思是公鸡。中世纪前期无人做如此联系,大约 14 世纪后这种联系才普遍起来。法国人也逐渐接受了雄鸡这一代表形象,但直到文艺复兴时期雄鸡才正式成为法国的象征。法国大革命和七月王朝时期,雄鸡取代了王权的标志——百合花。法兰西第一共和国国旗上有雄鸡形象,是当时法国人民革命意识的象征。在第一次世界大战期间,雄鸡被当作法兰西民族抵抗普鲁士入侵的象征。从 20 世纪 80 年代起,高卢雄鸡被当作法国足球队和橄榄球队的标志,由此使得高卢雄鸡举世闻名。

2.气候特征

法国西部濒临大西洋,受西风影响较大,冬暖夏凉,气温年差较小,终年湿润多雨,云雾多,日照弱;东部和中部距海较远,受大陆影响较强,属大陆性气候,特点为冬无大凉、夏无酷暑且雨量适中;南部属亚热带地中海式气候,冬季温暖多雨,夏季炎热干燥。

(二)人文概况

> **问题导入**
>
> 请自己查询有关介绍法国的书籍或网站,填写下表:

人口	英文名称	主要城市
民族	主要宗教	首都
语言	国花	与北京时差
货币	国鸟	现任国家元首

1.历史简述

法国是欧洲最古老的国家之一。公元前高卢人在此定居。公元前1世纪,罗马的恺撒占领了全部高卢,从此受罗马统治达500年之久。5世纪法兰克人征服高卢,建立法兰克王国。843年成为独立国家。1337年英王觊觎法国王位,爆发"百年战争"。1453年结束"百年战争"。15世纪末到16世纪初法国形成中央集权国家。1789年7月14日法国爆发大革命,废除君主制,并于1792年建立第一共和国。1804年拿破仑·波拿巴自立为皇帝,建立第一帝国。1848年爆发巴黎革命,建立第二共和国。1852年路易·波拿巴总统建立第二帝国。1870年在普法战争中战败后,帝国解体,第三共和国建立。1871年,建立了世界上第一个无产阶级政权——巴黎公社,当年五月被镇压。第二次世界大战期间法国遭德国侵略。1944年解放,1946年通过宪法,成立第四共和国。1958年通过新宪法,第五共和国成立,戴高乐当选为第五共和国第一任总统。二战前,法国是仅次于英国的第二号殖民帝国,战后,法属殖民地大部分独立,法兰西殖民帝国逐渐解体。

2.经济概况

法国是欧盟主要发起国和成员国,经济高度发达,在核电、航空、航天和铁路方面居世界领先地位。法国素有"西欧粮仓"之称,是欧盟最大的农业生产国,也是世界主要农副产品出口国。法国也是世界贸易大国,出口商品主要有机械、汽车、化工产品、钢铁、农产品、食品、服装、化妆品和军火等。法国葡萄酒、法国时装、法国大餐、法国香水都在世界上闻名遐迩。法国是个极具魅力的旅游大国,旅游业是法国经济的重要组成部分。风情万种的花都巴黎、美丽迷人的蓝色海岸、阿尔卑斯山的滑雪场等,都吸引着来自世界各地的游客。

3.文化艺术

从中世纪以来法国就是各种思维创造活动的中心。数以百计的法国哲学家、作家、历史学家和社会学家的作品成为整个人类文明的宝贵遗产。哲学思想史清楚地展示了法国知识分子的巨大影响:16世纪中叶伟大的宗教改革家加尔文,古典主义时期的笛卡尔和帕斯卡,启蒙运动(18世纪)时期的百科全书派成员狄德罗和达朗贝尔,乌托邦社会主义者傅立叶、圣西门,社会实证主义创始人奥古斯特·孔德和社会学创始人涂尔干,历史学家儒勒·米什莱等。

自从16世纪以来,法兰西文学界群星璀璨。16世纪有蒙田、拉伯雷;路易十四时期有高乃依、拉封丹和莫里哀;18世纪有博马舍、马里沃、卢梭、萨德和伏尔泰;19世纪有巴尔扎克、波德莱尔、大仲马、福楼拜、雨果、司汤达、瓦尔兰和左拉,他们的许多作品成为世界文学的瑰宝,其中的《巴黎圣母院》《红与黑》《高老头》《基督山伯爵》《悲惨世界》和《约翰·克利斯朵夫》等,已被翻译成世界多国语言,在世界广为流传。进入20世纪,法国出现的作家有马赛尔·普鲁斯特、安德烈·纪德、罗曼·罗兰等。自1901年颁发诺贝尔文学奖以来,法国已有16位作家获此殊荣。

近现代,法国的艺术在继承传统的基础上颇有创新,出现了雕塑艺术大师罗丹、印象派代表人物莫奈和野兽派的代表人物马蒂斯等,他们的作品为世界众多博物馆所收藏。

法国的电影事业在1995年庆祝了100周年纪念日。电影是由法国人卢米爱尔兄弟和乔治·梅立爱发明的。今天法国电影仍在艺术的领域内占有重要的地位。戛纳国际电影节是世界五大电影节之一,每年5月在法国东南部海滨小城戛纳举行,它是世界上最早、最大的国际电影节之一,为期两周左右。

小知识

法兰西例外

许多初到法国的外国人都注意到,法国人不喜欢说英语。有的法国人明明能听懂英语,也会说英语,却还是用法语回答游人的问题。也许这就是所谓法兰西例外(Exception Francaise)的一个表现吧!

法语是法兰西文化的依托和载体。法国人像对自己眼睛一样爱护自己的语言。成立于1635年路易十三时代的法兰西学院,几百年如一日,精心审订法语语法和每一个出现的新词,为维护法语的纯洁和健康孜孜不倦地工作。近些年来,面对英美语汇随着"信息高速公路"的大量涌入,法国政府以立法和行政双重手段来加以围追堵截,保护法国的文化事业。1996年起生效的一项法律要求全法国1 300多家电台在每天早上6点30分至晚上10点30分的音乐节目必须播送40%的法语歌曲。同样,各电视台每年播放法语电影也不得少于40%,违者处以罚款用于资助民族文化。

这也就是法国人为何认为法语是世界上最美丽的语言并引以为豪的原因。

【练一练】

案例分析

法国曾有"浪漫的葡萄酒帝国"之称,葡萄酒之于法国,如同茶之于中国,是名副其实的"国饮"。葡萄酒、香水和埃菲尔铁塔一样,是法国的"名片"。葡萄酒文化已渗透进法国人的宗教、政治、文化、艺术及生活的各个层面,与人民的生活息息相关。正如有句法国谚语这么说:"打开一瓶法国葡萄酒,就像打开了一本书。"

陈先生在国内经营一家酒厂,很想到法国感受以酒庄品酒为中心的酒庄旅游,于是咨询一家出境社关于法国香槟地区、卢瓦尔河谷地区、波尔多地区、勃艮第地区等地的葡萄酒文化旅游,然而销售人员只是简单回答了传统的线路中涉及的酒庄之旅,陈先生很是失望。请想一想:如果您是旅行社的销售人员,应该如何应答客人的此类询问?

二、民俗风情

> **案例导入**

作为世界三大烹饪王国之一,法国的饮食文化有着悠久的历史和传统,旅行团到法国旅游一般都会体验经典法式风味餐。在品尝法式风味餐过程中,游客小李看别人的主菜都上了,而他面前还是第二道汤,就问导游为什么他的主菜没有来?

案例导读:

法餐从进餐程序、酒与菜的搭配、餐具和酒具的形状乃至服务员上菜倒酒的方式都有严格的规矩,通常正式法餐有前菜、汤、主菜和甜点,中间会配餐酒,一般分为餐前酒,佐餐酒和餐后酒,饭后还有咖啡、水果或冰淇淋。用餐时间基本上是2小时以上,用完一道,才会上第二道,如果客人没有示意不想吃了,服务生不会来收拾餐盘,然后再上下道菜。案例中小李因为没喝完汤,也没示意服务生收走餐盘,服务生认为他还要喝,所以是不会给他上主菜的。

(一)社交礼仪

法国人重视社交礼仪,善于交际。对于法国人来说社交是人生的重要内容,没有社交活动的生活是难以想象的。法国人诙谐幽默、天性浪漫。在人际交往中大都爽朗热情,善于雄辩、高谈阔论,好开玩笑,讨厌不爱讲话的人,对愁眉苦脸者难以接受。在人际交往中法国人所采取的礼节主要有握手礼、拥抱礼、贴面礼和吻手礼。

受传统文化的影响,法国人不仅爱冒险,而且喜欢浪漫的经历,渴求自由。在世界上法国人是最著名的"自由主义者"。"自由、平等、博爱"不仅被法国宪法定为本国的国家箴言,而且在国徽上明文写出。法国把生活中所做的每一件事都当作享受来看待,所以生活节奏很慢。在法国,最先得学会的就是"等待"和"约会"这两个单词。

法国的女人在家庭和社会上的地位是很高的。法国的男人非常尊重妇女,"骑士风度"是法国人引以为豪的传统,无论在何处走路、进屋、入座,都要让妇女先行;介绍两人相见时,一般职务相等时先介绍女士;同她们握手时,一定要等其先伸手,她们可戴着手套,而男士一定要摘下手套。

法国的国花是鸢尾花。对于菊花、玫瑰、水仙花、金盏花等,一般不宜随意送给法国人。法国人把每一种花都赋予了一定的含义,所以送花时要格外小心。送花的枝数不能是双数,在当地送菊花是表示对死者的哀悼。男人不能送红玫瑰给已婚女子,玫瑰花表示爱情,水仙花表示冷酷无情,金盏花表示悲伤。

法国人视鲜艳色彩为高贵,视马为勇敢的象征,认为蓝色是"宁静"和"忠诚"的色彩,粉红色是积极向上的色彩。但法国人忌讳核桃,厌恶墨绿色,忌用黑桃图案,商标上忌用菊花。法国人还视孔雀为恶鸟,并忌讳仙鹤、乌龟,认为杜鹃花、纸花不吉利。

法国人大多信奉天主教,认为"13"这个数字以及"星期五"都是不吉利的,甚至能由此引发什么祸事。

法国人忌讳对老年妇女称呼"老太太";忌讳男人向女人送香水,因为这有过分亲热和图谋不轨之嫌;忌讳别人打听政治倾向、工资待遇以及个人的私事。

在人际交往之中,法国人对礼物十分看重,但又有其特别的讲究。宜选具有艺术品位和纪念意义的物品,不宜以刀、剑、剪、餐具或是带有明显的广告标志的物品。在接受礼品时若不当着送礼者的面打开其包装,则是一种无礼的表现。如果初次见面就送礼,法国人会认为您不善交际,甚至认为粗俗。法国人重视情意的表达,到亲友家做客回去后总要即时写一封措辞美好的感谢信,远方旅游不忘给亲朋好友寄张风光明信片,与之分享旅游的快乐,回来时总要带点小礼物分赠亲友。

(二) 饮食文化

1. 饮食特征

作为举世皆知的世界三大烹饪王国之一,法国的饮食文化有着悠久的历史和传统,法国菜不仅做起来复杂,强调色、香、味、形,吃起来也很有讲究,从进餐程序、酒与菜的搭配、餐具和酒具的形状乃至服务员上菜倒酒的方式都有严格的规矩。法国的烹调世界闻名,用料讲究,花色品种繁多,口味特点香浓味原、鲜嫩味美、注重色、形和营养。法国人爱吃面食和奶酪,是世界闻名的"奶酪王国"。蜗牛与肥鹅肝是最有特色的法式菜。法国人对菜肴与酒水的搭配颇为讲究,饭前一般要喝度数不高的甜酒,习惯称之为"开胃酒";吃饭时要喝不带甜味的葡萄酒或玫瑰酒;吃肉时一般喝红葡萄酒;吃海味时喝白葡萄酒或玫瑰酒;饭后要喝一点儿带甜味的"消化酒";每逢宴请还要喝香槟酒,以增加席间欢乐的气氛。法国的葡萄酒、香槟和白兰地(又称干邑)享誉全球。法国人还特别爱喝矿泉水和咖啡,视矿泉水为生命之水。

2. 饮食禁忌

法国人口味浓重,不喜欢吃辣,但喜欢葱、蒜、丁香、香草等异味调料。法国人烹调时用酒比较重,牛肉类菜烧得不太熟,三四分熟就行,最多七八分熟,牡蛎一般都喜欢生吃。法国人一般都乐于喝生水(自来水),不习惯喝开水。法国人一向把用餐看成是件大事情,认为无论如何不能站着吃饭,更不能用手抓取食物,这些都很不雅观,并有失自己的风度。因此,他们对自助餐和鸡尾酒很不以为然。

小知识

品咖啡文化

法国有句谚语:"Un jour sans fromage, c'est un jour sans soleil."意思是说,对法国人而言,如果哪天少了奶酪,那天就没了阳光,就如哪天他们的生活里少了咖啡,那比没了阳光和奶酪还要无精打采。法国人的日常生活离不开咖啡。咖啡对他们来说不只是一种饮品,它隐含着丰富的文化内涵。遍布城市与乡村的咖啡馆是法国生活方式的一种标志。

"请来一杯咖啡"已经成为融入法国生活的"芝麻开门"式的口令,在咖啡馆的柜台上经常能够听到这句话。不论清晨还是夜晚,人们喜欢坐在咖啡馆的露天咖啡座里,谈论着天气、体育赛事、政治时事和时尚等话题,欣赏别人或被别人欣赏。法国人曾对外国游客做过一个调查,被问及巴黎最吸引人的东西是什么时,许多人的回答不是卢浮宫、埃菲尔铁塔等脍炙人口的名胜,而是散落在巴黎大街小巷的咖啡馆。有人曾把咖啡馆比作法国的骨架,说如果拆了它们,法国就会散架。徐志摩也说过:"如果巴黎少了咖啡馆,恐怕会变得一无可爱。"咖啡还和法国几个世纪以来的文化息息相关。17世纪法国就出现了许多因为咖啡馆而形成的文化艺术沙龙。普洛可甫咖啡馆是巴黎第一家开张的咖啡馆,思想家伏尔泰、卢梭、狄德罗等都是普洛可甫咖啡馆的常客,伏尔泰的几部著作、狄德罗的世界首部百科全书都在这里完成;文豪巨匠如雨果、巴尔扎克、乔治·桑、左拉等还以咖啡馆的名字创立了文学刊物《普洛可甫》；蒙马特的学院咖啡馆是19世纪巴黎大学时代的标志，长期聚居着来自四面八方的艺术家，毕加索、海明威、梵高、弗洛伊德等也曾在这里编织他们的梦想。

（三）节庆风情

1. 国庆节

7月14日是法国的国庆节，是最隆重的民众节日。1789年的7月14日，巴黎人民攻占了象征封建统治的巴士底狱，推翻了君主政权。1880年，7月14日被正式确立为法国的国庆日，法国人每年都要隆重纪念这个象征自由和革命的日子。为庆祝国庆节，法国每年都要在香榭丽舍大街上举行大规模的阅兵仪式。

2. 诸圣节

11月1日的诸圣节亦称"诸圣瞻礼"，是基督教节日之一。全国放假一天。法国的民间习惯是在这一天到墓地去祭奠献花，凭吊已故的亲人，相当于中国的清明节。

（四）旅游纪念品

1. 巴黎时装

巴黎是国际时尚大都市之一。时装的历史与巴黎紧密相连，直到今天，巴黎的时装风格仍对顶尖的时装设计师有着巨大的影响。名牌设计师的专卖店集中在商业街区，如蒙田大街（Avenue Montaigne）。

2. 格拉斯香水

巴黎将时装与香水任命为自己的特使，正因如此，为了让香气和美丽完美地结合，时装设计师们在创作时装的同时，还会调制与华服相配的香水。然而法国的香水却大都不产自巴黎，从16世纪起，欧洲人就知道，最好的香水在格拉斯——这个因香水工业和香水贸易而繁荣的法国南部城镇有"世界香水之都"的美名。

小知识

香水之都——格拉斯

提起法国香水，人们会自然地想到巴黎。其实，真正称得上法国香水摇篮的不是巴黎，而是位于法国南部一个不大的城市——格拉斯。16世纪的欧洲人就知道，最迷人的香水出自格拉斯。1730年，法国第一家香精香料生产公司诞生于格拉斯市。从此，香水业逐渐在格拉斯落地生根。如今，这里已成为名副其实的"香水之都"，承担着为法国名牌香水销售公司配制香水的业务。法国80%的香水都在这里制造，格拉斯因此被称为是嗅觉的天堂。格拉斯至今仍是法国香水的重要产地和原料供应地，它拥有众多的香水博物馆、试验室以及生产厂，风靡世界的香奈尔5号香水就诞生于此。它也为法国赢得了"香水之国"的美誉。格拉斯之所以能成为法国香水的摇篮，主要取决于它优越的自然环境和传统的手工业。

3. 波尔多的红葡萄酒

波尔多既是一座城市又作为酒的名字，迄今为止是法国最大的精品葡萄酒产地并且被视为法国著名的产区，位于法国西南部加龙河、多尔多涅河和吉龙德河谷地区，是世界公认的世界最大的葡萄酒产地之一。拉菲·罗斯柴尔德酒庄是波尔多最著名，也是世界上最著名的顶级酒庄。早在18世纪初，拉菲酒庄便闻名欧洲。

4. 干邑白兰地

白兰地通常被人称为"葡萄酒的灵魂",起源于法国干邑镇(Cognac)。干邑地区位于法国西南部,那里盛产葡萄和葡萄酒。早在公元 12 世纪,干邑生产的葡萄酒就已经销往欧洲各国。干邑白兰地必须以铜制蒸馏器双重蒸馏,并在法国橡木桶中密封酿制两年,才可称作干邑白兰地。市面上出售的干邑白兰地中,有以"XO"(Extra Old)为最高级者。

5. 香槟

法国香槟省(Champagne-Ardenne)出产的香槟一直以来享有盛誉,每逢喜庆的日子香槟是不可缺少的美酒。香槟与快乐、欢笑和高兴同义。因为它是一种庆祝佳节用的酒,具有奢侈、诱惑和浪漫的色彩,也是葡萄酒中之王。香槟受到了世界人民的喜爱,自然而然地也成了法国人的骄傲。

【练一练】

案例分析

小高应邀前往法国人家中用餐,他从自己座位的右侧就位后把餐巾放于左手边,相敬干杯时,小高因为不会喝酒,没有把酒杯在唇边触一下,而是把酒杯放在了一边。西餐的主要餐具有刀、叉,小高使用时,左手握刀,右手持叉,用刀将牛排切成两大块后直接用叉把食物送入口中,每吃完一道菜,就把刀、叉摆成"八"字或交叉放,而且刀口向外。想一想:小高的用餐礼仪有没有错误?作为导游怎样才能提醒游客用西餐时避免这种尴尬发生呢?

三、主要旅游城市及旅游景点

▶ 案例导入

小董在巴黎自由行,参观完卢浮宫想步行前往巴黎圣母院,走了几条街就迷路了,于是询问一个法国人如何前往,小董不会法语,只能用英语问,法国人应该是听懂英语了,但她却只用法语回答,并用手势比划如何前往。看小董还是一脸迷茫,法国人做了个手势让小董跟她走,一路上,小董说英语,她说法语,还都能交流。为什么这个法国人能听懂英语却不愿说英语?

案例导读:

法语是法兰西文化的依托和载体。法国人对自己语言的骄傲是众所周知的,他们打心底里觉得法语是一门优美的语言,造就了法兰西民族的文化底色。法国人像对自己眼睛一样爱护自己的语言。面对英美语汇的大量涌入,法国政府以立法和行政双重手段来加以围追堵截,保护法国的文化事业。这也就是法国人为何认为法语是世界上最美丽的语言并引以为豪的原因,即使法国人能听懂英语,也会说英语,却依然用法语回答游人的问题。

(一)巴黎(Paris)

巴黎是法国的首都,位于法国北部盆地中央,跨塞纳河两岸,故又被称为"塞纳河的女儿"。巴黎是欧洲最大的城市之一,它是时尚流行、文明、艺术、知识殿堂的代名词,被称为"世界花都""时装之都"和"香水之都"。有人曾这样评价巴黎:"鲜活的建筑史教科书,生动的法国编年史。"作为欧洲一流的旅游名城、浪漫之都,这座有着 2 000 多年历史的文化名城从 12 世纪起就一直是历代王朝的首都,拥有许多世界闻名的历史名胜古迹与艺术建筑。

1. 巴黎凯旋门

巴黎凯旋门(图 4-10)坐落在巴黎市中心星形广场(现称戴高乐将军广场)的中央,是拿破仑为纪念 1805 年打败俄奥联军而建的,建成于 1836 年,高 50 m,宽 45 m,是欧洲最大的凯旋门。凯旋门的每一外墙上都有巨幅浮雕,其中最著名也是最精美的一幅就是右侧石柱上的《出征》(又名《马赛曲》)浮雕。正下方有建于 1920 年的无名战士墓地,墓前火炬常年不灭。

图 4-10 巴黎凯旋门

2. 埃菲尔铁塔

埃菲尔铁塔位于巴黎市中心塞纳河南岸,是世界上第一座钢铁结构的高塔,也是巴黎的最高建筑物之一,被视为巴黎的象征。1889 年,世界万国博览会在法国巴黎举行,同年也是法国大革命百年纪念日。为纪念这一特殊日子,法国著名建筑师斯塔夫·埃菲尔设计建造了铁塔,并由此而得名。铁塔于 1887 年起建,1889 年完工。塔高 320 m,塔身重达 9 000 t,分三层。从一侧望去,像倒写的字母"Y",有"云中牧女"之称。如果说巴黎圣母院是古代巴黎的象征,埃菲尔铁塔则是现代巴黎的标志。

3. 卢浮宫

卢浮宫是世界上最大的美术博物馆之一,位于巴黎市中心塞纳河右畔。卢浮宫始建于 1204 年,是法国最大的王宫建筑之一。卢浮宫正门入口处的透明金字塔建筑是美籍华裔建筑师贝聿铭的杰作。馆内收藏有大量 17 世纪以及欧洲文艺复兴期间许多艺术家的作品 40 万件。卢浮宫美术博物馆分为 6 大部分:希腊和罗马艺术馆、东方艺术馆、埃及艺术馆、欧洲中世纪、文艺复兴时期和现代雕像馆、历代绘画馆。里程碑式的艺术经典都汇集在这里,"爱神维纳斯"(图 4-11)、"胜利女神尼卡"

图 4-11 卢浮宫爱神维纳斯

和"蒙娜丽莎"是著名的宫中三宝。

4. 巴黎圣母院

巴黎圣母院(图4-12)坐落在塞纳河中间的西岱岛上,被称为"法国最伟大的艺术杰作",与卢浮宫、埃菲尔铁塔齐名为巴黎三大旅游热点。巴黎圣母院始建于1163年,为巴黎最著名的中世纪哥特式大教堂,以其规模、年代和在考古、建筑上的价值而著称,也是法国的历史舞台。重要的国家庆典都在此举行,如拿破仑1804年即在此登基。圣母院以正门的浮雕和院内的"玫瑰玻璃窗"最出名。法国大作家雨果在小说《巴黎圣母院》中将它形容为"石头的交响乐"。

图4-12 巴黎圣母院

5. 巴黎协和广场

巴黎协和广场(图4-13)位于巴黎市中心、塞纳河北岸,是法国最著名广场和世界上最美丽的广场之一。广场始建于1757年,它的设计者为著名建筑师卡布里埃尔。因广场中心曾塑有路易十五骑像,1763年曾命名"路易十五广场"。大革命时期又被改名为"革命广场"。1795年又将其改称为"协和广场"。协和广场中央矗立着一尊高23 m、有3 400多年历史的埃及方尖碑,这是路易-菲利普于1831年从埃及卢克索移来的著名文物。石碑两侧各有一座喷水池。广场四周放置了8座雕像,分别象征着8座在法国历史上起过重要作用

图4-13 协和广场

的城市：里昂、马赛、波尔多、南特、鲁昂、布勒斯特、里尔和斯特拉斯堡。协和广场最美丽的莫过于它的夜景。

6. 香榭丽舍大街

香榭丽舍大街东起协和广场西至星形广场，全长约 1 800 m，是巴黎最具特色、最繁华、最著名的街道之一。在法文中"香榭丽舍"是"田园乐土"的意思。过去，这里曾是一片低洼潮湿的空地。17 世纪路易十四在位时，使之成为专供宫廷贵族游乐的禁区。后来由东西轴线向西延伸成近 1 000 m 长的林荫大道。1909 年才将其命名为香榭丽舍大街。香榭丽舍大街西端的星形广场中央有凯旋门，东端有美丽的协和广场，附近有波旁宫、玛德琳娜大教堂、图勒里公园、卢浮宫、市府大厦和爱丽舍宫等名胜古迹。香榭丽舍大街还齐聚了巴黎最繁华的百货公司、时装店、咖啡馆等。同时，还是法国许多重大节庆典礼的庆祝中心，每年 7 月 14 日国庆阅兵式、新年联欢都在这条著名的街道上举行。

7. 凡尔赛宫

凡尔赛宫位于巴黎西南郊凡尔赛镇，是欧洲最富丽堂皇的皇家宫苑，也是西方古典主义建筑的代表作。它是 17 世纪专制王权的象征，路易十四、路易十五和路易十六三代帝王曾在此居住。许多举世瞩目的大事也在此发生。凡尔赛宫宫殿外观宏伟壮观，内部陈设及装潢极具艺术魅力，500 多间大殿小厅金碧辉煌，正宫前面还有一座风格独特的法兰西式大花园，让人流连忘返。1980 年还被联合国教科文组织列为世界文化遗产。

（二）马赛（Marseille）

马赛是法国最大的港口和第二大城市，也是仅次于鹿特丹的欧洲第二大港，位于法国南部地中海利翁湾东岸，是普罗旺斯的首府，法国南部的政治、经济、文化和交通中心。著名的《马赛曲》即诞生于此地，它同时还是几千年来东方货物输入西方世界的重镇，所以马赛城弥漫着混杂的异国气息。马赛是法国最古老的城市之一，建于公元前 6 世纪古希腊时代，已有 2 600 年的历史。马赛拥有众多的文物古迹，距马赛老港（图 4 - 14）3 km 处有一座 16 世纪建造的要塞——伊夫堡，传说是大仲马《基督山伯爵》一书中主人公被囚禁的地方，每年吸引着成千上万的旅游者来此参观。

图 4 - 14 马赛老港

(三) 尼斯(Nice)

尼斯是地中海沿岸法国南部城市,位于普罗旺斯-阿尔卑斯-蔚蓝海岸大区,距巴黎933 km,蔚蓝海岸地区的首府,是法国仅次于巴黎的第二大旅游胜地,也是全欧洲最具魅力的黄金海岸。尼斯是欧洲主要旅游中心之一及蔚蓝海岸地区的首选度假地。在地理上,尼斯三面环山,一面临海,有着7.5 km长的海岸线。群山的阻拦,使尼斯免受寒冷的北风侵凌。冬暖夏凉是尼斯最主要的气候特征。尼斯以其全年温和的地中海气候、灿烂的阳光、长长的石滩以及晒太阳的美女而闻名。尼斯被人称为"世界富豪聚集的中心"。海边豪华别墅、比比皆是的昂贵商店和艺术气息的交织使尼斯形成富丽堂皇与典雅优美的独特美。尼斯狂欢节是法国最有名的节日之一,也是世界上最著名最盛大的狂欢节之一,创办于1873年,最精彩的是花车游行、烛光游行和奇装异服表演。

(四) 戛纳(Cannes)

法国南部的尼斯、戛纳、马赛地区被称为"蔚蓝海岸"。戛纳又译为康城,是阿尔卑斯滨海省首府,欧洲有名的旅游胜地和国际名流社交集会场所,因国际电影节而闻名于世。戛纳位于法国南部地中海滨,距法国第二大旅游胜地尼斯约26 km,拥有世界上最洁白漂亮的海滩,海水蔚蓝、棕榈葱翠,气候温和,充满了阳光和来自全世界的游艇,主要景点有:海滨大道、老城区、11世纪城堡等,是度假的好场所。戛纳是世界级的影都,著名的"戛纳电影节"被誉为"电影界的奥运会",每年5月举行一次,它颁发的金棕榈大奖被公认为电影最高荣誉之一。

小知识

经典线路:浪漫法国8日深度游

第1天 上海—阿姆斯特丹—尼斯

上海浦东国际机场集合,搭乘荷兰皇家航空公司的国际航班经阿姆斯特丹转机前往尼斯。抵达后导游接机,入住酒店休息。

第2天 尼斯—戛纳—摩纳哥—尼斯

早餐后,前往每年都会云集世界著名的电影人、涌现众多影帝影后的南部城市——戛纳,"精巧、典雅、迷人"是大多数人对戛纳的评价。戛纳小城依偎在青山脚下,濒临地中海之滨,占据了得天独厚的地理位置。前往只有1.95 km²的摩纳哥,参观被世人誉为"摩纳哥百年传统守护神"的王宫、参观周围陈列着路易十四时期铸造的炮台的王宫广场,后驱车前往法国第五大城市、第二大空港——尼斯。它将普罗旺斯风格及深受世界各地名流欢迎的生活乐趣融合在一起。途经位于著名的法国香水小镇格拉斯的香水工厂,在那里了解法国香水生产历史和工艺,抵达尼斯后,漫步于有"英国人散步大道"之称的盎格鲁街,亲身体验蔚蓝海岸悠闲气氛,后回酒店休息。

第3天 尼斯—艾克斯—普罗旺斯—阿尔勒—阿维尼翁

早餐后,前往印象派画家塞尚的故乡——艾克斯。艾克斯是普罗旺斯的前首府,这座拥有林荫大道、喷泉、华宅的中世纪古城,是普罗旺斯最具有"都会"风情的地区,随后前往伫立在罗纳河上的珍宝——阿尔勒。参观阿尔勒最大的纪念馆即圆形竞技场、古剧院、市政厅,还有圣特罗菲姆教堂。驱车前往阿维尼翁,它是1995年被联合国教科文组织列入《世界遗产名录》的美丽城市,罗纳河上的贝内泽桥建于12世纪初,这座大桥有21座桥墩、22个巨大的拱洞,如今只剩下4孔,长900 m,是中世纪建筑的杰作,也是法国民歌的灵感源泉,夜宿阿维尼翁附近。

第4天　阿维尼翁—酒庄—勾禾德—里昂

早餐后,前往酒庄,参观酒窖,品尝当地美酒。之后来到曾被选为法国最美的村庄之一的山城勾禾德,它是依山而建的古城,也是普罗旺斯非常著名的观光胜地,灰白的层层建筑配着蓝天煞是好看,曾经吸引许多艺术家在此停留。随后前往位于法国的东南部,也是法国的第三大城市——里昂。这是一座历史悠久的古老城市,特别是1998年被联合国教科文组织列为世界人文遗产城市之后,它的地位就更加显著了。里昂旧城的最中心布满了中世纪的建筑和教堂,使它获得了"拥有一颗粉红的心脏"之城的美称。漫步于一度被称为皇家广场的白莱果广场,广场周围尽是19世纪初建造的四五层楼房,花店、咖啡座、餐馆林立,是市民的最佳休憩场所。游览里昂老城。这条街区保存着许多15—17世纪的古色苍然的旧宅居。沿着狭窄的街巷信步走去,几百年前的建筑物和这一带凝重的空气混合起来,令人感受到浓厚的古老气氛,仿佛置身于中世纪。许多哥特式、文艺复兴式及古典式的房屋彼此相连,使人感到时代变迁下里昂久远的历史传统。

第5天　里昂—舍农索堡—图尔

早餐后,驱车前往舍农索水上城堡。舍农索城堡由主堡垒、长廊、平台和圆塔串联而成,横跨卢瓦尔河支流希尔河河面,是卢瓦尔河谷宫堡群中最富有浪漫情调的"水上城堡",被喻为停泊在希尔河上的航船。河岸上分建两个大花园,宛如两幅图案精美的地毯。舍农索城堡又称"皇后堡",因为先后有多位王后、宠妃和贵妇人在这里居住过,因此流传下许多爱情故事。夜宿图尔附近。

第6天　图尔—巴黎

早餐后,驱车前往法国的时尚之都——巴黎,游览欧洲最富丽堂皇的宫殿并被联合国教科文组织列为世界文化遗产的重点文物——凡尔赛宫。

第7天　巴黎

参观世界三大博物馆之一的卢浮宫,这个建筑的本身就是艺术杰作,它坐落在塞纳河中心的北岸,在这座艺术殿堂里您可欣赏到镇馆三宝:蒙娜丽莎的微笑、维纳斯雕像和胜利女神像。午餐后,游览凯旋门,这里是香榭丽舍大道的起点,也是巴黎主要庆典活动的起点,以凯旋门为中心,放射出去的12条街道,犹如12道光芒,映射着这座光芒四射的城市。街道的另一端是美丽的协和广场;游览闻名世界的埃菲尔铁塔,埃菲尔铁塔建于1889年,为纪念法国大革命100周年和当时举办的万国博览会而建,今天已成为巴黎城标建筑,乘坐塞纳河游船,晚上品尝法国特色餐。

第8天　巴黎—上海

早餐后,参观法国新锐景观——蒙帕纳斯大厦(56层观光厅),矗立在塞纳河左岸的蒙帕纳斯大厦是巴黎古城中除埃菲尔铁塔外最高的建筑,也曾是欧洲最高的钢筋玻璃建筑,登高望远,将巴黎的绚丽美景尽收眼底,在这里远眺埃菲尔铁塔是再好不过的去处。在导游的带领下前往机场,办理好退税手续后,搭乘国际航班返回上海。

【练一练】

主题旅游线路设计

法国一直是全球排名第一的旅游目的地,每年有很多中国游客抵达法国旅游,平均停留天数6天。法国是欧洲浪漫的中心,它的悠久历史、具有丰富文化内涵的名胜古迹及乡野风光吸引着来自世界各地的旅游者。风情万种的花都巴黎,美丽迷人的蓝色海岸,盛开着薰衣草的普罗旺斯,美酒飘香的波尔多,都是令人神往的旅游胜地。请以浪漫为主题,设计一条有特色的旅游线路。

主题四　瑞士(Switzerland)

一、国家概况

▶ 案例导入

某旅游团在瑞士游览了美丽的乡村、湛蓝的高山湖泊、茂密的森林、峻峭的山峰和皑皑的冰川后,感叹体会到"绿水青山就是金山银山"这句话的内涵。您如何理解。

案例导读:

瑞士以阿尔卑斯山出名,山地旅游业经历了多年的发展,如今不仅呈现出丰富的业态,更为瑞士人提供了众多就业机会。阿尔卑斯山区的可持续发展之路,以绿色可持续的方式促进阿尔卑斯山区经济的发展,同时相关的政策也卓有成效,本地居民是保护环境的主要力量,通过保存当地的传统,让山区长期发展的文化遗存和语言能够被保护下来发挥巨大的作用,解决了经济发展与环境保护兼顾的问题。其实和"绿水青山就是金山银山"的理念是一致的。

(一)地理环境

1. 国土地理

瑞士是位于欧洲中部的多山内陆国,东与奥地利、列支敦士登接壤,南邻意大利,西接法国,北连德国。国境几乎都在阿尔卑斯山脉之中,多是高山及湖泊。大约58%的面积属于阿尔卑斯山区,分为西北部的汝拉山、南部的阿尔卑斯山和中部瑞士高原三个自然地形区,平均海拔约1 350 m。瑞士是欧洲大陆三大河流发源地,有"欧洲水塔"之称。主要河流有:莱茵河(在瑞士境内375 km,是瑞士最大的河流)、阿尔河(在瑞士境内295 km,是瑞士最长的内陆河)、罗纳河(在瑞士境内264 km,是瑞士第二大内陆河)。湖泊共有1 484个,其中最大的是日内瓦湖(又名莱芒湖)。

2. 气候特征

瑞士地处北温带,各地气候差异很大。阿尔卑斯山由东向西伸展,形成了瑞士气候的分界线。阿尔卑斯山以北受温和潮湿的西欧海洋性气候和冬寒夏热的东欧大陆性气候的交替影响,变化较大,山间谷地气候温和,高山较寒冷;阿尔卑斯山以南则属地中海气候,全年气候宜人。

小知识

阿尔卑斯山

阿尔卑斯山脉（Alps）（图4-15）是欧洲最高、横跨范围最广的山脉。阿尔卑斯山脉从亚热带地中海海岸法国的尼斯附近向北延伸至日内瓦湖，然后再向东—东北伸展至多瑙河上的维也纳。阿尔卑斯山脉遍及下列7个国家的部分地区：法国、意大利、瑞士、列支敦士登、德国、奥地利和斯洛文尼亚。阿尔卑斯山脉长约1 200 km，最宽处220～260 km，是西欧自然地理区域中最显要的景观。瑞士境内有多座数千米的山峰和终年不化的冰河，有欧洲著名山峰——少女峰。1891年美国作家马克·吐温写道："少女峰这个名称很好，没有比少女更洁白无瑕和圣洁的了。"2001年，少女峰被联合国教科文组织评选为世界自然遗产。阿尔卑斯山景色十分迷人，是世界著名的风景区和旅游胜地，被世人称为"大自然的宫殿"和"真正的地貌陈列馆"。这里还是冰雪运动的胜地，探险者的乐园。

图4-15 阿尔卑斯山脉

（二）人文概况

> **问题导入**
> 请自己查询有关介绍瑞士的书籍或网站，填写下表：

人口		英文名称		主要城市	
民族		主要宗教		首都	
语言		国花		与北京时差	
货币		国鸟		现任国家元首	

1. 历史简述

公元3世纪,阿勒曼尼人(日耳曼民族)迁入瑞士东部和北部,勃艮第人迁入西部并建立了第一个勃艮第王朝(Dynasty Burgundy)。11世纪受神圣罗马帝国的统治。1648年瑞士摆脱神圣罗马帝国统治,宣布独立并执行中立政策。1798年拿破仑一世侵吞瑞士,将其改为"海尔维第共和国"。1803年,拿破仑做出让步,放弃统一集权国家的设想,决定成立联邦,瑞士又恢复联邦制。1815年,维也纳会议承认瑞士永久中立。1848年,瑞士联邦公布第三部宪法,设立最高执行机构联邦委员会,定都伯尔尼。从此瑞士成为统一的联邦制国家。在两次世界大战中瑞士均保持中立。瑞士自1948年起一直是联合国的观察员国。在2002年举行的全民公决中,54.6%的瑞士选民和瑞士23个州中的12个州赞成瑞士加入联合国。2002年9月10日,第57届联合国大会一致通过决议,正式接纳瑞士联邦为联合国新的会员国。

小知识

瑞士概况

瑞士是世界著名的中立国,拥有很悠久的中立国历史传统,自从1815年以后从未卷入过战争;但瑞士同时也参与国际事务,许多国际性组织的总部都设在瑞士,如红十字国际委员会、世界贸易组织以及联合国在欧洲的两个办事处之一。虽然瑞士并不是欧盟成员国,但瑞士也是全球最富裕、经济最发达和生活水准最高的国家之一,人均国民生产总值居世界前列,旅游资源丰富,有世界公园的美誉。

2. 经济概况

瑞士是发达的工业国家,主要产业有旅游业、精密机械工业(钟表、光学器械)、化学药品工业、金融业(银行、保险)和旅游业。钟表工业是瑞士的传统工业,有500多年的历史,迄今一直保持世界领先地位,瑞士被称为"钟表王国"。瑞士的金融业非常发达,得益于健全的银行体系和先进的资产管理水平,瑞士被誉为全球最大的离岸金融中心和国际资产管理业务领导者。稳定的政局,较低的通货膨胀率,完善的金融体系及闻名遐迩的"银行保密"制度对国际现金的流动产生巨大吸引力,从而使瑞士有"金融帝国"之称。瑞士是生活很舒适的国家,失业率是欧洲最低,苏黎世和日内瓦分别被列为世界上生活品质最高的城市之一。

小知识

瑞士——世界银行保险箱

虽富犹俭、聪明能干的瑞士人善于理财,先从理自家的财再到理国家的财,然后便是理全世界的财。1934年11月8日,西方第一部银行法——《银行和储蓄机构法》,即著名的《银行保密法》的颁布,是瑞士银行吸引大量外国资金存入的重要原因。对于有钱人而言,瑞士银行是一个世界保险箱,是最安全的,它让人放心。

说到保险,更有一种说法是:"瑞士是一个保险到牙齿的国家。"瑞士第一代保险公司问世于19世纪中叶,如今,瑞士已经成为一个实力强大的保险出口大国,而且还是现今世界上保险业最发达的国家,保险费是瑞士家庭日常开支中的一大支出。人们生活出了意外事故,都会镇静而心气平和地去面对。在一个如此安全而又有全面保障的国度里生活,瑞士人普遍感到自豪和幸福。

3. 文化艺术

地处欧洲一隅的瑞士是一个小国,但却有德语、法语、意大利语和罗曼语四种官方语言,德意志、法兰西和意大利文化相互融合,各文化区实行自立的文化政策,三个主要邻国对瑞士三大语区产生的直接影响也决定了瑞士多元文化的特点。这里有历史上著名的朝圣之路、有多处联合国教科文组织指定的世界文化和自然遗产、有历史悠久的古老城堡(如西庸古堡,图4-16)和众多各具特色的博物馆。历史上,曾有众多著名的艺术家来此游历或定居于此,是音乐家和艺术家云集的地方。

20世纪瑞士的艺术非常繁荣,博物馆和艺术画廊遍布各个城市和中小城镇。各种各样的音乐会一年到头持续不断。20世纪,这里产生了新的艺术运动达达主义以及著名的画家阿尔普和保罗·克利、伟大的雕塑家阿尔贝托·贾科梅蒂、世界上最有影响的建筑师勒·柯布西耶等。20世纪最著名的两大德语作家也是瑞士人:弗里德里希·迪伦马特和马克斯·弗里施。

图4-16 西庸古堡

【练一练】

案例分析

陈佳带瑞士团游览杭州,瑞士客人很喜欢在西湖上泛舟,说瑞士也有一个和西湖一般美丽的日内瓦湖。瑞士人也喜欢休闲生活,每年会将收入的一半用于旅游和体育休闲活动。那瑞士人的休闲观念和"休闲之都"杭州有什么不同?陈佳没有料到客人会问这个问题,一时不知如何回答。

请想一想:陈佳应该如何回答这个问题呢?

二、民俗风情

> **案例导入**

留学生塔拉拉到瑞士苏黎世学习,租住老城区的一套公寓房内。塔拉拉习惯每天将洗好的衣服晒在太阳底下,晚上闻着太阳的气息入睡是她从小养成的习惯。房间里没有阳台,塔拉拉就把衣服还有被子晒在楼下院子的树杈上,结果没多久,就有邻居来投诉了。塔拉拉觉得不可理解,您如何看待?

案例导读:

邻居投诉的原因是塔拉拉在院子里晒的衣服被子影响了市容。原来瑞士人酷爱清洁,不但个人居室住所干净整齐,也十分注意保持公共场所的卫生。无论城市乡间,他们不愿看到在公共场所(公寓、阳台、餐厅等处)晒衣服,认为这样做不雅观,会影响环境的美观。他们一般使用烘干机来烘干衣服。因此瑞士在维护环境整洁美丽方面有许多严格而具体的规定。每个国家和地区都有自己的文化背景、生活习俗,当不同的价值观、生活观相互碰撞,留学生和游客只要入乡随俗,尊重当地的民风民俗和生活习惯即可。

(一) 社交礼仪

瑞士人举止端庄、文雅大方、感情细腻、言语风趣、注重文明、讲究礼仪,给人的第一印象是很有修养,喜欢安静,习惯轻声细语。在公共场合,瑞士人相互接触时,"您好""谢谢""请"一类的礼貌用语使用频繁,这是人们生活中的一种习惯,也反映了民族素养。对于陌生人,他们也总是彬彬有礼,乐于助人,无论您是问路或打听某个人,都有人热情地为您指点。瑞士人对妇女极为尊重。在公共场合都有"女士优先"的习惯。

瑞士人喜欢红、黄、蓝、橙、绿、紫色,以及红白相间、浓淡相间的二重色。对数字"11"倍加偏爱与崇拜,视其为吉祥的数字。据说与古索洛图因成为瑞士联邦的第 11 个州有关。瑞士人信奉天主教和新教的几乎各占一半。他们忌讳"13"和"星期五",认为这些是令人厌恶和恐惧的数字和日期,认为其会给人们带来不幸或灾祸。忌讳饰有猫头鹰图案的物品,认为它是一种祸鸟,给人以刺探、欺骗、阴谋和险恶的印象,也不喜欢黑色。

瑞士人时间观念很强,习惯按时赴约,高度重视并且遵守时间,但不把约会安排在 7 月份和 8 月份的度假期间。在聊天中,喜欢议论体育、旅游、政治及关于瑞士等话题。像其他西方人一样,瑞士人不愿别人打听自己的私事,尤其是不愿谈论金钱与个人收入;不爱议论减肥和节食的话题,尤其在就餐之时,谈论这些会令人倒胃口和扫兴。瑞士人很少在家款待客人,宴请朋友和客户通常去餐馆,其实这也是保护个人私生活的一种方式。他们的穿着也很简单,基本不戴首饰。

瑞士人比较保守、自律、严谨,乃至苦行构成瑞士人的民族特性。瑞士人即便家财万贯、出身豪门,也不张扬,他们认为炫耀财富是不礼貌的。他们通常行事低调,一般出门开的也是极普通的汽车,即便家里的车库停放着高档品牌车。瑞士人不轻易吐露感情,他们总是懂得与别人保持一定的距离。

瑞士人酷爱清洁,不但个人居室住所干净整齐,也十分注意保持公共场所的卫生,无论城市乡间,都绝少有乱弃废物的现象。他们也十分重视环境污染问题,因此在保护环境卫生、防止污染方面有许多严格而具体的规定。

瑞士人赠花很有讲究,不习惯接受别人赠送 3 枝红玫瑰,因为这带有浪漫色彩,特定场合下才能接受这样的礼物。但是以 1 枝或 20 枝为礼是可以接受的。他们珍视火绒草,用它象征至高无上的荣誉,常将它作为最珍贵的礼物奉献外宾,以表达友好、诚挚、崇敬。

(二) 饮食文化

1. 饮食特征

瑞士的美食深受法国、意大利和德国饮食的影响,在法语、德语和意大利语区,法式、德式和意式烹饪的影响颇盛,各具特色。在法语区最受人们喜爱的是奶酪火锅和 Racelette(乳酪溶化制成的菜肴);在德语区最受人们欢迎的是香肠、烤肉和土豆饼;在意大利语区最受人们欢迎的是风干牛肉片和火腿。瑞士的葡萄酒、奶酪、巧克力等在世界上享有极大的声誉。瑞士人所烹饪的菜肴,注重的是精工细作,讲究的是色、香、味、形。就数量而言,他们所举办的宴请却简单至极。在瑞士,一道冷盘、一道汤、一道主菜,再加上一道甜品,往往就是宴请客人时所上的全部菜肴。在嘉宾光临时,瑞士人有时还讲究待之以"干奶酪、鸡蛋糊",这是传统的待客仪式之一。瑞士人对用餐时的酒水更为介意一些。他们普遍能饮酒,如葡萄酒、啤酒。

2. 饮食禁忌

前往餐厅用餐,一定要等候待位,不可看到空位就坐下。如有外套,请挂在衣帽间,不要放在椅背。就座后,通常会先点饮料,瑞士餐厅中,水也是饮料,亦要付费。一般而言,侍者在送食物时,女士优先。瑞士人在餐厅就餐时,不愿听到餐具相互碰撞的响声和咀嚼食物的声音。瑞士人不吃肉骨头。对于肥肉、动物内脏以及过分辣的菜肴,瑞士人通常是难以接受的。

小知识

瑞士的奶酪

有人说,当瑞士人需要三个必备条件:在银行工作、会滑雪和爱吃奶酪。瑞士 3/4 的领土位于阿尔卑斯山区,造就了众多丰饶的高山牧场,为畜牧业发展提供了良好的条件,也为奶酪生产提供了充足的原材料。早年,牧民们在高山牧场放牧,一待就是半年,新鲜的牛奶喝不完,必须加工保存。新鲜牛奶经过加热、脱脂、搅拌、挤压、烘干、翻面和储存等多道工序后,便成为可以长期保存的奶酪。奶酪是瑞士最典型的美食,从某种意义上讲是瑞士的"国菜"。到瑞士不吃顿奶酪餐,就如同到北京没有吃全聚德烤鸭一样。瑞士最有特色的奶酪吃法是法瑞的奶酪火锅(Fondue)和烤奶酪(Racelette),以及德瑞的奶酪土豆饼"吕斯蒂"。瑞士人喜欢吃奶酪,并把奶酪看成是一种健康食品。奶酪的主要成分是牛奶,能增进人体抵抗疾病的能力,保护眼睛健康,促进肌肤健美,增进新陈代谢。

(三)节庆风情

1. 国庆节

19 世纪末以后,8 月 1 日成为瑞士国庆节。这个日期是纪念老三州(即乌里州、施维茨州、尼瓦尔登半州)人民在"8 月初"宣誓结成永久同盟,保证互相给予协助和支援,并永保信义。这个同盟在当时是为抵抗哈布斯堡王朝的势力而成立的。为庆贺节日,来自政界、文化界的名人将进行演讲、合唱、趣味比赛、唱国歌等活动。

2. 日内瓦的攀城节

日内瓦的攀城节在每年最接近 12 月 11、12 日的周末。在瑞士的日内瓦,为了纪念历史性事件——日内瓦保卫战的胜利,人们将穿着古装游行。1602 年 12 月 11—12 日晚,日内瓦被法国侵略。萨瓦公爵为了保卫日内瓦,进行了激烈的战斗,勇敢的日内瓦市民最终赢得了胜利。之后,日内瓦市民为了纪念战争的胜利,穿着当时的服装,手举火炬沿着罗纳河游行。该队伍将在几处进行停留,并由骑马的传令官朗读胜利宣言,当到达圣彼得大教堂后,参加者将唱起国歌,并点燃大篝火来结束仪式。

3. 阿尔卑斯山的感恩节

阿尔卑斯山的感恩节在 10—11 月初。为了欢送阿尔卑斯的夏天,在许多地区举行阿尔卑斯山的感恩节。乳制品加工者、牧场主和村子里的人聚在一起祭神,并共同享受相聚在一起的快乐。这样的活动根据村落大小及地域的传统有多种形式,一般的形式则是重大的教会仪式,及地区性举办的午餐、舞蹈等活动。

4. 纳沙泰尔的葡萄节

纳沙泰尔的葡萄节在 9 月末至 10 月初的第一个周末。葡萄从 10 世纪初在纳沙泰尔州开始播种,纳沙泰尔州的人们通过传统的华丽的葡萄节(一年最好的产品——葡萄酒),表示对葡萄酒和葡萄园的敬意。游行源自在秋收后用鲜花装饰装满丰收的稻谷的车辆通过城市的传统,从星期五到星期天通宵进行,由乐队助兴,幽默且具有特色的各种团体掀起各种高潮。

(四)旅游纪念品

1. 手表

瑞士人自豪地说:"我们向全世界提供了时间。"自1587年在日内瓦开始生产手表起,400多年来,瑞士手表一直保持着世界钟表业的领先地位。准确的时间、精密的机械、优美的造型、身份的象征和高贵的价值成为瑞士钟表文化的特征。瑞士钟表文化以高端的品质,过硬的技术领先世界,成为世界钟表工业的奇葩,瑞士工业的骄傲。

2. 瑞士军刀

瑞士军刀又常称为瑞士刀或万用刀,是含有许多工具在一个刀身上的折叠小刀,基本工具常为圆珠笔、牙签、剪刀、平口刀、开罐器、螺丝起子和镊子等。在19世纪末,这种多功能的小刀一问世很快受到世人的喜爱,并被瑞士军队采购作为士兵及军官必带的工具之一。

3. 瑞士巧克力

瑞士以人均年消费12 kg巧克力被称为"巧克力王国"。瑞士的巧克力种类繁多,味道也是各种各样。最有名的林特(在中国叫瑞士莲)巧克力配料达170多种,采用上乘可可豆、可可脂,制成的各式巧克力味道滑润香甜,特别细腻,被称为巧克力的极品。

4. 八音盒

八音盒于1796年由瑞士人发明,它的发音部分由滚筒和簧片两部分组成。八音盒的制作技艺精湛,其清澈、透亮的音质给人们带来美妙的享受。如今八音琴(盒)已成为瑞士传统工艺品。

【练一练】

案例分析

奶酪火锅是瑞士的传统饮食之一,其中最著名的是奶酪火锅(Fondue)和奶酪板烧(Raclette)。寒冷的冬天,瑞士人的一大乐趣就是全家围坐在一起,吃妈妈制作的奶酪火锅。奶酪火锅和中国火锅很相似,只不过锅底是溶化了的奶酪,"涮"的菜点是面包、水果、蔬菜。如何理解瑞士的奶酪火锅文化和四川的火锅文化?

三、主要旅游城市及旅游景点

> **案例导入**

留学生小乐到瑞士洛桑旅游管理学校学习酒店管理,和瑞士室友卢卡斯租住老城区的一套公寓房内,两人生活习惯不一样,小乐总是习惯睡前沐浴,而卢卡斯则习惯每天早上起来沐浴。有一次周末,小乐结束同学聚会回来已是半夜12点,卢卡斯建议他第二天早上再洗。这是什么原因?

案例导读:

不少瑞士等西方人喜欢早上上班前冲澡的原因之一是晚上10点以后洗澡水声会影响邻里休息。另外,西方人非常注重生活中的礼节和形象,认为睡觉醒来之后去洗澡,会使人血液循环,更有益健康,在别人面前更显得精神焕发,可以更好地投入一天的工作。而中国人认为早上洗头洗澡对身体不好,中医还认为早上洗头湿气散不出去,会让头部感到不适。中国人习惯睡前将身上的汗水污垢清洁干净,带着干净舒适的感觉入梦。

瑞士是欧洲的花园、欧洲的屋脊,有使人大开眼界的七特点:① 瑞士使用4种语言,但却没有瑞士语;② 瑞士由4种民族组成,但却没有瑞士族人;③ 瑞士国家元首任期只有1年;④ 瑞士虽然是"永久中立国",但却拥有军队;⑤ 瑞士国虽小,地下资源又贫乏,但人民生活水平却极高;⑥ 瑞士各州的教育制度内容各异,但培养出的人才却比比皆是;⑦ 瑞士2002年加入联合国,联合国的前身国际总部设在瑞士日内瓦,国际红十字会总部、国际劳动组织总部也设在日内瓦。这些都使瑞士成为来自世界各地游客首选的旅游天堂。

(一) 伯尔尼(Bern)

伯尔尼是瑞士的首都和伯尔尼州的首府,位于瑞士的中西部。阿勒河把该城分为两半,西岸为老城,东岸为新城,横跨阿勒河的7座宽阔大桥把老城和新城连接起来。伯尔尼气候温和湿润,冬暖夏凉。居民主要讲德语,信奉基督教。由于古代常有熊出没,11世纪时定名伯尔尼(德语为熊之意)。"熊"成了伯尔尼的城徽,进而又变为伯尔尼州的标志。伯尔尼市有些古建筑上至今仍留有熊的雕塑。瑞士过去在很长时间内没有固定的首都,1848年,伯尔尼被定为瑞士联邦首都,成为联邦政府所在地和全国政治和外交中心。伯尔尼城始建于12世纪,至18世纪建成现在规模,已有800年的历史。伯尔尼市政府在城市建设中重视发扬民族传统和风格,老城至今仍完整地保留着中世纪的建筑风貌。伯尔尼市区街道中有许多街心泉,伯尔尼也被称为"泉城"。伯尔尼老城已被联合国教科文组织列入世界文化遗产名录。在瑞士人眼里,伯尔尼是全国最漂亮的大城市,有"花园村庄"的美称。提及瑞士,人们自然会联想到钟表,因这个国家以钟表工业闻名于世,享有"钟表王国"的美称,而首都伯尔尼也以"表都"著称,伯尔尼以钟表制造业著称于世,钟表商店比比皆是。

(二) 苏黎世(Zurich)

苏黎世是瑞士最大的城市,苏黎世州的首府和瑞士主要的商业和文化中心,也是全欧洲最富裕的城市。它位于阿尔卑斯山北部,苏黎世湖西北端,利马特河同苏黎世湖的河口。苏黎世在克里特语里的意思是"水乡",早在2 000年前就已形成村落,1218年成立城邦,1351年加入瑞士联邦。到18—19世纪,苏黎世成为瑞士主要讲德语民族的文化教育和科学中心。苏黎世是瑞士银行业的代表城市,世界金融中心之一,瑞士联合银行、瑞士信贷银行和许多私人银行都将总部设在苏黎世,其中半数以上是外国银行,故享有"欧洲百万富翁都市"的称号。国际足球联合会总部也设在苏黎世。苏黎世还是1916年出现的达达主义的发源地。苏黎世被誉为湖上的花园城,苏黎世湖利马特河畔(图4-17)的圣母教堂和苏黎世大教堂是苏黎世城的重要标志。苏黎世连续多年被评为世界上"最宜居城市"之一。

(三) 日内瓦(Geneva)

日内瓦是瑞士境内国际化程度最高的城市,是瑞士第二大城市,位于西欧最大的湖泊日内瓦湖畔(又名莱芒湖),法拉山和阿尔卑斯山近在眼前。其南、东、西三面都与法国接壤,许多地方的土地都是和法国所共有的,自古是兵家必争之地。日内瓦通用法语,英语也很普及。日内瓦尤以国际组织所在地和国际会议城市著称于世,是继纽约之后联合国机构和国际组织最多的城市。亨利·杜南于1859年在日内瓦创立的国际红十字会及1863年由他发

图 4-17 苏黎世湖利马特河畔

起签订的《日内瓦公约》，首先奠定了日内瓦在外交史上的重要地位。此后，联合国驻欧洲总部（图 4-18）、世界卫生组织、世界知识产权组织、国际关税及贸易总协定（今世贸组织）、国际劳工组织、国际电信联盟等 150 多个世界性机构的总部都陆续设立于日内瓦。每年来这里的各国外交人员比任何城市都多，日内瓦城成了一个国际社交活动的大舞台。因此，人们把它称为"国际会议之城"。日内瓦湖光山色，四季皆具吸引力，湖上 140 m 高的大喷泉是日内瓦的象征。日内瓦的著名风景还包括花钟（图 4-19）、艺术与历史博物馆、国际红十字和红新月博物馆和万国宫。

图 4-18 联合国驻欧洲总部

（四）洛桑(Lausanne)

洛桑是瑞士法语区城市，位于日内瓦湖北岸，与法国城市埃维昂莱班隔湖相望，北面是侏罗纪山脉。洛桑位于日内瓦东北约 50 km 处。它是瑞士联邦沃州和洛桑区首府。洛桑从 1915 年起成为"奥林匹克之都"奥林匹克博物馆的故乡，因此也被称为"奥林匹克首都"。洛桑是瑞士文化和人才中心，这里的酒店学校和芭蕾舞洛桑奖都闻名于世。

图 4-19 日内瓦花钟

(五) 卢塞恩(Lucerne)

卢塞恩(又译为"琉森")处在瑞士的中部,是卢塞恩州的首府。距离苏黎世 1 小时车程,距离日内瓦 2.5 小时车程。由于位于欧洲最重要的南北交通要道上,中世纪时就在这里形成渔村,并建造了灯塔,为罗依斯河和卢塞恩湖上的船只导航,并得名卢塞恩,在拉丁语里的意思是"光明"。经过几个世纪的发展,作为瑞士中部地区的中心,卢塞恩已发展成为繁荣的贸易中心,经济和文化交流中心,并完好地保存了中世纪的风貌,是瑞士最美丽的城市之一。静谧的湖泊、中世纪鹅卵石的老街、巍峨连绵的雪山,卢塞恩拥有在瑞士风景画册上的所有元素,充满优雅气息的中世纪古城和风光明媚的阿尔卑斯山脉名峰使卢塞恩成为美丽如画的瑞士这个国家中最具代表性的一个观光度假地区。带屋顶的木制桥"卡贝尔桥"(图 4-20)是这个城市的象征,此外还有狮子纪念碑、布巴基大壁画、冰川公园等著名的景点。

图 4-20 卡贝尔桥

小知识

经典线路：瑞士深度 10 日游

第 1 天　北京—慕尼黑—苏黎世

乘坐德国汉莎航空公司客机经慕尼黑转机前往被誉为瑞士"湖边的花园城"、瑞士最大的城市——苏黎世。抵达后，入住酒店，倒时差。

第 2 天　苏黎世—圣加伦—达沃斯

早餐后，参观具有历史意义的林登霍夫公园、圣母堂，并在古朴的老城区鹅卵石铺成的街道漫步，欣赏苏黎世湖宁静的美。随后游览著名的班霍夫大街，这条 1.4 km 长的大街，两旁商店林立，装潢高贵，陈列着名贵皮草、高级时装，以及手表、珠宝、古董、首饰、法国香水等。随后乘车前往欧洲学术中心——圣加伦，欣赏 16—18 世纪的带有漂亮的彩绘凸窗的中产阶级住宅，游览当地标志性建筑物大教堂及其修道院图书馆。随后乘车前往世界经济论坛举办地——达沃斯。

第 3 天　达沃斯—圣莫里茨

早餐后，前往旅游胜地、冰雪运动的天堂——圣莫里茨。慢条斯理地在小镇游逛，欣赏小镇特有的苏格拉费蒂花纹装饰的房屋，了解古老的恩嘎丁人独特的山居文化。这里有全瑞士第一盏路灯、第一家宾馆和建于 12 世纪的圣莫里茨斜塔；另外，街道上林立的高级酒店、名牌汇集的商店及世界贵族的聚集游览胜地，也显示了它的优雅和高贵。

第 4 天　圣莫里茨—蒂拉诺—卢加诺

早餐后，搭乘伯尔尼纳快车前往瑞士和意大利交接的小镇——蒂拉诺。窗外呈现给游客的是变化万千的景色。那截然不同的城镇和乡村景色也很吸引人。随后乘车穿越意大利前往"阳光之都"——卢加诺。沿途欣赏从典型的阿尔卑斯风情到充满了地中海风情的风光；一年到头，瑞士境内就数卢加诺的阳光最多，在"退休后最想居住城市"的评选中，卢加诺位列榜首。它紧邻意大利，从城市气候、建筑风格到风俗民情，都是一副典型的"意大利"模样，在巍峨高山的怀抱和奇花异草的簇拥之中，这是一个在卢加诺湖畔散发着光明和活力的城市。

第 5 天　卢加诺—卢塞恩

早餐后，游览卢加诺老城区，参观圣玛丽·德里·安杰奥利教堂，它是 15 世纪时的修道院，可以看到 16 世纪绘画巨匠卢伊尼（Bernardino Luini）亲手绘制的壁画；卢加诺还有著名的步行街 Via Nassa，这里将瑞士品质和名牌以及意大利的周到服务集于一身。随后乘车前往瑞士中部第一度假胜地——卢塞恩。

第 6 天　卢塞恩—因特拉肯

早餐后，游览卢塞恩城区，这里拥有许多 15 世纪彩绘壁画的建筑，具有中世纪所特有的美、和谐及生命力。8 世纪建城的卢塞恩在中古曾是瑞士的首都，是到瑞士不可错过的地方。参观著名的狮子纪念碑，整座纪念碑是雕刻在整块崖壁上的石像，意在祈求世界和平。之后领略建于 14 世纪、风格独特的卡贝尔桥及群山环抱、风景如画的卢塞恩湖。随后乘车前往坐落在少女峰间的美丽小镇——因特拉肯。

第 7 天　因特拉肯

早餐后，游览这座美丽的湖边小镇因特拉肯。因特拉肯是伯尔尼高地的中心，其位于图恩湖及布里恩湖之间，拉丁文原意即是"两湖之间"。因特拉肯是著名的维多利亚式度假胜地,在维多利亚时代,它已是向往湖光山色的人士所倾心的一个城镇了。如今它作为少女峰地区的门户而闻名,站在镇中心的何维克街一片宽广绿地上,就可以清楚地远望美丽的少女峰身影。

第8天　因特拉肯—采尔马特

早餐后,乘车前往位于"阿尔卑斯山的象征"马特宏峰脚下的采尔马特,这里因为禁止机动车进入,成为世界上空气最清新的城市之一,田园诗般的山间小镇给人一种恬静安详的感受。乘坐欧洲最高的齿轨火车升至海拔 3 012 m 的戈尔内格拉特观景台,眺望海拔 4 478 m、极具代表性三角锥造型的马特宏峰。这里未曾受过人为破坏的冰川拥有独特的自然景致,在皑皑群峰之间,享受极致的阿尔卑斯风情。

第9天　采尔马特—蒙特勒—日内瓦

早餐后,乘车前往日内瓦湖区的观光城市蒙特勒,参观代表瑞士的水上古城堡——西庸城堡,它是瑞士最古老的城堡之一。随后前往欧洲联合国的总部——日内瓦,游览日内瓦市区,这里汇集着包括联合国欧洲总部、红十字会、世贸总部在内的众多国际机构。以大教堂为中心的日内瓦老城,其古朴的建筑向世人展示着过去岁月中的繁华。

第10天　日内瓦—慕尼黑—北京

乘坐德国汉莎航空公司客机经慕尼黑转机返回北京。

【练一练】

主题旅游线路设计

被美丽的阿尔卑斯山包裹着的瑞士,抬头便能看到白雪皑皑的雪峰和闪亮的冰河。因此,瑞士人把阿尔卑斯山缔造成世界顶级滑雪登山运动的麦加圣地和度假天堂。瑞士拥有 200 多个滑雪场,堪称滑雪天堂,每年冬季,瑞士都会成为滑雪"圣地",从最知名的圣莫里茨和格施塔德度假胜地到最恬静的萨斯费度假胜地,都敞开怀抱供游客选择。瑞士人最普及的体育运动是滑雪、登山和徒步旅行。请以此为主题设计一条有特色的旅游线路。

主题五　意大利(Italy)

一、国家概况

▶ 案例导入

游客陈先生跟团到意大利旅游,在托斯卡纳的一个小镇上看到一幢很漂亮的别墅,别墅门口有几个大人和孩子在刷墙和制作家具,他很好奇地问当地导游:"意大利怎么还雇佣童工?"当地导游解释:"那可不是童工,这是他们的家,很多意大利人和欧洲其他国家的人都喜欢自己动手,全家参与刷墙,装修房间,修整花园。"原来如此,既然住得起别墅一样的房子,为何还要这么辛苦?陈先生还是想不明白。

对此，您如何理解？

案例导读：

很多意大利人和欧洲其他国家的人都喜欢成家立业后，自己买块地盖房子，为了节省高昂的人工费，许多精打细算的欧洲人自己动手，全家参与刷墙，制作家具，装修房间，修整花园，甚至自己制作陶瓷工艺品，几乎无所不能。这不仅仅出于经济考虑，而是把此看作培养个人技能，陶冶个人情操，也是休闲的生活方式之一。通过自己动手做，能使自己的居室更加舒适，更具个性化。全家一起动手，既能让一家人和谐，还可以从小锻炼孩子的动手能力。难怪不论走进哪一户人家的院门，都会有一种很温馨的感觉，每一个细节都能让人感受到一种凝重而深厚的文化底蕴。陈先生终于明白了。

（一）地理环境

1. 国土地理

意大利共和国位于欧洲南部亚平宁半岛，领土还包括西西里岛和撒丁岛等岛屿。东、西、南三面被地中海包围，北部以阿尔卑斯山为屏障与法国、瑞士、奥地利及斯洛文尼亚等国接壤。意大利地理位置十分重要，最南端几乎接近非洲大陆海岸，与突尼斯、马耳他和阿尔及利亚隔海相望，它不仅是欧洲的南大门、欧亚非三大陆的桥头堡和跳板，还是意大利境内两个主权袖珍国——梵蒂冈城国和圣马力诺的栖息地。

意大利地形长而瘦，宛如一只长靴子插入地中海，故又被称为"靴国"。由于处于欧亚大陆、非洲大陆板块挤压带上，意大利多山、多丘陵，约占其境的80%。阿尔卑斯山脉横贯北部，亚平宁山脉纵贯半岛。两大山脉之间为波河平原。意法边境的勃朗峰海拔4 810 m，为境内最高峰。意大利南部多火山，地震频繁，亚平宁半岛西侧有著名的维苏威火山，西西里岛的埃特纳火山海拔3 340 m，为欧洲最高的活火山。意大利的河流多而短小，波河是意大利最大的河流。较大湖泊有加尔达湖、马焦雷湖等。

2. 气候特征

因三面为地中海所包围，北部又有天然屏障阿尔卑斯山阻挡住冬季寒流对半岛的影响，大部分地区包括亚平宁半岛、西西里岛和撒丁岛属地中海气候，温和宜人，冬季温暖湿润，夏季干燥炎热。

小知识

梵 蒂 冈

梵蒂冈城国是世界上最小的主权国家，也是世界上人口最少的国家。梵蒂冈位于意大利首都罗马城西北角的梵蒂冈高地上，面积 0.44 km^2，四面都与意大利接壤，是一个"国中国"，同时也是全世界天主教的中心——以教皇为首的教廷的所在地。梵蒂冈城领土包括圣彼得广场、圣彼得大教堂、梵蒂冈宫和梵蒂冈博物馆等，国土大致呈三角形，除位于城东南的圣彼得广场外，国界以梵蒂冈古城墙为标志。梵蒂冈城本身就是一件伟大的文化瑰宝，城内的建筑如圣彼得大教堂（图4-21）、西斯廷教堂等都是世界上重要的建筑作品，包含了波提切利、贝尔尼尼、拉斐尔和米开朗基罗等人的作品。梵蒂冈城也拥有一个馆藏丰富的图书馆，以及一个博物馆，专门收藏具有历史、科学与文化价值的艺术品。

图 4-21 圣彼得大教堂

（二）人文概况

> **问题导入**
>
> 请自己查询有关介绍意大利的书籍或网站，填写下表：

人口		英文名称		主要城市	
民族		主要宗教		首　都	
语言		国　花		与北京时差	
货币		国　鸟		现任国家元首	

1. 历史简述

意大利是欧洲的一个文明古国。公元前 2000—前 1000 年，不断有印欧民族迁入。经历罗马共和（公元前 509—前 28 年）和罗马帝国（公元前 27—公元 476 年）时期后，公元 962 年受神圣罗马帝国统治。11 世纪诺曼人入侵南部并建立王国。12—13 世纪分裂成许多王国、公国、自治城市和小封建领地。16 世纪起先后被法、西、奥占领。1861 年建立意大利王国。1870 年王国军队攻克罗马，在长期分裂后实现统一。1922 年墨索里尼上台，建立了法西斯统治，1940 年向英、法宣战，1943 年 9 月无条件投降。1946 年 6 月 18 日意大利共和国正式宣布成立。

2. 经济概况

意大利是发达的工业化国家，与其他西方发达国家相比，资源贫乏，工业起步较晚。但意大利注意适时调整经济政策，重视研究和引进新技术，促进经济发展。意大利工业在整个国民经济中占有重要地位，是国民收入的主要来源。中小企业在经济中占有重要地位，近 70% 的国内生产总值由这些企业创造，因此被世人称为"中小企业王国"。意大利也是个发达的农业国家,是世界三大橄榄生产国之一,意大利葡萄和葡萄酒产量均占世界第一位,每年都有大量葡萄酒出口到法国、德国和美国,出口量居世界首位。对外贸易是意大利经济的主要支柱,传统产品为其出口创汇的主体。意大利的服务业目前约占国内总产值的三分之二,主要是商业、运输、通信、银行及保险等。另外,意大利旅游业发达,旅游收入是弥补国家收支逆差的重要来源。

3. 文化艺术

意大利是世界文明古国,"文艺复兴"运动的发祥地。意大利文化独具特色,文学艺术、建筑设计、雕塑绘画、军事科学、农业技术、地理科学、医学等多方面都达到了很高水平,名人辈出。其丰厚的文化艺术遗产是国家的瑰宝,也是发展旅游业取之不尽、用之不竭的源泉。渗透在人民生活各个层面的文化内涵每年都吸引三四千万外国游客前往意大利。

13—16世纪,意大利文艺空前繁荣,成为欧洲"文艺复兴"运动的发源地,但丁、达·芬奇、米开朗基罗、拉斐尔、伽利略等文化与科学巨匠对人类文化的进步做出了无可比拟的巨大贡献。如今,在意大利各地都可见到精心保存下来的古罗马时代的宏伟建筑和文艺复兴时代的绘画、雕刻、古迹和文物,如但丁的《神曲》,薄伽丘的《十日谈》,达·芬奇的《最后的晚餐》《岩间圣母》和《蒙娜丽莎》,拉斐尔的《圣礼的辩论》《雅典学派》,米开朗琪罗的《大卫》《被束缚的奴隶》。

17世纪,歌剧诞生于意大利,佛罗伦萨、罗马、威尼斯和那不勒斯先后成为意大利歌剧艺术的中心,故意大利拥有许多历史悠久、世界闻名的歌剧院,如米兰的斯卡拉歌剧院、那不勒斯的圣卡尔洛歌剧院、都灵的皇家歌剧院、罗马的罗马歌剧院。著名的歌剧有罗西尼的《塞维利亚的理发师》和《威廉·退尔》、威尔第的《茶花女》《假面舞会》和《奥赛罗》、普契尼的《蝴蝶夫人》等。

小知识

米开朗基罗

米开朗基罗·博那罗蒂(Michelangelo Buonarroti,1475—1564年),意大利文艺复兴时期伟大的绘画家、雕塑家、建筑师和诗人,文艺复兴时期雕塑艺术最高峰的代表,与拉斐尔和达·芬奇并称为文艺复兴三杰。他的作品《大卫》直到今天还是学画的人临摹的教材。1475年,米开朗基罗生于意大利的佛罗伦萨。他25岁时期的雕刻作品《哀悼基督》就已表现出他很高的艺术造诣,今天收藏在圣彼得大教堂。《大卫》是米开朗基罗的成名作。米开朗基罗花去了大约3年的时间使它几乎达到了完美无缺的境界。今天,《大卫》收藏在佛罗伦萨。他最著名的绘画作品是梵蒂冈西斯廷礼拜堂的《创世记》天顶画和壁画《最后的审判》。米开朗基罗以超人的毅力和勇气,画了4年零5个月,终于给世人留下了无与伦比的杰作——《创世记》。当整个作品完成时,37岁的米开朗基罗已劳累得像个老人了。由于长期仰视,头和眼长久不能低下,连读信都要举到头顶。米开朗基罗的另一个杰作《最后的审判》用了他将近6年的时间,还曾从脚手架上摔下,腿部受了重伤,可他仍以刚强的意志,完成了这幅气势雄伟的杰作。在他生命的最后20年,他以极大的热情设计并主持了圣彼得大教堂的建筑工作。作为文艺复兴的巨匠,米开朗基罗在生前和逝后都产生了无与伦比的巨大影响。

【练一练】

案例分析

李杰暑期跟团到欧洲游玩了10天,发现了欧洲人和中国人一样有南北之别。意大利人在交谈中常用肢体语言来表达他们的友好,而英国人最不喜欢别人动不动就拍他的肩膀;德国人把遵守时间看成是重要的美德,法国人则认为除了巴黎圣母院的钟声之外没有什么应该是准时准点的。在德国旅行一切都井然有序,即使在夜间没有人的大街上,遇到红灯的人们也会自觉等候。然而在意大利,街头的红灯再醒目,车照开,警察也熟视无睹。于是他问领队操日耳曼语的德国人和操罗曼语的意大利人在外形上和性格上有何区别。想一想:领队该如何回答李杰提出的这个问题?

二、民俗风情

案例导入

张老太太随团到意大利旅游,意大利司机每次上车都对她堆满笑脸说:"Bella(美女)。"一次在那不勒斯,一位司机用意大利语对她说:"如果不是您离不开这位朋友的话(他碰了碰老太太倚在身边的拐杖),我真想邀请您做我今晚的舞伴。"听了导游的翻译,张老太太咧开戴着假牙的嘴发自内心地笑了,司机还很绅士地弯下腰来亲亲她布满皱纹的手。当地导游解释生活中不带任何功利目的地向女子献殷勤是意大利男人的习惯,他们认为让女人充满自信、心情愉快是男人应尽的一种礼仪。

您如何理解意大利人的这种行为?

案例导读:

在意大利,生活就是艺术。意大利男人对女性的殷勤周到和赞美已经成为生活习惯,与对象的年龄和外貌无关。献殷勤,对他们来讲是一种基本礼仪,一种男人对女人应该履行的义务,比如上下车时主动帮女人提行李,给买花的女主顾多送一枝红玫瑰……意大利是世界艺术之都,难怪能造就了那么多浪漫热情、才华横溢的艺术家、音乐家和诗人。对于意大利人来说,献殷勤和艺术一样,不是权贵和精英的专利,而是普通人快乐的生活方式。意大利人其实对家庭还是很尊重很严肃的。

(一) 社交礼仪

开朗、乐观、热情是意大利人的特点,但不拘泥、懒散、工作效率低却也是他们一致的特性。意大利人的作息时间通常比我们的延后,也就是晚起晚睡。午餐一般在1点半左右,晚餐在八九点钟。在意大利人心目中,自由是最重要的,意大利人的守时和集体观念相对就差一点,宴会迟到20分钟左右都是十分正常的事情。意大利的全年假期很多,而且经常以宗教理由放假。他们每日的工作时间不长,大致是上午9点到12点,下午4点到6点,而中午休息时间却很长。因此不管是参观、购物或办事都要特别注意各地点开放或营业时间,以免有所耽误。

意大利人非常热情好客,受邀到朋友家做客时可以带一些小礼物,包装要精美。送礼也不可送十字架形的礼物;不可以送菊花和带有菊花图案的礼物,尽管意大利的国花是雏菊,但同中国习俗一样,菊花是丧葬、扫墓之时用以凭吊故人之花,被公认为"丧花";也忌讳送人手帕,意大利人认为手帕是用来擦眼泪的,是令人悲伤之物。收到礼品后,主人会当着客人的面打开礼品,并说一些客套或感谢的话。

到意大利人家做客,不要早到,稍晚点为好。用餐的时候,不要把刀叉弄得叮当作响,一定不可以将盐撒落在地,这是对主人极大的不尊敬。早在2 000多年前的罗马帝国时期,盐被看作一种珍贵的商品,还曾用来支付军团士兵的薪饷,主人向客人表示欢迎的方式是敬盐。

如果有人打喷嚏,旁边的人马上会说:"萨尔维!"意思是说:"祝您健康!"据说欧洲人十分害怕感冒,因为欧洲曾发生过重感至死的事情,所以人们特别小心不要感冒。此外,当着别人打喷嚏或咳嗽,被认为是不礼貌和讨嫌的事,所以本人要马上对旁边的人表示"对不起"。

日常生活中,见到长者、有地位或不太熟悉的人,要称呼他的姓,加上"先生""夫人""小姐"和荣誉职称。"小姐"和"夫人"这两种称谓切忌混用,如果不清楚该如何称呼对方,可以使用意义较为模糊的"女士"一词。意大利人见面礼是握手或招手示意,握手时忌四个人同时交叉握手,这样会形成一个十字架形,在意大利人眼中十字架是不吉利的象征。

意大利人认为"3"和"13"是两个不吉利的数字。据说在1899年的英荷战争中,有个战士用火柴给第三个战士点烟时中了敌人的冷枪而送命,故人们便忌讳"3"。忌讳"13"是因为耶稣遇难前共进最后一次晚餐的是13个人。因此在意大利,人们忌讳用一根火柴给3个人点烟,即使用打火机,也要给两个人点完烟后灭掉重来。举办宴会时,宴请人数要避免13人。

小知识

意大利人的手势

意大利人的手势和表情比较丰富,常以手势助讲话,如手势表达不正确,很容易造成双方误会,后果甚至一发不可收拾。几种常见的手势是:用大拇指和食指围成圆圈,其余三指向上翘起,一般表示"好""行"或"一切顺利",在餐桌上表示"好吃极了"或做得"棒极了"。用食指顶住脸颊来回转动,意为"好吃""味道鲜美"。竖起食指来回摆动表示"不""不是""不行",耸肩摊掌加上摇头,有时还加撇嘴,表示"不知道"。五指并拢、手心向下、对着胃部来回转动,表示"饥饿"。

(二) 饮食文化

1. 饮食特征

意大利的美食如同它的文化:高贵、典雅、味道独特。精美可口的面食、奶酪、火腿和葡萄酒成为世界各国美食家向往的天堂。意大利烹饪以精美菜肴著称,它与法国烹饪不同,具有自己的风格特色:菜肴注重原汁原味,讲究火候的运用。意大利菜肴最为注重原料的本质、本色,成品力求保持原汁原味。在烹煮过程中非常喜欢用橄榄油、黑橄榄、干白酪、香料、西红柿与Marsala酒,讲究制作沙司。烹调方法以炒、煎、烤、红烩、红焖等居多。意大利菜肴对火候极为讲究,很多菜要求烹制成六七成熟,而有的则要求鲜嫩带血。意大利人善做面、饭类制品,几乎每餐必做,而且品种多样,风味各异,米饭、面条和通心粉则要求有一定硬度。著名的有意大利面、比萨饼等。

> 🌱 **小知识**
>
> **意 大 利 面**
>
> 　　意大利面,又称之为意粉,是西餐品种中最接近中国人饮食习惯、最容易被接受的食品。关于意大利面条的起源,有说是源自古罗马,也有的说是由马可·波罗从中国经由西西里岛传至整个欧洲。作为意大利面的法定原料,杜兰小麦是最硬质的小麦品种,具有高密度、高蛋白质、高筋度等特点,其制成的意大利面通体呈黄色,耐煮、口感好,久煮不糊。意大利面的形状也各不相同,除了普通的直身粉外还有螺丝形的、弯管形的、蝴蝶形的、贝壳形的林林总总数百种。除原料之外,拌意大利面的酱也是比较重要的。一般情况下,意大利面酱分为红酱、青酱、白酱和黑酱。意大利面的世界就像是千变万化的万花筒,数量种类之多据说至少有 500 种,再配上酱汁的组合变化,可做出上千种的意大利面料。

2. 饮食禁忌

　　意大利人在餐桌上讲究文明礼貌,而且重视饮食卫生与营养。在意大利进餐时,意大利人的习惯是男女分开就座。男士要让女士先入座,宴会时,要让女士先吃,只有女士先动刀叉进餐,先生们才可用餐。用餐时要注意礼节。意大利人喜欢喝酒,而且很有讲究。一般在吃饭前喝开胃酒,吃鱼时喝白葡萄酒,吃肉时用红葡萄酒,饭后饮少量烈性酒,可加冰块。意大利人席间也没有劝酒的习惯,比较随意。在用餐过程中,不要一次拿太多,不要把刀叉发出声响,在吃面条时,用叉子将面条卷起来往嘴里送,不可用嘴吸,尤其是在用汤时,不要发出响声。每道菜用完后,要把刀叉并排放在盘里,表示这道菜已用完,即使有剩的,服务员也会撤走盘子。

(三) 节庆风情

1. 威尼斯狂欢节

2 月复活节前 40 天。威尼斯狂欢节是当今世界上历史最久、规模最大的狂欢节之一,与巴西嘉年华及法国尼斯嘉年华并列为世界三大嘉年华。威尼斯狂欢节又称威尼斯面具节,这一传统可追溯到 1 700 年前。权贵和穷人可以通过面具融合在一起。在面具的后面,社会差异暂时被消除,所有的阶级与身份地位,在这时期不再有意义,平民与贵族,都可以尽情享乐,戴上面具,享受平等的欢愉,演出属于自己的人生大戏。威尼斯狂欢节最大的特点是它的面具,其次是它的华丽服饰。

2. 八月节

8 月 15 日的八月节,是意大利仅次于圣诞节的重要节日。说起它的历史来可以追溯到 2 000 多年前的古罗马。当年,为了让人们尽情地享受生活,皇帝奥古斯都(Augusto)定 8 月 1 日为节日。从 17 世纪末,八月节改为 8 月 15 日。人们要在八月节前后度假,避免在一年中最热的时候工作而充分感受炎热带来的激情与热烈。

(四) 旅游纪念品

1. 橄榄油

　　橄榄油在西方被誉为"液体黄金""植物油皇后""地中海甘露",原因就在于其极佳的天然保健功效,美容功效和理想的烹调用途。目前世界橄榄油主产国集中在地中海沿岸国家。意大利农业发达,是世界三大橄榄生产国之一。

2. 时装

意大利是世界闻名的艺术气息浓郁之地,而米兰则以时装权威而与法国巴黎齐名,在服装的面料、设计、款式以及手工方面,米兰被世界公认为是最优秀的产地之一。

3. 葡萄酒

意大利除了有着令人叹为观止的艺术文化外,葡萄酒的产量位居欧盟成员国第一,是全球葡萄酒出口第一大国。意大利酿酒的历史已经超过了3 000年。古代希腊人把意大利叫作葡萄酒之国。

4. 皮具

意大利是在欧洲和全世界占据领先地位的传统皮革生产国家,皮革生产量约占世界总生产量的20%,占欧洲总生产量的65%。工艺与意大利制造同义,意大利皮具的好名声最大程度来自它一贯的高品质。

5. 威尼斯面具

威尼斯狂欢节最大的特点是它的面具。这一传统可追溯到1 700年前。威尼斯的面具文化在欧洲文明中独具一格,是极少数面具融入日常生活的城市。

6. 威尼斯吹制玻璃器皿

威尼斯是世界玻璃工业的中心。15世纪以来,威尼斯就成为欧洲最著名的玻璃生产基地。那里出产的玻璃器皿质地纯净,堪与天然水晶媲美。威尼斯玻璃工厂集中在穆拉诺岛上,所有玻璃制品全是手工制造。被视为世界顶尖的威尼斯玻璃工艺品,几乎全部来自穆拉诺。

【练一练】

案例分析

小吴到意大利朋友家做客,到得很早,还给意大利朋友送了一条印有雏菊的真丝围巾。用餐的时候,小吴不习惯用刀叉,把刀叉弄得叮当作响,在吃面条时,没有筷子,就直接用嘴吸,还发出响声。在给食物撒盐的时候,一紧张结果把盐撒落在地上。意大利朋友脸上不悦,小吴也觉得很尴尬。想一想:小吴的行为哪里不正确?应该如何做才能迎合意大利的习惯?

三、主要旅游城市及旅游景点

▶ 案例导入

在西方国家,给服务行业的工作人员付小费已成为习惯,小费已成为服务员的重要收入来源。给小费不但是对其服务的一种酬劳,同时也是对别人劳动的尊重。领队小夏每次出团都会提醒游客要给为自己服务的工作人员小费。有一次在意大利带团,小夏和一位老年游客同住一间房,每天离开房间,她都习惯性地拿1欧元放在床头再离开。结果在行程快结束回国的时候,同房间的游客对她说:"您也太粗心了,每天都要落下1欧元在床头,我都帮您收起来了,您可要请客哦。"

小夏哭笑不得,该怎么和这位游客说呢?

案例导读：

服务行业打工的人员中流传着这样一句话："不怕抠门的老板，就怕吝啬的顾客。"适当的小费可提高游客在度假场所及餐馆中的舒适程度，同时也表达了游客对服务员热情周到服务的感谢，它也是一种礼貌是否周全的标志。中国没有小费这一习惯，然而在国外，尤其是发达国家，服务员收入有一部分来自小费，比如打扫房间、帮忙搬行李、点菜等，也正因为是付费服务，别人才会提供如此贴心的服务。因此，到国外去旅游，我们也要注意遵守国际规则，备些零钱。很多游客特别是老年游客是第一次走出国门，他们并不了解国外的真实情况，对于国外的文化背景和习惯差异，领队和导游更需要反复提醒旅行过程中应该注意的问题。

(一) 罗马(Roma)

罗马位于亚平宁半岛中部的台伯河畔，是意大利的首都和最大城市，全国政治、经济、文化和交通中心，"条条大道通罗马"形象地表明了罗马作为意大利的交通枢纽在地中海地区的中央位置。罗马于公元前753年4月21日建立，著名的"母狼乳婴"故事记载了有关创建罗马古城的传说。4月21日定为罗马建城日，并将"母狼乳婴"图案定为罗马市徽。罗马是古罗马帝国的发源地，曾是"世界帝国的首都"，拥有2 700年的辉煌历史，因它建在7座山丘之上，故被称为"七丘城"和"永恒之城"。罗马还是一座艺术宝库、文化名城，"古城酷似一座巨型的露天历史博物馆"。在罗马古都遗址上，矗立着帝国元老院、凯旋门、万神殿和大竞技场等世界闻名的古迹，还有文艺复兴时期的许多精美建筑和艺术精品以及坐落市区的天主教国家梵蒂冈。德国大文豪歌德于1786年到达罗马时说道："我终于实现了我的梦想。"而奥黛丽·赫本主演的电影《罗马假日》更将这个文明古城的独特魅力带给了全世界影迷。

1. 罗马斗兽场

罗马斗兽场(图4-22)，亦译作罗马大角斗场、罗马竞技场、罗马圆形竞技场、科洛西姆、哥罗塞姆，原名弗莱文圆形剧场，建于72—80年间，是古罗马文明的象征。遗址位于

图4-22 罗马斗兽场

意大利首都罗马市中心。斗兽场是古罗马当时为取悦凯旋的将领士兵和赞美伟大的古罗马帝国而建造的,是古罗马帝国标志性的建筑物之一。斗兽场呈椭圆形,可以容纳至少5万名观众,主要用途是斗兽和角斗士角斗。这种集游戏、表演、战斗于一身的活动自建成之日起一直进行到608年。今天,斗兽场虽只剩断墙残壁,却每年吸引着近500万旅游者。

2. 西班牙广场

西班牙广场(图4-23)位于罗马市中心,300多年以来一直是罗马文化和旅游的中心地带,因17世纪西班牙驻梵蒂冈大使馆所在地而得名。自古以来,这儿便是作家、诗人、音乐家、画家聚会的场所。李斯特、拜伦、歌德、巴尔扎克、司汤达等一些名人曾在广场附近的街坊居住过。1821年英国诗人济慈就是在大台阶靠右边的那间屋子里与世长辞的。广场的主要名胜有三位一体山和石阶。具有艺术特色的大台阶是1723年建成的,又名"西班牙台阶",电影《罗马假日》使这个阶梯闻名世界。

3. 威尼斯广场

威尼斯广场因旁边的威尼斯宫而得名,是罗马最大的广场,也是罗马最热闹的地方。广场上有建于1935年的埃马努埃莱二世的纪念堂、雕塑以及无名烈士墓,许多名人故居也分布在广场附近。意大利人称威尼斯广场为"祖国祭坛",很多外国元首到意大利正式访问时都要来此敬献花圈,意大利总统就职及接见外国元首等重大活动也都在此举行,因此它一直以象征意大利的独立统一的形象而自居。

图4-23 西班牙广场

4. 许愿池

许愿池(图4-24)又名"特雷维喷泉",位在三条街的交叉口,Trevi即是指此意。罗马有"喷泉之都"的称誉,全市有美妙壮观的喷泉1 300多个,其中最大的也是知名度最高的就是许愿池,因电影《罗马假日》而更闻名于世。许愿池建于1730—1762年,是由18世纪建筑师尼科拉·沙尔威所设计的。这座巴洛克式的群雕以波里公爵的楼房为依托,表现了海神得胜的景象。海神的上方有一幅少女浮雕,传说少女曾为干渴的古罗马士兵指明水源所在,因此该泉也被称为少女泉或童贞之水。每年,游人都会到此背向喷泉朝池中虔诚投入一枚硬币,据说可以实现重返罗马的心愿。

5. 万神殿

万神殿是唯一保存完整的古罗马帝国时期的古迹。于公元前27—前25年为纪念奥古斯都皇帝远征埃及的战功而建造的。它的历史比竞技场还要早100多年。神殿内部为圆形,四面无窗,顶部开有一个直径为9 m的天窗,是内部唯一的光线来源。殿顶圆形曲线继续向下延伸,形成一个完整的球体与地相接。这是建筑史上的奇迹,表现出古罗马的建筑师

图 4-24 许愿池

们高深的建筑知识和深奥的计算方法。意大利实现统一后,万神殿成为国王和一些伟大的意大利艺术家的陵墓,被列为国家圣地,其中最重要的人物是拉斐尔。

6. 古罗马市场

古罗马市场即古罗马废墟,也称罗马诺广场,位于斗兽场旁边,是昔日古罗马帝国的中心,是现存世界面积最大的古罗马废墟,曾经无数的宫殿和建筑群现在只剩下颓垣败瓦,却是罗马遗迹中最有价值的部分。1983 年古罗马废墟被列为世界遗产,是当今一国的首都之内完美保存古城建筑结构的典范。

(二) 佛罗伦萨(Firenze)

佛罗伦萨是座美丽的文化古城。有人称罗马是政治首都,米兰是经济首都,佛罗伦萨则是文化首都、艺术之都。佛罗伦萨(Firenze)是根据拉丁语"Florenzia"译过来的,当初恺撒用此名就是取"注定繁荣"之意。现代意大利语中叫 Frenze,意为有花的地方。有的中文书中有"翡冷翠"之称。无论哪种说法,它的名字的含义都是花城的意思,标志是一朵百合花。佛罗伦萨是文艺复兴的发源地,世界上保存文艺复兴时期艺术作品最丰富的地区之一,整个城市保留着文艺复兴时的风貌,至今仍弥漫着文艺复兴的气氛。佛罗伦萨堪称是那个伟大时代留给今天的独一无二的标本,被称为"西方的雅典",1982 年被联合国教科文组织列为世界文化遗产。佛罗伦萨给现代人留下了数不胜数的重要历史建筑和历史珍品,米开朗基罗广场、韦基奥古桥和附近的比萨斜塔等均是最重要的景点,吸引着大量的国际游客。

1. 圣母百花大教堂

圣母百花大教堂也称杜奥莫大教堂(Duomo)(图 4-25),是文艺复兴时期第一座伟大建筑。它始建于 1296 年,为罗马式建筑,外部以白、红、绿三色大理石按几何图案装饰,橘红色巨型圆顶堪称文艺复兴时期的圆顶之最,仅次于梵蒂冈的圣彼得教堂和伦敦的圣保罗教堂,为世界第三大教堂。

图 4-25 圣母百花大教堂

2. 旧桥

旧桥即韦基奥桥(图 4-26),建于 1345 年,是佛罗伦萨最古老的一座桥,也是世界上有名的桥梁之一,所以称之为旧桥或是老桥。旧桥则是乔托的弟子哥第负责设计的。14 世纪以来,桥上就店铺林立,主要经营金银首饰,故人们称之为"黄金大桥"或"商业大桥"。现在,旧桥已成了佛罗伦萨最大的黄金首饰贸易场所,是许多观光客必游之处。

图 4-26 韦基奥桥

3. 乌菲兹美术馆

乌菲兹美术馆是意大利最大的博物馆,也是世界上最大的艺术博物馆之一。乌菲兹美术馆的巨大魅力在于它是意大利文艺复兴的艺术殿堂,拥有大量 14—18 世纪的意大利绘画与雕刻艺术品,珍藏乔托、拉斐尔、提香、鲁本斯、米开朗基罗等人的杰作,可以与法国巴黎的卢浮宫相媲美。

4. 比萨斜塔

比萨斜塔(图 4-27)实际上是比萨大教堂的钟楼,距离佛罗伦萨约 1 小时车程。比萨斜塔修建于 1173 年,由著名建筑师那诺·皮萨诺主持修建。它位于罗马式大教堂后面右侧,是比萨城的标志。开始时,塔高设计为 100 m 左右,但动工五六年后,塔身从三层开始倾斜,直到完工还在持续倾斜,在其关闭之前,塔顶已南倾(即塔顶偏离垂直线)3.5 m。目前,塔顶倾斜已达 4.5 m。比萨斜塔还曾因一个著名的科学实验而闻名全世界。1987 年,比萨斜塔和相邻的大教堂、洗礼堂、墓园一起因其对 11—14 世纪意大利建筑艺术的巨大影响,而被联合国教育科学文化组织评选为世界遗产。

图 4-27 比萨斜塔

(三) 威尼斯(Venezia)

作为"亚得里亚海明珠",威尼斯城四周环海,是闻名于世的水上之城(图 4-28),有"水都""百岛之城"之称,是世界著名旅行家马可·波罗的故乡。它既是旅游胜地——每年要接待上千万的游人,是世界上一个没有旅游淡季的城市;又是意大利的重要港口——早在 14 世纪末就已成为当时地中海最大的贸易中心,今天每年由此进出的货船达 1 万艘以上。这座被称为世界上最迷人的城市有 118 个小岛、2 300 多条水巷、401 座各式各样的桥。城市的主要交通工具是船。

图 4-28 水都威尼斯

威尼斯是一座文化艺术名城。全城有教堂、钟楼、修道院、宫殿、博物馆等艺术及历史名胜450多处。文艺复兴时期，威尼斯是继佛罗伦萨和罗马之后的第三个中心。威尼斯画派作为后起之秀，在欧洲艺术中享有盛名，影响很大。代表人物如：乔尔乔涅、提香、丁托列托等。威尼斯在歌剧艺术发展上也做出过重要贡献，威尔第创作的《茶花女》等世界著名歌剧就是在这里首演并获得成功的。1932年，威尼斯又创办了世界上第一个电影节——威尼斯国际电影节。作为世界上独一无二的水上城市，威尼斯具有宝贵的历史文化价值，被联合国教科文组织列入世界文化与自然遗产保护名录。

1. 圣马可大教堂

雄伟壮丽的圣马可大教堂始建于829年，不久毁于一场大火，重建于1043—1071年，它曾是中世纪欧洲最大的教堂，是威尼斯建筑艺术的经典之作。它融合了东、西方的建筑特色：拜占庭式的直线、哥特式的尖拱门、文艺复兴时期的栏杆装饰、伊斯兰式的圆顶，而整座教堂的结构又呈现出希腊式的十字形设计，曾有"世界上最美的教堂"之称。据说因其中埋葬了耶稣门徒圣马可而得名。圣马可是圣经《马可福音》的作者，被威尼斯人奉为护城神，其坐骑是狮子，所以威尼斯的城徽是一只巨大的狮子抱着福音书。圣马可教堂不仅是一座教堂，而且也是一座博物馆，收藏了大量丰富的艺术品。

2. 里亚托桥

在威尼斯有400多座桥，以火车站通往市中心的里亚托桥最为有名。它又名商业桥，全部用白色大理石筑成，是威尼斯的象征。大桥建于1588—1592年，桥顶有一浮亭，两侧是出售首饰和纪念品的商店，是威尼斯最重要的商业区之一，曾作为欧洲的商业中心达300年之久，在世界上的知名度很高。莎士比亚的名剧《威尼斯商人》就是以这里为背景的。

3. 圣马可广场

圣马可广场（图4-29）是圣马可教堂前面的大理石广场，拿破仑把它称为世界上最美的广场。圣马可广场是威尼斯最热闹、最繁华的地方，也是威尼斯的市中心。广场边的码头称为小广场，小广场上有两根饰有威尼斯城徽飞狮及威尼斯保护神狄奥多尔的大圆柱，象征和

图4-29 威尼斯圣马可广场

平、安定与繁荣。广场上还有众多的建筑物：钟楼、图书馆、总督宫等，最著名的是圣马可大教堂。

(四) 米兰(Milan)

米兰(意大利语 Milano)是意大利的第二大城市，伦巴第大区的首府，米兰省的省会，全国最重要的经济中心，有"经济首都"之称，也是艺术的摇篮和许多天才人物的故乡，更是一种意大利特有的工作方式和生活方式的故乡，因此被认为是意大利最重要的城市。自古以来，米兰是连接地中海及中欧的主要交通枢纽，是意大利工商业及金融业的中心。米兰工业发达，经济实力雄厚，其工业产值占意大利工业产值的一半以上。米兰是一座现代化的城市，同时也蕴藏着大量珍贵的文化艺术遗产及著名古迹。主要名胜古迹有米兰大教堂、维多利亚埃马努埃莱二世长廊和斯卡拉歌剧院等。

1. 米兰大教堂

米兰大教堂是米兰市中心的一座哥特式大教堂，是世界最华丽的教堂之一。米兰大教堂(图 4-30)始建于 1386 年，1897 年最后完工，历时 5 个世纪，不仅是米兰的象征，也是米兰的中心。拿破仑曾于 1805 年在米兰大教堂举行加冕仪式。教堂整个外观极尽华美，主教堂用白色大理石砌成，是欧洲最大的大理石建筑之一，有"大理石山"之称，被马克·吐温称赞为"大理石的诗"。米兰大教堂也是世界上雕像最多的哥特式教堂，教堂内外墙等处均点缀着圣人、圣女雕像，共有 6 000 多座，仅教堂外就有 3 159 尊之多。教堂顶耸立着 135 个尖塔，每个尖塔上都有精致的人物雕刻。

图 4-30　米兰大教堂

2. 圣玛利亚感恩教堂

圣玛利亚感恩教堂是米兰的古迹之一，达·芬奇创作的巨画《最后的晚餐》就画在这座教堂旁的修道院餐厅的墙壁上。达·芬奇于 1496 年开始动笔，1498 年才完成。这幅巨画宽 8.5 m、高 4.97 m，画中的人物比真人大一半，画面描绘的是耶稣与 12 个门徒共进晚餐时的情景。"二战"时，市民们用沙袋将教堂的墙保护起来，使这一杰作得以保存。1981 年，圣玛利亚感恩教堂修道院被联合国教科文组织列入世界遗产名录。

小知识

经典线路：意大利深度9日游

第1天　上海—米兰

各位游客于机场集合，搭乘航班前往米兰。抵达后入住酒店休息。

第2天　米兰—威尼斯

早餐后，市区游览。参观米兰大教堂，米兰大教堂是世界上最大的哥特式教堂，坐落于米兰市中心的大教堂广场。游览维多利亚埃马努埃莱二世拱廊。这是一个华丽的购物商场，不过观光价值高于购物价值。随后前往意大利著名的小城维罗纳，莎士比亚名著中的朱丽叶的故乡就在此地，游览朱丽叶故居，您可以看到朱丽叶和罗密欧幽会的露台，随后驱车前往著名的意大利水城——威尼斯。

第3天　威尼斯—意大利小镇

早餐后，游览竖立着威尼斯守护神的坐骑——带翅膀的狮子像的圣马可广场、参观有黄金教堂之称的圣马可大教堂、叹息桥、参观传统工艺——水晶玻璃制造场，在圣马可广场景区自由活动，有兴趣的客人可乘坐威尼斯最主要的交通工具——贡多拉。

第4天　意大利小镇—比萨—酒庄—佛罗伦萨

早餐后，前往比萨城内外观著名的比萨斜塔。伽利略的自由落体实验让比萨斜塔闻名于世。随后驱车前往参观葡萄酒庄园，品尝意大利美酒。前往意大利的皮革之都也是文艺复兴发源地——佛罗伦萨，抵达后游览佛罗伦萨的象征华丽的文艺复兴之花——圣母百花大教堂、乔托钟楼。宏伟气派的市政厅广场是佛罗伦萨的政治中心，而那体现西方男性魅力的米开朗基罗的《大卫》雕像，也体现了这个城市的艺术气息。

第5天　佛罗伦萨—罗马

早餐后，前往意大利首都——罗马，参观罗马著名的斗兽场、建于公元315年罗马最大的君士坦丁凯旋门，顺访古罗马废墟、许愿池、西班牙台阶，站在矗立的断壁残垣、庙墩孤柱前聆听曾经的辉煌，体会属于意大利的浓情。

第6天　罗马—庞贝—那不勒斯

早餐后，前往庞贝古城，参观埋没地下2 000多年的遗迹，并远眺维苏威火山雄壮景观及美丽的地中海景致。随后前往那不勒斯，游览那不勒斯这个"意大利永恒的剧场"，参观那不勒斯市中心的公民投票广场，广场上拥有壮丽外观的那不勒斯皇宫、气势不凡的保罗圣方济教堂、闻名的圣卡罗歌剧院，漫步美人鱼大道，夜宿那不勒斯附近。

第7天　那不勒斯—苏莲托—阿玛菲海岸—那不勒斯

早餐后，前往民谣之乡——苏莲托，苏莲托位于半岛突出海面的山崖上，依山傍海风光旖旎，景观奇特壮丽，在古代便已是罗马王公贵族最钟爱的度假胜地及冬季避寒胜地，随后前往国家地理杂志所列"人生必游的50个地方"之一的阿玛菲海岸。1999年，《国家地理》杂志在耗时两年精心挑选后，评选出50个"一生必去的地方"。意大利的阿玛菲海岸赫然其列，与希腊诸岛一起被誉为"人间天堂"(Paradise found)。结束后返回那不勒斯。

第8天　那不勒斯—卡布里岛—罗马

早餐后，乘船前往卡布里岛，卡布里岛又称女妖岛，它是意大利享誉国际的观光胜地。这里有极迷人的阳光与海滩，有优美的海岸，有丰富的古迹遗产，有人将她比喻为人间仙境。游览结束后返回罗马。

第9天　罗马—上海

早餐后,在导游的带领下前往机场,办理好退税手续后,搭乘荷兰皇家航空公司的国际航班。

【练一练】

主题旅游线路设计

意大利—地中海的蔚蓝天空和碧绿海水令人神往,但这样的美景并非可望而不可即。在意大利,就是生活加艺术,文艺复兴留下灿烂的绘画和雕塑,空气中飘散的淡淡的文化历史古韵,加上美味的地中海式意大利美食,特别是黄昏中落在斗兽场上的那道余晖,让人没有任何理由拒绝意大利。2018年访问意大利的中国游客达180万。2020年中意建交50周年之际互办文化和旅游年。试分析意大利有哪些主题游?请查阅相关资料,结合所学知识,设计其中一条有特色的主题旅游线路。

主题六　西班牙(Spain)

一、国家概况

➢ 案例导入

西班牙人胡里奥很喜欢中国文化,几年前在西安旅行时他买了一只中国瓷盆。瓷盆上印着红花绿叶和红双喜字,当地导游告诉他双喜的意思是许多好事一起来,幸福又快乐,但这个瓷盆多年前是中国人的痰盂。胡里奥不明白为什么中国的痰盂要印上红花绿叶和"双喜",吐痰与喜庆有什么联系吗?胡里奥认为导游在和他开玩笑。结果他把瓷盆带回西班牙后,他父母和朋友都认为是放食品的餐具。胡里奥认为言之有理,只有放食品的器具印上"双喜"才合情合理。因为吃是人间最快乐的事情。于是他决定用这个中国瓷盆装水果。导游和胡里奥眼中的瓷盆是不一样的吗?

案例导读:

导游没有开玩笑,他眼中的中国瓷盆就是中国人以前常用的痰盂甚至是尿盆,中国人习惯在很多生活用品上印上喜庆的图案以图吉利。作为一个西方人,胡里奥认为喜庆的图案应该与饮食等美好的主题联系起来,而不是导游说的痰盂。由于文化的差异,中国痰盂在西班牙成了盛食物的器皿。

(一) 地理环境

1. 国土地理

西班牙是一个位于欧洲西南部的国家,与葡萄牙同处于伊比利亚半岛,它的领土还包括地中海中的巴利阿里群岛、大西洋的加那利群岛,以及在非洲的休达和梅利利亚。西班牙东临地中海,北濒比斯开湾,东北同法国、安道尔接壤,西部和葡萄牙紧密相连,南部的直布罗陀海峡扼地中海和大西洋航路的咽喉要道,与非洲大陆的摩洛哥隔海相望(最窄处只有14 km),是南欧一颗璀璨的明珠。

西班牙境内多山,是欧洲海拔仅次于瑞士的高山国家,全国35%的地区海拔1 000 m以上,平原仅占11%。西班牙中部梅塞塔高原是一个被山脉环绕的闭塞性的高原,约占全国面积的60%;北部有东西走向的比利牛斯山等;南部靠边界处有东西走向的安达卢西亚山脉,其最高峰穆拉森山海拔3 478 m,为全国最高峰。西班牙河流众多,主要有埃布罗河和塔霍河等。

小知识

西 班 牙 人

1605年,西班牙作家塞万提斯(1547—1616年)创作的长篇小说《堂吉诃德》正式出版,并成为当时最畅销的书。400多年来,《堂吉诃德》通过多种文字被介绍到世界各地,骑士堂吉诃德的形象打动了成千上万的读者。在马德里市的西班牙广场上有塞马提斯及堂吉诃德的塑像(图4-31)

塞万提斯写《堂吉诃德》并不是批判西班牙人。他这本巨著之所以不朽,是因为他写出了西班牙人性格的精髓,无论是一个斗牛士、传教士、诗人、画家,每一个人都有点堂吉诃德味。西班牙是个性独特的民族,西班牙人的性格实际上是对立统一的矛盾体,只不过融合的是那样的和谐与天衣无缝。西班牙是欧洲国家,但由于比利牛斯山脉的阻隔,无论是从文化传统、种族构成,还是民族性格上,与欧洲大陆其他国家都存在一些差异。经济发达程度在欧洲属中等水平。也许正因为此,造就了独特的西班牙人。西班牙人大多是欧洲与亚洲阿拉伯人混血的后裔,黑眼睛、黑头发,个子不高,身材很好。性格中兼有欧洲人的刻板和阿拉伯人的奔放,但不具备亚洲人的精明,缺乏欧洲人的严谨。西班牙斗牛和歌舞展示了西班牙人热情奔放、浪漫多情的性格特征。

图4-31 马德里西班牙广场的塞万提斯及其塑造的堂吉诃德像

2. 气候特征

伊比利亚半岛受大西洋气候、欧洲大陆气候和地中海气候影响,分为三大气候带。中部高原属大陆性气候,干燥少雨,夏热冬冷,但均不强烈。北部和西北部沿海一带为海洋性温带气候,全年风调雨顺,植被很好,有"绿色西班牙"的美名。南部和东南部属地中海型亚热带气候,日照时间长,夏季炎热,最高气温高达40℃;冬季温和,几乎全年无霜冻。

(二) 人文概况

> 问题导入

请自己查询有关介绍西班牙的书籍或网站,填写下表:

人口		英文名称		主要城市	
民族		主要宗教		首　都	
语言		国　花		与北京时差	
货币		国　鸟		现任国家元首	

1. 历史简述

公元前9世纪,凯尔特人从中欧迁入。公元前8世纪起,伊比利亚半岛先后遭外族入侵,长期受罗马人、西哥特人和摩尔人的统治。西班牙人为反对外族侵略进行了长期斗争,于1492年建立了欧洲最早的统一中央王权国家。1492年哥伦布"发现"美洲大陆后,西班牙开始向海外扩张,建立了地跨欧、美、亚、非四大洲的第一个"日不落"的殖民国家。1588年,西班牙"无敌舰队"被英国击败后开始衰落。1873年爆发资产阶级革命,建立第一共和国。1874年12月王朝复辟。1898年发生了美西战争,西班牙失败,从此失去了古巴、波多黎各、关岛和菲律宾群岛。第一次世界大战中西班牙保持中立。1931年王朝被推翻,第二共和国建立。1936年2月成立有社会党和共产党参加的联合政府。同年7月佛朗哥发动叛乱,经三年内战,于1939年4月夺取政权,实行独裁统治达36年之久。1947年西班牙宣布为君主国,佛朗哥自任国家元首和政府总理。1975年11月佛朗哥病逝,胡安·卡洛斯一世登基。1978年实行议会君主制。现任国家元首为国王费利佩六世。

2. 经济概况

西班牙在世界范围内属于中等发达的资本主义工业国家。西班牙经济虽属欧元区经济一部分,然而其经济水平却仅属中游,稍低于欧盟平均水平,仅优于东欧的欧盟成员如匈牙利、波兰、罗马尼亚。西班牙的制造业、旅游业发达。西班牙是世界最大的造船国之一,也是最大的汽车生产国之一,但仅拥有少量的民族品牌。西班牙是欧盟水果、蔬菜的主要生产国和出口国之一,橄榄油产量和出口量居世界首位。柑橘年产量世界第四,年出口量世界第一,葡萄酒生产居世界前列。畜牧业是传统产业,肉制品产量居欧盟第二位。西班牙是捕鱼大国,在欧盟中居首位。水产品消费仅次于日本,居世界第二。制鞋是西班牙传统的手工业,十分发达,与意大利、葡萄牙一起,共享"制鞋王国"的美誉。旅游业是西班牙三大支柱产业之一。西班牙每年的旅游收入及入境旅游人数均列世界前茅。联合国旅游总部设在马德里。

3. 文化艺术

西班牙现代艺术成就最大的属绘画。在世界先锋派绘画中,多位西班牙画家占有举足轻重的地位,如毕加索(Pablo Ruiz Picasso,1881—1973年)于1909年创立了立体派,翻开了20世纪现代绘画的第一页,是20世纪世界上最伟大的画家之一。他最珍贵的作品《格尔尼卡》现珍藏于马德里的索菲亚王后现代艺术博物馆。此外,西班牙著名的画家还有达利(Salvador Dali,1904—1989年)、米罗(Joan Miro,1893—1983年)等对世界现代艺术的发展都有重要贡献。

建筑是文化的符号,西班牙建筑更离不开西班牙文化与西班牙艺术的滋养。西班牙建筑家高迪(Antonio Gaudi,1852—1926年)的作品在世界现代艺术中占有一席之地。高迪的风格既不是纯粹的哥特式,也不是罗马式或混合式,而是融合了东方伊斯兰风格、现代主义、自然主义等诸多元素,是一种高度"高迪化"了的艺术建筑,他的许多作品,如巴塞罗那的"神圣家族教堂"、古埃尔公园(图4-32)等都已成了游西班牙必去的景点。

图4-32 古埃尔公园

小知识

毕加索

毕加索(1881—1973)是西班牙伟大的现代派画家,也是世界上最具影响力的现代艺术大师之一。他在绘画艺术上的无可比拟的成就为西班牙带来了巨大的世界声誉。毕加索从19世纪末就开始从事艺术活动,一直持续到20世纪70年代。他一生的绘画风格有过数次迭变。早期画近似表现派的主题,较为抽象;后开始吸收原始艺术手法。1915以后画风一度转入写实。1930年后又明显地倾向于超现实主义。第二次世界大战前后,他的画风开始趋向于立体主义、现实主义和超现实主义风格的结合,着重表现痛苦、受难和兽性等与战争有关的主题。晚期制作了大量的雕塑和陶器等,亦有杰出的成就。他的作品对现代西方艺术流派有很大的影响,代表作品有《和平鸽》等。毕加索是位多产画家,据统计,他的作品总计近37 000件。跟一生穷困潦倒的文森特·梵高不同,毕加索的一生辉煌,他是有史以来第一个亲眼看到自己的作品被收藏进卢浮宫的画家。在1999年12月法国一家报纸进行的一次民意调查中,他以40%的高票当选为20世纪最伟大的10位画家之首。对于作品,毕加索说:"我的每一幅画中都装有我的血,这就是我的画的含义。"全世界前10名最高拍卖价的画作里面,毕加索的作品就占据4幅。

【练一练】

案例分析

领队吴凡带团到西班牙的巴塞罗那,游客对高迪的作品很有兴趣,其中一位游客问吴凡,高迪作品的主要特点是什么,吴凡却只是回答了高迪的生平,游客不满意他的回答。

请想一想:作为领队怎样回答才能避免这种尴尬发生呢?

二、民俗风情

➤ 案例导入

游客小卢随团到西班牙旅游,自由活动期间,他在巴塞罗那街头看到街头艺人的表演很有意思,就拿起相机对他拍了不少照片。正当小卢要离开时,却被街头艺人拦住了,他指指地上装有小费的罐子对小卢说了几句西班牙语,小卢摇头示意听不懂,那位艺人满脸不悦。这是为什么?

案例导读:

文化差异其实是一个很重要的原因。游客小卢不了解外国特殊的风俗习惯,产生了一些误会。欧美街头艺人靠表演为生,如果要给他们拍照片,适当给予一些小费不仅是对他们的尊重,也是对他们的肯定。出境领队和导游尤其要强调这一点,游客在海外出游离不开出境领队和导游的正确引导和细心提醒。

(一) 社交礼仪

西班牙人的性格是典型的南欧人的性格,热情奔放、乐观向上、无拘无束、讲求实际。无论您走到哪里,只要遇上熟人或朋友,甚至有时是素不相识的过路人,他们总会向您打招呼"Hola!"(意即您好!)西班牙人的见面礼节一般采取握手、亲吻和拥抱三种方式。两人初次相识边握手边问候。一般来讲,长幼之间,由长辈先伸手;上下级之间,由上级先伸手;宾主之间,由主人先伸手;男女之间,由女子先伸手,男子握手时不能握得太紧;如对方无握手之意,可点头说"您好"致意。熟人之间、朋友之间、同事之间、亲属之间,大多以亲吻、拥抱为主。最常见的是男女相互施亲吻礼。拥抱也是在西班牙人相处时常见的礼节。拥抱一般分贴身拥抱和搂肩拥抱。西班牙人的姓名常有三四节,前一二节为本人姓名,倒数第二节为父姓,最后一节为母姓。通常口头称呼称父姓。

在西班牙做客,哪怕是熟人、朋友、亲属之间,都须事先约定,如不经事先打招呼就贸然到主人家里或办公室是一种失礼行为,将被看作不速之客。西班牙人有一种晚睡晚起的习惯,客人最好在 10:00—13:00 及 16:00—18:00 拜访为宜。西班牙人赴约一般喜欢迟到一会儿,尤其是应邀赴宴。西班牙人只有在参加斗牛比赛活动时才严守时间,但客人应当守时,即便对方晚到,也不要加以责怪。服装方面宜正式、保守。约会时不要直接谈论主题,最好是能先谈些题外话再导入正题。在拜访当地客人时,如能送具有我国民族特色的小礼物或纪念品给对方,定能赢得对方好感,也可携带一瓶葡萄酒、巧克力糖或鲜花。石榴花为国花,如送花最好是石榴花,不要送大丽花和菊花,这两种花和死亡有关。赠送礼品很注重包装并有当面打开赞赏的习惯。

西班牙人喜欢谈论政治,但不要把西班牙政治和他国政治进行比较。喜欢谈体育和旅行,避免谈论宗教、家庭和工作。不要说有关斗牛的坏话。西班牙人通常在七八两月度假,此段期间内不宜从事商务旅行,此外亦不宜在复活节及圣诞节前后前往。

(二) 饮食文化

1. 饮食特征

西班牙人是世界上最讲究饮食的民族之一。西班牙菜肴具有独特的风味,它融合了地中海和东方烹饪的精华。西班牙菜的特点是采用清香健康的橄榄油调味,做法考究。西班牙盛产蔬菜、水果、海产品及牛羊肉,而且质量上乘。西班牙人最爱吃海鲜饭,就是用鲜虾、鱿鱼、鸡肉、西班牙香肠,配上洋葱、蒜蓉、番茄汁等焖制而成。此外,西班牙中部地区的烤羊肉非常著名,其烤羊排、烤羊腿是西班牙佳肴中的首号美味。生火腿、鸡蛋土豆煎饼和肉肠是西班牙三大特色小吃,其中生火腿最著名。西班牙的生火腿几乎全部只用粗盐调味,自然风干,少见熏火腿,外形上很像中国浙江金华火腿。吃西班牙大餐时,当然少不了西班牙产的葡萄酒,如干红葡萄酒、白葡萄酒、雪利酒、白兰地及用水果酿制的餐后酒。

2. 饮食禁忌

在比较正式的情况下,吃饭时西班牙人有安排座次的习惯,一般是主人夫妇面对面坐桌子的两头,其余客人坐其两旁。也有不排座次随便坐的,这主要看主人是否讲究。如果邻座是女士,一定要协助对方先入座,尽可能与同桌的人(特别是邻座)交谈。在西班牙,大部分开胃小吃或头盘菜(如火腿、奶酪、虾等)均可直接用手取食。在吃西餐时,可能会出现不知如何食用饭菜的情况,切记不要着急,可以先等西班牙人开始用餐,然后模仿对方即可。西班牙人在用餐期间有敬酒的习惯,特别是在正式的宴会上主客双方还要发表祝酒词。在宴会上,主人或客人致祝酒词时,其他人一定要肃静。西班牙人在餐桌上一般不劝酒,敬酒时,一般说"干杯"(西班牙语为"SALUD"),碰一下酒杯并象征性地喝一点。喝葡萄酒时,要慢慢喝，尽量不要一饮而尽。如遇到打翻酒水或其他意外情况，一定不要着急，服务员会帮助您处理，但要向左右两边的人说声"对不起"。喝汤时一定不要出声；口中有食物时，不要说话；剔牙时，用手或餐巾遮口。宴请结束时，一定不要忘记向主人表示感谢。饭后立刻离开是失礼的，如有急事也需同主人事先打招呼，征得主人同意后方可走人。但在主人家待得太久也是失礼的。西班牙人吃东西时，通常会礼貌地邀请周围的人与他分享，但这仅是一种礼仪上的表示，不要贸然接受，否则会被他们视为缺乏教养。

小知识

扇子传情

迄今在西班牙某些社交场合，不少女性，尤其是年轻美貌的姑娘，手里总是拿着一把扇子。当地气候并不算炎热，手中的扇子显然不是为了凉快。原来，当地妇女有"扇语"，男女之间是用扇子传情的，通过用扇子做出各种动作，表达不同的感情含意，特别是一些不便当面用言语表达的意思，可以用扇子的动作加以说明。如果姑娘已有情郎，或者是她没有相中求爱者，她便将扇子往桌面上一掷，这是向对方表明"我已有心上人"或者是"我对您产生不了爱"，男子见状，便会知趣地离去。

如果一名婚妇女遇上表示爱情的男子，便用力扇动扇子，这是告诉对方："请您离开我！否则，我的丈夫会跟您决斗的。"男子一看，自然也就明白该怎样做了。如果姑娘对一名求爱的男子做出用扇子将自己脸的下半部遮起来的动作，意思是："我是爱您的，您喜欢我吗？"若一会儿打开一会儿合上，则表示："我很想念您。"男女约会分手时，姑娘打开扇子，支着下颏，是告诉对方："我希望能够早点再见到您。"痴情的男子一定会按照姑娘的暗示办的。因此初到西班牙的妇女，如果不了解扇语，最好不要使用扇子。

（三）节庆风情

1. 奔牛节

每年7月6—14日为奔牛节。奔牛节又名"圣·费尔明节"，圣·费尔明是西班牙东北部富裕的纳瓦拉省省会潘普洛纳市的保护神。奔牛节的起源与西班牙斗牛传统有直接关联。17世纪时，为了把公牛从城郊的牛棚赶进城里的斗牛场，有人跑到公牛前，将牛激怒，诱使其冲入斗牛场。后来，这种习俗就演变成了奔牛节。1923年，美国著名作家海明威首次来到潘普洛纳观看奔牛并写成了著名小说《太阳照样升起》，他在作品中详细描述了奔牛节，奔牛节因而声名远播。1954年海明威获得诺贝尔文学奖后，西班牙奔牛节更是名声大噪。

2. 保护神节

7月25日是西班牙的保护神节，全国要举行庆祝活动。该节也称圣地亚哥节。据传说，耶稣的12个弟子之一圣徒圣地亚哥来到西班牙西北部加利西亚地区进行传教活动，为西班牙宗教的传播和发展做出了重要贡献。他死后被葬在那里。为了纪念这位伟大的宗教传人，西班牙将其中居住的地方以他的名字命名为圣地亚哥-德孔普斯特拉，并将其去世的日子作为该国的保护神节。至今，加利西亚的小城圣地亚哥-德孔普斯特拉不仅成为西班牙全国朝圣的地方，而且也是欧洲很多国家信徒的圣地，形成了一条影响广泛的"朝圣之路"。

3. 圣何塞节

3月9日为圣何塞节。圣何塞节是西班牙全国的重要宗教节日，现在这个节日已演变成了父亲节,据说这与《圣经》里的圣何塞在西班牙人心目中是个慈祥而有责任感的男子汉有关。圣何塞节的庆祝方式比较简单,儿女们向父亲敬献礼物,祝福父亲健康长寿,然后全家团聚在一起,准备丰盛的饭菜,愉快地度过一天。

小知识

斗　牛

斗牛被认为是西班牙的"国粹""国技",西班牙素有"斗牛王国"之称。西班牙的斗牛,一向受到世界公众的注目和赞赏。西班牙斗牛历史悠久。在阿尔塔米拉岩洞中发现的新石器时代的岩壁画中,就有人与牛搏斗的描绘。据说,曾统治西班牙的古罗马的恺撒大帝就曾骑马斗牛。在这之后的约600年时间里,斗牛一直是西班牙贵族显示勇猛彪悍的专利项目。18世纪,波旁王朝统治西班牙,第一位国王费利佩五世认为斗牛过于危险,会伤害王室成员的性命,禁止贵族玩斗牛,至此这一传统的贵族体育才从宫廷来到了民间。现今,在这个伊比利亚半岛上,斗牛被视为一种高贵的艺术,从每年的3月19日圣约瑟夫日开始,到10月12日西班牙国庆节这长达7个月的日子成为斗牛季。西班牙斗牛选用的是生性暴烈的北非公牛。所需的牛体重都在370~500 kg,饲养一般需要4~6年,每场有6头牛,杀死一头牛需要20分钟左右,整个过程扣人心弦。

(四)旅游纪念品

1. 橄榄油

西班牙橄榄油的产量和出口量均居世界之首,年产油量约占世界总量的50%,故西班牙也被誉为"世界橄榄油王国"。西班牙安达卢西亚地区以出产顶级橄榄油闻名于世,它每年出产的特级初榨橄榄油占到西班牙全国量的60%,出口占到80%,所以安达卢西亚在欧洲就是顶级初榨橄榄油的代名词。

2. 利比里亚火腿

西班牙人嗜吃生火腿,利比里亚火腿是西班牙人引以为豪的特产,它的味道咸鲜合一,入口后令人唇齿生香,是许多西班牙菜肴中不可或缺的配料。

3. 皮革制品

皮革与皮革制品是西班牙享有国际声望的另一类优势产品。科尔多瓦印花皮革和鞣制皮革(有时还被镀金以增加美感)的加工传统已有数百年的历史。

4. 葡萄酒

由于地理和气候条件适宜,西班牙盛产葡萄。葡萄酒不仅仅是法国的特产,西班牙同样也出产上好的葡萄酒,质量可媲美法国出品,特别是安达路西亚省份出产的雪利酒(sherry)。

【练一练】

案例分析

徐莹应西班牙朋友的邀请参加一个聚会,想到西班牙的习惯,她特地戴上耳环。看到很多西班牙女孩爱拿扇子,她手里也拿着一把扇子,不时扇几下。在与西班牙朋友聊天的时候,她提到斗牛活动的残忍性。饭后因有急事她没有打招呼就匆匆离开了。

请想一想:徐莹有哪些方面不符合西班牙人的生活习俗呢?

三、主要旅游城市及旅游景点

案例导入

在欧洲各国旅游,游客们发现欧洲的司机导游吃过晚饭就把游客送回酒店休息,而早上一般也是8点以后才出发。尽管当地导游解释了欧盟国家法律对旅游大巴司机连续驾驶时间有严格规定,如每天连续开车不得超过9小时,每4小时30分钟必须休息45分钟,也可以分为2次休息,第一次15分钟,第二次30分钟。但还是有游客不理解。领队小易带的旅游团就碰到了游客要求加钱让司机超时工作,等他们逛完夜景再送回酒店,对此,导游领队该如何处理?

案例导读:

个别游客对欧盟国家服务业人士的工作不了解。因此,旅行社和导游事先就需要做好解释工作,欧盟国家法律对旅游大巴司机连续驾驶时间有严格规定,目的也是出于对游客和司机安全的考虑。入乡随俗,在目的地国家就要遵守当地的法律。绝大部分游客都不是存心违反当地规定,不少冲突是生活习惯不同、文化差异和误解造成的,耐心的解释和沟通非常重要。

西班牙国名意为野兔、边疆、海洋。西班牙被人们誉为"无雨之国""地中海陆地""旅游王国""海上强国""野兔国""永不沉没的航空舰""通往欧洲、非洲、中东和拉丁美洲的桥梁""橄榄王国""欧洲的果园",可见西班牙拥有十分优越的旅游资源。其大部分国土气候温和,山清水秀,阳光明媚,风景绮丽。在3 000多km蜿蜒曲折的海岸线上,遍布着许多天然的海滨浴场。西班牙还拥有许多王宫、教堂和城堡,有49个被联合国教科文组织列为世界遗产。在西班牙还有许多古老、独特的民族文化传统和别具一格的民族文化娱乐活动,其中包括闻名于世的西班牙斗牛、热情奔放的西班牙舞蹈,以及各种各样的风俗习惯、民族节日都能使来自异国他乡的游客感受到西班牙特有的风情。

小知识

弗拉门戈舞

弗拉门戈舞(Flamenco)指西班牙安达卢西亚地区吉卜赛人(又称弗拉门戈人)的音乐和舞蹈。它来源于吉卜赛、安达卢西亚、阿拉伯以及西班牙犹太人的民间歌曲和印度的宗教圣歌。14—15世纪,吉卜赛流浪者把东方的印度踢踏舞风、阿拉伯的神秘感伤风情融合在自己泼辣奔放的歌舞中带到了西班牙。从19世纪起,吉卜赛人开始在咖啡馆里跳舞,并以此为业。于是,弗拉门戈一词首先用来称呼他们当时的音乐和舞蹈。构成弗拉门戈的三大灵魂是吉他、舞蹈和歌唱,传递出热情、奔放、优美、刚健的民族气质。传统弗拉门戈演出通常是在小酒馆里,因此深受平民阶层的欢迎。在弗拉门戈演出中,歌手唱着传统的曲子,吉他手伴着歌手的演唱弹奏,而舞者可以和着节奏即兴舞上一段,用脚踏出扣人心弦的旋律,在举手投足间表达出最真挚的情绪。作为当今世界最富感染力的流行舞种,弗拉门戈舞是吉卜赛文化和西班牙安达卢西亚民间文化的结合,与斗牛并称为西班牙两大国粹。吉卜赛人总爱说:"弗拉门戈舞就在我们的血液里!"

(一)马德里(Madrid)

马德里是西班牙的首都、欧洲著名历史古城,位于伊比利亚半岛梅塞塔高原中部,海拔650 m,是欧洲地势最高的首都。马德里是西班牙的经济、文化及政治中心,同时也是欧洲数一数二的艺术中心,每年都吸引来大批的观光客。这里每年晴天时间在欧洲各大城市中排居首位,空气十分清新。西班牙是享有"旅游王国"美称的国家,而马德里每年接待境外游客超过 400 万人次,被人们称为"旅游王国的中心"。

1. 马德里皇宫

马德里皇宫(图 4-33)是欧洲第三大皇宫,仅次于凡尔赛宫及维也纳的皇宫,其豪华壮丽程度,在欧洲各国皇宫中堪称数一数二,是世界上保存最完整而且最精美的宫殿之一。它既是一直使用的王宫,也是一座艺术宝库,珍藏着大量油画、壁毯、古家具等文物、艺术品。卡洛斯国王登基后,皇宫对市民开放,一些重要典礼活动仍在此举行,如国王宴请来访的外国国家元首、举行国内最高规格的官方活动、接受外国大使的国书等。

图 4-33 马德里皇宫

2. 普拉多博物馆

马德里普拉多博物馆建于 18 世纪,被认为是世界上最伟大的博物馆之一,亦是收藏西班牙绘画作品最全面、最权威的美术馆,收藏有 15—19 世纪西班牙、佛兰德和意大利的艺术珍品,尤其以西班牙画家戈雅的作品最为丰富。

(二) 巴塞罗那(Barcelona)

巴塞罗那是西班牙第二大城市,也是工商业、文化艺术非常发达的城市,有"地中海曼哈顿"之称。由于它有着西班牙温暖热情亲切的民族性,加上与法国的浪漫情调融合在一起,因此又有"欧洲之花"的美誉。巴塞罗那是西班牙文化古城和最大海港,西班牙现代艺术巨匠如毕加索、米罗、达利等人都生活于此,是伊比利亚半岛最富欧洲气质的大都会,又被称为"伊比利亚半岛的明珠"。西班牙文艺复兴时期的大作家塞万提斯,赞美她是西班牙的骄傲和世界上最美丽的城市。整个城市依山傍海,气候舒适宜人,市区内哥特式、文艺复兴式、巴洛克式建筑和现代化楼群相互辉映,以大教堂为中心,有无数值得参观的建筑物,其中高迪建筑作品是巴塞罗那最耀眼的明珠。

1. 神圣家族教堂

神圣家族教堂(图 4-34),又译作"圣家族大教堂",简称为"圣家堂",它是西班牙建筑大师安东尼奥·高迪的毕生代表作,位于西班牙加泰罗尼亚地区的巴塞罗那市区中心,始建于 1882

图 4-34 神圣家族教堂

年，目前仍在修建中。尽管是一座未完工的建筑物，但丝毫无损于它成为世界上最著名的景点之一，是世界上唯一一座还未完工就被列为世界遗产的建筑物。这是一座象征主义建筑，分为三组，象征耶稣一生的三个阶段。教堂主体以哥特式风格为主，细长的线条是主要特色，圆顶和内部结构则显示出新哥特风格。有人说，圣家堂是超越了一般意义的建筑，是巴塞罗那的象征。

小知识

高 迪

巴塞罗那以独特的建筑艺术著称，城市几乎所有最具盛名的建筑物都出自一人之手。这位被称作巴塞罗那建筑史上前卫的建筑艺术家，名叫安东尼奥·高迪（Antonio Gaudi Cornet，1852—1926），塑性建筑流派的代表人物，属于新艺术建筑风格。安东尼奥·高迪为世界留下了古埃尔公园、米拉之家、巴特略之家（图 4-35）、圣家堂等 18 件不朽的建筑杰作。这其中，有 17 项被西班牙列为国家级文物，7 项被联合国教科文组织列为世界文化遗产。这位被誉为"上帝的建筑师"的天才大师，其建筑被认为是 20 世纪世界最有原创精神、最重要的建筑，是现代建筑艺术的代表。东方伊斯兰风格、新哥特主义以及现代主义、自然主义等诸多元素都被他"高迪化"后，统一在了他的建筑中。高迪创造的奇异的建筑中所流动着的是万物的生机、自然的生命和对神的虔诚。所以，巴塞罗那是安东尼奥·高迪作品的露天博物馆，是"高迪之城"，它向全世界推出的旅游宣传是"高迪之旅"。

图 4-35 巴特略之家

2. 毕加索博物馆

世界上有两座毕加索博物馆，一座在巴黎，另一座就在巴塞罗那。巴塞罗那毕加索博物馆是一间建于15世纪的优美宅邸。1963年由贵族宅邸改建为毕加索博物馆，有着幽静的庭院、华丽的墙壁和窗棂。馆中藏有毕加索的3 500多幅作品，从油画到素描、版画、陶塑，种类非常繁多。其中很多是由画家本人于1970年捐献的早期作品，甚至是幼年时期的画作。

小知识

经典线路：西班牙深度10日游

第1天　北京—巴黎—巴塞罗那

搭乘国际航班经巴黎转机前往巴塞罗那，抵达后，接机入住酒店休息。

第2天　巴塞罗那

西班牙第二大都市——巴塞罗那，相对于瑞士的宁静与巴黎的浪漫，巴塞罗那有的是地中海式热情的阳光与自由奔放的气息。动工100年至今仍未完成、天才建筑家高迪的代表作圣家族教堂以完美而协调的手法呈现，线条简洁而利落，令人叹为观止。散步在古埃尔公园中，如蛋糕一般的梦幻小屋、希腊式的百柱，叫人不由自主地再一次为高迪的才能所慑服；还有和平广场上哥伦布纪念柱，大都会里的潘多拉旧城哥德区，13世纪亚拉冈的旧王宫，孟特惠克山丘等，当然也不忘前往1992年奥运会会址参观。

第3天　巴塞罗那—塞维利亚

早餐后乘车前往西班牙安达鲁西亚省的首府——塞维利亚，塞维利亚曾是摩尔王朝的首都、西班牙文艺复兴的焦点、安达鲁西亚文化的守护天使……如同热情的弗拉门戈舞。参观塞维利亚大教堂，伟大的航海家哥伦布曾藏于此地。之后游览美丽的西班牙广场、黄金塔，领略传统与现代建筑艺术的完美融合。

第4天　塞维利亚—隆达—马拉加

西班牙著名阳光海岸的度假胜地——马拉加，阳光海岸是欧洲人度假的首选地点之一，这个海滨城镇港口停满了大大小小的游艇，很多游人漫步港口和沙滩。下午前往被深谷断崖绝壁环绕、风景如画的隆达，同时也是近代西班牙斗牛的发源地。而塞维利亚是西班牙弗拉门戈舞的发源地，观看一场地道的弗拉门戈舞蹈表演是游览西班牙的精华点。

第5天　马拉加—格拉纳达

早餐后乘车前往格拉纳达。格拉纳达是与之同名的格拉纳达省的首府，位于安达卢西亚自治区的东部。地理和自然景观的多样性是这里的主要特点：沿海地区气候温暖，山区气候寒冷，伊比利亚半岛上的最高峰——海拔3 481 m的穆拉森峰便坐落其中。特殊的历史背景赋予了这座城市丰富的艺术财富，既有摩尔人修建的宫殿，也有基督教文艺复兴时期的建筑瑰宝。由于这里曾是阿拉伯人在伊比利亚半岛上的最后一个王国的首都，格拉纳达因此而成为具有伟大象征意义的城市。入内参观阿罕布拉宫。

第6天　格拉纳达—科尔多瓦

乘车前往参观科尔多瓦的标志性建筑物——清真寺，许多游客来到科尔多瓦，就是为了能一睹这个举世闻名的清真寺，这个清真寺是伊斯兰教王朝在安达卢西亚所遗留下来的最佳文化遗迹。如今我们所见到的具双重功能的建筑，不但是现今西方世界中的最大清真寺，占地24 000 m²，同时也是表现伊斯兰教艺术最佳典范的重要宫殿。

第 7 天　科尔多瓦—托雷多—马德里

上午乘车前往托雷多,这里曾是西班牙帝国的首都达千年之久,可以说是西班牙历史文化的缩影,在犹太教、伊斯兰教、基督教和摩尔人文化交汇冲击之下,保留着相对完整的中古世纪特色。时间仿佛在托雷多停留下来,整座城都是古迹,依旧维持着数百年前的样貌,可以说是一部活的历史教科书,并已被联合国列为世界文化遗产。在此我们途经比萨格拉门,参观大寺院、圣托马斯教堂、诺曼底哥德教堂,晚上住马德里。

第 8 天　马德里

全天马德里市区观光。"零公里"是一块不大不小正方形的瓷砖,就安放在太阳门的人行道上,也代表着西班牙之心——马德里;哥伦布广场更是西班牙的另一骄傲,是哥伦布发现新大陆的纪念;参观普拉多美术馆,西班牙早期三大艺术家委拉斯贵支、戈雅、葛雷科的佳作尽收眼底,毕加索、拉斐尔、杜勒等的巨作能激动每一个人的心灵!西班牙广场则象征西班牙文学价值在世界上的重要地位,广场上代表人物则是塞万提斯及其塑造的梦幻骑士堂吉诃德。

第 9 天　马德里—巴黎—北京

搭乘国际航班前往巴黎转机返回北京。

第 10 天　北京

抵达北京,结束此次温馨的西班牙之旅。

【练一练】

主题旅游线路设计

西班牙,一个热情似火而又风情万种的国家,任何季节都适宜去西班牙旅行,因为这个南欧国家具备所有的"元素",可以让游客度过难忘的假日。被联合国认定的 49 项世界遗产,继承了多元文化的城市、名胜古迹和自然景观,世界一流的博物馆,适合各类人群的海岸,全年宜人的气候,健康的地中海饮食如地道的海鲜饭、烤肉,弗拉门戈和斗牛等西班牙传统表演,西班牙全年不断的体育赛事尤其是足球等,都可以成为行程必需的环节。

试分析西班牙的旅游资源,请设计其中一条有特色的主题旅游线路。

主题七　俄罗斯(Russia)

一、国家概况

▶ 案例导入

俄罗斯芭蕾久负盛名,因其芭蕾舞世界顶级的地位被称为"足尖上的国家",有人说在俄罗斯看一场芭蕾舞才可称到过俄罗斯,很多旅行团前往俄罗斯都将看芭蕾舞表演列入必去的行程。游客小李在出发前看到行前通知,通知里说行程有安排观看芭蕾舞表演,请大家观看时尽可能穿正式一点的服装。小李不是很理解,觉得自己是出去旅游观光,不是参加什么正式场合盛典,没必要带正式服装。

对此,您如何理解?

案例导读:

俄罗斯是一个极其热爱艺术的民族,精美的建筑、雕塑、绘画、装饰……随处可见。就像中国的京剧一样,芭蕾舞就是俄罗斯的国粹。在俄罗斯去剧院观看芭蕾舞或者歌剧等演出,着装非常重要,观众都会约定俗成换成正装,这是一种剧院礼仪,也是对表演者的一种尊重。男士应该穿正装,女士着套裙、晚装等。因为有到克里姆林宫音乐厅欣赏芭蕾舞剧的行程,所以才会让团员事先准备相对正式的服装。不过,现代紧凑的生活节奏让人们没有足够的时间精心梳妆打扮,有时人们会在下班后直接前往剧院看芭蕾舞演出。于是,对于服装的要求相对放宽,但是,尽量不要穿过于休闲或个性化的衣服出席,这不符合艺术殿堂的氛围,人们会认为这是对周围的人和剧院本身的不重视。

(一) 地理环境

1. 国土地理

俄罗斯联邦通称俄罗斯,是世界上面积最大的国家,地域跨越欧亚两个大洲。俄罗斯联邦与挪威、芬兰、爱沙尼亚、拉脱维亚、立陶宛、波兰、白俄罗斯、乌克兰、格鲁吉亚、阿塞拜疆、哈萨克斯坦、中国、蒙古国、朝鲜接壤,与日本、美国、加拿大、格陵兰、冰岛、瑞典隔海相望。绵延的海岸线从北冰洋一直伸展到北太平洋,还包括了内陆海黑海和里海。

俄罗斯联邦跨越了欧亚大陆的北部大部分地区,地势及气候变化多端。全境大部分地区属于平原,特别是欧洲部分以及亚洲的西伯利亚地区。南部平原大部分是宽广草原,而北部平原则大部分是森林地区。山脉多集中在东部太平洋沿岸及南部边境,如大高加索山脉和萨彦·贝加尔山脉。中央的乌拉尔山脉虽是欧洲和亚洲的主要分界线,但因属于古褶曲山,山势低矮,地形起伏不大。俄罗斯联邦拥有绵延 37 000 km 的海岸线,跨越了北冰洋和太平洋,以及内陆的黑海和里海。主要的河流包括了伏尔加河、鄂毕河、叶尼塞河、勒拿河等。主要湖泊有贝加尔湖等。

2. 气候特征

俄罗斯幅员辽阔,国土跨寒带、亚寒带和温带三个气候带,大部分地区处于北温带,气候多样,以大陆性气候为主。各地气候差异明显,东欧平原西部气候较温和,西伯利亚地区冬季非常寒冷,北冰洋沿海为极地苔原气候。温差普遍较大,1月平均温度为 $-37℃ \sim -1℃$,7月平均温度为 $11℃ \sim 27℃$。

(二) 人文概况

> **问题导入**
>
> 请自己查询有关介绍俄罗斯的书籍或网站,填写下表:

人口		英文名称		主要城市	
民族		主要宗教		首 都	
语言		国 花		与北京时差	
货币		国 鸟		现任国家元首	

1. 历史简述

俄罗斯人的祖先为东斯拉夫人罗斯部族。15世纪末,大公伊凡三世建立了中央集权制国家——莫斯科大公国。1547年,伊凡四世自封为"沙皇",其国号称俄国。16—17世纪,伏尔加河流域的乌拉尔和西伯利亚各民族先后加入俄罗斯国家,俄罗斯变成了多民族国家。19世纪初,俄罗斯人和俄罗斯帝国的其他民族一起击退了拿破仑的入侵。1825年12月贵族革命者在彼得堡举行起义(即12月党人起义),被镇压。1861年俄国废除农奴制。1898年成立了俄国社会民主党(苏联共产党前身),在它的领导下,俄国工农群众经过1905年第一次俄国革命和1917年2月推翻罗曼诺夫王朝的资产阶级民主革命(即二月革命),于1917年11月7日取得了十月社会主义革命的伟大胜利,建立了世界上第一个社会主义国家。1922年12月30日根据列宁的提议,俄罗斯联邦、南高加索联邦、乌克兰、白俄罗斯4个苏维埃社会主义共和国结成联盟,成立了苏维埃社会主义共和国联盟。1990年3月—1991年12月,除俄罗斯以外的14个加盟共和国先后宣布独立。1991年12月26日苏联最高苏维埃最后一次会议通过宣言,宣布苏联停止存在。至此,苏联解体,俄罗斯联邦成为完全独立的国家,并成为苏联的唯一继承国。1993年12月12日,经过全民投票通过了俄罗斯独立后的第一部宪法,规定国家名称为"俄罗斯联邦"。

2. 经济概况

俄罗斯在苏联时期是世界第二经济强国。苏联解体后,俄罗斯全盘接受美国等西方国家推荐的经济改革药方,采取"休克疗法",推行以大规模私有化和全面自由化为核心的激进经济改革,经济连年下滑。2000年之后俄罗斯的经济在大量出售资源的情况下得以迅速发展。丰富的资源为俄罗斯工农业发展提供了坚实的后盾。受国际油价区间震荡,本国投资乏力、净出口减少、内需不振、国际形势的影响,俄罗斯经济增长缓慢。2021年,俄罗斯人均GDP约1.2万美元。

3. 文化艺术

俄罗斯领土跨越欧亚两大洲,俄罗斯文化融合了东西方两种文化。俄罗斯文化已有近千年的历史,它与俄国历史密切相关。俄罗斯文化是世界文化遗产不可分割的一部分。

俄罗斯文学是世界文坛上最伟大的文学遗产之一,它的每一个阶段都反映了俄罗斯充满悲壮、喜剧和光荣的历史。俄罗斯文学源远流长,出现了普希金、果戈理、别林斯基、陀思妥耶夫斯基、托尔斯泰、契诃夫、高尔基等世界驰名的大文豪和作家。俄罗斯的美术有着悠久的历史,著名的艺术大师有列维坦、列宾、苏里科夫、克拉姆斯柯依等。俄国的交响乐团有着悠久的历史和优秀的传统,在世界各国的交响乐团中占有一定的地位。俄罗斯的戏剧艺术体裁和形式多样,最早出现在宫廷里,19世纪进入繁荣时期,果戈理的《钦差大臣》等社会戏剧充满强烈的时代气息,具有鲜明的民族特色,同时涌现出了许多杰出的艺术大师。奥斯特洛夫斯基是19世纪50年代以后俄罗斯文坛众多的戏剧作家中最杰出的代表,被称为"俄罗斯戏剧之父"。俄罗斯的马戏团在俄罗斯也很受人们的欢迎,马戏团团员训练有素,技艺精湛。俄罗斯有卓越的民间艺术,最有名的工艺品有木制套娃、木刻勺、木盒、木盘等木制品。

小知识

俄罗斯名人

普希金(1799—1837年)是俄国最伟大的诗人、浪漫主义文学的杰出代表,现实主义文学的奠基人,现代标准俄语的创始人。他的作品是俄国民族意识高涨以及贵族革命运动在文学上的反映。普希金一生创作了12部叙事长诗,其中最主要的是《高加索的俘虏》

(1822年)、《青铜骑士》(1833年)、《鲁斯兰和柳德米拉》(1842年)等。普希金最重要的是历史剧《鲍里斯·戈都诺夫》(1825年)。此外,他还创作了诗体小说《叶甫盖尼·奥涅金》(1831年)、散文体小说《别尔金小说集》(1831年)及关于普加乔夫白山起义的长篇小说《上尉的女儿》(1836年)。普希金的作品达到了内容与形式的高度统一,是"反映俄国社会的一面镜子"。

彼得·柴可夫斯基(1840—1893年),俄罗斯历史上最伟大的作曲家,俄罗斯民族音乐与西欧古典音乐的集大成者。他主张音乐的美是建立在真实的生活和深刻的思想基础上的,因此他的作品一向以旋律优美,通俗易懂而著称,又不乏深刻性,他的音乐是社会的真实写照。他的作品是现实主义和浪漫主义结合的典范。作品有歌剧《叶甫根尼·奥涅金》《黑桃皇后》等,芭蕾舞剧《天鹅湖》《胡桃夹子》《睡美人》,交响曲《第四交响曲》《第五交响曲》《悲怆(第六)交响曲》《降 b 小调第一钢琴协奏曲》《D 大调小提琴协奏曲》,以及交响诗《罗密欧与朱丽叶》,音乐会序曲《1812 序曲》等。

【练一练】

案例分析

张先生是听着《莫斯科郊外的晚上》和《喀秋莎》等苏联歌曲成长的一代,心中对俄罗斯有一种特殊的情结。听说俄罗斯现在有推出红色之旅,他非常感兴趣,于是询问当地一家出境社的门市业务员俄罗斯有哪些红色旅游产品,与中国的红色旅游有何区别。门市只是提到了莫斯科的列宁墓等中国人耳熟能详的景点,没有就俄罗斯和中国的红色旅游进行比较。

想一想:如果您是门市业务员,您应该如何应答客人的此类询问?

二、民俗风情

▶ 案例导入

有一次,在莫斯科工作的小王带着国内来的朋友去莫斯科的西餐厅吃饭,在付款时,小王想一尽地主之谊,为朋友买单,而朋友执意要自己付。两人在讲话时声音有点大,还不时会相互推搡着。这时商场的保安循声而来,一场误会差点发生。

为何莫斯科商场的保安会认为有顾客在闹事呢?

案例导读:

这主要是因不同文化、风俗导致的误解。在中国,关系好的朋友同行时,在某些需要付费的场合,出于中国的文化和礼仪,大家都会争抢着付费,有时还会相互推搡着。但有些俄罗斯人并不太了解中国人的这种行为和背后深层的文化含义,他们习惯于安静的 AA 制,因此,莫斯科商场的保安会误以为是发生了冲突并进行干预。

(一) 社交礼仪

在人际交往中,俄罗斯人素来以热情、豪放、勇敢、耿直而著称于世,有注重礼貌的良好习惯。与客人相见,总要相互问好并道:"早安""日安"或"晚安"。言谈中"对不起""请""谢谢"时常挂在嘴边。他们在待客中,常以"您"字表示尊敬和客气;而对亲友往往则用"您"字相称,认为这样显得随意,同时还表示出对亲友的亲热和友好。外出时,总习惯衣冠楚楚。

时间观念很强,约会时会准时赴约。

俄罗斯人对妇女颇为尊敬。拥抱、亲吻和握手是俄罗斯人的重要礼节。在比较隆重的场合,有男人弯腰吻妇女的左手背,以表尊重。"女士优先"很盛行。凡在公共场所,无论是行走让路,还是乘车让位,他们总要对女士有特殊的优待。

俄罗斯人偏爱马,通常认为马能驱邪,会给人带来好运气,尤其相信马掌是表示祥瑞的物体,认为马掌既代表威力,又具有降妖的魔力。故有不少农民非常喜欢把马头形的木雕钉在屋脊上以示吉祥,求得四季平安。

大部分俄罗斯人在家中用餐。遇有喜庆或举办婚礼时,俄罗斯居民通常在餐馆举行。朋友聚会一般在家庭环境下进行。客人通常给主人带小礼品(蛋糕、酒)和鲜花。"祝您胃口好!"是俄罗斯人用餐时最常用的一句客套话。

俄罗斯人性格豪爽,善饮酒。大部分男士和一部分女士喜欢饮用烈性酒,伏特加特别受大众欢迎。饮酒时,俄罗斯人习惯上每次举杯饮酒都要有一个祝酒词,如为客人身体健康、为了友谊等。此时,客人要避免无祝酒词的干杯,找到一些理由来祝酒,如为主人身体健康、为主人家万事如意、为在座的女士等。

捧出"面包和盐"来迎接客人,是向客人表示最高的敬意和最热烈的欢迎。俄罗斯人对盐十分崇拜,并视盐为珍宝和祭祀用的供品。认为盐具有驱邪除灾的力量。如果有人不慎打翻了盐罐,或是将盐撒在地上,便认为是家庭不和的预兆。为了摆脱凶兆,他们总习惯将打翻在地的盐拾起来撒在自己的头上。

在俄罗斯,被视为"光明象征"的向日葵最受人们喜爱,被称为"太阳花",并被定为国花。拜访俄罗斯人时,送给女士的鲜花宜为单数。在数目方面,俄罗斯人最偏爱"7",认为它是成功、美满的预兆。对于"13"与"星期五",他们则十分忌讳。

俄罗斯人对兔子的印象很坏。认为兔子是一种怯弱的动物,若从自己眼前跑过,那便是一种不祥的兆头。俄罗斯人不喜欢黑色,不喜欢黑猫,认为它不会带来好运气,如果遇到黑猫过马路则被认为是晦气。

俄罗斯人认为镜子是神圣的物品,打碎镜子意味着灵魂的毁灭,生活中会出现疾病、灾难等不幸。但是如果打碎杯、碟、盘则意味着富贵和幸福,因此在喜筵、寿筵和其他隆重的场合,他们还特意打碎一些碟盘表示庆贺。

古希腊和古罗马都有右吉左凶的观念。受这些文化的影响,俄罗斯民族中形成了右为尊、为贵、为吉,左为卑、为贱、为凶这一观念,并将右与男、左与女联系起来。在俄语中,"右"这个词同时又是"正确的,正义的"意思;而"左"则有"反面的"意思。心情不好可能是起床时左脚先着地的原因;穿衣时,俄罗斯人必定先穿右袖,先穿左袖是不吉利的;右颊长痣是吉痣,左颊长痣是凶痣。俄罗斯人至今还有向左肩后吐三次唾沫消灾的习俗。

在俄罗斯不能送他人尖利的东西,如刀、别针等物,如一定要送,则应讨回一枚硬币,或用要送的尖东西扎对方一下;不能送别人手帕,因为送手帕预示着分离,两个人用同一手帕擦汗,预示终会分离;忌在家里和公共场所吹口哨,他们认为口哨声会招鬼魂;忌让姑娘对着桌角坐,坐在这地方预示姑娘三年嫁不出去。

俄罗斯人喜欢文学,酷爱读书。在汽车上、地铁里,随处可见看报、读书的人。很多俄罗斯人的家里都有丰富的藏书,有的甚至有自己的家庭图书馆。俄罗斯人忌讳谈论政治矛盾、经济难题、宗教矛盾、民族纠纷、苏联解体、阿富汗战争以及大国地位问题。

（二）饮食文化

1. 饮食特征

俄罗斯人在饮食习惯上有鲜明的民族特色。在饮食习惯上，俄罗斯人讲究量大实惠，油大味厚，喜欢酸、辣、咸味，偏爱炸、煎、烤、炒的食物，尤其爱吃冷菜和酸的食品，面包、牛奶、菜、汤多以酸味为主。由于俄罗斯夏短冬长，日照不足，所以一年四季以土豆、圆白菜、胡萝卜、洋葱为主，新鲜的时令蔬菜和水果很少，也很难储存。总体而言，俄罗斯的食物制作较为粗糙一些。俄罗斯人以面食为主，很爱吃用黑麦烤制的黑面包。除黑面包之外，俄罗斯的特色食品有鱼子酱、酸黄瓜、酸牛奶、红菜汤和土豆，节日里爱吃馅饼、大圆面包、蜜糖饼干（婚礼时食用）和蜜糖饭（主要在葬礼后宴客用）。俄罗斯人不太讲究菜肴，有酒喝就行，喜欢喝烈性酒，而且一般酒量都大，女士们一般喝香槟和果酒，而男士们则偏爱伏特加。俄罗斯人喜欢喝红茶，喝红茶时加糖、蜂蜜或果酱等。

小知识

鱼 子 酱

鱼子酱是俄罗斯最负盛名的美食，也是俄罗斯人新年餐桌必不可少的美味。鱼子酱顾名思义是用鱼卵制作而成，其实严格地讲，只有用鲟鱼卵制成的酱才能叫鱼子酱。据介绍，鲟鱼每年两次逆水而上，游到伏尔加河等内河产卵，而这时正是采集鱼子的大好季节。位于河口三角洲的古城阿斯特拉罕，由于地理位置优越，是世界上最大的鲟鱼鱼子生产和加工基地。并非所有鲟鱼卵都可制成鱼子酱，世界范围内共有超过20种的不同鲟鱼，其中最高级的鲟鱼一年产量不到100尾，而且要超过60岁才可制作鱼子酱，中级的鲟鱼12岁左右便可取卵制酱，最低级的鲟鱼也要到7岁才可取卵。基于此因，导致了其价格不菲的现状。鱼子酱是法国人餐桌上最奢侈的享受，黑黑的鱼子酱在过去是皇室里的佳肴，但对俄罗斯有钱人来说，鱼子酱是他们周末豪华聚会上的必备菜，因为这是身份的象征。

2. 饮食禁忌

用餐时，俄罗斯人多用刀叉。他们忌讳用餐时发出声响，并且不能用匙直接饮茶，或让其直立于杯中。通常，他们吃饭时只用盘子而不用碗。参加俄罗斯人的宴请时，宜对其菜肴加以称道，并且尽量多吃一些，俄罗斯人将手放在喉部，一般表示已经吃饱。俄罗斯人一般不吃乌贼、海参、海蜇、木耳等物，还有些人对虾和鸡蛋不感兴趣，少部分人不吃这两种食品。境内的鞑靼人忌吃猪肉、驴肉和骡子肉。境内的犹太人不吃猪肉，不吃无鳞鱼。伊斯兰教徒禁食猪肉和使用猪制品。

（三）节庆风情

1. 洗礼节

1月19日洗礼节，是俄罗斯东正教节日。洗礼本是基督教的一种入教仪式。圣水祭是洗礼节的一项重要活动。在洗礼前节前一天，将水放入教堂，之后进行隆重的祷告仪式，在祈祷后，信徒们用圣水洗去自己的罪恶。此外，有的人还会跳入河里冰窟窿里洗一洗。洗礼节通常也是冬季最冷的时候，与中国的大寒节气相当，因此有"洗礼节严寒"之说。1月18日晚按风俗习惯是占卜日，特别是女孩子们要预卜自己的终身大事。

2. 谢肉节

每年 2 月底 3 月初为谢肉节。谢肉节又称送冬节。它的前身为春耕节。信奉多神教的古斯拉夫人认为冬去春来是因为太阳神战胜了严寒和黑夜，令其所喜爱的春天回归的结果。东正教传入俄罗斯后，在无力取消这一个已经深深扎根于民间的异教节日情况下，只得将春耕节改称谢肉节，并将节期安排在大斋前 1 周、复活节前 7 周进行，称之为"干酪周"。此周一过即进入长达 40 天的东正教大斋期，期间禁止人们娱乐、吃肉，故名"谢肉节"。人们在谢肉节期间举行各种欢宴娱乐、跳假面舞、做游戏等。

（四）旅游纪念品

1. 套娃

套娃是俄罗斯的一种民间木制玩具。它一般由七八个木娃，由小到大依次套合在最大的一个体内组成，可分可合，因而称为"套娃"。套娃的由来不算久远，据说在 19 世纪末，一位侨居日本多年的俄罗斯基督教传教士，看到日本一套瓷玩具受到启发，就用木料削制了世上第一套套娃。他把这一套娃绘成俄罗斯农家姑娘形象，寄托他的思乡之情。后来，套娃流传到莫斯科，被一位制作玩具高手仿制成名为"玛特廖娜"的套娃。1900 年，"套娃"参加了巴黎国际展览会，受到观众热烈赞扬，得了奖章。一时间莫斯科郊区的很多手工艺作坊都开始生产套娃。不久，就成了"套娃之乡"。如今，套娃已名扬四海，它也成了俄罗斯的一种独特标志，著名的人文使者。

2. 伏特加

伏特加是俄罗斯的国酒，它是极寒之地的产物。俄罗斯民族饮用伏特加已经有几个世纪的历史，伏特加酒的畅饮与美食和文化是密不可分的。伏特加酒不仅是俄罗斯人生活的一部分，在某种程度上更是他们精神的寄托，伏特加几乎成为俄罗斯的代名词。伏特加的做法是先将酒精经过活性炭处理，除去不醇正气味，然后加上水，到酒精含量达到 36%～60% 时便算制成。市场上出售的伏特加多为 42 度。用粮食配制的伏特加，口感清冽，余味悠长。

3. 鱼子酱

位于俄罗斯伏尔加河流域的阿斯特拉罕市是俄罗斯最著名的鱼子酱出产地，全球 3/4 的鱼子酱出产自这里。鱼子酱顾名思义是用鱼卵制作而成，其实严格地讲，只有用鲟鱼卵制成的酱才能叫鱼子酱。越是高级的鱼子酱，颗粒越是圆润饱满，色泽清亮透明，甚至微微泛着金黄的光泽，因此人们也习惯将鱼子酱比喻作"黑色的黄金"。

4. 裘皮服装

在俄罗斯人眼中，裘皮服装不仅可以彰显富贵，而且是生活的第一需要。由于俄罗斯大部分地区冬季长达 6 个月，为了抵御寒冷的冬天，俄罗斯人历来就有穿着裘皮、革皮制品的习惯。购买裘皮服装是俄罗斯人继住宅、汽车之后的第三大需求。俄罗斯至今仍是世界上最大的裘皮消费国之一。

5. 琥珀

琥珀是数千万年前的树脂被埋藏于地下，经过一定的化学变化后形成的一种树脂化石，是一种有机的似矿物。俄罗斯最西面的州加里宁格勒州集中了世界琥珀藏量的 90% 以上，以"琥珀之都"闻名遐迩。

【练一练】

案例分析

领队小王带领游客前往俄罗斯旅游,在与当地人的一个交流项目中,一位美丽的俄罗斯女孩捧着托盘迎接客人,铺着绣花的白色面巾的托盘上放上大圆面包,面包上面放一小纸包盐,请客人品尝。其中一位游客品尝了面包后把那小包盐不小心撒到了地上。俄罗斯女孩脸上露出不悦的神情。

想一想:俄罗斯女孩脸上为何露出不悦的神情?

三、主要旅游城市及旅游景点

案例导入

某商务团赴俄罗斯旅游,为迎接他们,接待方在莫斯科当地一家有名的餐厅请他们用风味餐。用餐期间,一名游客不小心把盘子摔碎了,她当时显得很尴尬,在这么隆重喜庆的场合做了一件不吉利的事。结果主办方俄罗斯人却兴高采烈,还为她敬酒。这是为什么?

案例导读:

俄罗斯人认为如果打碎杯、碟、盘则意味着富贵和幸福,所以俄罗斯人兴高采烈为她敬酒,在俄罗斯的喜筵、寿筵和其他隆重的场合,他们还特意打碎一些碟盘表示庆贺。

(一)莫斯科(Moscow)

俄罗斯联邦的首都,全国最大的城市,政治、经济、科学文化和交通中心,是世界上最大都市之一和欧洲人口最多的城市之一。莫斯科地处俄罗斯欧洲部分中部,跨莫斯科河及其支流亚乌扎河两岸。莫斯科建城于 1147 年,迄今已有 800 余年的历史,其城市布局以克里姆林宫和红场为中心,呈环形放射状展开,其中阿尔巴特大街、列宁大街和特维尔大街最为著名。俄罗斯人民酷爱艺术,俄罗斯大剧院的芭蕾舞是世界舞蹈艺术的精品,俄罗斯的大马戏表演更是人与动物完美结合的艺术杰作。漫步莫斯科街头,随处可见的是一座座精美的雕像和一群群洁白的鸽子在自由觅食。城市中古老与现代化相融,包容着的是大自然最原始、最美丽的风光。

1. 红场

红场(图 4-36)是俄罗斯首都莫斯科市的著名广场,位于莫斯科市中心,国家举行各种大型庆典及阅兵活动的中心地点。红场原名"托尔格",意为"集市",1662 年改为"红场",意为"美丽的广场"。红场的地面很独特,全部由条石铺成。红场上的建筑群是在数百年的时间里逐渐形成。红场的历史与俄国的历史有着密不可分的联系。红场上的每一座建筑物都与某个重大历史事件有联系。红场有不少著名的建筑物,西侧是列宁墓和克里姆林宫的红墙及三座高塔;在列宁墓与克里姆林宫红墙之间,红场有 12 块墓碑,包括斯大林、勃列日涅夫、安德罗波夫、契尔年科、捷尔任斯基等苏联时期政治家的墓碑;南边是莫斯科最经典象征的瓦西里大教堂(图 4-37);北侧是国家历史博物馆,建于 1873 年,也是莫斯科的标志性建筑;附近还有为纪念"二战"胜利 50 周年而建造的"二战"英雄朱可夫元帅的雕像,以及无名烈士墓;东面是世界知名十家百货商店之一的古姆商场。

图 4-36 红场

2. 克里姆林宫

莫斯科克里姆林宫(图 4-38)是俄罗斯国家的象征,位于俄罗斯首都的最中心,是世界上最大的建筑群之一,还是历史瑰宝、文化和艺术古迹的宝库。它已经被联合国教科文组织列为世界文化遗产。克里姆林宫曾为莫斯科公国和 18 世纪以前的沙皇皇宫,十月革命胜利后,成为苏联党政领导机关所在地。克里姆林宫始建于 1156 年,初为木墙,后屡经扩建,至 19 世纪 40 年代建大克里姆林宫,为一古老建筑群。克里姆林宫城堡内有精美的教堂、宫殿、钟塔、塔楼,建筑气势雄伟,举世闻名。在克里姆林宫的中心教堂广场,有巍峨壮观的圣母升天大教堂,有凝重端庄的报喜教堂,有容纳彼得大帝以前莫斯科历代帝王墓地的天使大教堂。

(二) **圣彼得堡(Saint Petersburg)**

历史名城圣彼得堡位于俄罗斯西北部,波罗的海沿岸,是彼得格勒州的首府,仅次于莫斯科,是俄罗斯第二大城市,俄罗斯最大的港口,世界文化名城之一,也是重要的旅游城市,俄罗斯文化之都。

图 4-37 瓦西里大教堂

整座城市由 40 多个岛屿组成,市内水道纵横,700 多座桥梁把各个岛屿连接起来,风光旖旎的圣彼得堡因而有"北方威尼斯"的美誉。因其地处北纬 60°,每年初夏都有"白夜"现象,是世界上少数具有白夜(不夜城)的城市。圣彼得堡始建于 1703 年,至今已有 300 多年的历史,市名源自耶稣的弟子圣徒彼得。1712 年,圣彼得堡成为俄国首都。其后 200 余年,

图 4-38 克里姆林宫

它始终是俄罗斯帝国的心脏。1914 年改称彼得格勒,1924 年列宁逝世后又命名为列宁格勒,1991 年苏联解体后恢复圣彼得堡旧名。圣彼得堡旅游资源丰富,有与城市历史一样长久的涅瓦大街;位于十二月党人广场上的青铜骑士是圣彼得堡市标志性雕塑;冬宫(现为国立艾尔米塔什博物馆)(图 4-39)和法国巴黎的卢浮宫、美国纽约的大都会博物馆齐名,是世界上最大的博物馆之一;建筑豪华壮丽的夏宫,该宫殿以其直通芬兰湾的喷泉阶梯和园林内众多设计巧妙的喷泉而闻名,被誉为"俄罗斯的凡尔赛"。圣彼得堡还是花样滑冰流派的发源地。

图 4-39 冬宫

小知识

经典线路:俄罗斯深度 8 日游

第 1 天　北京—莫斯科
首都机场集合,乘洲际航班前往莫斯科,开始愉快旅程。
第 2 天　莫斯科
早餐后游览革命圣地——红场(莫斯科的心脏,南北长 697 m,东西宽 130 m,原为一个集市,古称特罗伊茨广场,17世纪改为现在的名字,意为"美丽的广场"。)、原苏联的巡礼地——列宁墓(周一和周五不开放则只能外观)、外观圣瓦西里升天大教堂(为纪念伊万雷帝远征喀山汗国凯旋而建,由周围8个圆塔式教堂和中央大塔楼教堂组成)、克里姆林宫;无名烈士墓、亚历山大花园,俄罗斯最大的百货商店古姆,晚餐后入住酒店休息。

第3天　莫斯科—谢尔盖耶夫镇—圣彼得堡

早餐后,乘车前往位于莫斯科东北71 km处的斯摩棱斯科—谢尔盖耶夫镇。游览著名的谢尔盖三一修道院——三一大教堂,圣母升天大教堂和特拉别茨纳雅大教堂(谢尔盖三一修道院为俄罗斯驰名世界的宗教圣地,也是俄罗斯最高的修道院,全国最重要的精神和文化中心)。午餐(俄餐)后,乘车返回莫斯科。晚餐后乘火车赴圣彼得堡。

第4天　圣彼得堡

早抵圣彼得堡,早餐后参观狮身人面像、瓦西里岛古港口灯塔,游览打响俄国十月革命第一枪的阿芙乐尔号巡洋舰,参观世界四大博物馆之一的国立艾尔米塔什博物馆——冬宫、圣彼得堡的中心广场——冬宫广场,它不仅以其雄伟的建筑而闻名,也是俄罗斯历史上众多历史事件的见证。亚历山大纪念柱落成于1832年,纪念沙俄击败了拿破仑军队的入侵。晚餐后入住酒店休息。

第5天　圣彼得堡

早餐后游览夏宫花园,午餐后游览圣彼得堡的发源地——彼得堡罗要塞,1703年彼得大帝下令修建于兔子岛上,要塞曾作为沙皇俄国的巴士底狱关押政治犯,其中的彼得保罗教堂是俄国罗曼诺夫王朝的沙皇陵寝所在地,青铜骑士像、圣伊撒基耶夫大教堂,晚餐后入住酒店休息。

第6天　圣彼得堡—莫斯科

早餐后参观滴血大教堂,1881年3月1日沙皇亚历山大二世在此遇刺身亡,教堂由此得名喀山大教堂;十二月党人广场、十月革命胜地,原为叶卡捷琳娜二世时期的贵族女子学院,十月革命期间布尔什维克军事革命委员会设于此地,现在为圣彼得堡市政府办公所在地。涅瓦大街漫步、选购纪念品,晚餐后乘火车返回莫斯科。

第7天　莫斯科

早餐后参观莫斯科地铁站、俄罗斯的最高学府莫斯科大学(位于莫斯科西南部的列宁山上,中央主楼32层,高达24 m,顶部是穗形环绕的五角星,两翼为18层高大楼,顶部装有大钟,培养出多名诺贝尔奖获得者)、列宁山、观景台;参观二战胜利公园,凯旋门;参观阿尔巴特大街(是一条古老的文化商业大街,外国游客经常光顾的地方。主要出售手工艺品等各种纪念品),晚餐后入住酒店。

第8天　莫斯科—北京

乘飞机返回北京,结束愉快的旅程。

【练一练】

主题旅游线路设计

一个多世纪来,"俄罗斯情结"在某种程度上是"俄罗斯文化情结",是一些中国游客对俄罗斯文学和艺术的尊重和热爱。近年来参团赴俄罗斯旅游的绝大多数游客都是40岁以上的人群。2019年中国赴俄罗斯旅游人数达130万人次,俄罗斯游客赴华人数65.5万人次。中俄已互为重要的旅游客源国和旅游目的地国。赴俄"红色旅游""北极旅游"等新的旅游产品和线路也得到了中国游客的广泛欢迎。双方迄今已举办3届中俄"红色旅游"系列交流活动,莫斯科郊外的中共六大会址已被批准为中俄旅游基地,俄罗斯正在开发与俄共和苏共历史、列宁生平等相结合的红色旅游路线。

试分析这些中国游客的俄罗斯情结,请设计其中一条有特色的主题旅游线路。

【分组研讨课题】

美丽、富饶、祥和的欧洲,以其悠久的历史文化艺术和自然风光,吸引着来自世界各地的游客。有个性、高质量的欧洲旅游产品正越来越受中国游客欢迎。请选择欧洲其中一个国家,利用课余时间收集资料,制作电子课件,在组内进行讲解。每组推选一位同学,在班内进行交流。

【思考题】

1. 英国有哪些王室文化旅游资源?
2. 德国的环保意识对德国的旅游有何促进作用?
3. 法兰西文化例外体现在哪里?
4. 瑞士旅游业的王牌产品是什么?
5. 意大利的艺术之旅体现在哪些方面?
6. 如何理解西班牙的旅游口号"阳光普照西班牙"?
7. 俄罗斯的文化艺术有哪些成就?
8. 请列举欧洲三个重要德语国家及其主要旅游特色。
9. 请写出地中海滨与法国相邻的两个主要国家及其旅游特色。
10. 欧洲旅游要遵守哪些礼仪禁忌才能避免文化冲突?

第五单元

北美洲地区的主要旅游客源地和目的地

> 单元导航

　　北美洲(North America)是北亚美利加洲的简称,位于西半球的北部。西临太平洋,东临大西洋,北临北冰洋,西北隔白令海峡与亚洲相望,东北隔丹麦海峡、格陵兰海与欧洲相望,南以巴拿马运河同南美洲分界,范围主要包括北美大陆、中美地峡、西印度群岛,北美洲面积 2 422.8 万 km^2(包括附近岛屿),约占世界陆地总面积的 16.2%,为世界第三大洲。北美洲人口主要集中在美国、墨西哥、加拿大 3 个国家,其中美国占 61.4%。美国、加拿大是旅游业高度发达国家,同时又是中国的主要客源国之一。本单元主要从国家概况、文化艺术、民俗风情和旅游胜迹等几方面,增加学习者对美国和加拿大的认识和了解。学习时,对两国都应重点掌握。

主题一 美国(United States)

一、国家概况

> **案例导入**

小张是名刚走出校门的英文导游。第一次带团,做了自我介绍后,一美国游客夸她英语很好。小张便自谦说英语讲得不好。美国游客听后耸耸肩,没有再说什么。

想一想:小张的解释存在什么问题?如果您是小张,该如何回答客人的夸奖?

案例导读:

美国人很难理解客套与谦虚,尤其是过谦,明明能力很强,却又说不行,所以,同美国人交往,应该大胆说出自己的能力,不必谦虚客气。小张只要大大方方回答谢谢并且做好自己的导游工作就可以了。

美国旅游讲解

(一)地理环境

1. 国土地理

美利坚合众国(The United States of America)简称美国(U. S. A.),位于北美洲中部,东临大西洋,西濒太平洋,北邻加拿大,南靠墨西哥和墨西哥湾。美国全国分为50个州和一个直辖特区,其中48个州在本土,2个州在本土以外,即阿拉斯加州和夏威夷州。此外,还有关岛、美属维尔京群岛、塞班等美国领地和托管地。

美国地势东西高,中央低,可以分为三个地形区。东部是阿巴拉契亚山脉构成的古老山地及大西洋沿岸平原。西部是科迪勒拉山系构成的高原和山地,包括落基山脉、海岸山脉、内华达山脉、喀斯特岭以及一系列山间高原、盆地和谷地。中部为大平原,约占美国面积的一半,是美国最重要的农业地区。美国河流湖泊众多,水系复杂,其中密西西比河全长6 021 km,居世界第四位。北美洲中东部的苏必利尔湖、密歇根湖、休伦湖、伊利湖和安大略湖等五大湖为世界最大的淡水湖群,总面积约24.4万 km^2,素有"北美地中海"之称,其中,密歇根湖属美国,其余4湖为美国和加拿大共有。

2. 气候特征

美国幅员辽阔,地形复杂,各地气候差异较大,大体可分为5个气候区:东北部沿海的温带气候区、东南部亚热带气候区、中央平原为大陆性气候区、西部高原干燥气候区、太平洋沿岸的海洋性气候区。其中,佛罗里达半岛南端属热带;阿拉斯加州位于北纬60°~70°,属北极圈内的寒冷气候;夏威夷州位于北回归线以南,属热带气候。

🌱 小知识

美国塞班

北马里亚纳群岛由塞班、天宁、罗塔等17个大大小小的岛屿所组成,但有人居住的只有3个岛屿:塞班岛、天宁岛以及罗塔岛。塞班岛是北马里亚纳联邦的首府,面积约121.7 km^2,人口大约7.5万人。塞班岛旁边就是著名的马里亚纳海沟。1521年,西班牙著名的探险家麦哲伦在横跨太平洋的时候发现了这块位于西太平洋的岛屿,从此这岛屿成了西班牙的殖民地。几百年来群岛几经易手,先是被西班牙卖给了德国。在第一次世界大战结束后,德国作为战败国把群岛割让给了日本,至今岛上的很多老人仍会讲日语。在第二次世界大战中,这里发生了美国与日本之间的太平洋战争中最为重要的战役之一,同时也是最惨烈的一场战争。"二战"后由美国进行托管,托管期满的岛民公决结果使这里成了美国的一个联邦。湛蓝的海洋、白色的沙滩、美丽的珊瑚礁、灿烂的阳光以及淳朴的民风使这里成了旅游者的天堂。

(二) 人文概况

> **问题导入**
>
> 请自己查询有关介绍美国的书籍或网站,填写下表:

人口		英文名称		主要城市	
民族		主要宗教		首都	
语言		国花		与北京时差	
货币		国鸟		现任国家元首	

小知识

山姆大叔

1499年,意大利探险家Amerigo(拉丁语读音"亚美利加")来到美洲大陆,地理学家便以此名字来命名这块新大陆,意为"亚美利加发现的土地"。1776年英国人托马斯·潘恩创造了"美利坚合众国"这个国名。在英语中,亚美利加和美利坚为同一词"America",只是汉译不同,前者指全美洲,后者指美国。美国的绰号叫"山姆大叔"。据说1812年英美战争期间,美国纽约特罗伊城商人山姆·威尔逊(1766—1854)在供应军队牛肉的桶上写有"U. S.",表示这是美国的财产。这恰与他的昵称"山姆大叔"("Uncle Sam")的缩写("U. S.")相同,于是人们便戏称这些带有"U. S."标记的物资都是"山姆大叔"的。后来,"山姆大叔"就逐渐成了美国的代名词。19世纪30年代,美国的漫画家又将"山姆大叔"画成一个头戴星条高帽、蓄着山羊胡须的白发瘦高老人。1961年美国国会通过决议,正式承认"山姆大叔"为美国的象征。

1. 历史简述

北美广大原野原为印第安人和爱斯基摩人居住。15世纪末,西班牙、荷兰、法国、英国等开始向北美移民。英国后来居上,到1773年,英国已建立了13个殖民地。1775年爆发了北美人民反对英国殖民者的独立战争。1776年7月4日《独立宣言》发表,美利坚合众国成立。1788年乔治·华盛顿当选为第一任总统。1860年反对黑奴制度的共和党人亚伯拉罕·林肯当选总统。1862年爆发了南北战争。19世纪初,随着资本主义的发展,美国开始对外扩张。在1776年后的100年内,美国领土几乎扩张了10倍。第二次世界大战后,美国国力大增。早期的美国很欢迎外来的移民,这些移民为美国的发展做出了重要贡献。

小知识

美国的印第安人

印第安人是美洲的原住民。19世纪末哥伦布发现新大陆时,北美洲约有100万印第安人。印第安人奉行原始崇拜,图腾崇拜最为盛行。"图腾"一词来自印第安人的语言,意思是"它的亲族"。"图腾"是指标志或象征某一群体的动物、植物或其他物品。印第安人把与自己有密切关系的动植物当作自己的亲属,将其作为自己部落的保护神加以崇拜,并把它们雕刻在柱子上,即"图腾柱"。印第安人对农业贡献较大,玉米、南瓜、番茄等食物以及烟草都是印第安人最早栽培的。

2. 经济概况

美国有高度发达的现代市场经济,其国内生产总值居世界首位。在全国各地区,经济活动重心不一。例如:纽约市是金融、出版、广播和广告等行业的中心;洛杉矶是电影和电视节目制作中心;旧金山湾区和太平洋沿岸西北地区是技术开发中心;中西部是制造业和重工业中心,底特律是著名的汽车城,芝加哥是该地区的金融和商业中心;东南部以医药研究、旅游业和建材业为主要产业,并且由于其薪资成本低于其他地区,因此持续吸引了制造业的投资。

3. 文化艺术

早期的移民把欧洲文化带到美国。这些文化很快遍及美国各地。时至今日,美国已经成为世界文化的主流之一。许多美国艺术家们对于发展新的风格、新的自我表现方式甚至新的文化形式都做出巨大的贡献。

早在美国历史初期,美国就产生了许多杰出的作家。7个美国人曾经获得诺贝尔文学奖:剧作家尤金·奥尼尔与小说家索尔·贝娄、赛珍珠、福克纳、海明威、辛克莱·刘易斯以及斯坦贝克。如今,美国的文学作品被翻译为世界多种语言。

美国抽象艺术在20世纪50年代才确立它的地位。如今,美国的画家们仍然不断地尝试新风格,如波普艺术(意即风行普遍,或者是因为看来像海报,或是利用喜剧式的线条)、欧普艺术(引人注意的则是那些视觉幻象的图画)。

在美国的早期历史中,建筑一直是呈现美国风貌的。19世纪末,苏利文设计出摩天大楼。而怀特的想象力也影响世界各地的建筑师。如今,更多的美国建筑师利用钢筋、玻璃以及混凝土设计出宏伟而出色的建筑物。

美国人在默片时代中,首先把电影当作一种艺术表达形式。从那时开始,电影成了一种为全世界千百万人提供的最佳娱乐方式。从默片时代开始,电影演员就一直是国际上的名人,而卓别林更是世界上最早出名的电影明星之一。

小知识

爵士乐和摇滚乐

爵士乐是19世纪末20世纪初在美国新奥尔良发展起来的一种流行音乐,是美国本土产生的最有分量的艺术。它最早来自非洲音乐。17—18世纪,非洲黑人被贩运到北美做奴隶,用音乐来表达心中的痛苦。爵士乐保持了非洲音乐的传统,音乐与舞蹈相结合。布鲁斯音乐是爵士乐中最主要的一种音乐形式,形成于1900年左右,源自黑奴的劳动歌曲。摇滚乐始于1952年的一次布鲁斯音乐会上青年人欢呼跳跃的"摇滚"清醒,这一年也被称为"摇滚乐之年"。摇滚乐由爵士乐派生而来,歌声粗犷豪放,节奏感强烈。如今,摇滚乐已成为一种受美国人喜欢的流行音乐。

【练一练】

案例分析

赴美旅游的游客越来越多,许多人不适应美式快餐饮食,而且在快餐店里除了咖啡和袋泡茶外都是冰的饮品。美国人喜欢喝冰水,不管春夏秋冬,他们一概冰水伺候。很多老年游客都适应不了。而当地的接待人员也不能理解为啥每到一个地方,老年游客总是问是否有加开水的地方。

该如何理解这两种习俗差异?

二、民俗风情

➢ **案例导入**

老林租住在美国蒙大拿州波兹曼市一栋小独立屋里。一天早上,老林发现夜里下了大雪,大地银装素裹。雪虽然停了,但外面气温很低。平时冷清的街道却呈现出少有的热闹,邻居们一个个都穿着厚大衣,戴着帽子、手套,弯着腰,正在各自门前铲雪。由于要赶一个课题,老林就没有出去铲雪。到了中午,忽然一位警察来敲门,老林感到很惊讶,那位警察向老林说明了来意,由于老林家门前的积雪没及时铲掉结了冰,一位行人不慎摔倒受了伤,于是立刻报了警。老林委屈地说:"每天有那么多人从我家门前走过,行人不小心摔伤和我又有什么关系呢?""政府规定如果夜里下了雪,在早上9点以前就必须把自己家门前的雪清扫干净,可是直到中午12点您都没有出来扫雪,就凭这点行人就可以投诉您,不走运的是行人又在您家门前摔倒了,您按照规定必须承担一定的赔偿。"那位警察严肃地说。天下居然还有这样的规定,老林惊讶得睁大了眼睛。"一周内您将收到法院的传票,请按时出庭。"警察说完就礼貌地告辞了。这场官司打下来,老林支付了1 200美元的赔偿金,另外还因为没有及时清扫门前积雪缴纳了300美元的罚款,老林这时真是肠子都悔青了。您觉得这样的罚款合理吗?

案例导读:

各人自扫门前雪,美国、加拿大、德国、瑞士、奥地利和荷兰等国规定居民有义务清扫自家门前的积雪。这里所说的门前雪,不仅仅是自己家院子,还包括自家房子周围的人行道路。如果没有清理,就会带来麻烦。根据美国当地的法律,要在一定时间之前清理完毕。如果超过时间,可能就会收到政府部门的警告提醒,再不行动,将会收到每天250美元以上的罚款。当然,也有的是政府部门派人来清理,然后直接把账单寄给您,没有任何讲价的余地。如果因为没有及时清雪导致了他人在您门前的路上滑倒,那医疗费赔偿费可能都足以让您破产了!因此,每当下雪的冬日,这些国家的居民都会拿着铲子在屋前辛勤地劳动。

(资料来源:余平,美国人自扫门前雪,《新民晚报》,2013年4月29日。)

(一) 社交礼仪

美国一直被视为一个"大熔炉"。其人民分属不同的种族,来自不同的国家,然而他们却发展出共同的文化。大多数的人都顺应美国的习俗,遵循着它的传统。有一部分的外来者,仍遵循其祖先遗留下来的风俗与节庆,这有助于美国生活的多样性。

美国人在人与人间的交往上比较随便。朋友之间通常是不拘礼地招呼一声"hello",哪怕两个人是第一次见面,也不一定握手,只要笑一笑,打个招呼就行了。美国人之间,不论职位、年龄,总是尽量喊对方的名字,以缩短相互间的距离,并把它视为亲切友好的表示。美国人很少用正式的头衔来称呼别人。正式的头衔一般只用于法官、高级政府官员、军官、医生、教授和高级宗教人士等。

美国人使用体势语言比较多。耸肩而面带不高兴的表情表示惊讶,耸肩而面带笑容则表示肯定。食指和中指构成"V"字形,表示"胜利、加油、鼓励"的手势;拇指和食指构成"6"字形,表示"对、同意、很好"之意。美国人讲话时,身体随时都在动,但不失幽默感。美国人的手势语言丰富:有时会用手搭在您的肩膀上,表示肯定与鼓励;手掌朝上来回运动表示招呼人过来;单用食指表示挑衅或不礼貌的行为,但可用来招呼动物。

"残疾人优先、女士优先、老人优先、儿童优先"是美国人的习惯。因为他们是弱势群体,理应得到健康人士的照顾。从历史角度分析美国人尊重妇女的传统习俗,是受到欧洲中世纪骑士作风的影响。按照美国人的习惯,在社交场合,男子处处都要谦让妇女,爱护妇女。

美国人喜欢争论,不喜欢沉默。通过争论达成共识,达不成共识,通过举手或投票表决,少数服从多数。美国人拥有好冒险、好挑战、富于创造性的性格。美国人喜欢在当面或者在谈判桌子上拍板,而不喜欢在事后或私下找关系解决问题。美国人不喜欢串门,而喜欢在周末邀上一些合适的朋友一同外出观光、钓鱼、聚会等。

在美国,几个好友一起出门时,不会抢着付钱买车票、门票等。如果抢着付钱,也不会得到他们的感谢。这种做法会使美国人觉得欠了人情账,心理上很难受。美国人一起外出,总是各付各的费用,车费、饭费、小费无不如此。

在美国社会中,一切行为都以个人为中心。这种准则渗透在社会生活的各方面。人们日常交谈,忌谈有关年龄、婚姻状况、收入多少、宗教信仰、竞选中投谁的票等非常冒昧和失礼的问题。

美国人还十分讲究"个人空间"。和美国人谈话时,不可站得太近,一般保持在 50 cm 以外为宜。平时无论到饭馆还是图书馆,也要尽量同他人保持一定距离。不得已与别人同坐一桌或紧挨着别人坐时,最好打个招呼,问一声"我可以坐在这里吗?"得到允许后再坐下。

美国人很珍惜时间,浪费他们的时间等于侵犯了他们的个人权利。因此拜访美国朋友须预先约好,准备好话题,谈完事就告辞。如果送上点小礼物,他们会很高兴。客人没有得到主人的同意不能参观房间。

"I am sorry"和"Excuse me"都是"抱歉""对不起"的意思,但"I am sorry"语气较重,表示承认自己有过失或错误。如果为了客气而轻易出口,常会被对方抓住把柄,追究实际不属于您的责任,所以不能随便说"I am sorry"。

美国人把过谦视为虚伪的代名词。如果一个能操流利英语的人自谦说英语讲得不好,接着又说出一口流畅的英语,美国人便会认为他撒了谎,是个口是心非、装腔作势的人。所以,同美国人交往,应该大胆说出自己的能力,不必谦虚客气,否则,反而事与愿违。

小孩子犯了错,吐吐舌头显得天真可爱,成年人千万不可这样做。美国人认为在别人面前伸出舌头是一件既不雅观又不礼貌的行为,给人以庸俗、下流的感觉,甚至可以解释为瞧不起人。

美国人一般对气味很敏感,尤其讨厌闻到大蒜的气味。外出之前,如果吃过蒜,最好刷牙漱口。

(二) 饮食文化

1. 饮食特征

由于美国人生活节奏快,人们更注重效率和快捷,一般不在食物精美细致上下功夫。很多美国人习惯于吃快餐。早在20世纪50年代,快餐就开始风行美国,经过几十年的发展,各式各样的快餐业遍布美国各地。人们最常吃的快餐是热狗、汉堡包、三明治以及速溶咖啡。美国人早餐一般是烤面包、麦片及咖啡,或者牛奶、煎饼。午餐一般是家中带来的或是快餐店买的三明治,汉堡包,再加一杯饮料。晚餐是美国人较为注重的一餐,常吃的主菜有牛排、炸鸡、火腿,再加蔬菜,主食有米饭或面条等。美国饮食努力的发展方向是向速食发展,蔬菜大都生吃,菜肴味道喜欢清淡。美国典型的民族风味菜肴有东北部的蛤肉杂烩、宾夕法尼亚州的飞禽肉馅饼、西南部的烤肉排骨、南部的烤玉米粒和夏威夷的"波伊"等。

2. 饮食禁忌

在餐厅及人多的公共场所用餐要避免大声喧哗,以免打扰别人。一盘吃完后,可将刀叉并排放在盘上。吃自助餐时切忌浪费,否则被视为不礼貌行为。美国人习惯喝点加冰的饮料、葡萄酒,大型宴会喝鸡尾酒,一般不喝烈性酒。美国人饮酒,多自饮自斟,不向别人劝酒,也不能替他人取菜。相互敬酒适可而止,尤其不宜饮酒过量,造成失态。切忌自带酒在餐厅饮用。喝酒,不能大口大口地喝,不能发出响声。同样吃食物及喝汤时不可出声,否则他们认为是不雅观的行为。美国人忌食动物内脏,不爱吃蒜,不爱吃过辣的食物。

小知识

美国人待客

美国人一般乐于在家中宴请客人,待客的家宴讲究经济实惠、不摆阔气、不拘泥形式。通常的家宴是一张长桌子上摆着一大盘沙拉、一大盘烤鸡或烤肉、各种凉菜、一盘炒饭、一盘面包片以及甜食、水果、冷饮、酒类等。在餐桌上,女主人动手开始就餐后,客人才能用餐。受款待后,要给主人打电话或寄一张卡片表示谢意。

(三) 节庆风情

1. 美国独立日

独立日是美国的主要法定节日之一,为每年7月4日,以纪念1776年7月4日大陆会议在费城正式通过《独立宣言》。这一天也是美国的国庆日。在这天,美国会举办许多活动,其中最重要的就是敲响位于费城的自由钟,在各地也会举行各项庆祝活动,如花车游行、节日游行等。

2. 感恩节

每年11月的最后一个星期四是感恩节。感恩节是美国人民独创的一个古老节日,也是美国人全家欢聚的节日。感恩节的由来要一直追溯到美国历史的发端。1620年,著名的"五月花"号船满载不堪忍受英国国内宗教迫害的清教徒到达美洲。在饥寒交迫之中,心地善良的印第安人帮助了他们。按照宗教传统习俗,移民规定了感谢上帝的日子,并决定为感谢印第安人的真诚帮助,邀请他们一同庆祝节日。美国独立后,感恩节成为全国性的节日。

在节日里,家人团聚,吃着传统风味的火鸡,沉浸在亲情之中。而城乡市镇到处举行化装游行、戏剧表演和体育比赛等。

(四) 旅游纪念品

1. 花旗参

提起美国物产,很多人会想到花旗参,威斯康星州被誉为"花旗参的老家",全美90%以上的花旗参都产自这里。威斯康星州出产的花旗参,八成以上以原料形式(根状)出口世界各地。

2. 电脑产品

硅谷聚集了全美国甚至全世界顶尖的电子设备人才,这里也有全世界众多的数码设备。

3. 篮球用品

美国是世界公认的篮球之国,篮球水平处于世界领先位置。因此,篮球装备数量和质量也是世界上名列前茅的,游客可以在这里买到最新的篮球鞋、篮球用品和球衣等。

4. 印第安人传统工艺品

欧洲殖民者到来后,印第安人留下的东西已经很少了。但现在还是有少量的印第安人在美国生活着,他们传承着祖先留下来的文化,而这些文化恰是靠着手工艺品作为载体的,代表性的有巴拿马草帽、披肩饰品、印有印第安图腾的各种器件。

小知识

牛 仔 裤

1848年,美国西部的加利福尼亚发现金矿,掀起了淘金热。有个叫利维·斯特劳斯的犹太人也赶到加利福尼亚,他原来是个布商,发现淘金的人穿的棉布裤子非常容易破烂,就用带来的做帐篷车篷的帆布裁制出裤子,裤子设计成低腰、直筒、紧臀围的式样,大受淘金工人欢迎,并在牛仔中间广为流传。1853年,利维·斯特劳斯手中诞生了第一条日后被称为"牛仔裤"的帆布工装裤。1872年,利维·斯特劳斯申请了牛仔裤的生产专利,后来成为牛仔裤大王。

【练一练】

案例分析

安妮和麦克是美国人,圣诞节期间来中国旅游。作为他们的中国朋友,小丽和小青热情地陪他们在中国旅游,一路总是抢着付钱买车票、门票等。然而安妮和麦克并没有感谢,反而心里觉得不舒服。他们买东西总是各付各的费用,车费、饭费、小费无不如此。

想一想:小丽和小青有什么地方做得不对?为什么安妮和麦克不但没有感谢,反而心里觉得不舒服?

三、主要旅游城市及旅游景点

▶ **案例导入**

陈先生带孩子去美国加州旅游,孩子在路上耍脾气,陈先生非常生气,正想当众教训他,同行的朋友制止了他,为什么公共场合不能教训自己的孩子?

案例导读：

美国一直强调个人的独立和自主性，即便是对未成年儿童进行教育也不能动用打骂等手段，不然邻居听到就可以起诉家长虐待孩子。如果孩子不懂事，在幼儿园向老师告发父母打骂的话，或者老师发现孩子身上有乌青，有关部门就会立刻介入。时常有家长因为体罚孩子而被警察带走的事情发生。情节严重的，父母甚至会丧失抚养权。在美国未成年人是社会的弱势群体，如果父母有虐待孩子的行为，那么公权机关就必须保障这些未成年孩子的权益。

因此，旅游者在欧美等国家旅游，在公共场合也不能随意打骂自己的孩子。法律规定不能打孩子，只能给他们讲道理。不然，警察就要管"闲事"了，还有可能影响到整个行程。

（一）华盛顿特区（Washington District of Columbia）

首都华盛顿全称是"华盛顿哥伦比亚特区"，缩写为华盛顿D.C.，是为了纪念开国元勋乔治·华盛顿和发现美洲新大陆的哥伦布而命名的。作为"国家的心脏"，华盛顿经常受到世界各国的瞩目。而法国名建筑师皮埃尔·朗法为它所设计的都市计划，则使它成为全世界有数的美丽都市之一。华盛顿是世界各国少有的仅以政府行政职能为主的现代化大城市，白宫、国会、美国最高法院等政府机构均设在这里。华盛顿被认为是美国标志性的旅游胜地，市内数百处纪念建筑物、纪念碑、雕像等大都与历届总统有关，如华盛顿纪念碑、林肯纪念堂、杰斐逊纪念堂等。

1. 国会大厦

国会大厦是美国国会的办公大楼，因坐落在一处高约 30 m 的高地上，故名"国会山"。1793 年，华盛顿曾亲自为大厦奠基。圆顶建筑呈半球形，为华盛顿的制高点，也是华盛顿的象征。国会大厦的圆顶已经成为电视中美国政治新闻报道的最佳背景，四年一度的总统就职典礼在主楼的平台上举行。美国参、众两院构成的国会就在这里举行会议。国会大厦内天花板与墙壁上绘满了以建国史为题材的壁画。国会大厦可自由前往参观，也可参加有向导做说明的观光团。国会大厦东侧的国会图书馆是世界上最大的图书馆之一。

2. 白宫

白宫（图 5-1）是美国总统府所在地。白宫的基址是美国开国元勋、第一任总统乔治·

图 5-1 白宫

华盛顿选定的,始建于1792年,1800年基本完工。最先使用此官邸的是美国第二任总统约翰·亚当斯。从此,美国历届总统均以白宫为官邸,使白宫成了美国政府的代名词。白宫的设计者是著名的美籍爱尔兰人建筑师詹姆斯·霍本。白宫分主楼和东西两翼,总统办公室呈椭圆形,南草坪是欢迎国宾的场所。根据白宫支出由全体纳税人担负的原则,白宫的一部分在规定时间内向全世界开放,因此成了游人观光的热点。

(二) 纽约(New York)

美国第一大城市和第一大商港,它不仅是美国的金融中心,也是全世界金融中心之一。纽约由曼哈顿、布朗克斯、布鲁克林等5区组成。其中,曼哈顿是纽约的核心和象征,美国的金融中心,有"纽约市的心脏"之称。位于曼哈顿的华尔街(Wall Street)是美国财富和经济实力的象征,也是美国垄断资本的大本营和金融寡头的代名词,美国最大的500家企业中,有1/3以上把总部设在这里。纽约是摩天大楼最多的城市,代表性的建筑有帝国大厦、克莱斯勒大厦、洛克菲勒中心等,纽约也因此有了"站着的城市"之称。纽约还是美国文化、艺术、音乐和出版中心。纽约的旅游景点主要有帝国大厦、自由女神像、联合国总部大厦、时代广场、中央公园、百老汇、华尔街、大都会博物馆等。

1. 帝国大厦

帝国大厦和自由女神像一起被称为纽约的标志。1931年建成,高达102层的超高大厦,长期以来象征着纽约摩天大楼。至今,这座装饰艺术派的杰作仍然是曼哈顿最特别的一道风景。在第86层和102层上有一展望台,天气晴朗时,可以眺望周围约80.47 km以内的景色。

2. 自由女神像

举世闻名的自由女神像(图5-2),高高地耸立在纽约港口的自由岛上。这是1876年法国送给美国建国100周年的生日礼物。自由女神像重约20.412万kg(45万磅),高46 m,基座高27 m,是当时世界上最高的纪念性建筑,其全称为"自由女神铜像国家纪念碑",正式名称是"照耀世界的自由女神"。自由女神像内部中空,可搭电梯直达神像头部。此外,基座还设有美国移民博物馆。

图5-2 自由女神像

3. 联合国总部大厦

现代世界史与联合国密切相关。联合国总部大厦是世界各国的"大家庭",每年世界上许多大事情都在这里展开讨论并最终得以解决。联合国成立于1945年。1946年,美国纽约富商洛克菲勒出资买下曼哈顿的大片街区赠予联合国,希望能把联合国总部留在纽约以巩固纽约的世界地位。联合国的6个主要机构,除了国际法院外,均设在这里。因此联合国总部大厦被视为联合国的象征。免费参观联合国的活动始于1952年,目前联合国已成为纽约重要的观光点之一。

(三) 旧金山(San Francisco)

旧金山又称"圣弗朗西斯科""三藩市",位于加利福尼亚州西北部,美国西海岸中点,是太平洋沿岸仅次于洛杉矶的第二大港口,它是美国太平洋西岸的大商港,也是美国西部的金融中心,素有"西海岸门户"之称。旧金山原为西班牙的一个殖民据点,1847年墨西哥人来后以西班牙文命名圣弗朗西斯科,1848年,附近地区发现金矿,大批淘金者涌入,城市迅速发展。今天的旧金山以拥有滨海山城的优美景色、丰富多彩的风情和温和宜人的气候而成为一个度假天堂。

1. 金门大桥

横跨金门海峡的金门大桥(图5-3)建于1937年,是世界上最大的单孔吊桥之一,也是旧金山的象征。金门大桥全长2 656 m,以气势雄伟被誉为全美国最美丽的大桥。金门大桥在桥梁建筑学上也是一个创举,它不是利用桥墩支撑桥身,而是利用桥两侧的弧形吊带产生的巨大拉力,把沉重的桥身高高吊起。金门大桥的设计者是工程师斯特劳斯。人们把他的铜像安放在桥畔,用以纪念他对美国做出的贡献。如今金门大桥是世界上无数桥梁中最繁忙的桥梁之一,每天约有10万辆汽车从桥上驶过。

图5-3 金门大桥

2. 有轨缆车

旧金山市中心的怀旧有轨缆车由苏格兰工程师于1873年设计的,又名"叮当车",被誉为是行驶中的"活历史"。旧金山的有轨缆车有三条线仍在运营,旧金山西部的诺布山和俄罗斯山是全市最贵的住宅区,缆车经过这些小山丘的顶部时,可饱览旧金山的全景。

(四) 洛杉矶(Los Angeles)

洛杉矶位于充满阳光的西海岸,是仅次于纽约的美国第二大城市。洛杉矶意指"天使之城",坐落在一个三面环山、一面临海的开阔盆地中,一年四季阳光明媚,干燥少雨,气候温和宜人。当地人常用昵称"L. A"或用"南方"称呼洛杉矶。洛杉矶是美国科技的主要中心之一,拥有科学家和工程技术人员的数量位居全美第一,享有"科技之城"的称号。近年来,洛杉矶的金融业和商业也迅速发展,是仅次于纽约的金融中心。洛杉矶还是美国的文化娱乐中心。闻名遐迩的"电影王国"好莱坞、引人入胜的迪士尼乐园和峰秀地灵的贝弗利山庄使洛杉矶成为一座举世闻名的"电影城"和"旅游城"。

1. 好莱坞

加州是影音艺术的殿堂、世界娱乐产业巨头的首都、时尚潮流的标杆、大明星们出入的大本营,更是全球影迷歌迷魂牵梦萦的圣地。20世纪福克斯、哥伦比亚公司、环球公司、WB(华纳兄弟)等电影巨头都汇集在好莱坞的范畴之内。主要旅游景点有好莱坞大道(Hollywood Boulevard)、星光大道(Walk of Fame)、格劳曼中国剧院(Mann's Grauman's Chinese Theatre)、奥斯卡颁奖典礼的柯达剧场(Kodak Theatre)和好莱坞环球影城等。

2. 迪士尼乐园

迪士尼乐园是由美国动画片大师沃尔特·迪士尼1955年推出的世界上第一个迪士尼主题乐园,也是世界上第一个现代意义的主题公园。它以丰富的想象力设计出的人间幻境招徕游客。

(五) 其他著名的旅游地

1. 拉斯维加斯(Las Vegas)

拉斯维加斯(图5-4)别名"世界娱乐之都",是美国内华达州的最大城市,以庞大的旅游、购物、度假产业而著名,是世界知名的度假胜地之一。拉斯维加斯是一座从沙漠里建起来的神奇城市。经过100多年的发展,凭借温和的冬季气候和紧邻洛杉矶地区和盐湖城之间繁忙的15号州际公路的有利位置,每年吸引近4 000万名的游客造访。

图5-4 拉斯维加斯

2. 夏威夷(Hawaii)

夏威夷由夏威夷群岛所组成,位于北太平洋中,距离美国本土3 700 km。夏威夷州的首府——檀香山(Honolulu),以洁白海滩美景闻名世界的威基基海滩(Waikiki Beach)以及钻石山(Diamond Head)都位于欧胡岛。欧胡岛的檀香山国际机场是出入夏威夷州的大门。

夏威夷拥有全世界最活跃的火山和全世界最高的海洋高山,是现代冲浪、呼啦舞和夏威夷地方美食的发源地,前国王的王室所在地,也是美国本土唯一的皇家官邸所在地。夏威夷是全世界地质构造最年轻的地区之一,也是美国最年轻的州。

3. 科罗拉多大峡谷(Grand Canyon)

科罗拉多大峡谷是世界闻名的大峡谷,被称为美国的象征,位于亚利桑那州的西北部。它是科罗拉多河旧时河谷的一部分。大峡谷由科罗拉多河侵蚀切割而成,峡谷两岸随处显露着形成于不同地质年代的地层断面,自谷底到北壁峰顶分成四个各不相同的气温层与植物带,是一部生动的"地质教科书"。1919 年,威尔逊总统批准将它辟为国家公园。1979 年联合国教科文组织将大峡谷国家公园列入世界自然遗产名录。

4. 尼亚加拉大瀑布(Niagara Falls)

尼亚加拉大瀑布(图 5-5)源自印第安语,意为"雷神之水",位于加拿大安大略省和美国纽约州的交界处,距离纽约州第二大城市布法罗仅 32 km,是世界著名的奇观,它与南美的伊瓜苏瀑布及非洲的维多利亚瀑布合称世界三大瀑布。在这里,尼亚加拉河跌下一个 52 m 高的悬崖,创造出全世界最宏伟的自然奇观之一——尼亚加拉大瀑布。尼亚加拉大瀑布由两部分汇合而成。一是美国境内的"美国瀑布"(American Falls)和新娘面纱瀑布(Bridal Veil Falls),一是加拿大境内的"马蹄瀑布"(Horseshoe Falls)。三个瀑布奔腾交织在一起,从高达 35~58 m 的峭壁上倾注而下。尼亚加拉瀑布以美丽的景色、巨大的水利发电能力和极具挑战性的环境保护工程而闻名于世,是受游客欢迎的旅游景点。

图 5-5 尼亚加拉大瀑布

5. 黄石国家公园(Yellowstone National Park)

目前美国有 63 个国家公园,黄石国家公园是其中最大、最著名的一个,1978 年被列为世界自然遗产。它是 1872 年美国总统格兰特签字同意开发的,是美国也是世界上第一个由政府主持开辟的国家公园,游客可驾车游玩。黄石国家公园最使游客感兴趣的是数以千计的温泉、喷泉和一座座泥山。此外,黄石国家公园还是野生动物的天堂,熊为其象征。每年 6 月下旬至 9 月中旬,白天一般为 21℃,是去黄石国家公园游玩的最好季节。

小知识

经典线路：美西经典国家公园之旅

第1天　洛杉矶—拉斯维加斯—圣乔治

清晨我们将从洛杉矶出发，远离城市的喧嚣，开始7天的精彩旅程。大巴沿15号高速往北行，进入北美最大的沙漠——莫哈韦沙漠。午餐过后，我们抵达拉斯维加斯，您可以在市内观光。黄昏时分，我们将抵达圣乔治，并在那里留宿一晚。

第2天　葛兰峡谷水坝—布莱斯峡谷—盐湖城

早上我们前往位于科罗拉多河上的葛兰峡谷水坝参观。您可以选择荡舟湖上，湖岸由96个峡谷组成。穿过一座石拱门，我们就来到了布莱斯峡谷国家公园。漫步于这些自然奇观中是世间一大乐事。晚上我们将在犹他州的首府盐湖城度过一晚。

第3天　杰克逊—大提顿国家公园—黄石国家公园

早餐后前往黄石公园，途经著名牛仔州——怀俄明州。一路上可见辽阔的草原，悠闲的牛群、羊群，午餐后，沿着蛇河河谷进入大提顿国家公园。高耸入云的山峰，覆盖着千年的冰河，犹如进入人间仙境。随后进入黄石公园，沿途可发现成群的美洲水牛及麋鹿等着游客为它们拍照，仿佛进入野生动物园。夜宿黄石国家公园。

第4天　黄石国家公园—盐湖城

上午游览黄石国家公园，浪漫的黄石湖、宏伟秀丽的峡谷、万马奔腾的黄石瀑布、奇妙的老忠实喷泉、神秘的巨象温泉分布在这古老火山高原及全美最大的野生动物保护区，黑熊、灰熊、高角鹿和多种稀有水鸟以此为家。夜宿盐湖城。

第5天　盐湖城—宾汉铜矿—拉斯维加斯

早上前往犹他州首府——盐湖城。抵达后参观犹他州政府大厦及市区观光，随后前往全美最大盐湖及全世界最大的宾汉露天铜矿。下午前往世界知名的拉斯维加斯，晚上可以欣赏五光十色的夜景，金碧辉煌的威尼斯酒店，计算机幻灯天幕表演，音乐喷泉水柱表演等。夜宿拉斯维加斯。

第6天　胡佛水坝—大峡谷西缘—拉斯维加斯

早晨驱车前往美洲最高的胡佛水坝，遥望北美最大的人工湖密德湖，然后前往世界七大奇景之大峡谷，参观位于大峡谷西缘的一大新建筑物"玻璃桥"，它悬空于海拔约1 219.2 m（4 000英尺）之上，可以从这块用玻璃制成的平台上，欣赏720度大峡谷壮丽景色及感受大自然的神奇伟大。您更可以乘坐直升机抵达谷底乘坐观光船观赏其壮丽景色，傍晚返回拉斯维加斯。

第7天　拉斯维加斯—洛杉矶

清晨离开拉斯维加斯，返回洛杉矶。

【练一练】

主题旅游线路设计

美国和加拿大都是旅游业非常发达的国家。自2008年美国、2010年加拿大正式成为中国出境旅游目的地国家以来，中国赴美国和加拿大游客大幅增长。随着美国游深入化，主题游和私人定制产品数量增加。赴美国旅游的中国游客逐渐从走马观花的东西海岸转向深入游览。赴美国的年轻族群越来越多,其中30~40岁的游客比率显著增加。这个族群主要消费中、短线及与休闲、购物、观光和主题活动相关的产品,此外,暑假美加的游学旅游也有一定份额。

一群即将毕业的高中生想考察美国学校、美国文化以及经典景点,请为这些中学生设计一条有特色的美国游学线路。

主题二　加拿大(Canada)

一、国家概况

> **案例导入**

在加拿大著名旅游胜地班芙国家公园内,有位游客为吸引灰熊走近以便拍照,从旅游大巴上扔下三明治肉馅。投喂事件引起不少加拿大媒体跟进报道,造成不良影响。接受采访的公园管理人士就此说,该行为"让人震惊"和"心碎"。

请问这是为什么?

案例导读:

灰熊一旦习惯取食游客乱扔的食物后,行为可能发生反常,并给游客带来危险,所以游客投喂行为在加拿大是被国方严格禁止的。灰熊行为发生反常后会被"人道消灭"。按照加拿大法律规定,这种行为最高可被判罚2.5万加元(约合15万元人民币)。

(一) 地理环境

1. 国土地理

加拿大面积为998万 km^2,仅次于俄罗斯,是世界国土面积第二大国。加拿大位于北美洲北部(除阿拉斯加半岛和格陵兰岛外,整个北半部均为加拿大领土)。它东临大西洋,西濒太平洋,西北部邻美国阿拉斯加州,南接美国本土,北临北冰洋达北极圈。海岸线约长24.4万 km,是世界上海岸线最长的国家,加拿大人习惯称自己的国家是"从海洋到海洋"的国家。

加拿大整个国土位于高纬地区,是典型的"北国风光"。加拿大也是世界上地形最复杂的国家之一,地势东西高、中间低。东南部多为低山和丘陵,与美国接壤的五大湖和圣劳伦斯地区地势平坦;中部为大平原区,约占全国面积的一半;西部为科迪勒拉山系,是加拿大地势最高的地区,有许多海拔4 000 m以上的高峰,包括落基山脉、海岸山脉,最高峰洛根峰海拔5 959 m;中部为大平原。加拿大境内有众多湖泊,面积占全国总面积的8%,是世界上湖泊最多的国家之一。著名湖泊有圣劳伦斯河和美加交界处的五大湖等。

2. 气候特征

加拿大位于北半球的高纬度地带,约有1/5的领土位于北极圈内,近一半的国土面积为冻土。加拿大国土辽阔,各地气温差异较大。加拿大冬季比较漫长,1月份2/3地区的气温在 −18℃左右,北部地区一年仅两三个月温度在0℃以上。南部气候温和,四季分明。

西海岸由于受太平洋暖湿气流的影响,夏季凉爽干燥,冬季温和潮湿。秋季是加拿大最漂亮的季节,漫山遍野的枫叶使加拿大有了"枫叶之国"的美誉。

小知识

枫叶之国

作为加拿大主体文化的标识和加拿大的象征,枫叶已深深融入其多元文化之中,并使全体加拿大人引为自豪。在欧洲移民进入加拿大之前,印第安人发现枫树汁味甘可食,遂采集饮用。很快,因纽特人等部落的原住民也效法利用枫树这一功能,并视枫树为幸运之树,将枫叶看作他们生长繁衍的这方土地的象征。枫树采集炼制成的枫糖浆等纯天然食品成为加拿大特色产品。1834 年,鲁杰·杜夫内提议将枫叶定为加拿大的徽标;1860 年多伦多为欢迎威尔王子,决定将枫叶作为加拿大国家徽标。数年后,加拿大著名诗人亚历山大·莫尔创作了《永远的枫叶》。1920 年,加拿大铸造的首枚面值一分的流通硬币背面是象征加拿大的两片枫叶。1921 年,英国国王乔治五世钦定红白两色为加拿大国旗的颜色,国旗中间是鲜红的枫叶,通过枫叶寄托对祖国的情思和对美好家园的热爱。从魁北克到尼亚加拉大瀑布,行程 800 km,是加拿大有名的枫树大道黄金旅游线路。多伦多、金斯顿、渥太华、蒙特利尔等大城市都分布在这条枫树大道上。

(二)人文概况

> **问题导入**
>
> 请自己查询有关介绍加拿大的书籍或网站,填写下表:

人　口		英文名称		主要城市	
民　族		主要宗教		首　都	
语　言		国　花		与北京时差	
货　币		国　鸟		现任国家元首	

1. 历史简述

加拿大是一个非常年轻的国家,有文字记载的历史不超过 500 年。加拿大一词原意为"村落、小房或棚屋"。1535 年法国探险家卡蒂埃到此,问印第安人此地名称,酋长答"加拿大",意指附近的村落。卡蒂埃误认为是指整个地区,从此便称之为加拿大。另一说法是,1500 年葡萄牙探险家科尔特雷尔到此,见到一片荒凉,便说"Canada!"意为"这儿什么也没有"。加拿大的历史是一部移民史。最早的居民是远古时期从亚洲东北部越过白令海峡来到美洲的印第安人和因纽特人。从 16 世纪起,加拿大沦为法、英殖民地。1756—1763 年,英法在加拿大爆发战争,法国战败,将殖民地割让给英国。1848 年英属北美殖民地成立了自治政府。1867 年 7 月英国议会通过"不列颠北美法案",将新斯科金、新不伦瑞克和上下加拿大合并成一个联邦,称加拿大自治领地。1870—1949 年其他省陆续加入。1926 年英国承认加拿大在外交上的独立。1931 年加拿大成为英联邦成员国。1982 年 3 月英国通过《加拿大宪法法案》,法案经女王批准,加拿大从此获得了立法和修宪的全部权力。

小知识

加拿大——移民的国度

加拿大是一个环境优美、生活富裕的国家,拥有完善的教育及社会福利制度。加拿大是高福利国家,有健全的社会福利体系。如家庭津贴:凡有18岁以下儿童少年均可享受,具体金额视家庭收入高低而定;日托津贴:若小孩父母均工作或均上学,又不能付日托全费,可申请日托津贴;失业保险:多数在加拿大工作的人都受失业保险保障,失业可领取失业保险金;养老金:65岁以上,在加拿大居住满10年,可领取全额养老金;退休金:在工作期间供纳退休金税的人士,可申请退休金;医疗保险:加拿大实施全民保健计划,居民享受免费医疗服务。根据联合国对环境、人均国民生产总值、人均收入、教育就业和生活水平等20个方面的综合评估,加拿大在联合国的193个国家中名列第一,连续7年,加拿大被联合国评选为世界上最适宜居住的国家之一。加拿大又是一个移民国家。17世纪初,第一批欧洲殖民者定居加拿大。时至今日,加拿大执行着西方发达国家中宽松及灵活的移民政策,每年有十余万技术人才及商业人士移居加拿大。移民的权利在加拿大宪法中得到充分保障,各民族在多元文化中相处融洽。加拿大致力于保存其多文化、多种族风格;除了原来的加拿大人,其他移民族群来自世界各地,都还是以他们原有的生活方式共存在这一大片土地上。加拿大在文化上的宽容,形成了其特殊的风情,也提供游客多样化的旅游环境,但这也使得加拿大人本身的形象模糊许多。

2. 经济概况

加拿大是西方七大工业化国家之一,制造业、高科技产业、服务业发达。加拿大以贸易立国,经济上受美国影响较深,对外资、外贸依赖很大。资源工业,如森林业、采矿业、能源业、农业及渔业是加拿大传统的重要经济支柱。加拿大的旅游业也十分发达,在世界旅游收入最高的国家中排名第九。加拿大是全球最重要的教育枢纽之一,教育也是加拿大其中一个最重要的经济产业,每年吸引不少来自世界各地的留学生前来学习,不仅为国家带来丰厚的外汇,也为这个属知识型经济体系的国家吸纳不少人才。

3. 文化艺术

土著人文化是唯一真正属于加拿大自己的本土文化。因为加拿大其他的文化都是由来自世界各地的移民引进的。加拿大的城市融合了欧洲、亚洲、拉丁美洲和非洲的各种文化。例如,温哥华是众多的亚裔人聚居之地;多伦多融合了欧、亚及其他文化;魁北克则为北美洲添上一份英、法双语的欧洲风味。"马赛克"式的民族人口结构和文化的多元性是加拿大的基本国情。1988年加拿大通过了《多种文化法案》,从而使加拿大的多元文化得到了正式承认,加拿大政府尽力为一切愿意发展自己文化传统并为加拿大做贡献的群体提供财政资助。2003年,加拿大政府确定每年6月27日为加拿大多元文化节,以促进加拿大多民族文化的共同发展。

音乐在加拿大一直占据着突出的地位。加拿大人超越了民族和文化的限制,创造出闻名于世的音乐成就。布莱恩·亚当斯、席琳·迪翁和莱昂纳多·科恩都广受世界各地摇滚歌迷的欢迎。在蒙特利尔举办的举世闻名的一年一度的爵士音乐节是所有爵士乐迷必去之处。

加拿大的文学崛起较晚。20世纪上半叶,加拿大的文学进入全面发展的时期,出现了一批优秀的现实主义小说,其中露西·莫德·蒙哥马利(1874—1942年)的长篇小说《绿山墙里的安妮》是加拿大作家写的最畅销的一本书。2013年诺贝尔文学奖获得者艾丽斯·门罗(Alice Munro)是加拿大著名女作家,以短篇小说闻名全球,被誉为"当代最伟大的短篇小说家",入选美国《时代》周刊"世界100名最有影响力的人物",她的短篇小说集有《逃离》等。

【练一练】

案例分析

2010年,加拿大成为中国游客的新旅游目的地。张静一直渴望前往加拿大旅游,就咨询当地出境社的领队小王关于加拿大名为枫树大道的著名东加拿大黄金观光线。小王只是解释了加拿大为何具有"枫叶之邦"的美誉,没有介绍自9月第三周起加拿大的枫叶红遍从魁北克到尼亚加拉800 km的游览线,以及这条"传承之路"上的蒙特利尔、多伦多等城市和著名的枫糖节。张静不满意领队小王的解释,放弃了参加这家旅行社组织的团队。

想一想:小王的推荐存在什么问题?如果您是小王,该如何应答客人的此类询问?

二、民俗风情

(一) 社交礼仪

在与初识的人见面时,一般应与对方紧紧握手,挥手或点头致意也是不错的选择。在讲法语的社交场合,则使用与法国相近的礼仪,如吻颊、拥抱等。亲吻和拥抱礼虽然也是加拿大人的礼节方式,但它仅适合于熟人、亲友和情人之间。

加拿大人很多事情要事先预约。公事要预约,私事也要预约,找工作面谈、请客,甚至去朋友家串门都要预约,不速之客是不受欢迎的。

加拿大人认为吐痰是极为失礼的行为。如果您想清一清喉咙,该去洗手间或使用纸巾。未满六岁的儿童应由家长陪同上洗手间,即使是婴儿和儿童,在公共场所小便都是违法的。许多加拿大人认为哺乳和换尿片是不应公开的行为,有些人甚至会觉得反感。许多公共场所洗手间内都设有哺乳室及婴儿换尿片的地方。

加拿大人习惯拥有较大的个人空间,习惯于在购物付款、银行存款和等车时排队。一般要遵守先到先得的规则,因此,轮候服务时一定要有耐心。加拿大人不喜欢别人插队。拉开门,让您后面的人先通过,会受人赞赏。您也许会觉得加拿大的生活节奏更为缓慢。但加拿大人认为最好的服务是友善而非快捷,办事多花点时间又有何妨。

为了避免出现不愉快场面,与加拿大人交往要注意:不要问对方的私人生活和工资收入;不要问女士的年龄和体重;不要在对方名字前加"老"字;不要在人家里或办公室内随意抽烟;不要对人家的宠物公然表示厌恶等。

在加拿大,白色的百合花主要被用于悼念死者,因其与死亡相关,所以绝对不可以作为礼物送给加拿大人。红、白两种色彩深得加拿大人的广泛喜爱,并且被正式定为加拿大的国色。

加拿大人大多数信奉新教和罗马天主教,少数人信奉犹太教和东正教。他们忌讳"13""星期五",认为"13"是厄运的数字,"星期五"是灾难的象征。

小知识

加 拿 大 人

作为一个多民族的移民国家,加拿大的文化特征是各民族宽容待人、和睦相处。加拿大人热情好客、待人诚恳,平易近人喜幽默,谈吐风趣爱说笑。加拿大人生活习性包含着英、法、美三国人的综合特点。他们既有英国人那种含蓄,又有法国人那种明朗,还有美国人那种无拘无束的特点。他们喜欢现代艺术,酷爱体育运动,尤其是冬季冰雪运动。加拿大是世界上驰名的"枫叶之国"。加拿大人民对枫叶产生了极其深厚的感情,视枫叶为国宝、友谊的象征和祖国的骄傲。他们还偏爱白雪,视白雪为吉祥的象征,常用筑雪墙、堆雪人等方式来助兴,认为这样可以防止邪魔的侵入。加拿大人特别喜欢客人赞扬他们美好的国家和勤劳智慧的人民。加拿大的因纽特人,性格乐观,慷慨大方,友善和气,喜欢说笑,异常好客,被喻为是世界上"永不发怒的人"。

(二)饮食文化

1. 饮食特征

在加拿大东西为海所夹的广阔国土上,有着无数的湖泊和河流以及适合于农产牧畜的土壤,物产富饶,如卡尔加里野味驯鹿肉、艾伯塔的特色牛肉;两大洋岸的鳕鱼、鲑鱼;淡水湖和河流中盛产的鳟鱼、鲈鱼等;大西洋沿岸的纽芬兰岛和爱德华王子岛所产的龙虾、大西洋鲑鱼、贻贝、海扇等海鲜和加拿大的特产枫糖浆。

总体上来说,加拿大人的饮食习惯与英、法两国较为接近,偏爱法式菜肴。在口味方面,加拿大人比较清淡,爱吃酸、甜之物,不喜辣味,以食肉为主,黄油、奶酪必不可少。加拿大人在饮食上的一大独特之处是特别爱吃烤制的食品,如烤牛排、烤鸡、烤土豆。加拿大人习惯餐后喝咖啡和吃水果。与欧洲人相比,加拿大人喝酒不多。加拿大人喜欢喝凉水,无论档次高低的宴席,加冰块的凉水总占一席之地。

2. 饮食禁忌

在饮食上,忌吃虾酱、鱼露、腐乳和臭豆腐等有怪味、腥味的食物;忌食动物内脏和脚爪;也不爱吃辣味菜肴。

加拿大人在餐桌上讲究很多。用餐时一般使用刀叉。对于在餐桌上吸烟、剔牙的人,加拿大人是看不惯的。在用餐的整个过程中,他们没有用热毛巾擦脸的习惯。实行分餐制,不能发出太大的声音,嚼东西不要张开嘴等。切忌在自己的餐盘里剩食物,他们认为这是一种不礼貌的行为。

(三)节庆风情

1. 枫糖节

每年3月为枫糖节是加拿大民族的传统节日。加拿大人民热爱枫树并把枫叶作为加拿大的象征。在加拿大的枫树品种中,最著名的一种叫"糖枫",它的树叶含糖量达3.5%,可熬制香甜的"枫糖浆",制作"太妃糖"。据说,在300年前,是印第安人发现了枫树的秘密,并向人类提供了这种清香可口、甜度适宜、润肺健胃的甜食。每年枫糖节期间,生产枫糖的农场也向国内外游人开放,届时不仅有游行和歌舞晚会,还有放焰火庆祝。

2. 冬季狂欢节

2月的第一个周末起为冬季狂欢节。加拿大民族独特的节日,为期10天。冬季狂欢节是魁北克省居民最盛大的节日,具有浓郁的法兰西色彩。狂欢节期间举行冰雕比赛、划船比赛、越野滑雪比赛、轮胎滑雪比赛、大型滑车、狗拉雪橇赛、冰上赛马等各种体育活动。冰雕比赛是狂欢节的主要活动项目之一。魁北克冬季狂欢节还成了魁北克市第三大产业,被公认为全世界最大的冬季狂欢节之一。

3. 渥太华郁金香节

第二次世界大战期间,荷兰皇室来到加拿大避难,受到加拿大的热心帮助。战争结束后,荷兰以10万株郁金香赠送加拿大,以表感激之情。此后,荷兰皇室每年都向渥太华赠送1万株郁金香。1953年,首届加拿大郁金香节在首都渥太华举办。1995年升格为加拿大郁金香节。如今,渥太华郁金香节已成为世界上最大的郁金香盛会之一,并为渥太华赢得了"北美郁金香之都"的称号。

(四) 旅游纪念品

1. 印第安人和因纽特人的工艺品

印第安人和因纽特人制作的木偶,手工艺品,金、银加工的装饰品,木雕的摆饰品,铜制品,玻璃制品,毛皮和皮革等种类繁多,颇值得收藏。毛皮为加拿大代表商品,价钱便宜种类繁多。毛衣则以手工编织品为代表,口碑颇佳。

2. 枫糖浆

美丽迷人的枫树,除了观赏之外,还是加拿大重要的经济来源之一。目前全世界70%的枫糖制品集中在魁北克。这种由树龄40年以上的糖枫中所采集的汁液非常珍贵,平均40 L的枫树浆只能提炼出1 L的枫糖浆。枫糖清香可口、润肺健脾。枫糖产品还有很多,如枫糖黄油、枫糖冻、枫糖果酱、棉花糖等,是加拿大最有名的特产之一。

3. 冰酒

冰酒是加拿大独特且稀有的特产,举世闻名,乃葡萄酒中之极品,享有"加拿大国酒"美誉。真正的冰酒不仅要有优质的葡萄品种和非常严格的酿造工艺,更取决于天气的因素和时机,且其出汁率极低。冰酒最初于1794年诞生在德国的弗兰克尼(Franconia)。由于加拿大尼亚加拉半岛的气候特别适合冰酒的生产,经过200多年的发展,冰酒已经成为酒中极品,加拿大冰酒在国际上一直享有很高的声誉。加拿大安大略省的尼亚加拉地区是目前世界上最著名的冰酒产区之一。

4. 龙虾油

北美龙虾以营养丰富、味道鲜美、体大肉肥和富有多种保健功能而闻名于世。由于北美龙虾资源有限,奇货可居,其昂贵的价格使世界各地的大部分人"望虾兴叹"。加拿大将新鲜北美龙虾的鲜美味道及其有效保健成分提炼成龙虾油,使人们不仅可方便地享用龙虾美味,还可补养身体、益寿延年、防治多种疾病。

5. 冰川泥

来自加拿大的冰川泥是世界上最细腻无污染的天然泥,微粒直径仅0.001 mm;含有60种以上的稀有元素及矿物质,冰川泥微粒可接触每一个毛孔,可有效清除皮肤日积月累受到环境污染引起的毒素及深层污垢。冰川泥还可促进血液循环,增强皮肤的新陈代谢,具有消炎、杀菌的功效,可使皮肤白皙细腻。

> **【练一练】**
>
> **案例分析**
>
> 李先生初次随团前往加拿大旅游,途中在加油站休息时与一位加拿大人用英语聊天。闲聊中,加拿大人问李先生对加拿大的印象,李先生把加拿大与美国做了对比,认为两国有许多相似之处,加拿大的自然景观比美国胜一筹,但美国更繁荣一些。加拿大游客没有说什么,耸耸肩,满脸不悦地走了。
>
> 请问李先生说错了什么?作为游客,应该如何与当地人交流才能避免文化冲突?

三、主要旅游城市及旅游景点

➤ 案例导入

领队小黄在加拿大带团过程中,游客在大巴上突然问他,夜晚车辆的车灯是开着的,但是白天天亮了,每一辆车的大灯依旧亮着,这是怎么回事呢?岂不是很浪费电吗?如果您是领队,该如何回答游客?

案例导读:

加拿大的纬度较高,冬季时间比较长,天很早就黑了,天气长期昏暗且经常下雪,会导致白天驾驶员的视线模糊。据统计,百分之六十的车祸都是因为视线不清造成的。白天行车打开近光灯的作用不只是为了让驾驶员看清路面,更是为了让别人知道有一辆车过来了,提高车辆的被辨识度,为人身安全加一套保险。因此加拿大政府规定,司机在行车过程中白天也必须开近光灯,增加安全系数,不但是加拿大,欧洲很多国家也这样。在这些国家销售的车型,近光灯是被设置成与发动机同步的,只要发动机一发动近光灯就亮了。研究表明,白天开灯能有效降低交通事故发生率,事故率可以减少15%以上。

(一)渥太华(Ottawa)

渥太华是加拿大的首都,位于安大略省东部与魁北克省交界处。渥太华在印第安语中是"贸易"的意思,早期的欧洲殖民者使这里变成了一个经营木材和皮毛生意的伐木小镇。1867年,渥太华被英国维多利亚女王钦定为加拿大的首都。渥太华是世界上最寒冷的首都之一,每年约有8个月夜晚温度在0℃以下,最低气温可以达到-39℃,有"严寒之都"之称。正因为其气候寒冷,冬季漫长,渥太华冰上运动很发达,特别是冰球运动,加拿大素有"冰球王国"之称,渥太华则是"冰球之城"。每年2月初渥太华里多运河成为世界上最大的天然滑冰场之一,为期10天的冰上狂欢节成为一大盛事。渥太华河畔的联邦国会大厦(图5-6)是渥太华的标志,也是加拿大的象征。渥太华居民一半讲法语,一半讲英语。渥太华风景优美,每年吸引着来自世界各地的200万名游客。当年荷兰女王为感谢加拿大政府而赠送的10万株郁金香每到春天就开满全城,因此,渥太华又被称为"郁金香城"。

(二)多伦多(Toronto)

多伦多是安大略省省会,加拿大第一大城市和金融中心,也是加拿大英语区域的经济、文化中心,位于世界最大的淡水湖群——北美五大湖的中心安大略湖的西北岸,与美国隔湖相望。多伦多的城市名来源于休伦湖边的印第安人,在印第安语中意为"相会的地方"。1996年,联合国正式确认多伦多是世界上最有多元文化特色的城市之一,全市人口的50%

图 5-6 联邦国会大厦

都是在加拿大以外的地方出生的,市内的"小意大利""小波兰"和"希腊城"等社区的不同风格是多伦多并存的各种文化的代表。多伦多也是华裔在加拿大居住最集中的地区之一。多伦多的标志性建筑有市政厅和加拿大国家电视塔(the CN Tower),塔高 553 m,是世界上第五高的自立式建筑物,多伦多的标志,同时也是多伦多的通信和旅游文化活动中心(图 5-7)。从多伦多开车 1 小时,便可到达位于美加边境的尼亚加拉大瀑布,位于加拿大境内的"马蹄瀑布"是气势最大的瀑布。

图 5-7 加拿大国家电视塔

(三) 蒙特利尔(Montreal)

蒙特利尔位于渥太华河和圣劳伦斯河交汇处,是魁北克省最大的城市和加拿大第二大城市。蒙特利尔是加拿大历史最悠久的城市之一,约在 350 年前由法国人建立。蒙特利尔居民中 75% 是法裔加拿大人,深受法兰西文化的影响,城市处处体现出独特的法国文化底蕴,是全球第二大法语城市,有"北美巴黎"之称。作为北美的浪漫之都,蒙特利尔以法式建筑为主,有"尖塔之城"的美誉,图 5-8 为蒙特利尔圣母大教堂。而著名的国际爵士乐节、国际焰火比赛等更是吸引了世界各地的游客。

图 5-8 蒙特利尔圣母大教堂

(四) 魁北克市(Quebec City)

魁北克市是魁北克省省会,北美洲独一无二拥有城墙的城市,同时也是加拿大最古老的历史文化名城(图 5-9)。该城最早是由法国人所建的第一个永久性殖民据点,绝大多数居民为法国人后裔,通用法语,是加拿大法语文化中心。

图 5-9 魁北克老城

(五) 温哥华(Vancouver)

温哥华是不列颠哥伦比亚省第一大城市和加拿大第三大城市,也是加拿大西海岸最大的港口、文化中心和国际贸易中心,被誉为加拿大的"西部天堂""加拿大通向东方的门户"。温哥华的名称源自到此探险的英国航海家乔治·温哥华,起初为渔业和锯木业小镇。如今的温哥华三面环山,一面傍海,是一个把现代都市与自然美景汇聚一身的花园城市。温哥华气候与加拿大其他地区不同,由于靠近太平洋而十分温和,夏季温度在 20℃左右,而冬季也很少低于 0℃,气候四季宜人,连续几年被选为世界上最适合居住的城市。温哥华旅游景点众多,包括北美最大的城市公园——史丹利公园,北美第二大"中国城",北美最大的滑雪场威斯勒滑雪场(2010 年冬奥会滑雪举办地)。

(六) 维多利亚(Victoria)

维多利亚是 BC 省(不列颠哥伦比亚省 British Columbia)的省府所在地,位于温哥华岛的最南端。充满田园景致的维多利亚,素有"海与花园的城市"之称,而浪漫的海景及温和的气候,更让它成为退休者的天堂。城市秀美、宁静、精致,以英国女王维多利亚的名字命名,因受到传统英式生活影响,在维多利亚仿佛置身于欧洲。5 月中旬至 9 月下旬时百花齐放的布查花园(Butchart Garden)是维多利亚最著名的观光景点,享有"世界最美花园"之誉。

(七) 班夫国家公园(Banff National Park)

到加拿大西岸旅游,班夫国家公园(图 5 - 10)几乎是不可缺少的景点安排。班夫(Banff)是位于阿尔伯达省卡加利西面,被称为落基山脉的灵魂,有人间仙境的美誉。在这个国家公园里,分布着数不尽的瀑布、溪流、山峰和温泉,是游览观光的最佳去处。露易斯湖(Lake Louise)是班夫的精华,也被称为是"一年四季的魔鬼"。班芙国家公园也是加拿大最大的自然动物保护区之一。

图 5 - 10 班夫国家公园

小知识

经典线路:加拿大东西岸赏落基山脉全景 10 日游

第 1 天　北京—多伦多

由首都机场集合出发,搭乘加拿大航空公司豪华客机前往加拿大西岸第一大城市多伦多。

第 2 天　多伦多

早餐后前往尼亚加拉瀑布区参观世界七大奇景之一的尼亚加拉大瀑布。尼亚加拉瀑布是一座位于北美洲五大湖区尼亚加拉河上的瀑布,平均流量 5 720 m³/s,与伊瓜苏瀑布、维多利亚瀑布并称为世界三大跨国瀑布。到达瀑布乘坐"雾中少女号游船",体验瀑布扑面的刺激与紧张。随后,返回多伦多,途经号称"世界七大童话小镇"之一的尼亚加拉湖滨小镇。在这里,我们能看到18世纪维多利亚时代遗留的小洋房,又能了解和品尝地道的加拿大特产冰酒,冰酒(ice wine)是游客不可错过的加拿大著名特产,之后参观多伦多市内新旧市政厅、政府大厦、多伦多大学。晚餐后返回酒店休息。

第3天　多伦多—渥太华

早餐之后前往渥太华,途经加拿大东部最佳旅游地之一的千岛群岛和加拿大建国首都金斯顿进行参观。加拿大建国首都金斯顿,这里既有水城风韵,又有古都风貌,抵达后参观皇后大学、市政厅、皇家军事学院。"千岛"是加拿大十大自然景观之一。千岛之名是来自圣劳伦斯河上镶嵌的1 864个岛屿,各种风格的建筑遍布其中,在夏季是有名的避暑胜地,乘坐千岛群岛游船,一览千岛群岛美景;继而前往渥太华,晚餐后入住酒店。

第4天　渥太华—蒙特利尔

早餐后,前往渥太华拥有瑰丽雕刻艺术的国会大厦。之后于加拿大总督官邸的庭院中漫步,可以看到昔日一些国家的政要亲手种植的树木,之后游览丽都运河。约下午抵达蒙特利尔市区进行观光,前往宏伟的圣约瑟大教堂入内参观;游览极具历史价值的旧城部分,包括外观蒙特利尔圣母大教堂、肃穆雄峙的市政大厦、浪漫的市政厅广场。

第5天　蒙特利尔—卡尔加里—班夫

早上前往机场转机飞往艾伯塔省第一大城卡尔加里,此城兼具牛仔风味与现代都市风情,由于石油天然气的开发,让卡尔加里成为大草原上商业繁盛的水泥森林,是北美地区石油重镇。抵达加拿大第一座国家公园——班夫国家公园。在班夫国家公园搭缆车登上硫黄山顶,眺望落基山脉磅礴气势。下午,前往玛丽莲·梦露拍摄电影《大江东去》的著名场景——弓河瀑布,来到惊奇角远眺弓河谷地及以群峦叠翠为背景的百年班夫温泉城堡。晚上住宿班夫镇上特色酒店。

第6天　班夫

早餐后,沿着有世界景观最美公路之一的冰原大道而上。抵达冰原后,搭乘特制的巨轮冰河雪车,直上2 210 m的阿塔巴斯卡冰河,体验踩在万年冰河之上的神奇,随后沿着冰河景观公路,就是著名的"冰原大道",它被《国家地理杂志》评为世界上景色最美的高山公路之一,沿途不但可以欣赏高山、湖泊、冰河奇景,还可以见到生生不息的野生动物,此条公路也被称为"荒野之窗"。顺着冰原大道,欣赏悬吊在断崖绝壁的"乌鸦脚冰河",游览呈现令人惊异颜色湖水的"佩投湖"。之后参观落基山中风景优美的一座国家公园——优鹤国家公园,欣赏大自然的雕塑品——天然石桥和宛如落基山的翠玉——翡翠湖。

第7天　班夫—卡尔加里—维多利亚

早餐后,前往卡尔加里机场直接飞往维多利亚岛,它位于温哥华最南端,别具英伦风格。这里是加拿大西岸最大的岛屿。游览布查花园。午后前往滨海风景区,参观省议会大厦,帝后酒店,贯穿加拿大的一号公路起点"0 mile"。夜宿维多利亚。

第8天　维多利亚—温哥华

早餐后乘渡轮前往温哥华。畅游加拿大第一座植物展示园的伊丽莎白女王公园。之后游览北美第二大唐人街及温哥华的诞生地煤气镇,它也是温哥华历史最悠久的街区。之后前往斯坦利公园,它是北美最大的城市公园,园中有美丽的洛斯特湖、图腾柱公园等,还有温哥华的又一地标性景点展望角,它是整个公园的最高点,可以一览狮门大桥、温哥华内港以及北温哥华绵延的山脉。然后前往加拿大广场,这里集邮轮基地、国际会议中心、酒店三位一体,是1986年世博会地标。

第 9 天　温哥华—北京

午后乘车前往温哥华国际机场办理登机手续,乘坐加拿大航空公司豪华客机,经国际日期变更线返回,于次日抵达北京。

第 10 天　北京

结束加拿大东西岸 10 日精华之旅!

【练一练】

主题旅游线路设计

秋天是加拿大一年四季当中最绚丽迷人的季节,加拿大的象征——枫叶的色彩之美达到极致,成为加国蔚为壮观的风景。世世代代以来,加拿大的秋叶每年都吸引了无数探访者前来一睹风采。"赏枫"一词,甚至因为这种旅游现象应运而生。加拿大赏秋推荐地点之一,还有"枫叶大道"(Maple Road)。全长约 800 km 的路线西起尼亚加拉瀑布地区,东至魁北克省,沿途经过安大略湖、多伦多、金斯顿、圣劳伦斯河、渥太华和蒙特利尔。饱览加拿大秋景最理想的方式之一便是自由自在地穿行于此番自然景致中,尽情享受加拿大美妙的秋日风情。

请设计一条有特色的旅游线路,为中国商务游客安排一趟加拿大的"赏枫"之旅。

【分组研讨课题】

加拿大素有"枫叶之国"美誉,加拿大人更为漫山遍野的枫叶而自豪,请多方面说明加拿大人的枫叶情结。利用课余时间收集资料,制作电子课件,在组内进行讲解练习。每组推选一位同学,在班内进行成果交流。

【思考题】

1. 在美国旅游,应注意哪些风俗习惯才能避免文化冲突?
2. 美国的东西海岸旅游资源各有什么异同?
3. 加拿大为何连续多年被联合国评定为全球最适合人类居住的国家?
4. 加拿大的多元文化是在什么样的背景下形成的?

第六单元

非洲地区的主要旅游客源地和目的地

单元导航

　　非洲(Africa),是"阿非利加洲"的简称。"阿非利加"是阳光灼热的意思。因赤道横贯非洲的中部,非洲 3/4 的土地受到太阳的垂直照射,年平均气温在 20℃ 以上的热带占全洲的 95%。非洲位于东半球的西部,东濒印度洋,西临大西洋,北隔地中海及直布罗陀海峡同欧洲相望,东北与亚洲之间隔着狭窄的红海,并以苏伊士运河为陆上分界。非洲约占世界陆地总面积的 20.2%。非洲在地理上习惯分为北非、东非、西非、中非和南非 5 个地区,共 54 个国家。非洲大陆是一片人与自然、人与动物和谐相处的乐土。其旅游线路呈现"神秘"和"高端"的特点。继埃及、南非之后,埃塞俄比亚、肯尼亚、毛里求斯、塞舌尔、坦桑尼亚、突尼斯、赞比亚等旅游业相对成熟的国家和地区几乎都已经成了中国公民自费出境旅游目的地。这块遥远而神秘的非洲大陆对普通中国公民不再深不可测。本章主要从国家概况、文化艺术、民俗风情和旅游胜迹等方面,增加学习者对埃及和南非的认识和了解。学习时,对两国都应重点掌握。

主题一　埃及(Egypt)

一、国家概况

▶ 案例导入

某旅行团到达宾馆后,有位游客发现衣服纽扣掉了,需要缝上,但在客房里找不到针线包,就问领队能不能跟埃及服务员要针线。领队连忙说不能跟当地人借针,但他有针线可以提供给游客。

游客想不明白,为什么不能向当地人借针呢?

案例导读:

针在埃及人的心目中比较神秘,特别是每天下午3点到5点,人们大都忌讳买卖针或借针。据传说,天神每天这个时间要下凡给人们财富,越富的人得到赏赐越多,穷的人得到的赏赐就少,而穷人总是要穿针引线,缝缝补补,所以针就不宜在这个时间段出现。如今,针在埃及人的心目中仍有其独特的、传奇般的地位,对针的忌讳也沿袭下来。

(一) 地理环境

1. 国土地理

阿拉伯埃及共和国(The Arab Republic of Egypt)位于非洲东北部,其领土大部分位于非洲东北部,一小部分领土(苏伊士运河以东的西奈半岛)位于亚洲西南部,故埃及为地跨亚、非两洲的国家。埃及西与利比亚相邻,北濒地中海,东临红海并与巴勒斯坦、以色列接壤,南接苏丹。埃及是欧、亚、非三大洲的交通枢纽和战略要地。

埃及国土面积100.145万 km^2,全境94%以上的土地为沙漠。一般称开罗以南为上埃及,以北为下埃及。尼罗河自南向北流贯全境,境内长1 530 km,形成尼罗河河谷和自开罗伸向地中海的最富饶的三角洲地区,埃及95%以上的人口集中于此。尼罗河被视为哺育埃及人生命的甘泉,有"尼罗河的礼物"之誉。苏伊士运河连接地中海和红海,是连接欧、亚、非三洲的交通要道。

🌱 小知识

苏伊士运河

苏伊士运河处于埃及西奈半岛西侧,全长约195 km,连接地中海与红海,提供从欧洲至印度洋和西太平洋附近土地的最近航线。它是世界使用最频繁的航线之一,是亚洲与非洲的交界线,是亚洲与非洲人民来往的主要通道。苏伊士运河1858年开凿到1869年竣工。运河开通后,英法两国就垄断苏伊士运河公司96%的股份,每年获得巨额利润。1956年,埃及政府宣布将苏伊士运河公司收归国有。苏伊士运河是埃及仅次于旅游和石油的第三大外汇收入来源。图6-1为苏伊士运河纪念碑。

图 6-1 苏伊士运河纪念碑

2. 气候特征

埃及接近赤道,除尼罗河三角洲和北部沿海地区属亚热带地中海气候,气候凉爽,温和宜人外,其余地方属热带沙漠气候,炎热干燥少雨,昼夜温差较大。埃及一年中大部分时间都是阳光普照,日平均日照达 8 小时。埃及拥有被认为最适合疗养的自然环境,拥有众多富含硫黄和其他矿物质的温泉以及遍布红海、阿斯旺、西奈半岛的具有特殊疗效的黑泥。古希腊学者认为,埃及人的健康正是来自埃及永恒闪耀的阳光。

(二) 人文概况

➢ 问题导入

请自己查询有关介绍埃及的书籍或网站,填写下表:

人　口		英文名称		主要城市	
民　族		主要宗教		首　　都	
语　言		国　花		与北京时差	
货　币		国　鸟		现任国家元首	

1. 历史简述

埃及是世界四大文明古国之一。公元前 3 200 多年出现奴隶制的统一国家,当时国王称法老。公元前 3000 年到公元前 332 年为古埃及时期,这一时期古埃及人留下了神秘的金字塔、木乃伊和神庙。公元前 332 年到 640 年,埃及先后被希腊和罗马统治,希腊人留下了著名的亚历山大城,并修建了世界七大奇迹之一的亚历山大灯塔。641 年,阿拉伯人侵入,推行"阿拉伯化"。从此,埃及进入伊斯兰时代,今天的埃及人 90% 信仰伊斯兰教。以后埃及曾先后被奥斯曼帝国、英国占领。1914 年成为英国的"保护国"。迫于埃及民族运动的压力,

1922年,英国被迫承认埃及为独立国家。1953年,埃及废除君主制,宣布成立埃及共和国。1958年,埃及同叙利亚联合成立阿拉伯联合共和国。1961年,叙利亚政变后脱离阿联。1971年,埃及改名为阿拉伯埃及共和国。

2. 经济概况

埃及是非洲工业较发达的国家之一,拥有相对完整的工业、农业和服务业体系。2019年,服务业约占国内生产总值50%。工业以纺织、食品加工等轻工业为主,约占国内生产总值的36%。农业在国民经济中占有重要地位,农业人口约占全国总人口的31%。尼罗河谷地和三角洲是埃及最富庶的地区,盛产棉花、小麦等,长绒棉和柑橘驰名世界,有"长绒棉之国"的美称。阿斯旺大坝是世界七大水坝之一。埃及旅游业十分发达,其旅游业在中东和北非国家中名列第一。目前,旅游业已成为埃及第一大创汇来源,大大高于其他几个外汇收入来源——石油收入、苏伊士运河通行费收入和海外劳工汇款。

3. 文化艺术

埃及是5 000年古老文明的摇篮、历史的博物馆、古往今来伟大文明的熔炉。早在公元前3000年,埃及人就创造了象形文字,标志着埃及告别了野蛮时代踏上了文明的历史轨迹。

古代埃及在建筑方面取得了高度成就。在尼罗河谷、地中海畔、西部沙漠发现的一大批金字塔、神庙和古墓都是埃及古老文化的奇迹,历经数千个春秋,至今仍闪烁着艺术光彩。

古埃及有很多数学方面的贡献,这从考古发掘中发现的一些坟墓中用小绳丈量土地的图画可以得到说明。马克思说:"计算尼罗河水涨落期的需要,产生了埃及的天文学。"来自对自然界的观察,古埃及人制定了自己的历法。

在阿拉伯世界,埃及的电影是制作最多、发展最快、流传最广的。在20世纪70—80年代,迅速发展中的埃及电影事业,已经取得更大的成就。影片的年产量居世界的第15位。所以有人称开罗为"中东的好莱坞"。为了扩大影响,埃及每年举办国际电影节。

埃及是阿拉伯文学的沃土。从古代的神话、寓言、诗歌,到今日长短篇小说和戏剧,埃及一直都是阿拉伯世界的执牛耳者。埃及文学人才辈出,是其他阿拉伯国家望尘莫及的。3岁时双目失明的塔哈·侯赛因(1889—1973年),以超凡的毅力与奋斗,创作了许多优秀作品,被誉为"阿拉伯盲人文豪""阿拉伯文学一代宗师"。现代文学大师纳吉尔·马哈福兹,1988年获得诺贝尔文学奖,成为唯一获得诺贝尔文学奖的阿拉伯作家。纳吉尔·马哈福兹的不少作品已译成中文,如《宫间街》三部曲、《平民史诗》和《新开罗》等。

【练一练】

案例分析

游客王燕参加了前往埃及旅游的旅游团。王燕听人说埃及的治疗旅游很出名,她患有皮肤病和风湿症,途中她询问领队埃及有关治疗旅游的情况。领队小杜也不是很了解埃及的治疗旅游,就回答说行程中没有此项目。王燕很不满意领队的回答,心中不悦。

想一想:领队小杜的回答存在什么问题?如果您是领队,该如何应答客人的此类询问?

二、民俗风情

> 案例导入

某旅游团到埃及旅游,埃及人非常热情,大街上,好客的阿拉伯人不时地主动打招呼,游客们很兴奋。但在前往埃及卢克索的途中,中午1点左右,司机和导游突然让游客途中休息一下,他们却跪趴在地上念念有词,足有15分钟,游客们疑惑不解。请问司机和导游的行为是否反常?领队应该如何和客人解释?

案例导读:

埃及伊斯兰教徒虔诚地信仰"五行"(自白、礼拜、绝食、布施、参拜麦加圣地),并力所能及完成信徒分内的事。"五行"已经跟日常生活打成一片,成为生活习惯。伊斯兰教徒每天祈祷5次,每次祈祷时间大约15分钟,第一次祈祷是在破晓前,第二次是在中午1点,第三次是在午后3点或4点,第四次是在日落时分,第五次是在晚上8点或9点,即晨礼、晌礼、晡礼、昏礼、宵礼。埃及的导游和司机一般都是穆斯林,如果一天中条件允许,他们都会虔诚祈祷。作为领队,在行前说明会上要介绍这个国家相关的礼仪禁忌,并时刻提醒要入乡随俗,如进伊斯兰教清真寺参观时,务必脱鞋,注意着装等。

(一)社交礼仪

埃及人天生温和、安详。时间观念差,很少依照所约的时间行事。办起事来,从容不迫,慢慢吞吞。如果您着急地催他,他会微笑地说:"耐心是美。"埃及人与人打交道时,从来不说"Yes"(是)或"No"(不)。而是说"因夏爱拉"(Inshallah),意思是一切都是真主的安排。

埃及人喜欢绿色和白色,讨厌黑色和蓝色。他们在表示美好的一天时,称"白色的一天",而不幸的一天,则叫作"黑色或蓝色的一天"。对真诚坦率的人称为"白心",而称充满仇恨、嫉妒、奸诈的人为"黑心"。埃及人的丧服为黑色。有地位或年老者喜欢黑色或深色服装,以表示庄重和显示其声望。

埃及人将葱视为真理的象征。当进行诉讼或争论时,如把一束大葱高高举起,则表示真理在手,胜利在望。

埃及人认为右是吉祥的,做事要从右手和右脚开始,握手、用餐、递送东西必须用右手,穿衣先穿右袖,穿鞋先穿右脚,进入家门和清真寺先迈右脚。因为穆斯林"方便"和做脏活时都用左手,所以左手被认为是不干净的。用左手与他人握手或递东西是极不礼貌的行为,甚至被视为侮辱性的。

按伊斯兰教义,妇女的"迷人之处"是不能让丈夫以外的人窥见的。即使是同性之间,也不应相互观看对方的私处,因此,短、薄、透、露的服装是禁止的。哪怕是婴儿的身体也不应无掩无盖。在埃及,看不见袒胸露背或穿短裙的妇女,也遇不到穿背心和短裤的男人。埃及人对外国人还是比较宽容的,但穿背心、短裤和超短裙是严禁到清真寺去的。在沙漠一带的保守地方,也要避免穿暴露肌肤的服装。

通常在众人面前不要打哈欠和打喷嚏,如果实在控制不住,应转脸捂嘴,并说声"对不起"。埃及人认为哈欠是魔鬼在作祟。

与埃及人交谈要注意:男士不要主动与妇女攀谈;不要夸人身材苗条,埃及人认为瘦的人像针;不要称道埃及人家中的物品,人家会以为您是索要此物;不要与埃及谈论宗教纠纷、中东政局及男女关系,合适的话题有埃及的进步与成就、对埃及领导人的尊敬以及他们的古代文明。埃及人好客,拒绝邀请是不礼貌的。到埃及人家拜访,可带一些鲜花或巧克力或具本国特色的小礼品。埃及禁穿有星星图案的衣服,有星星图案的包装纸也不受欢迎。客人一定要喝完主人倒的茶,按照风俗,不喝主人茶就意味着主人的女儿嫁不出去。

小知识

埃及人的待客礼

埃及人的交往礼仪既有民族传统的习俗,又通行西方人的做法。一般情况下互致问候语,老朋友则拥抱行贴面礼。女性之间出于礼貌或表示亲热,更多地采用温柔的贴面礼,一般是先右边贴一次,后左边贴一次。异性之间通常是握手,只有亲戚之间行贴面礼。男女之间也可不握手,男士不宜主动伸手,男士在握手时必须从座位上站起来,女士则不必。埃及人不忌讳外国人家访,甚至很欢迎外国人的访问,并引以为荣。但异性拜访是禁止的,即使在埃及人之间,男女同学、同事也不能相互家访。

(资料来源:埃及习俗,中华人民共和国驻阿拉伯埃及共和国大使馆经济商务处网站,有改动)

(二)饮食文化

1. 饮食特征

埃及饮食带有浓郁的北非色彩和阿拉伯风情。埃及菜以烧烤煮拌为主,多用盐、胡椒、辣椒、咖喱粉、孜然、柠檬汁调味,口感偏重。辣的菜肴是埃及大众喜食的风味,多种菜肴成分中都加有葱、蒜和辣椒。埃及烹饪原料广泛使用大米、黄豆、羊肉、家禽和鸡蛋,大量食用奶酪(山羊奶酪)以及酸制品;也喜欢用蔬菜做菜肴;在沿海区域流行鱼肴。在埃及,不同的宗教节日里有不同的节日食品,如斋月里要吃焖蚕豆和甜点;开斋节要吃鱼干和撒糖的点心;闻风节吃咸鱼、大葱和葱头;宰牧节要吃烤羊肉和油烙面饼。埃及人特别喜欢吃甜食,这些美味食品不仅是斋日必备,而且平时朋友聚餐请客时也必不可少,宴会或家庭正餐的最后一道菜都是甜食。其中最著名的是"库纳法"。埃及人最喜爱的饮料是红茶、咖啡和鲜柠檬水等,吃饭习惯用右手抓食。随着现代文明的传播,目前使用刀、叉、勺者也日益增多起来。

2. 饮食禁忌

埃及是伊斯兰教国家,在饮食上严格遵守伊斯兰教的教规。穆斯林不食猪肉。斋月里白天禁食,不吃一切忌物,也不吃红烩带汁和未熟透的菜。埃及人在正式用餐时,忌讳交谈;否则,会被认为是对神的亵渎行为。喝热汤及饮料时禁止发出声响,食物入口后不可再吐出,忌讳用左手触摸餐具和食物。埃及人一般都遵守伊斯兰教教规,不饮酒。

小知识

埃及妇女服饰文化

一直以来,阿拉伯女性都以长袍、面纱等传统装束闻名于世。埃及妇女在穿衣方面,短、薄、透、露的服装是禁止的。埃及妇女普遍穿以包裹全身、掩盖女性美的保守伊斯兰服。这种服装的特点是除脸盘和双手外,身体其余部分均不裸露,通常头上包一块大白绸布或黑绸布,盖住头发与两耳,围住脖子,下垂至腰部。再为保守的妇女头蒙黑面纱,透过稀薄的黑纱,观看"黑色的世界"。随着时代的变迁,习俗的变化,以及阿拉伯女性认识美、理解美、追求美的逐渐转变,埃及妇女传统服装也在色彩、设计等方面发生改变,传统服饰除在边远地区仍占统治地位外,很多大城市已逐渐形成了土洋结合、东西方款式共存的服饰新时代。

(三)节庆风情

1. 闻风节

闻风节为每年 4 月 15 日。闻风节又称春节、踏青节,即闻闻春天的气息。它的历史可追溯到公元前 2700 年甚至更早,传说是慈善神战胜凶恶神的日子。经过约 5 000 年的历史演变,人们在闻风节里祈福人间祥和太平、春光永驻。每年春天天气转暖,古埃及人会在闻风节这天举家外出踏青,品尝彩蛋、咸鱼等各种象征吉祥的食品。现代埃及人依然保留着这一习俗。每到闻风节,埃及各大公园和路边的草坪都会成为埃及人庆祝节日的场所。

2. 尼罗河泛滥节

数千年来,埃及人一直对尼罗河顶礼膜拜。每年 6 月 17 日,尼罗河水即将泛滥之时,埃及人开始举行庆典。到了 8 月,洪水要淹没两岸土地时,埃及人还要举行更大规模的庆典活动,感谢尼罗河为埃及带来的沃土、甘露。

(四)旅游纪念品

1. 纸莎草纸画

纸莎草,阿拉伯音译为"伯尔地",是尼罗河三角洲生长的一种类似芦苇的水生莎草科植物,可以用来造纸。纸莎草是古埃及文明的一个重要组成部分,纸莎草纸画是埃及文化瑰宝,是世界上最早的纸画。纵使过去了几千年,在埃及,制作纸莎草纸画的每一个步骤都不曾变过。并且,只有以尼罗河两岸采摘的纸莎草为原料,严格按照与古埃及完全相同的程序手工制成纸莎草纸,再由传统画师用纸莎草笔精心绘制,才能得以生成。题材多取自古埃及神庙和宫殿的壁画。

2. 香水和香料

埃及市场是以销售香料为主的特色市场,埃及香料的品种繁多,功能各异,像麝香、玫瑰、荷花香精等是专门制作香水用的,而藏红花、樟脑可用于治疗疾病。开罗作为世界上最大的香料贸易中心和香精供应商之一,已经有 1 000 多年的历史。埃及还为许多法国香水制造商提供香精。他们不但以自己的配方配制香水,还将其稀释在鼻烟壶里。

3. 木器和镶嵌工艺品

开罗购物以民俗工艺品为主。除皮制品外,还有铜及黄铜铸的手工艺品、金银细工艺品、腊石细工艺品、木板纸、埃及风格的装饰品等。开罗工匠制造的木盘、棋盘和木盒,用珍珠镶嵌复杂的图案,然后着色,价格十分低廉。

4. 水烟袋

水烟袋是埃及人抽烟用的器具。埃及人很喜欢坐在某处用水烟袋慢悠悠地吸烟,他们将一块湿烟草放进下面的盛器里,用燃烧的木炭点着后从弯曲的管中吸烟,被吸出的烟会通过一个装水的容器,这样可以降低烟中的焦油含量,有助于吸烟者的健康。制作比较精美的水烟袋是一种很有意思的纪念品,其中玻璃的为贵,黄铜的第二。

【练一练】

案例分析

受埃及朋友的邀请,小孙在埃及旅游时到他的埃及朋友家做客。那天他穿了一件印有星星图案的T恤,给女主人带了一束鲜花和巧克力。匆忙中,他用左手把礼物递给了主人。与埃及朋友交谈时,小孙夸奖了埃及朋友的女儿身材苗条,又称道埃及朋友家中的工艺品很有品位。告辞的时候,主人倒的茶一口都没有喝就走了。

想一想:小孙在埃及朋友家做客有哪些方面不符合埃及人的社交礼仪?

三、主要旅游城市及旅游景点

➤ **案例导入**

游客陈先生先前听埃及导游介绍埃及,了解到埃及的许多禁忌,特别是关于女性保守的着装。但在开罗尼罗河的游船上观赏了著名的肚皮舞表演后,陈先生有点疑惑了,就询问领队小梅埃及肚皮舞与埃及文化是否冲突?

想一想:如果您是领队,该怎样回答这个问题?

案例导读:

领队和导游应事先给游客介绍:埃及肚皮舞是阿拉伯民族最具代表性的音乐和舞蹈。肚皮舞由中东地区传入,最早是作为一种宗教仪式,叙述大自然和人类繁衍的循环不息,庆祝妇女多产以及颂扬生命的神秘。也有传说是怀孕待产的母亲为了能顺利分娩,学蛇之曲线摆动,摇摆自己的身体以达到顺利产子。肚皮舞通过骨盆、臀部、胸部和手臂的旋转以及胯部摇摆动作,塑造出优雅性感柔美的舞蹈语言,充分发挥出女性身体之美。这种舞蹈形式逐渐发展为一种民间艺术,最终成为广泛流行于阿拉伯国家的一种独特的娱乐和表演形式,是神秘的阿拉伯文化艺苑里的一朵奇葩。

文化、古迹旅游是埃及旅游的拳头产品。埃及拥有极其丰富的古老历史遗迹,其数量占全世界遗址总量的1/3;埃及拥有地中海和红海迷人的海滩,游客可以流连在地中海或红海边的金色海岸,享受绵延柔软的沙滩,观赏晶亮清澈的海水、色彩缤纷的珊瑚礁和珍稀美丽的海洋鱼类;埃及还拥有大面积沙漠,给沙漠旅游爱好者提供了欢乐和冒险的好去处。

(一)开罗(Cairo)

位于尼罗河三角洲的南端,人口超过2 500万。开罗是世界上人口最多的城市之一,是非洲最大的城市,同时还是非洲及阿拉伯国家的文化中心。开罗是一座古城,公元前3200年,上埃及国王统一上下埃及,在尼罗河三角洲顶端建立了首都孟菲斯城,古埃及许多代王朝都以此为统治中心,并在附近修建金字塔和大批陵墓。该城距现在的开罗市区约30 km。969年,法蒂玛王朝征服埃及,在该城附近建立新城,命名为开罗,即征服者、胜利者之城。1805年,穆罕默德·阿里成为埃及的统治者,开罗成为埃及的政治中心。今天的开罗是埃及古老文明和现代文明的大熔炉,拥有400多座风格各异的古老清真寺和500多座现代化清真寺,被称为"千塔之城"。

1. 埃及博物馆

埃及博物馆1902年建成开馆,是世界上最著名、规模最大的古埃及文物博物馆(图6-2)。该馆收藏了古埃及法老时代至6世纪的历史文物25万件,其中大多数展品年代超过3 000

年,尤其珍贵的是记载着古埃及科学、文学、历史、法律等内容的纸莎草纸文献和身卧在黄金、宝石镶嵌棺木里的木乃伊,吸引了世界各地的无数游客。

图 6-2　埃及博物馆

2. 吉萨金字塔

金字塔已成为埃及国家的象征,1980 年,联合国教科文组织将其列入世界文化与自然遗产保护名录。金字塔是古埃及国王为自己修建的陵墓。埃及共发现金字塔 96 座,最大的是位于开罗郊区吉萨的三座金字塔。大金字塔是第四王朝第二个国王胡夫的陵墓,建于公元前 2690 年左右,原高 146.5 m,因年久风化,现高 138 m。胡夫金字塔是吉萨金字塔中规模最大、建筑水平最高、保存最好的一座。第二座金字塔是胡夫的儿子哈佛拉国王的陵墓,建于公元前 2650 年,比前者低 3 m,但建筑形式更加完美壮观,塔前建有著名的狮身人面像(图 6-3),又名

图 6-3　狮身人面像

"斯芬克斯"，是古埃及文明最有代表性的遗迹。第三座金字塔属胡夫的孙子门卡乌拉国王，建于公元前 2600 年左右。胡夫金字塔南侧有著名的太阳船博物馆。

3. 萨卡拉金字塔

萨卡拉金字塔由多个金字塔组成，其中最著名的是阶梯金字塔（图 6-4），为古埃及第三王朝国王佐塞尔的陵墓，约建于公元前 2700 年。该金字塔是埃及现有金字塔中年代最早的，也是世界上最早用石块修建的陵墓。

图 6-4 阶梯金字塔

小知识

木乃伊与金字塔

木乃伊，即"人工干尸"，此词译自英语 mummy，源自波斯语 mumiai，意为"沥青"。古埃及的木乃伊最著名。很早的时候，古埃及人就有灵魂不死的观念。他们把人的死亡，看成是到另一个世界生活的继续，因而热衷于制干尸、修坟墓。他们用盐水、香料、膏油、麻布等物将尸体泡制成木乃伊，再放置到密不透风的墓中，等待着死者的灵魂重新回来依附于肉体。

古埃及人又意识到，人的复活只能在阴间，而不是在人间。因而，即使尸体同灵魂的重新组合，也不能使人重新回到人世，而只能生活在地下深宫。作为统治者的奴隶主为了满足自己死后生活的需要，不惜动用国家所有的人力、物力、财力建造坟墓，金字塔就是在这种背景下出现的。

4. 尼罗河

尼罗河，阿拉伯语意为"大河"。"尼罗，尼罗，长比天河"，是苏丹人民赞美尼罗河的谚语。尼罗河发源于埃塞俄比亚高原，全长 6 670 km，是非洲第一大河，也是世界上最长的河流。尼罗河谷和三角洲是埃及文化的摇篮，也是世界文化的发祥地之一。尼罗河两条支流冲积形成的尼罗河三角洲是埃及人口最稠密、最富饶的地区。埃及水源几乎全部来自尼罗河。开罗的尼罗河（图 6-5）上有许多游船，其中仿法老时期船只修造的又名法老船，夜晚泛舟河上，可游览两岸旖旎风光，又可观赏船上著名的东方舞表演。

图 6-5 开罗的尼罗河

5. 汗·哈利里市场

汗·哈利里市场位于开罗市中心地带(老城区),由分布在几十条小街巷里的几千家个体小店组成。许多店铺可追溯到 14 世纪,是座典型的阿拉伯市场。当时埃及的统治者汗·哈利里在此建起一个市场,即汗·哈利里市场。市场主要出售金银首饰、铜盘、石雕、皮货及其他埃及传统手工艺品。现在,它已成为开罗古老文化和东方伊斯兰色彩的一个象征,吸引了世界各地的游客。

6. 开罗塔

开罗是座古城,但同时又是座现代化城市,矗立在开罗市中心的扎马力克岛上的开罗塔,高 187 m,塔基和入口台阶均用阿斯旺巨石镶嵌,塔上部被设计成埃及国花莲花状,该塔第十四层设有旋转餐厅,站在这里俯瞰整个城市,美景尽收眼底。该塔已成为开罗的象征。

(二) 亚历山大(Alexandria)

亚历山大位于尼罗河三角洲西部,临地中海,距开罗约 200 km,是埃及第二大城市、最大的海港和工业中心。该城建于公元前 332 年,因希腊马其顿国王亚历山大大帝占领埃及而得名,曾是地中海沿海政治、经济、文化和东西方贸易中心、古埃及强盛的象征。亚历山大风景优美,气候宜人,是埃及的"夏都"和避暑胜地,被誉为"地中海新娘"。

1. 夏宫

夏宫即蒙塔扎宫,是一个独具特色的花园。1952 年前一直是皇室家族的消夏避暑地,现海滨向游人和垂钓者开放。园内有法鲁克国王行宫(现为埃及国宾馆)。赫迪夫·阿拔斯二世在世纪之交所建的这座土耳其-佛罗伦萨式的建筑物,是王室避暑地。王宫不对公众开放。

2. 卡特巴城堡

卡特巴城堡前身为世界七大奇迹之一的亚历山大灯塔。灯塔建于公元前 280 年,塔高约 135 m,经数次地震,于 1435 年完全毁坏。1480 年用其石块在原址修筑城堡,以国王卡特巴的名字命名。1966 年改为埃及航海博物馆,展出模型、壁画、油画等,介绍自 1 万年前从草船开始的埃及造船和航海史。与开罗古城堡并称为埃及两大中世纪古城堡。

3. 苏伊士运河

苏伊士运河位于埃及东北部，扼欧、亚、非三洲交通要冲，沟通红海和地中海、大西洋和印度洋，具有重要战略意义和经济意义。1859—1869年由法国人投资开挖，埃及有10万民工因此丧生。1956年，埃及纳赛尔总统宣布运河国有化，随即爆发了英、法、以三国侵埃战争。近年，苏伊士运河的经济价值日益凸显。

（三）卢克索（Luxor）

卢克索是埃及文化古迹集中的旅游胜地，位于开罗以南700 km处的尼罗河岸。卢克索在古埃及时代称为底比斯，是古埃及王国和新王国的首都，埃及崇拜太阳神阿蒙的中心地区。阿拉伯人曾称赞那时的底比斯是"宫殿般的城市"，法老们在此留下了大量神庙、墓葬，因此成为古埃及遗迹的宝库，是探访埃及古文明不可不到的地方。

1. 卢克索神庙

卢克索神庙是底比斯主神阿蒙的妻子穆特的神庙，距今已4 000多年，规模仅次于卡尔纳克神庙。它的殿堂具有令人惊叹的雄伟气势，每一根柱子都代表了法老的威严。这里的大部分工程是由第十八朝法老阿蒙诺菲斯三世完成的，后来的拉美西斯二世又增建了大门和庭院，并在门口竖立了六尊他的塑像，现存三尊。庙内原来有两座尖方碑，其中一座被穆罕默德·阿里送给了法国，现在巴黎协和广场。

2. 卡尔纳克神庙

卡尔纳克神庙位于卢克索以北5 km处，是古埃及帝国遗留的最壮观的神庙，因其浩大的规模而闻名世界，仅保存完好的部分占地就达30多公顷。整个建筑群中，包括大小神殿20余座。晚上有声光表演，用五彩的灯光变幻映照着遗址，配有解说词和音乐，向游客叙述古埃及人民的生活情景。卡尔纳克神庙和卢克索神庙，1979年被列入世界文化遗产名录。

（四）阿斯旺（Aswan）

阿斯旺距离开罗约900 km，是埃及南端的重要城市，也是埃及与非洲其他国家进行贸易的重镇。阿斯旺具有非洲的气候特征，冬季干燥温暖。阿斯旺街道宽阔笔直，是埃及最清洁、最漂亮的城市。从19世纪初起，阿斯旺就成了著名的冬季疗养和旅游度假胜地。游览的景点主要有著名古迹菲莱神殿、世界上最大的方尖碑和阿斯旺大坝等。

小知识

经典线路：埃及经典8日游

第1天　广州—开罗

广州白云国际机场出境厅集合，由专业领队带领办理登机手续后乘埃及航空公司航班飞往埃及首都开罗（全程飞行时间约13小时）。

第2天　开罗

抵达开罗后前往参观世界七大奇观之首的吉萨金字塔和金字塔守护神——狮身人面像斯芬克斯。骑骆驼漫步撒哈拉沙漠。前往埃及博物馆，这是典藏最丰富的博物馆之一，内藏有古埃及历代法老王的陪葬品、纯金宫廷御用珍品、木乃伊、纯黄金面罩及金棺材等。

第3天　开罗—亚历山大—卢克索

前往亚历山大（车程3小时），埃及第二大城市，距开罗225 km，由亚历山大大帝于公元前331年创建，参观25 m高的红色圆柱形建筑之庞贝神柱，参观古代七大奇迹之一的亚历山大灯塔遗址，参观亚历山大图书馆，30多年前挖掘出而保留完好之古罗马剧场，蒙塔扎宫花园（又名夏宫），眺望美丽的地中海。晚乘夜卧火车往卢克索。

第4天　卢克索

卡尔纳克神庙是有史以来规模最大的神庙群，是经过历代法老的不懈努力，在漫长的1 500年间逐步完成的。卢克索古庙位于尼罗河畔，在现代城区的环绕之中。埃及的法老时代建筑物不可胜数，但这是其中最引人入胜的一座。帝王谷是内容十分丰富的考古遗址，在古埃及最辉煌的时期，几乎每一位法老都埋葬在这里。参观著名的女王神殿、万农巨像，是新王国时期法老阿蒙霍太普三世的雕像，用整块石料雕琢而成。

第5天　红海（洪加达）

乘车往洪加达（车程4小时）。洪加达位于埃及东部红海沿岸，是埃及的著名旅游景点。洪加达在20世纪80年代开始发展为一个度假城市，市内兴建了多间酒店。洪加达有多个海滩，阳光充沛，游客可在泳滩游泳及进行如滑浪、钓鱼等水上活动，乘潜艇或玻璃底船欣赏红海海底的珊瑚景色。

第6天　洪加达—开罗

早上自由活动，享受绵延柔软的沙滩，观赏晶亮清澈的海水、色彩缤纷的珊瑚礁和珍稀美丽的海洋鱼类。午餐后返回开罗（车程6小时）。晚上坐尼罗河游船。

第7天　开罗—广州

前往古埃及首都孟菲斯古城，参观露天博物馆、腊石制狮身人面像及萨卡拉梯形金字塔。前往圣母玛利亚教堂（又名悬空教堂），因为该教堂建在罗马塔上，也可以说是高悬在罗马塔的上空，是开罗科普特区6座古教堂中最漂亮的一座。有800年历史的著名的汗·哈利里大市集，是地中海和阿拉伯世界的著名交易中心。晚餐后送机场，飞往广州。

第8天　广州

抵达广州，结束愉快旅程。

【练一练】

主题旅游线路设计

埃及是一个具有悠久历史和文化的文明古国，拥有极其丰富的历史遗迹，其在考古学方面的成就引起世界的震惊，在埃及发现的金字塔及狮身人面像堪称奇景。今日，埃及的金字塔、古代寺庙、尼罗河两岸的高大石碑还有红海的潜水度假村每年都在吸引着数百万的游客前来观光度假，使其成为世界上最著名的旅游目的地之一。

请选一主题，为某研学团设计一条有特色的旅游线路。

主题二　南非(South Africa)

一、国家概况

▶ **案例导入**

一位刚来南非不久的游客因为打了小狗两巴掌,小狗惨叫,被小区邻居拍下视频后举报到南非的动物保护组织,该游客被随后赶到的警察带走,被当地法院判处3个月监禁,之后被遣送回国。

案例导读:

在南非,不能伤害动物,南非政府规定,任何人都不得在公开场合虐待、屠杀动物。南非的《动物保护法》中严格规定:拴狗的绳子不得短于三米,如果短于三米就是对于动物的虐待;第二条是不能忘记给狗喂食。如果打狗,会被人制止,几天后有可能会得到法院的传票,因为违反了法律。

(一) 地理环境

1. 国土地理

南非共和国简称南非,因地处非洲大陆最南端而得名。南非位于南半球,东、南两面临印度洋,西濒大西洋,北与纳米比亚、博茨瓦纳、津巴布韦接壤,东北部与莫桑比克及斯威士兰为邻,东南部内陆还有一个名副其实的"国中之国"莱索托。南非地处两大洋间的航运要冲,地理位置十分重要。其西南端的好望角航线,历来是世界上最繁忙的海上通道之一,有"西方海上生命线"之称。

南非可以分为4个地理区域:"大断崖"至沿海的平原、西南部的小卡鲁高原、南部的大卡鲁高原、东北部的高低草原。沿海平原从东、南、西三面环绕内陆高原,2/3地区为海拔600 m以上高原。西北部为沙漠,是卡拉哈里盆地的一部分。南非大部分地区干旱,水量充沛的河流不多,主要河流有奥兰治河和林波波河。

2. 气候特征

南非大部分地区属暖温带气候,东部沿海为热带季风气候,南部沿海为地中海式气候。由于南非三面为印度洋和大西洋所环绕,气候温暖且日照充足,全国全年平均日照时数为7.5～9.5小时,尤以4—5月日照最长,故以"太阳之国"著称。由于风光秀美,气候宜人,南非被称为"人间天堂"。欧洲人尤其喜爱这里,每逢北半球寒冬来临,他们便举家来到正处夏季的南非休闲度假,因此,南非又被冠以"欧洲后花园"的美誉。

🌱 小知识

好　望　角

好望角在南非的西南端,北距开普敦48 km左右,是开普敦的地标。16世纪,东西方交通被阿拉伯人阻断。为了获取东方的香料、丝绸和瓷器等奢侈品,欧洲各国纷纷派出船队寻找新航线。1488年葡萄牙航海家迪亚士在寻找欧洲通向印度的航路时到此,因多风暴,取名风暴角。但从此通往富庶的东方航道有望,故改称好望角。直到苏伊士运河开通之前,好望角都是欧洲通往亚洲的海上必经之路,为各国带来滚滚财源。至今特大油轮如果无法进入苏伊士运河,仍需以此道航行。好望角因此在航海史和贸易史上都具有特殊的意义。现在,好望角国家公园是世界闻名的旅游景点,每天都有无数游人在好望角灯塔(图6-6)前拍照留念。

图6-6 好望角灯塔

(二) 人文概况

▶ 问题导入

请自己查询有关介绍南非的书籍或网站,填写下表:

人口		英文名称		主要城市	
民族		主要宗教		首 都	
语言		国 花		与北京时差	
货币		国 鸟		现任国家元首	

1. 历史简述

南非最早的土著居民是桑人、科伊人及后来南迁的班图人。1652年荷兰人开始入侵,对当地黑人发动多次殖民战争。19世纪初,英国开始入侵。1867年和1886年,南非发现钻石和黄金后,大批欧洲移民蜂拥而至。1910年英国建立南非联邦。1961年,南非退出英联邦,成立了南非共和国。1989年,德克勒克出任国民党领袖和总统后,推行政治改革,取消对黑人解放组织的禁令并释放曼德拉等人。1994年曼德拉出任南非首任黑人总统,这标志着种族隔离制度的结束和民主、平等新南非的诞生。1994年,联合国大会通过决议恢复南非在联大的席位。1996年,南非总统曼德拉签署新宪法,为今后建立种族平等的新型国家体制奠定了法律基础。

小知识

曼 德 拉

纳尔逊·罗利赫拉赫拉·曼德拉(Nelson Rolihlahla Mandela，1918—2013年)1918年7月18日出生于南非特兰斯凯一个大酋长家庭，先后获南非大学文学学士和威特沃特斯兰德大学律师资格，当过律师。曾任非国大青年联盟全国书记、主席，非国大执委、德兰士瓦省主席、全国副主席。他成功地组织并领导了"蔑视不公正法令运动"，赢得了全体黑人的尊敬。为了推翻南非白人种族主义统治，他进行了长达51年(1944—1994年)艰苦卓绝的斗争，在开普敦的罗本岛的维克托-韦斯特监狱被关押了长达27年之久，并为此获得了1993年的诺贝尔和平奖。最终，于1994—1999年任南非总统，从阶下囚一跃成为南非第一任黑人总统，为新南非开创了一个民主统一的局面。曼德拉是南非首位黑人总统，被尊称为南非国父。2009年11月，联合国大会为表彰南非前总统对和平文化与自由的贡献，宣告7月18日为"纳尔逊·曼德拉国际日"。2013年12月6日(南非时间5日)，曼德拉因病去世。

2. 经济概况

南非以丰富的矿物资源驰名世界。矿业、制造业和农业是经济三大支柱，深矿开采技术在世界处于领先地位。丰富的资源、廉价的劳动力加上先进的管理，使南非成为当今非洲经济最发达的国家。南非是世界主要的黄金生产国和出口国。但近年来因国际市场黄金价格下跌，铂族金属已逐渐取代黄金成为最主要的出口矿产品。南非还是世界主要钻石生产国之一，产量约占世界的8.7%。

旅游业是南非主要外汇收入来源和就业产业。2004年，旅游业取代黄金业成为南非最大的创汇产业。南非素有"游览一国犹如环游世界"的美誉，生态旅游和民俗旅游是南非旅游业最主要的增长点。2010年南非举办世界杯，极大地增加了南非作为旅游目的地的吸引力。

3. 文化艺术

享有"彩虹之邦"美誉的南非有着丰富多彩的文化历史传统，无论是南非土著居民，黑人，还是白人，都对南非文化做出了杰出的贡献。变化无穷及多姿多彩的文化是南非的一大特色。

南非土著居民具有历史悠久的传统绘画与雕刻艺术。其中最著名的布什曼人的洞穴壁画雕刻是人类原始艺术的瑰宝，也是南非现代艺术的组成部分，记录了从远古的狩猎时代到现代的原始部落的非洲黑人生存的篇章。

除了绘画和雕塑，南非人也同样擅长音乐和舞蹈。南非的音乐文化集非洲、欧洲和东方印度音乐文化之大成，将黑人的鼓声、欧洲古典音乐的韵律和印度人的宗教音乐融为一体，其强烈多变自由奔放的节奏又为黑人传统舞蹈伴奏出丰富多彩的音乐旋律。

【练一练】

案例分析

小吴是北京一家旅行社的英语导游。一次接待来自南非的旅游团，游客提出想体验原汁原味的当地文化。于是，她推荐了坐落于繁华的朝阳门外大街141号的北京民俗博物馆。

想一想：如果您是小吴，如何向南非的客人推荐可以体验"老北京文化"的地方？

二、民俗风情

▶ 案例导入

某旅游团在开普敦市附近的企鹅滩参观时,一位游客出于好奇心捡了一个企鹅蛋放进了自己的背包。当地人发现后向执法部门举报,结果整个旅游团被扣留,还差点儿被送上法庭。后经多方努力,双方达成庭外和解协议,最终旅游团赔了3 000兰特(约430美元)。想一想:作为领队,如何提高游客的环保意识,真正做到入乡随俗?

案例导读:

作为领队,一定要反复告知游客:南非野生动物资源丰富,但南非有十分严厉的动物保护法。在南非,保护大自然、保护动植物已形成一种可贵的社会风气,南非人喜欢说,保护大自然既是给自己也是给子孙后代造福,是件功德无量的事。初到南非的外国人,不熟悉当地的法律常会犯下大错。因此游客在南非旅游的时候,一定要遵守当地的旅游规范和法律,举止要文明,特别要遵守环境保护法,不要惊扰伤害动物和摘花折草,也不能向路边的动物投食。游客购物时也要注意,很多地方可能会出售动物标本或者动物皮毛,在购买时一定要谨慎,要弄清楚这样是不是违反了野生动物保护法。

(一) 社交礼仪

南非社交礼仪可以概括为"黑白分明""英式为主"。所谓"黑白分明"是指由于受到种族、宗教、习俗的制约,南非的黑人和白人所遵从的社交礼仪不同。"英式为主"是指白人的英国式社交,见面礼节是握手礼。在黑人部族中,流行的打招呼方式是举起右手、手掌向着对方,目的是表示"我的手并没有握石头",它是友好的象征。在广大农村,南非黑人还会以鸵鸟毛或孔雀毛赠予贵宾,客人则把这些珍贵的羽毛插在自己的帽子或头发上。

南非黑人非常敬仰自己的祖先,他们特别忌讳外人对自己的祖先言行失敬。跟南非人交谈,有四个话题不宜涉及:不要为白人评功摆好;不要评论不同黑人部族或派别之间的关系及矛盾;不要非议黑人的古老习惯;不要为对方生了男孩表示祝贺。

在非洲最大的禁忌是强调肤色不同。称呼非洲人,最好照他们的国籍来称呼。非洲人国家意识相当强烈,直呼其国名,他们听来很受用。

(二) 饮食文化

1. 饮食特征

南非是个物产富饶的国家,出产的粮食、蔬菜、水果和牛羊肉品质优良,味道鲜美。受多民族的影响,南非饮食集纳了欧洲、亚洲很多国家的特点,形成了独特的饮食文化。南非的美食主要分为两大流派:一种是豪放的土著美食,南非黑人喜欢吃牛肉、羊肉,主食是玉米、薯类、豆类,不喜生食,爱吃熟食;另一种是来自英国等地的西餐,当地白人经常吃牛肉、鸡肉、鸡蛋和面包,爱喝咖啡与红茶,特别是当地著名的饮料路依保斯茶。因为地理环境的特殊性,当地的美食更多地运用水果、坚果和野味以及三面临海所带来的种类繁多的海鲜。烧烤、炖和烩是常见的南非菜烹制手法,讲究调汁,善用南非特有的香料、咖喱。比较有代表性的菜肴是龙虾餐、鸵鸟餐和烤肉。

2. 饮食禁忌

在南非黑人家做客,主人一般送上刚挤出的牛奶或羊奶,有时是自制的啤酒。不论自己渴不渴、爱不爱喝,都一定要大大方方地"来者不拒",尽量多喝一些,并且最好一饮而尽。若是百般推辞不喝一口,主人会很不高兴。与南非的印度人打交道时要注意:信仰印度教者不吃牛肉,信仰伊斯兰教者不吃猪肉。

在非洲很多地方,吃饭不使用刀叉,更不用筷子,而是用手抓饭。吃饭时,大家围坐一圈,一个饭盒和一个菜盒放在中间。每个人用左手按住饭盒或菜盒的边沿,用右手的手指抓自己面前的饭和菜。客人吃饭时应注意的是,切勿将饭菜撒在地上,这是主人所忌讳的。

小知识

南非语言

南非一共有11种官方承认的语言,大部分都是南非当地的语言,但是英语仍然是用途最为广泛的语言,包括机场、旅馆和购物中心在内,南非到处都讲英语。另外所有的路标和官方表格都使用英语。南非其他两种最主要的语言是祖鲁语和科萨人的班图语,还有一种主要的语言是南非荷兰语,它是从荷兰语中派生出来的。对北欧人来说,理解南非荷兰语并不困难。

(三)节庆风情

1. 自由日

4月27日为自由日。自由日是南非共和国的一个公共假日,是为了庆祝南非1994年废除种族隔离制度之后,人民获得政治自由和进行了南非历史上第一次不分种族的全民大选而设立的节日。这次大选,凡是南非年满18岁的国民,不分种族,都具有投票权。而在此之前,在种族隔离制度统治下,南非有色人种在大选中投票只有有限的权利。1994年4月27日,南非历史上第一部体现种族平等的宪法生效,这一天成为南非的国庆日,也称自由日。

2. 和解日

每年的12月16日是南非政府法定的种族和解日,原称"丁冈日"或"誓言日",是为了纪念1838年的这一天向北迁徙的南非布尔人(荷兰人后裔)打败祖鲁王丁冈、夺取了南非内陆大片土地而设立的。1994年新南非政府成立后,这一天被改名为和解日,寓意是希望南非黑白两大种族面向未来,和平共处。

(四)旅游纪念品

1. 钻石

钻石是南非的名特产。迄今为止,世界上所发现的最大钻石来自南非比勒陀利亚(Pretoria)市外的卡里南镇(Cullinan)的第一钻石矿,并以1902年它的发现者托马斯·卡里南的名字命名。目前,南非拥有世界上产量最大且最现代化的维尼蒂亚钻石矿。南非钻石颗粒大,品质优,50%的金刚石均是可切割的,产值一直居世界前列。

2. 黄金

黄金是南非的特产。南非是世界上最大的黄金生产国之一,从1898年起,南非黄金产量一直高居世界第一。南非每年都生产大量的黄金,不管是工艺品,还是金条都有质量保证,因此又被誉为"黄金之国"。

3. 木雕

南非的木雕在世界都非常出名,手艺精巧的木雕艺人用手工雕刻出栩栩如生的各种动物造型、朴实而又具有非洲土著民族风格的人物面罩等。在非洲,木雕艺术有着崇高的宗教地位,一般认为放在家里能镇宅驱邪。木雕作品存在着一种感人至深的纯朴、稚拙、粗犷,并富有纪念性和节奏感。

4. 路依保斯茶

路依保斯茶（Rooibos Tea）又称博士茶，与"黄金、钻石"并称南非三宝，是一种草本植物饮品，行销 50 多个国家和地区，在德国、美国等更是尽人皆知。路依保斯茶名字中有"茶"，其实不是普通意义上的"茶"。它的字面意思为"红色的灌木"，指植物烘干或发酵后的颜色跟红茶极其相似。路依保斯茶富含矿物质，非常有益健康。它不含色素、防腐剂和咖啡因，丹宁酸的含量也非常低，还不含草酸，因而对易患肾结石的人来说，是非常好的一种饮料。

5. 鸵鸟蛋

鸵鸟蛋具有非洲特色，当然成为购买旅游纪念品的首选。鸵鸟产业在南非经济中占有举足轻重的位置。南非鸵鸟蛋经过系列化的工艺加工成为工艺美术品。这些工艺品的创作者们来自不同行业，对生活的体会各异，艺术修养有高低之分，从而形成了百花争艳、异彩纷呈的鸵鸟蛋艺术。

6. 南非葡萄酒

南非葡萄酒是南非的特产红酒。南非目前是世界上六大有名的葡萄产区之一。它的主要葡萄酒生产区分布在开普敦地区。开普敦地区处于非洲顶端地带，它具有典型的地中海气候。

【练一练】

案例分析

南非以壮观的景色和众多的野生动物著称，又盛产钻石、白金和黄金，越来越多的中国游客将旅游目的地选在南非。一位游客特地咨询领队小何，南非旅游局推出"South Africa — It's possible（南非——没有什么不可能）"的旅游品牌指的是什么。小何第一次去南非，对南非的旅游资源不是很清楚，就把这个问题敷衍过去了，客人对领队的解释不是很满意。

想一想：作为领队怎样进行知识的储备才能避免这种尴尬发生呢？

三、主要旅游城市及旅游景点

▶ 案例导入

酷爱摄影的游客安迪深入南非边远地区的村庄旅游，看到沿途的土屋建筑和蹒跚的部落族群忍不住按下快门，结果，几个当地部落的人愤怒地举着木棍朝他冲过来了。幸好司机和导游反应快，逃离了这块区域。路上，导游狠狠批评了安迪的行为，并语重心长地说："大家都是朋友，不要因这次事件影响您对南非的印象，但是您要尊重这些部落，不要拍他们不好的东西。"为什么安迪不能在南非的一些部落随意拍照？作为导游和领队应该在哪些方面告知游客？

案例导读：

到了一个陌生的国度，一切都是新鲜的，然而初来乍到非洲，千万别举着相机随意拍，尤其是一些非洲部落地区，人、房屋、家畜一律不准拍摄。非洲人普遍认为相机对准某物，拍下镜头，某物的"精气"就会被吸收殆尽，此事自是非同小可。如想拍摄，最好向对方先打个招呼，获得同意之后再行动，以免被投石、被吊或挨一顿揍。

作为导游和领队要反复提醒游客：在国外旅游，人们在拍照时，必须不能违反特定国家、地区、民族的禁忌。如涉及国家安全的海关和机场禁区，各类宗教场所，有关私有财产、个人隐私、野生动物等处，应严禁随意拍照；凡在"禁止拍照"标志的地方或地区，人们应自觉不要拍照。在不允许拍摄的区域一定不要随意拍摄，更不能抱着侥幸心理偷拍，否则当地警察将予阻止或删除图像，严重时还会受到该国法律的制裁。

（一）花园城市——比勒陀利亚（Pretoria）

南非是世界上唯一同时拥有3个首都的国家。比勒陀利亚（又名茨瓦内）是南非的行政首都，南非中央政府所在地。各国驻南非使馆皆设立于此。该城建于1855年，以布尔人领袖比勒陀利乌斯的名字命名，其子马尔西劳斯是比勒陀利亚城的创建者，市政厅门前立有父子俩的塑像。比勒陀利亚环境优美，有"花园城市"之称，因为每年10月间市内有5.5万棵紫葳树花朵盛开，因此又称"紫葳城"。

1. 联合大厦

联合大厦是南非政府及总统府所在地，是一座气势雄伟的花岗岩建筑，由赫伯·贝克爵士设计。大厦坐落在比勒陀利亚一座俯瞰全城的小山上，大厦前面是整齐、优美的花园，园中立有不同的纪念碑和雕像。

2. 开拓者纪念堂

开拓者纪念堂是为纪念1838年逃避英国管辖，建立自己独立的国家而赶着牛车远离开普半岛的布尔人祖先（南非荷兰人）而建。这座宏伟的建筑是比勒陀利亚的一景，纪念堂内的英雄厅雕有精美的壁雕。

3. 市政厅

市政厅是欧式建筑，其巨型圆顶钟塔有独特的共32个钟的钟琴。市政厅前有纪念比勒陀利亚创始人比勒陀利乌斯父子的雕像。

4. 教堂广场

教堂广场是南非最有名的广场，位于比勒陀利亚市中心。广场中央有德兰士瓦（南非）共和国的首任总统保罗·克鲁格的雕像，为市民休闲、散步的好去处。

（二）南非诸城之母——开普敦（Cape Town）

开普敦位于好望角北端的狭长地带，濒大西洋特布尔湾，是南非立法首都，重要港口，好望角省首府，是欧裔白人在南非建立的第一座城市。1652年，荷兰东印度公司为了在非洲建立一个补给站，以供应往来欧亚间的船只，于是选择了南非开普敦省的桌湾（Table Bay）作为据地。开普敦是南非的发祥地，故有"南非诸城之母"之称，也被称作母亲城。经300多年的演变，开普敦从原来的不毛之地变成了南非最古老且最富特色的城市。历经荷、英、德、法等欧洲诸国的统治及殖民，开普敦充满多元欧洲殖民地文化色彩，为南非的文化古都，集欧洲和非洲人文、自然景观特色于一身，是世界最美丽的都市之一，也是南非最受欢迎的观光都市。在这里可观看欧亚往来的船只、好望角保护区、俯瞰城市和印度洋的桌山观景点、远近驰名的桌湾海滩美景、历史悠久的葡萄酒农庄、面积广大的克腾斯伯希国家植物园等。市内多殖民时代的古老建筑，位于大广场附近，建于1666年的开普敦城堡是市内最古老的建筑。

1. 桌山

开普敦地区拥有众多世界级景观或设施。其中常被南非政府用来代表南非之美的桌山

(Table Mountain)(图 6-7),因山顶平整如桌而得名,其风光迷人。桌山顶宽 3 200 m,高 1 087 m。每当山顶上覆有白云,开普敦人认为那是上帝餐桌上已铺上"桌巾"准备用餐。搭乘缆车是目前上桌山山顶最便捷的工具。乘客可以 360 度回旋上山,欣赏美丽的桌湾和开普敦市区。

图 6-7 桌山

2. 好望角

自开普敦出发,汽车行驶约 1 小时便进入好望角自然保护区。开普敦建筑师赖恩·曼瑟 1928 年提出建立好望角自然保护区的初衷就是,让好望角永远保持着葡萄牙航海家迪亚士 500 多年前第一次见到她时的模样。开普半岛的顶端是矗立着一座白色灯塔的海角点。下到临海处,有一块长条黄色木牌上用英文和阿非利加文标明:"好望角/非洲大陆最西南端/南纬 34°21′26″/东经 18°28′26″。"常有人俯首跪拜黄牌,意在求得事事"好望",这是南非人的惯例。

(三) 黄金之城——约翰内斯堡(Johannesburg)

南非最大城市,世界最大的产金中心,素有"黄金之城"之称。1880 年,这里只是一座以两头牛的价值换来的农场。随着金矿的发现和开采发展为城市。1928 年建为市。作为南非最大的城市,今天的约翰内斯堡已发展成为繁华的现代化大都市,融合了东方、西方、非洲三种文化色彩。约翰内斯堡位处海拔约 1 800 m 的内陆高原上,昼夜温差大,但气候温和。夏天平均气温在 20℃,冬天则在 11℃ 左右。约翰内斯堡是名副其实的花园城市,全市的公园和绿地占总面积的 10% 以上,所有住宅、办公楼的周围都种满了树木和鲜花,整个城市是一片绿色的海洋,空气极为清新。约翰内斯堡也是著名的旅游城市,除了金矿博物馆和黄金精炼厂是游人必去之外,参观野生动物园也是不能错过的体验。

1. 黄金城

黄金城是在金矿旧址上建立的主题公园,也是约翰内斯堡最出名的旅游点。园内 18 世纪后期到 19 世纪初期淘金热潮时黄金城的建筑。黄金城的矿井曾挖到地下 3 200 m 深处,现在游客最多可下到地下 220 m 处参观当时开采黄金的实际作业状况,还可以参观黄金的实际熔解和浇铸金币的过程。

2. 狮子园

南非之所以成为旅游胜地,主要是因为当地各类繁多且形态优美的野生动物,因此,参观当地一座大型野生动物园，看看生活在此地的狮子、大象、长颈鹿和羚羊，成为游客不可错过的一项体验。位于霍尼都(Honeydew)的狮子园(Lion Park)有许多狮子和羚羊，距离约翰内斯堡市不到半小时车程。

(四) 其他著名的旅游地

1. 太阳城

太阳城(Sun City)是南非的著名旅游胜地，有"世外桃源"、非洲的"拉斯维加斯"的美誉，也是世界小姐选美的胜地。太阳城并非是一座城市，而是南半球最大的娱乐中心。由南非的游乐大王代索尔·科斯纳于1979年以美国拉斯维加斯为依托而建。现在的太阳城有4家大饭店、2座高尔夫球场及1个巨型娱乐中心，在娱乐中心内有餐厅、戏院、商场、会议中心及有6 000个座位的室内馆，专供体育运动比赛以及来自世界各地的巨星登台表演。太阳城所以能够名噪非洲南部，除了其在贫瘠地区创造奇迹外，1993年落成的"失落之城"更是使得太阳城受到世人瞩目的一大原因。

2. 克鲁格国家公园

克鲁格国家公园(Kruger National Park)位于姆普马兰加省(Mpumalanga)、北方省和莫桑比克交界的地带，它是南非最大的野生动物保护区。克鲁格国家公园南北纵贯400 km，东西横跨70 km，面积大小相当于英国的威尔士，总面积达20 000 km^2。克鲁格国家公园创建于1898年，由当时布尔共和国最后一任总督保尔·克鲁格(Paul Kruger)所创立。保尔·克鲁格为了阻止当时日趋严重的偷猎现象，保护萨贝尔(Sable)河沿岸的野生动物，宣布将该地区划为动物保护区。随着保护区范围不断扩大，完美地保持了这一地区的自然环境和生态平衡，克鲁格是世界上自然环境保持最好的、动物品种最多的野生动物保护区(图6-8)，也是南非旅游的精华之一。园中分布着众多的大象、狮子、犀牛、羚羊、长颈鹿、野水牛、斑马等动物。植物方面有非洲独特的、高大的猴面包树。每年6—9月的旱季是入园观览旅行的最好季节。

图6-8 克鲁格国家公园野生动物保护区

小知识

经典线路：南非经典8日游

第1天　北京—约翰内斯堡

　　北京首都机场集合，办理登机手续，带着期待的心情出发，搭乘南非航空公司客机，飞往非洲大陆最南端的国家——南非。

第2天　约翰内斯堡—比勒陀利亚—太阳城

　　乘车前往南非行政首都比勒陀利亚，参观庄严的先民开发纪念堂、教堂广场、希腊式建筑风格的总统府，此大楼正面的花园花团锦簇，争奇斗艳，美不胜收，在此可眺望市街美丽的景致，之后前往"世界小姐"选美大赛的场地——有"南非拉斯维加斯"之称的太阳城，太阳城以豪华而完整的设备及浑然天成的自然美景吸引了世人的目光，几乎是所有到南非旅游的观光客不会错过的好地方，抵达后游客于太阳城内可享受其内部的各项游乐设施，如游泳、骑马、打高尔夫球，晚餐后入住太阳城五星级酒店休息。

第3天　太阳城—约翰内斯堡

　　早餐后，乘车前往南非第四大野生动物园——匹林斯堡野生动物园，乘旅游车进入园内，这里拥有各种野生动物和超过350种的鸟类，在这里欣赏那些在苍茫的大草原、起伏的山坡、草丛中、大树下生活的各种野生动物是一种不可错过的体验，之后乘车返回约翰内斯堡，前往南非钻石切割中心参观，今天游客可以亲眼看见神奇的钻石加工过程，晚餐后入住酒店休息。

第4天　约翰内斯堡—开普敦

　　早餐后，前往狮子园，在这里有机会欣赏狮子在草地上漫步的英姿，并可与小狮子合影留念，午餐后乘车前往机场办理登机手续，乘机飞往非洲南端世界最美丽的城市之一的开普敦，开普敦是南非文化的发源地，许多南非人称它为"母亲城"，是南非召开共和国会议的立法都市，抵达晚餐后入住酒店休息。

第5天　开普敦—好望角—开普敦

　　早餐后，乘车前往豪特湾，在天气许可的情况下乘船前往著名的海豹保护区，观赏上百只海豹聚集在一起嬉戏的自然生态景象，途经企鹅保护区，参观著名的南非斑嘴环企鹅，之后经开普敦半岛的海滨公路，游览好望角自然保护区，乘缆车登上开普角山顶，俯瞰印度洋及大西洋交会的壮阔景色，令人难忘，晚餐后入住酒店休息。

第6天　开普敦

　　早餐后，在天气许可的情况下，搭乘360度旋转缆车登上桌山游览，在山上可以俯瞰整个港湾，远近海景尽收眼前，之后前往鸵鸟园，在此可了解鸵鸟的生态及习性，前往马来区，平顶、色彩亮丽是马来后裔住宅独特的风格，区内大多数房屋都已列为古迹保存，之后前往宝石中心参观，晚餐后入住酒店休息。

第7天　开普敦—约翰内斯堡—北京

　　早餐后，前往世界闻名的开普酒原产地康斯坦夏展开浪漫的酒乡之旅。这里属于地中海型气候，温暖湿润，土地肥沃，因此成为重要的葡萄酒产地。沿途果园风光引人入胜，有专人带领，实地参观酒窖并详细介绍各种葡萄酒的生产过程。在此游客可了解到关于葡萄酒的各种知识，同时可品尝数种红白葡萄美酒。午餐后前往康斯坦博西国家植物园，它是世界最早的植物园，园内只栽种南非原产植物，尤其是南非的国花帝王花(Protea)。乘车前往机场办理登机手续,乘坐南非航空公司飞机经约翰内斯堡转机返回北京。

第8天　北京

抵达北京,旅行中的美好回忆将成为游客铭记今生的挚爱珍藏!

【练一练】

主题旅游线路设计

南非位于非洲大陆最南端,地处两大洋间的航运要冲,其西南端的好望角航线历来是世界上最繁忙的海上通道之一,有"西方海上生命线"之称。南非由多个种族和文化组成,其中最多的人口是南非黑人,随后是白人和混血人。南非以拥有多姿多彩的文化而著称,这也就是其"彩虹之国"的由来。外国游客常常被南非人的热情好客所感动。由于风光秀美,气候宜人,南非被称为"人间天堂"。欧洲人尤其喜爱来南非休闲度假,因此,南非又被冠以"欧洲后花园"的美誉。南非还以其丰富的野生动植物和美丽的自然风光著称。到南非90%的外国游客是来看野生动物的,他们相信,没有游览过南非的国家公园,就不能算来过南非。

请选择上述内容中的一个主题为某商务团设计一条有特色的旅游线路。

【分组研讨课题】

南非成为中国公民自费出境目的地国家后,越来越多的中国人前往旅游。南非旅游局因此特地推出了"South Africa — It's possible(南非——没有什么不可能)"的全新旅游品牌,请根据此口号写一篇导游词,在组内进行讲解。每组推选一位同学,在班内进行成果交流。

【思考题】

1. 为何埃及的旅游业在中东和北非国家中能名列第一?
2. 在埃及旅游,中国游客应注意哪些风俗习惯?
3. 如何理解生态旅游与民俗是南非旅游业两大增长点?
4. 南非野生动物资源丰富,然而游客在南非旅游的时候时常发生一些文化冲突。如何才能做到入乡随俗?

第七单元

中国港澳台地区的主要旅游客源地和目的地

单元导航

中国港澳台地区与中国内地有着文化传统、民族血缘以及地理位置上的紧密联系,同时三地经济都很发达,又是在中国内地投资总量最大的地区,与内地有着密不可分的经济联系。自改革开放以来,港澳台地区一直是内地最大的入境旅游客源市场。本章主要从地区概况、民俗风情、主要旅游景点三方面,增加学习者对香港特别行政区、澳门特别行政区和台湾地区的认识和了解。学习时,对香港特别行政区应重点掌握。

主题一　香港特别行政区(Hong Kong)

一、地区概况

案例导入

对到香港旅游的游客来说,要领略地道的港式文化,最简单有效的方法,就是花1个小时享受一下港式茶餐厅文化。铜锣湾的渣甸坊、时代广场、利舞台广场、百德新街等地就集中了不少这样的茶餐厅。游客小徐去体验了一下,喝过早茶后产生了不少疑问。每个桌子上都放着两个茶壶,一个茶壶里面是有茶叶的热茶,另一个就是一壶白开水。他想知道,这壶白开水是派什么用场的? 喝早茶都有哪些讲究?

案例导读:

传统的早茶点心都是厨房做好后,用推车推着满场转,食客们看到什么想吃伸手拿就成,然后服务员会在桌卡上盖个图章。现在的茶楼都改成点心纸了,即点即蒸,讲究新鲜热辣。

服务员先给您上一壶白开水和您点的茶,白开水可以用来洗碗碟,洗好后倒在服务员给的不锈钢小桶里,剩下的白开水可以用来加在您喝干的茶壶里,当然您不洗也是可以的。如果茶壶里没水了,您可以将茶壶的盖子打开,架在捏把和茶壶口的上面或放在桌面上。服务员看到后,就会过来给您加水了。

(一) 地理环境

1. 区域地理

香港特别行政区简称港,位于广东省南部珠江口外东侧,北与深圳毗邻。主要由香港岛、九龙半岛和新界内陆地区以及262个大小岛屿(离岛)组成,陆地面积约 1 106.34 km² (2018年12月31日),海域面积约 1 650 km²。

香港地形属于岭南丘陵的延伸部分,山丘大多从东北向南伸延,故多石山、岩岛和港湾,是一个山岛。最高峰为大帽山,海拔957 m。

2. 气候特征

香港属于海洋性亚热带季风气候,全年平均气温24.5℃,年降雨量约 2 200 mm,雨量集中于5—9月。一年四季均可旅游。

(二) 人文概况

问题导入

请自己查询介绍香港的书籍或网站,填写下表:

人口		英文名称		恢复行使主权时间	
民族		主要宗教		现任特首	
语言		区　花			
货币		区　树			

1. 历史简述

香港自古是中国领土的一部分。它原为一渔村,明代万历年间因转运东莞所产香木,始有香港之称。属新安县(即今深圳市宝安区)管辖,在清代属于广东省新安县,1840年鸦片战争中,由于清政府战败,香港本岛于1842年、九龙于1860年相继割让给英国。英国后来又于1898年"租借"得深圳河以南,今称作"新界"的大片土地及岛屿,租期99年,总面积比原先的割据地大近10倍。1997年7月1日,中国政府对香港恢复行使主权。如今,香港是中华人民共和国的一个特别行政区。

2. 经济概况

香港背靠祖国内地,面临东南亚,地处太平洋与印度洋航运要冲,地理位置优越。是东西方和东亚、东南亚地区海空交通运输的枢纽,又处于世界航道要冲,拥有世界上最优良的天然海港——维多利亚港。维多利亚港与美国的旧金山、巴西的里约热内卢并称为世界三大天然良港,是世界第一大集装箱港口和亚太地区国际航运中心。香港成为外国旅游者进入中国以及华侨和台胞进入祖国大陆的门户,也是亚太地区国际金融、贸易、航运和信息产业的重要中心。香港新国际机场规模宏大,是世界最先进的机场之一,航线可通往国内30多个城市和世界各大城市。陆上交通主要有广九等干线,并有多条公路、轻便铁路、地铁和轮渡,以及港岛至九龙、东九龙至沙田间现代化的海底隧道,为旅游提供了便利。

在香港经济发展的历程中,经历了两次转型。1950年以前,香港经济主要以转口贸易为主。从20世纪50年代起香港开始工业化,到1970年,工业出口占总出口的81%,标志着它已从单纯的转口港转变为工业化城市,实现了经济的第一次转型。20世纪70年代初,香港推行经济多元化方针,金融、房地产、贸易、旅游业发展迅速,特别是从80年代始,香港的制造业大部分转移到内地,各类服务业得到全面高速发展,实现了从制造业转向服务业的第二次经济转型。金融服务、贸易及物流、旅游专业及工商业支援服务为四个传统主要行业。香港大部分商品免征进口税。因此,世界各国名牌商品源源不断地流入香港,被誉为"世界商品橱窗",成为闻名遐迩的"购物天堂"。

3. 文化艺术

香港将东方传统与西方文化共冶一炉,造就了古今交融、东西结合的大都会绮丽风貌和多元文化。旅游者体味香港文化的最佳方式就是走进博物馆。博物馆以互动等多种形式,让您观赏珍贵文物或展品,涉猎香港的历史、文化、艺术和科学等各个方面。

香港文化博物馆一直致力于保存香港的历史、艺术和文化遗迹,借此增加游客对香港文化艺术方面的认识。该博物馆位于沙田,采用中国传统的四合院布局,规模为全港最大,设有多个常设展览厅,包括新界文物馆、专门介绍香港粤剧表演及发展的粤剧文物馆,以及介绍自然及文化历史的儿童探知馆,其中包括"香江童玩"展览,带您回顾香港旧日的流行玩具。文化博物馆也涵盖了香港不同的艺术收藏,除设有徐展堂中国艺术馆外,还有收藏赵少昂与其他当代大师作品的赵少昂艺术馆等。文物馆还设有多个专题展览厅,展出不同主题的展品,包括传统中国木版印刷和香港漫画等,令人目不暇接。

香港历史博物馆将香港的历史活生生地摆在您面前,从而加深您对其历史的了解和认识。馆内的各项展品,都务求把香港的考古发现、历史、民族及自然生态等各方面的珍贵文物一一呈现。该馆的常设展厅占地7 000 m²,罗列了香港的自然生态环境变迁过程及历史故事,借此见证香港人多年来的不懈努力。历史博物馆经常举办主题展览,向大家介绍香港掌故。

此外，还有香港海防博物馆、香港艺术馆、香港科学馆、香港太空馆等。

【练一练】

案例分析

地陪小刘接待香港来的观光旅游团，小刘发现在旅游过程中，岁数大的团员习惯靠左侧行走，经常与别人逆行，小刘多次提醒，有的团员仍然如此。大家在购物时，特别喜欢具有北京特色的文化产品，还让小刘帮助他们参谋买些什么比较好。

您能向小刘解释清楚他们为什么会有左行的习惯吗？还有哪些国家和地区也有这种习惯呢？

二、民俗风情

▶ **案例导入**

黄先生参加青岛某旅行社组织的香港游，在香港免税店购买了一只知名品牌全自动机械表，回家后发现手表出现慢走、停走现象，要求旅行社协助退货，但旅行社却只帮助其维修。黄先生向市旅游质监所提出投诉，要求旅行社做出解释并承担赔偿责任。

经调查，香港免税店有百分百退款保障，即游客购物后如有不满，只要于6个月（内地旅客）内提出退款要求，均可获全数退款，故黄先生要求旅行社协助其退货。但旅行社在接收手表时，发现手表内侧有划痕，在出具收条时注明并告知黄先生是否能退货由港方进行鉴定后决定。旅行社将黄先生的手表带至香港，店家鉴定后，发现此表内侧有划痕，拒绝退货（百分百退款保障的前提为：旅客须凭单据正本办理退款，而有关货品必须没有损坏，也没有因使用而导致的损耗），同时将该表送至香港代理商处进行检测维修。经检测，该公司出具结论单，认为此表通过时间和防水测试，完全符合品牌的国际标准。因此，市旅游质监所对黄先生提出的要求不予支持。

案例导读：

被誉为"购物天堂"的香港，每年都有大量的游客前去购物。近年来，各地香港游因购物问题产生的投诉时常发生。为避免此类投诉的发生，游客购物前，应了解清楚香港旅游购的相关政策，并掌握准备购买产品的有关数据。以手表为例，应掌握手表品牌的正确名称、型号、设计特色和内地销售价等作为前往香港购物时的参考。也可上国际品牌的网站，浏览不同品牌的手表数据，更可以先到住所附近代理有关品牌的表行，查看和咨询手表的价钱和数据。购买时选择特约经销商或贴有"优质旅游服务协会"标贴的商户，特别是准备买品牌手表的，应查询表行是否为品牌特约经销表行。大多数品牌手表均订有公价，如手表售价明显较其他表行低，可直接向该品牌在香港的总代理商查询。在选购时务必当面看清楚手表的各部分，包括手表的品牌名称、型号和设计是否与欲购买手表的数据符合；手表的外壳、玻璃、针、面、柄杆、环、表带、表链等是否有问题。如有问题，应立即更换，不要留后遗症。

（一）社交礼仪

1. 礼仪特征

在香港探亲访友、登门拜访，都要送礼物。香港人把空手上门的客人称为"香蕉手"，意为两手空空,让人看不起。一般说来,内地居民去香港,带一些当地的特产就行了,不妨买几包上好的"云南普洱"或福建产的"铁观音",以示"礼轻情意重"。

2. 礼仪禁忌

忌讳:用茉莉花、梅花送人("茉莉"与"末利"同音,"梅花"与"霉花"同音);介绍配偶时用"爱人"(香港人习惯将"爱人"作为"情人"的代名词);庆祝饭店开张、做生意开市点菜饭时,点"白粥、斋面、炒饭、炒蛋"("白粥"意味一无所有,"斋"与"灾"谐音,"炒饭、炒蛋"会使店主联想到被同行"炒掉"、挤垮,不吉利);送礼时送书("书"与"输"同音,乃不祥之兆);吃饭时翻转鱼身(喻"翻船"之意);用钟、毯子送人("钟"与"终"读音类似,香港人认为毯子押财)。

小知识

购物天堂——香港

在被称作"购物天堂"的香港购物,不论是价格、种类还是服务,都名列世界之最。香港是自由港,商品来自世界各地,由于大部分物品不收关税,香港的商品价格就相应较低;而且这里每年都有许多换季大减价的促销活动,能为游客提供真正的实惠。

香港购物区大致可分为香港岛及九龙两个地段,香港岛以地铁线上的中环(图7-1)、北角、金钟、铜锣湾4处为重点,九龙以地铁线上的尖沙咀、佐敦、油麻地、旺角4处为重点;还有反映香港独特文化的上环。许多著名的购物街是把同类商店集中在一处,如九龙弥敦道以金饰为主,旺角西洋菜街以影音器材为主,还有上环的好莱坞道集中了多家古玩店。一般来说,中环一带的商场大多比较高级,商品档次较高,价格自然也不低;而铜锣湾、尖沙咀一带,是一般市民购物的好去处;至于油麻地、旺角一带,商品档次不高,价格较低廉。路边小摊也是香港购物中一道亮丽的风景线,中环一带聚集了一些服饰市场和专业街,此外还有油麻地的女人街、庙街夜市(也称"男人街"),等等。

图7-1 太平山上看中环

(二) 饮食文化

香港融合众多不同饮食文化的特质,又与中国内地相连,汇聚内地各种饮食精华,加上对饮食品质的精益求精,使其成为一个不折不扣的美食天堂。

1. 大排档

大排档起源于香港,又称为"大牌档",指开设在街边提供饮食的熟食档口。如今,全香港只剩下为数不多的大排档,主要集中在中环士丹利街、吉士笠街等地,其他的都已经搬迁到邻近市政大厦的熟食摊档继续营业。

大排档在20世纪50—70年代的香港,由于价格相宜,食物选择又多,深受大众欢迎,成为香港文化的一部分。大排档所提供的食物种类繁多,中西兼备,中式的有炒粉、炒面、炒饭、鱼蛋粉、白粥油条等,西式的有多士、三明治、港式丝袜奶茶、咖啡等。

2. 饮茶

茶饮是一种源自广州的粤式饮食。在香港,"饮茶"已变成了上茶楼喝茶吃点心的代名词。广东话形容饮茶为"一盅两件"。以前专门提供饮茶的餐馆被称为"茶楼""茶居",现在一般称为"酒楼"或"酒家"。除了早茶、午茶外,一些酒楼还有下午茶,一般在14:00—17:00。有的酒楼更在宵夜时段提供夜茶。到酒楼"等位"也是饮茶文化的一部分。饮茶时,茶客先挑选一种想喝的茶,例如铁观音、普洱、香片、寿眉等,等茶泡好后,才开始吃点心。

港式点心(图7-2)大致分为咸点及甜点两类。大部分点心都是热吃的,也有小部分的冷盘。

图7-2 港式早茶中的点心

常见的咸点有虾饺、干蒸烧卖、粉果、叉烧包等,亦有煎制的糕点,如萝卜糕、芋头糕等。甜点有马拉糕、莲蓉包、奶黄包,其他如芒果布丁、擂沙汤圆及蛋挞等。

(三) 节庆风情

在香港,全年规定的公共假期共17天,分别是:元旦、农历新年(3天)、清明节、复活节(3天)、重光纪念、端午节、回归纪念日、中秋节、重阳节、国庆节(2天)、圣诞节(2天)。每个月份都有丰富的活动和节目,如亚洲艺术节、香港艺术节、香港国际电影节、香港食品节、香港国际龙舟节、国际七人橄榄球邀请赛、国际网球锦标赛等,不愧为"亚洲盛事之都"。其传统节庆充满欢乐的色彩,热闹的花车巡游、焰火盛会、应节餐饮、舞龙舞狮、上香祈福、中国传统戏曲等吸引着各国的游客纷至沓来。

1. 农历新年

农历正月初一是中国人最重视和最热闹的传统节日。除夕全家老少聚在一起,享受"团年饭"。饭后一起去逛花市,以维多利亚公园的花市最大、最热闹。过年最开心的要属收"利是"的孩子们了。"利是"原为"利事",取大吉大利的好兆头。新年期间,和亲朋好友拜年时,最常说的就是恭喜发财等有好兆头的祝福语。

每年的春节,香港都会举行为期一周的规模盛大的庆典,成为全球贺岁活动的焦点。年宵花市美不胜收,正月初一的花车游行,"新春国际会演之夜"令人叹为观止,维多利亚港的烟花会演璀璨缤纷。初三很多人都会到车公庙拜祭,祈求好运等。至于放炮仗、鞭炮等在香港是一律禁止的,不过自1982年开始每年正月初二的晚上,在维多利亚港都会举行盛大的烟花表演。

2. 天后诞辰

天后诞辰在农历三月二十三。天后是香港渔民心目中的守护神,每年的天后诞辰,渔民们为了祈求平安、风调雨顺和满载而归,都会将船只粉饰一新,浩浩荡荡地驶至西贡大庙湾,酬神上香;当日渔民还会在元朗大球场举行巡游、舞狮和杂耍表演等。

3. 清明节

清明节一般在4月5日。在数千年前,拜祭祖先已成为中国的传统习俗。清明节这天,人们会前往先人的墓前拜祭,清除杂草并供奉果品、香、酒,以表示对先人的怀念与敬意。

4. 佛诞日

佛诞日又称浴佛节,在农历四月初八。这天,香港主要的佛教庙宇都会举行盛大的庆祝活动,成千上万的信徒会虔诚地参加浴佛盛典。拥有全世界最高青铜坐佛的大屿山宝莲寺,是顶礼膜拜活动最盛的寺院,当日信徒们可享用由宝莲寺僧人预备的美味斋饭。

5. 长洲太平清醮

长洲太平清醮在农历四月初五至初九举行。太平清醮是一个地道的香港传统节日,每年在长洲岛上,居民都要大肆庆祝。盛典的焦点是北帝庙前三个用竹棚子搭成、挂满幽包的包山,故又称"包山节"。飘色、醒狮及麒麟队在岛上的巡游,将节庆活动推向高潮。飘色即由小孩装扮成古今人物或传说中的角色,站在支架上,由成人撑着,穿梭在街道间。这个每年吸引数千游客参观的节日,起源之一据说是在几百年前,岛上曾发生瘟疫,所以居民就扮成神祇在长洲的大街上游行,驱赶瘟神。

6. 端午节

端午节在农历五月初五。这是纪念中国古代伟大的浪漫主义诗人屈原的节日。在2 000多年前,屈原为了力谏君王而自溺于汨罗江。传说乡民们为了保护屈原的躯体不受鱼虾啃食,就不断敲锣打鼓吓走鱼群,并把粽子投进江中。此后,吃粽子、赛龙舟便成了端午节的习俗。端午民俗中以始于1976年的国际龙舟邀请赛最为瞩目。此活动通常在端午节前后一至两星期内举行。一艘龙舟可长达10 m,能乘载20～22名健儿,舟上刻有精巧的图案,并装饰有栩栩如生的龙头和龙尾。

7. 盂兰盆节

盂兰盆节在农历七月十五,在香港俗称为"鬼节"。传说农历七月鬼魂可以来到人间,很多市民会在路边焚烧冥纸香烛,超度孤魂野鬼,铜锣湾摩顿台或佐敦英皇乔治五世公园有京剧上演,以超度这些鬼魂。

8. 七姐诞

七姐诞(乞巧节)在农历七月初七。该节源于 1 500 年前的中国神话,据说排行老七的织女横渡银河下嫁牛郎,她的父亲玉帝很生气,下令要她回家,并只能在每年农历七月初七探望丈夫一次,牛郎织女二人在银河相会。女孩与情侣们都十分重视寓意爱情的七姐诞。这天,女孩们会准备祭品,拜祭天上代表织女与牛郎的两颗星,祭品以水果为主,线香及檀香也不可缺少;还可到湾仔宝云道的姻缘石参拜,祈求天赐良缘。

9. 中秋节

中秋节在农历八月十五。中秋节是家人团圆的日子。一家人开心地共进晚餐后,便会带着月饼和水果外出赏月,提着灯笼的小孩子显得格外兴奋。除了传统动物造型的灯笼外,还有卡通人物、飞机等,而使用灯泡的现代灯笼更受到小朋友欢迎。维多利亚公园每年都会举办大型的中秋彩灯晚会。

根据传统习俗,每年农历八月十四至十六,连着 3 晚,铜锣湾大坑区居民都会舞动一条长达 66 m 的火龙,游走于莲花宫、浣纱街、安庶庇街、新村街、布朗街和华伦街一带。舞毕,舞龙者会拔下火龙身上的线香,分给四周的围观者。相传舞火龙的习俗,源自大坑区 100 年前的一场瘟疫。当时居民饱受瘟疫、台风及其他灾祸之苦,为了驱赶这些灾害,中秋节期间,村民们以珍珠草织成长龙,在龙身上插满线香,一边放鞭炮,一边舞动火龙,3 天 3 夜后,灾祸真的绝迹了。此后,这项活动延续至今,名扬海外。

10. 重阳节

重阳节在农历九月初九,又名秋祭,是中国凭吊先人、敬老尊贤的传统节日。这天,全家老小会携带香烛果品和"糕"点登山扫墓,"糕"取其谐音,有步步高升的意思。据说此习俗可追溯至汉代(公元前 206—220 年),当时有一位相士对桓景说,在农历九月初九,他必须携家眷到村外的最高处暂避灾祸。桓景言听计从,举家登山避难,结果在回家途中,他发现整个村庄经历了一场浩劫,家禽家畜无一幸免。自此,人们便效法桓景,将登高作为节日习俗延续至今。

11. 万圣节

万圣节在公历 10 月 30 日。香港最著名的万圣节庆祝活动,要算兰桂坊,当天晚上,不少香港及外籍人士打扮成鬼怪的模样,惟妙惟肖,可谓既热闹又刺激的民间节目。

12. 圣诞节

圣诞节在公历 12 月 25 日,是庆祝耶稣基督诞生的日子。24 日是平安夜。自 11 月下旬开始,中环及尖沙咀东部,所有带玻璃幕墙的建筑物,都缀满了各种灯饰,有飞翔的天使、乘坐驯鹿雪橇的圣诞老人、伯利恒之星、圣诞树等。如果想在香港感受节日的气氛,可以去维多利亚公园、中环、湾仔和铜锣湾等地。

(四) 旅游纪念品

香港特区旅游发展局游客咨询及服务中心表示,发展有特色的旅游纪念品,是希望游客加深对香港的印象。据了解,该中心提供约 100 个品种的纪念品:钥匙扣、书签、磁石、手表、交通工具模型、食具、文件夹、行李牌、T 恤、水晶摆设……观赏和实用并重,价钱由 20 多港元到上千港元不等。

为了让游客在港买到合意的纪念品,香港特区旅游发展局特意向各方收集意见,选出了 6 项由本地市民和旅客投票选出的"香港必买礼品",有手工艺品、中式服装、茶叶、金饰、传统饼食和中式食具,此外,还有数码产品、名牌箱包、香水和护肤品、玉器等。

【练一练】

案例分析

地陪小刘接待一个香港来的老年旅游团。在逛烟袋斜街时,大家看到胡同里有卖花的小车,车上摆的茉莉花芳香四溢,几个女团员驻足观赏了半天。小刘看车上有便于携带的小盆花,价格也不贵,她们又要回香港了,就掏钱买了一盆要送给她们,但几个人谁都不要。

小刘不明白,一小盆茉莉花既不贵也好带,她们也挺喜欢的,但为什么就是不接受这份礼物呢?

三、主要旅游景点

➤ 案例导入

游客小李利用国庆节休假报名参加了港澳5日游的旅行团,正好一位亲戚交给他一张香港银行的现金支票,让他去香港时帮忙兑付。小李一想这是举手之劳的事,就满口答应下来。飞机抵港已是10月1日下午1点,小李想银行应该5点之后才下班,到了以后应该还有时间办理,但当他下午4点来到银行时,才发现银行已经过节放假了,接下来又赶上周六、日。看来这次答应的事办不成了。小李很后悔,在来港之前没有了解相关的信息。

案例导读:

随着内地居民赴港自由行的开放,到香港旅游的人越来越多。而不管是团体游还是个人游,了解香港特区的基本法律法规和旅游注意事项是非常有必要的。

香港特区法律规定外出时必须携带身份证明文件,因此在旅游过程中要小心保管旅游证件,不要携带大量现金外出。香港特区政府和一般办公室的办公时间是9:00—13:00,14:00—17:00(有些商行下午至6点,银行中午不休息)。星期六下午、星期日、公众假期(全年17天)都休息。

(一) 太平山(Victoria Peak)

太平山位于香港岛西部,古称香炉峰,又称扯旗山,自古以来被视为香港的标志。太平山上有两个公园,即柯士甸道公园和山顶公园。山顶公园位于三面环山的幽谷中,环境优美,令人产生重返自然的感觉。太平山是香港岛的最高峰,海拔554 m。太平山顶缆车自1888年就开始营运,100多年来从未出过事故。

山顶设有很多专为游客观景的设备,从山上俯瞰维多利亚港及九龙半岛,一览无遗。香港有"东方之珠"的美誉,其夜景更富魅力,被列为世界四大夜景之一。最佳观赏位置为缆车总站附近古色古香的狮子亭和空旷怡人的山顶公园。山顶广场眺望日落景色最为理想(图7-3)。

(二) 海洋公园(Ocean Park)

海洋公园(图7-4)位于香港岛黄竹坑南朗山,于1977年1月正式开放。公园占地87万 km^2,主要包括山下、山顶及大树湾。公园设施先进,有供游人代步的登山缆车和户外登山电梯。电梯长225 m,依山势以30°斜角沿山坡攀升,使游客得以一览沿途美景。

图 7-3 香港落日美景

图 7-4 海洋公园

海洋公园规模宏大,共分 8 个区,即海洋天地、集古村、绿野花园、雀鸟天堂、山上机动城、急流天地、水上乐园、儿童王国。游人可透过玻璃窗,欣赏美丽的珊瑚,还可观赏海豹和企鹅。它是一座容纳多种娱乐项目与普及多种学科知识的大型公园,也是亚洲最大的海洋博物馆。

(三) 大屿山天坛大佛(Tian Tan Buddha on Lantau Island)

大屿山位于香港西南部、珠江口东侧,面积 141.6 km^2,是香港 200 多个岛屿中最大的岛屿。岛上风景优美,有宝莲寺、天坛大佛、东涌古壁、明代鸡翼角炮台等名胜古迹。

大屿山天坛大佛(图 7-5)位于宝莲寺前的木鱼峰之巅,是世界上最大的露天青铜释迦牟尼佛像。像高 23 m,连基座共高 34 m,重 250 t。佛像的耳朵长达 4 m,佛的手心上可站 19 人。天坛大佛集云冈、龙门佛像和唐代雕塑艺术之精华,庄重慈祥。该像由中国航天科技部设计和制作,为宗教艺术和尖端科技的结晶。大佛底座内部分三层,第一层是功德堂;第二层是展览厅,有巨大的《华严说法图》彩色烙画,八百罗汉形态各异;第三层是纪念堂,有一座水晶玻璃钻石塔,塔内供奉一粒从斯里兰卡迎奉来的稀世珍品——佛舍利(遗骨)。大佛座基的式样是依照北京天坛的圜丘坛设计的,故名"天坛大佛",是香港的重要标志之一。

图 7-5　大屿山天坛大佛

(四) 迪士尼乐园(Disneyland Hong Kong)

香港迪士尼乐园度假区位于新界大屿山竹篙湾,总面积为 12.6 km²。乐园于 2005 年 10 月落成开放,是一个由主题公园、主题酒店及水上活动中心构成的度假区,展示了香港的现代文化。

它是第一个以加州迪士尼为蓝本的主题公园,游客可以走进童话故事王国。其中,美国小镇大街、探险世界、睡公主城堡、明日世界等是其最具代表性的娱乐区。它是全球已建成的 6 个迪士尼游乐园中规模最小的。

小知识

经典线路:香港文化购物之旅

第1天　北京—香港

下午抵达香港后,乘车先去参观香港文化中心,它那滑梯式的屋顶设计已成为海港景色的标志,也是观赏维多利亚港及香港岛的最佳视角之一。香港太空馆、香港艺术馆的建筑物也颇具特色。晚上造访兰桂坊,在任何一家酒吧里,都可以体验到香港人情趣盎然的夜生活。

第2天　星光大道—金紫荆广场—海洋公园

早餐后前往香港尖沙咀海滨长廊上的"星光大道"。它全长 440 m,展现了香港电影的百年发展历史,沿途可以看到香港电影名人的手印和牌匾。然后去参观香港会展中心和金紫荆广场,这里是香港回归祖国的见证之所,大家可在紫荆花雕像及回归纪念碑旁拍照留念。午餐后前往世界著名的海洋公园，这里有世界最大的水族馆、鲨鱼馆及海洋剧场，有海豚、海狮、杀人鲸等精彩的特技表演；还有各种惊险刺激的机动游乐设施，如过山车、摩天轮、海盗船等。游毕乘亚洲最长的户外登山电梯下行参观集古村，在这里您可以重温中国过去13个朝代的历史，场内有艺术品及工艺品制作示范、街头表演等。餐后在九龙城码头乘观光船游览维多利亚港，观赏香港美丽的夜景。游毕，返回酒店休息。

第3天　迪士尼主题乐园

早餐后，乘车前往香港迪士尼乐园。走过睡公主城堡，来到洋溢着20世纪初美国风情的美国小镇大街，扑鼻而来的是烘饼及糖果的香味，欣赏着两旁复古怀旧的建筑物，仿佛身处异国他乡。您还可以到探险世界里寻幽探秘，在明日世界内探索宇宙的奥秘。穿梭时空，融入童话世界之中，您可以充分体会迪士尼乐园带来的童真与欢乐。

第4天　浅水湾—太平山

早餐后前往香港岛南部最具代表性的浅水湾游览，这里已成为港人假日游览的胜地之一。午餐后，在金钟花园道搭乘拥有百年历史的山顶缆车登山，沿途可观赏香港岛和维多利亚港景色。还可以参观伦敦杜莎夫人蜡像馆的香港分馆，它于2000年8月开张，是亚洲第一家永久分馆。每尊蜡像的制作通常需要6个月，制作费约35万元港币。晚餐后，游客们可站在太平山顶——香港的最高点俯瞰香港夜景。游毕返回酒店休息。

第5天　香港—北京

早餐去喝香港人最喜欢的港式早茶。然后开始购物之旅，可以去铜锣湾的时代广场、金钟的太古广场、中环的置地广场、尖沙咀的海港城、九龙塘的又一城以及沙田的新城市广场等购物最佳场所。九龙黄埔新天地内的美食坊，云集全港最驰名、最地道的经典美食，是香港饮食文化的精髓。餐后可继续购物。满载而归后离开美丽的购物天堂，乘机返回北京。

【练一练】

主题旅游线路设计

香港有"东方明珠""购物天堂"等美誉，自1983年香港被国务院批准为中国公民自费出境旅游目的地以来，随着内地居民生活水平的逐步提高，2010年香港已成为内地居民出境游的首选目的地。2019年内地赴港人数接近5 590万，中国香港位居内地游客出境游的第一大目的地。"80后""90后"成为当之无愧的出行主力，在出游形式的选择上，更多游客青睐自由度高、注重休闲和体验的旅游方式，选择自由行的游客占比高达70%，亲子家庭出游是赴港旅游占比最高的类型，达41%。而随着近些年香港与内地交流的不断深入，游客对香港日益熟悉，二次赴港、多次赴港已成常态。在"一桥一铁"加持和粤港澳大湾区联动下，香港除了可以做传统的"购物天堂""美食之都"外，还可以扮演新角色——在大湾区中担任"一程多站示范核心区"和"国际城市旅游枢纽"。请以此为主题设计一条有特色的休闲之旅。

主题二　澳门特别行政区（Macau）

一、地区概况

> **案例导入**

游客小徐第一次来澳门旅游，听到当地导游评价道，"澳门人不怕请客"，意思是说澳门人请客人吃饭，决不会为请吃什么饭而发愁。小徐一时不能理解：澳门这么小的地方，有何特色美食可以让澳门人不怕请客？还有，葡国菜有什么来历？

案例导读：

美食是澳门的城市特色之一。澳门 2017 年被评为联合国教科文组织创意城市网络"美食之都"，成为继成都、顺德之后第三个获此殊荣的中国城市。澳门是一个中西方文化汇聚的地方，澳门文化的多元性，使得澳门的饮食文化独具特色，汇聚了中西南北的美食，在这里不仅可以吃到中国澳门菜、中国菜，还可以吃到日本菜、韩国菜、泰国菜以及正宗的葡国菜，尤其是许多甜品和小吃，味道别具一格。澳门美食充分体现了中葡文化的融合，比较有名的有葡式蛋挞、澳门豆捞、猪扒包、葡国鸡等。虽然澳门不大，但澳门人请客人吃饭，决不会为请吃什么饭菜而发愁。

而葡国菜则与澳门的历史有关。16 世纪至 17 世纪，葡萄牙航海事业发达，商人途经非洲、印度沿岸、东南亚地区的马六甲等地，将各地的香料和饮食文化带到澳门，同时，葡萄牙人与上述不同地区的族群及澳门的本地华人通婚，形成了融入各地特色的传统葡国菜。澳门土生葡人美食烹饪技艺于 2012 年被列入澳门非物质文化遗产名录。

（一）地理环境

1. 区域地理

澳门特别行政区简称澳，位于中国东南沿海珠江口西岸，东北距香港约 60 km，北面由一条宽约 200 m 的狭长地带与广东省珠海市相连，与香港、广州鼎足分立于珠江三角洲外缘。由澳门半岛、氹仔岛和路环岛三部分组成，总面积约 32.8 km²（包含 2009 年填海造地 3.6 km² 的澳门新城区）。

🌱 小知识

澳门的名称由来

400 多年前，葡萄牙人首次进入澳门时，向当地居民询问这个地方的名字，当地人以为他们问的是妈阁庙，于是回答"A-MA-GE"，从此，葡萄牙人即把澳门称作"Macao"。这个名字一用就是数百年。澳门的别名甚多，如香山澳、濠江、镜湖、海镜、妈阁等。这些名称大多与澳门的地理有关。从氹仔岛眺望澳门半岛，其左右各有一座山，远远望去就像是两扇开启的"门"，半岛周围环绕着海水，此种地形被称为"澳"，故称"澳门"。过去，澳门北湾、南湾、西湾环抱海湾，如半边圆镜，故别名中又多见"镜"字。

澳门半岛形状如靴，大部分是填海而成的，故多人工海岸。路环岛上的塔石塘山海拔 172 m，为本区最高点。

2. 气候特征

澳门属高温多雨的亚热带海洋性季风气候,温暖多雨。主要分冬夏两季,春秋短暂而不明显。全年1月最冷,平均气温14.6℃;7月最热,平均气温28.5℃。年降雨量约2 000 mm。每年以10月中旬至12月最为舒适,是旅游的黄金季节。

(二) 人文概况

> **问题导入**
> 请自己查询介绍澳门的书籍或网站,填写下表:

人口		英文名称		恢复行使主权时间	
民族		主要宗教		现任特首	
语言		区　花			
货币		区　树			

1. 历史简述

澳门自古以来就是中国领土的一部分。中国先民早已定居于此,以打鱼为生。明朝属广东省香山县(今中山市)管辖。1553年葡萄牙人借口货物受潮借地晾晒强行进入澳门,4年后在此地设租界,同年开始使用澳门名称。1848年后,葡萄牙殖民者相继占领了澳门半岛、氹仔岛和路环岛。1887年,葡萄牙殖民者在《中葡会议草约》中写进了"葡国永驻管理澳门"的字样。同年12月,清政府与葡签订的《和好通商条约》中再次确认《中葡会议草约》中有关澳门的提法。1928年4月,中国政府通知葡萄牙终止《和好通商条约》。1986年6月,中葡在北京就澳门问题举行首轮会谈。1987年4月,中葡两国政府签订了《关于澳门问题的联合声明》,宣布:澳门地区是中国的领土,中华人民共和国于1999年12月20日对澳门恢复行使主权。目前,它已回归祖国,并被划为我国的特别行政区。

2. 经济概况

澳门面临南海,背靠大陆,与内地有航空、陆路交通直接相连,旅游交通十分方便。它位居东南亚航线的中继点,是16—17世纪东西方贸易的重要港口。已投入运营的澳门国际机场可飞往国内外的重要城市,作为自由港,澳门一直实行低税率政策,已成为香港以及东南亚各国游客的旅游目的地。如此优越的地理位置,对它本身及其邻近地区的经济发展都起着相当重要的作用。

2019年,澳门人均GDP位居中国城市第一。澳门特区政府进一步优化产业结构,致力于推动经济适度多元,优先培育会展、中医药、文化创意等新兴产业成长,将未来发展定位为建设"世界旅游休闲中心"。

小知识

澳门会展业

会展业是澳门特区政府发展多元经济的重要产业之一。近年来澳门会展业以国家政策、特区政府的施政方向作为发展主轴,随着"一带一路"、粤港澳大湾区、横琴粤澳深度合作区等重大国家战略的推进,促进其进一步提质发展,也为当地科技研发和高端制造、中医药、文旅会展商贸等多项新兴产业提供了发展空间和机遇。从另一角度看,澳门会展业在迈向国际化、专业化的同时,也为中国内地、澳门、葡语国家以至"一带一路"共建国家地区的企业对接合作提供了更多机会。

"澳门国际贸易投资展览会"(MIF)是澳门首个荣获国际展览业协会(UFI)认证的展会,是澳门年度国际性经贸盛事之一,也是中国第二个通过 UFI 认证的投资促进类展会。它融合展览、论坛会议及商业配对等元素,面向海内外展示澳门作为"世界旅游休闲中心"和"中国与葡语国家商贸合作服务平台"及"以中华文化为主流、多元文化共存的交流合作基地"的优势,以及经济多元发展的商机和活力,并协助与会者寻找合作伙伴,为发展、转型、创业提供商机。目前澳门已有 9 个展会获得 UFI 认证。国际会议协会(ICCA)于 2020 年 5 月发布的《2019 年国际协会会议市场年度报告》显示,澳门在全球城市排名跃升至第 48 位,较 2018 年上升 23 位;亚太区域城市排名第 12 位,较 2018 年上升 5 位。这反映出澳门在国际会议市场所具备的优势和吸引力。

图 7-6 2022 年 11 月 10 日第十二届中国(澳门)国际游艇展进出口博览会开幕

3. 文化艺术

由于澳门独特的地理位置和历史背景,所以澳门文化是一种以中华文化为主、兼容葡萄牙文化的具有多元化色彩的共融文化。

澳门 17 世纪后逐渐成为贸易中心,大大促进了东西方文化交流,使中国的传统文化和来自欧洲、东南亚等地的文化相互碰撞、交流、融合,长达 400 年之久。澳门现存有不少中西合璧的文物古迹,大都具有"以中为主,中葡结合"的特色。如大三巴牌坊融合了东西方建筑的精华,已成为今日澳门的城市标志。中西合璧的建筑风格在占澳门半岛面积 1/5 的建筑群中随处可见,至今仍受到精心保护,比香港和大陆同类古迹保护得更完整。

澳门曾经是宗教文化中心,既有已成为主体文化的儒、释、道等古老的中国宗教,也有后传入的天主教、基督教、伊斯兰教等宗教,宗教文化的多元化在澳门得到了充分表现。其中如妈祖崇拜是澳门重要的民间信仰之一。妈祖(亦称天后)是中国渔民和船民奉祀的海神,妈祖崇拜始于宋朝。明清两朝从辽东半岛到海南岛的沿海地区,都建有妈祖庙。至今仍屹立在澳门海岸的妈阁庙是澳门悠久历史的象征,也是澳门与中国传统文化密不可分的明证。

主题二 澳门特别行政区(Macau) 275

🌱 小知识

妈祖信仰的来历

妈祖是我国东南沿海居民心目中的护海女神,为宋代福建莆田人,姓林,称默娘。据传,13岁时承玄通道士授其玄秘,此后驱邪通灵,活世济人,远近闻名,28岁时不幸因病去世。临终时,自福建莆田渡过海面,在彩云及仙乐声中登上湄峰,升天为神。在莆田受过其救命之恩的人,便造庙纪念她。此后,据说行船的人们在海上遇到风暴,只要大呼"妈祖救命",大海就会风平浪静。因此,闽粤沿海所有江口、海口,纷纷为她建庙奉祀。自宋徽宗以后历代皇帝都曾赐予妈祖封号,如"显济妃""仿国明著天妃"等。

【练一练】

案例分析

山东的地陪小朱接待澳门来的观光旅游团。小朱带他们在青岛游玩时,看见4个平时关系很好的团员正好站在栈桥的回澜阁前,这时游人不多,正是照相的好时机。就上前主动说:"栈桥也是青岛的标志建筑之一,我帮你们4个在这里照张合影留念吧!"但团员们对他的提议并不感兴趣。

小朱有些纳闷,平时这几个人到著名景点都要照相留念的,今天这是怎么了? 难道是自己说错话了吗?

二、民俗风情

▶ **案例导入**

小赵在香港读经济学硕士,他想利用双休日玩转澳门,拿着在澳门入关时要来的免费地图,开始了自己的行程。参观大三巴牌坊之后,他来到了新马路,想打车去妈阁庙。等了30分钟,也没等来一辆空的出租车。想去坐公车,又担心自己不熟悉线路,不知道哪里下,会坐过站。您知道在澳门自助游时,应该如何利用当地的交通工具吗?

案例导读:

在澳门,服务行业的工作人员,至少要能懂粤语和普通话。当地的地名都是用粤语直译的英文,说英文地名他们也能懂。因此,建议自由行的游客多乘无人售票的巴士,在澳门区内多是2.5元,要预先换好硬币,一般要付澳门币、港币。大的巴士,按铃的位置随处可见。但在小巴士上,按铃是车顶中部一条贯穿车头到车尾的黑色塑料条。但当您不知道在哪里下车时,就要上车后先问司机,看能不能去想去的地方,然后请司机在到站的时候,提醒下车就行了。由于澳门的各国游客很多,大多数的巴士司机到了旅游景点都会热心提醒。只要停车进站,就要注意司机,看他有没有喊您,以便顺利到达目的地。

(一) 社交礼仪

澳门居民多为广东人,广东人的生活习惯和风俗礼仪在澳门影响最深。随着社会的变迁和中西文化的交流,澳门居民的传统礼仪习俗也在发生悄悄的变化。例如:在澳门忌讳说"4"(因为其谐音是"死",遇此数字要改说"双对");忌讳说、用数字"324"(广东话发音为"生意死"的谐音,不吉利);忌讳数字"13"和星期五(代表不幸、厄运、倒霉和不顺);忌讳说

"新年快乐",因为"快乐"与"快落"近音,不吉利,喜欢说"恭喜发财"。澳门的车辆行驶方向与内地相反,是靠左行驶的,请按当地的交通规则行走。有付小费的习惯。

> **小知识**
>
> ### 澳门的婚俗
>
> 早些年,澳门的华人在迎亲那天,男方家一般要按照择定的良辰准时起轿,到女方家去迎接新娘。花轿返抵男家后,只有当新郎踢了轿门以后,花轿才能打开。澳门从前是个渔村,渔民的婚礼仪式一般在船上举行,大摆宴席,连吃好几天。渔家娶亲时,不用大花轿,新郎用小船去迎接新娘,新娘也不用戴凤冠穿霞帔。"伴娘"要撑起雨伞让新娘从自家的船上"过"到新郎家的船上。新娘"过船"后要做的第一件事就是向长辈叩跪奉茶。
>
> 随着社会的发展,澳门人的婚礼也发生了极大变化。汽车代替了花轿,渔船也不多见了,礼仪尽量从简。当然,在澳门还不时能够见到古老的婚嫁习俗。
>
> 目前,西式的教堂婚礼在澳门华人中相当流行,这种基督教徒的结婚仪式与欧美的婚礼相比毫无二致。有些华人则"中西合璧",先举行一次传统的中国婚礼,再上教堂举行西式婚礼。土生葡萄牙人有的也举行两种婚礼,但顺序和华人相反。

(二) 饮食文化

澳门的葡国菜分别有葡式及澳门式两种,其中澳门式葡国菜是葡萄牙、印度、马来西亚等地烹饪技术和材料的结晶,更适合东方人的口味,而葡国青菜汤、红豆猪手、马介休(即鳕鱼)、葡国鸡、非洲鸡和咖喱等菜式都不容错过。在澳门出售的葡国餐饮价廉物美,其售价较葡萄牙本土还要便宜一半。美食已成为澳门另外一个重要的旅游产品。

澳门酒吧的种类多样,有五星级酒店里的豪华酒吧,也可有开怀畅饮的本地酒吧,更有音乐酒吧,客人大可随着非洲音乐的节奏而翩翩起舞。近年来,葡式咖啡室也成为澳门新兴的饮食场所。较著名的咖啡室集中在板樟堂一带和南湾马统街一带。在这些咖啡室不但可品尝到风味独特的咖啡、茶和酒,同时也有里斯本式的点心及甜品供应。

(三) 节庆风情

澳门无论中西节日都有庆祝活动,具有中西合璧、华洋杂处、中西文化交汇的特点。有一些传统的农历节日,不列入公众假期,如每年农历二月初二的土地诞,农历三月二十三的"天后诞"等。此外,澳门每年都举行一系列文化体育活动,澳门艺术节、国际龙舟赛、妈祖文化旅游节、国际马拉松赛等。

1. 元旦

公历1月1日,在澳门各大酒店、酒吧都挤满人,大家相聚一起,欢度新年第一天这个重要的日子。晚上,南湾湖上会燃放烟花来庆贺新一年的来临。在广场上还会举行除夕晚会。在接近零时零分的时候大家会聚在一起倒数计时,当钟声敲响时,大家在一片欢呼声中步入新年。

2. 农历新年(春节)

从大年三十开始,澳门的主要街道和广场都会张灯结彩、摆满鲜花,令这个充满欧陆风情的城市到处洋溢着浓浓的新春气氛。除夕晚的零时以后,人们都会到妈阁庙或观音堂参拜、还愿并祈求来年顺利,前往上香的市民可在指定范围内鸣放爆竹、烟花来庆祝。澳门人与香港人一样,讲究好兆头,万事如意,如年糕即寓意来年收入步步高等。

大年初一,市民兴致勃勃地到亲友家中拜年和互赠"利是"(又称红包),连这里居住的葡人也不例外。从这天开始市中心的广场上便会有各式各样的贺年节目,如舞龙、舞狮、音乐及舞蹈表演等。一直持续到正月十五的元宵节。

元宵节是新春期间的另一个高潮,被称为中国的情人节。元宵夜,大家观赏各式花灯、猜灯谜还吃汤圆,因为汤圆寓意家庭团聚、生活美满。

3. 苦难耶稣圣像巡游

苦难耶稣圣像巡游在公历2月或3月举行。圣像巡游本是南欧的宗教仪式,自16世纪设立澳门教区以来,澳门便一直继承着这个传统。巡游要举行2天。第一天,背负十字架的苦难耶稣圣像从岗顶的圣奥斯汀教堂出发,被迎到主教座堂,并在此接受祝祷。第二天,由教士们抬着苦难耶稣圣像出游,然后送回圣奥斯汀教堂。巡游行程设七个站,在每一站都会有纪念苦路的仪式,队伍中除了信徒外,还有不少好奇者。

4. 复活节

复活节在公历3月或4月,是纪念耶稣基督复活的节日。有关的纪念和庆祝盛典分3天进行:耶稣苦难(星期五)、圣周(星期六)以及耶稣复活主日(星期日)。在这3天,澳门各堂区的教堂都会举行庆典弥撒。不少天主教徒会专程从香港来澳门参加有关的纪念活动。

5. 清明节

4月5日清明节是中国的二十四节气之一,在澳门俗称"踏青""拜山"。很多澳门居民都在这天去扫墓,带上烤乳猪、鲜花、水果和其他食品到先人的墓前祭拜。扫墓包括踏青、修墓、插柳、摆祭品、烧纸钱、拜祖先等仪式。

6. 花地玛圣母像巡游

花地玛圣母像巡游在公历5月13日。为纪念葡萄牙人最崇拜的花地玛圣母,澳门每年都要举行隆重的巡游典礼。传说,圣母曾在1917年于葡萄牙的花地码头显灵数次。活动当天,一队身着素白礼服的妇女抬着圣母像走在队伍的前列,而队伍中3名儿童的衣着打扮就像当年在花地玛看见圣母显灵的孩子一样。后面有上百名的信徒沿途唱圣诗、念祷文跟随。巡游活动每年都是从圣母玫瑰堂出发到主教山上的圣母小教堂,并在此举行露天弥撒,然后再回到出发地。

7. 端午节

端午节在农历五月初五,是纪念爱国诗人屈原投江自尽的日子。在这天澳门人都会吃粽子以示纪念。现在,龙舟竞渡已成为端午节的一项重要活动。各地好手手持船桨,奋勇前进,加上观众的呐喊、震天的锣鼓声和飘扬的彩旗使平静的南湾湖变得十分热闹。

8. 盂兰节

盂兰节在农历七月十四的前后几日,又称鬼节。澳门是中国保留此习俗的少数地区之一。不少人家会在自家门口或者人行道上摆放米饭、肉食等祭品,并且燃烧香烛纸钱,人们相信无论是自己的祖先或孤魂野鬼都能"享受"这些祭品。这几天澳门各处火光闪闪,烟雾弥漫,气氛很是神秘。

9. 中秋节

中秋节在农历八月十五。在这一天,澳门的大街小巷都会挂上各式灯笼,亲朋好友之间会互送月饼,晚上家人们在一起吃团圆饭。夜晚,很多人会提着色彩缤纷的灯笼到户外。尤其在南湾湖、黑沙海滩等地方会聚集很多人,大家一边赏月、一边吃月饼,共享天伦之乐。

10. 圣诞节

圣诞节在公历 12 月 25 日。在澳门,圣诞节的节日气氛非常浓厚,加上她独有的欧陆风情,使人有身处欧洲的感觉。很多饼店和酒店都会出售传统的葡式圣诞蛋糕,全城的大街小巷也会挂满各种圣诞灯饰,大大小小的教堂都会传出欢乐的钟声和唱诗班的歌声,使整个城市洋溢着圣诞的气氛。

(四)旅游纪念品

如果您想买澳门纪念品,可去博物馆内的纪念品售卖处。其中有不少是精致的手工艺品。如海事博物馆售卖处出售的帆船模型,这类帆船昔日遍布澳门周围的水域。此外,还有其他精心设计的有关航海的纪念品。

因为低税率政策、地理条件和低消费水平,造就了澳门物美价廉,处处充满惊喜的购物环境。首饰(特别是金饰)、名牌服饰、古董、瓷器及精致陶器、葡国葡萄酒、电子产品及手机、手表、羊毛衫及丝织品,应有尽有。古玩中人们最感兴趣的有:木漆盒、青铜制品、旧钱币、大小不同的木雕刻品以及各类传家宝,中国的古字画也相当受欢迎。杏仁饼、蛋卷、肉干、香烟、葡国葡萄酒等是馈赠亲友的畅销产品。其中,最有名和最特别的糕点是"葡式蛋挞",在大部分的咖啡店和饼店都有出售。

【练一练】

案例分析

地陪小陈接待澳门来的旅游团。恰逢新年,小陈为表示贺年之意,见到每位团员都要说声"新年快乐",但客人们听了很不高兴。他们之间一直在互相祝愿"恭喜发财"。

小陈不明白这句全球通用的新年祝词,怎么在澳门客人之中不好使了呢?对他们说"Happy New Year!"是否可以被接受呢?

三、主要旅游景点

➢ 案例导入

2005 年第 29 届联合国教科文组织世界遗产委员会会议上,澳门历史街区获得 21 个成员国一致通过,正式被列入《世界文化遗产名录》,成为中国第 31 处世界遗产。当时对它的评语如下:澳门是一个繁华兴盛的港口,在国际贸易发展中有着重要的战略地位。从 16 世纪中叶开始,澳门就处于葡萄牙统治之下,直到 1999 年中国对澳门恢复行使主权。澳门历史城区保留着葡萄牙和中国风格的古老街道、住宅、宗教和公共建筑,见证了东西方美学、文化、建筑和技术影响力的交融。城区还保留了一座堡垒和一座中国最古老的灯塔。此城区是在国际贸易蓬勃发展的基础上,中西方交流最早且持续沟通的见证。那这项世界文化遗产到底包括哪些著名景观呢?

案例导读:

澳门历史城区,又称澳门历史古城区,旧称澳门历史建筑群。包括妈阁庙前地、亚婆井前地、岗顶前地、议事亭前地、大堂前地、板樟堂前地、耶稣会纪念广场、白鸽巢前地等 8 块相邻的广场空间,以及妈阁庙、港务局大楼、郑家大屋、圣老楞佐教堂、圣若瑟修院及圣堂、岗顶剧院、何东图书馆、圣奥斯定教堂、民政总署大楼、三街会馆(关帝庙)、仁慈堂大楼、大堂(主教座堂)、卢家大屋、玫瑰堂、大三巴牌坊、大三巴哪吒庙、旧城墙遗址、大炮台、圣安多尼教堂、东方基金会会址、旧基督教坟场、东望洋炮台(含东望洋灯塔及圣母雪地殿圣堂)等22座历史建筑组成的以旧城区为核心的历史街区。澳门历史城区是中国境内现存年代最远、规模最大、保存最完整和最集中,以西式建筑为主、中西式建筑相互辉映的历史城区;更是四百多年来中西文化交流互补、多元共存的历史见证与结晶。

澳门是一座中西合璧的古城。虽自然旅游资源较少,但近代人文旅游资源较多。众多的名胜古迹中,既积淀了浓厚的中国色彩,又洋溢着浓郁的葡国情调。澳门拥有众多博物馆,除有综合性博物馆外,还有许多集知识性、趣味性和娱乐性于一体的袖珍博物馆,如赛车博物馆等。

(一) 大三巴牌坊

大三巴牌坊(图7-7)位于澳门半岛中央大炮台山西侧,是圣保罗教堂的前壁。圣保罗教堂,我国古称三巴寺(三巴为葡萄牙文的音译),由一名意大利籍的耶稣会神父设计,糅合欧洲文艺复兴时期与东方建筑的风格而成。1602年奠基,1637年全部竣工。是当时东方最大、最古老的石砌天主教堂。1835年1月26日圣保罗教堂被第3场大火烧毁,而其前壁屹立不倒,成为珍贵的遗存。因它的外形与中国的牌坊相似而得名,已成为澳门的象征。"三巴圣迹"为澳门八景之一。

图7-7 大三巴牌坊

大三巴牌坊为优质的花岗石四层叠柱式建筑,由30多根古希腊式圆柱组成。从牌坊顶部逐层而下,先是一个高大的十字架,其下再分三层,每层的壁龛内均有一铜像。十字架下是一只据说代表圣神的铜鸽,再往下是耶稣圣婴像,像旁刻有用以钉死耶稣的工具。第三层的正中刻着一个童贞圣母雕像,旁边以两种花朵围绕,分别是牡丹和菊花,前者代表中国,后者代表日本。雕像左方刻"永恒之众",一艘葡式帆船及面目狰狞的魔鬼。右方则刻有代表生命之树及圣母征服魔鬼并刺穿其骷髅的图像,象征正义战胜死亡。

(二) 妈阁庙

妈阁庙(图7-8)位于澳门半岛西南的妈阁街,妈阁庙是妈祖阁的俗称,原名天妃宫、正觉禅院,又称妈祖阁、天后庙,当地人称妈阁。始建于明弘治元年(1488年),已有500

多年的历史,是本区最古老的庙宇,它和普济禅院、莲峰庙并称为澳门三大禅院。是澳门开埠的历史见证。庙内供奉的是护航海神、船家的至尊女神——娘妈(即妈祖)。妈阁庙背山面海,依山而筑,环境幽雅,整个建筑古色古香,富有浓郁的中国传统民族建筑特色。据说每年春节和农历三月二十三是妈祖的诞生日,即妈阁庙香火最为鼎盛之时。渔民们举行盛大的祭祀活动为她祝寿,善男信女纷纷前来烧香祭拜,祈求平安吉祥。"妈阁紫烟"为澳门八景之一。

图 7-8 妈阁庙

(三) 东望洋山

东望洋山又名"松山",位于澳门半岛东北部,海拔 93 m。古称琴山,因其横卧似瑶琴而得名。站在山顶远眺,不仅整个澳门风光尽收眼底,就是海面景色也可一览无遗,真是名副其实的望洋山。山上有三大名胜古迹,即圣母雪地殿教堂、城堡炮台和东望洋灯塔(图 7-9)。

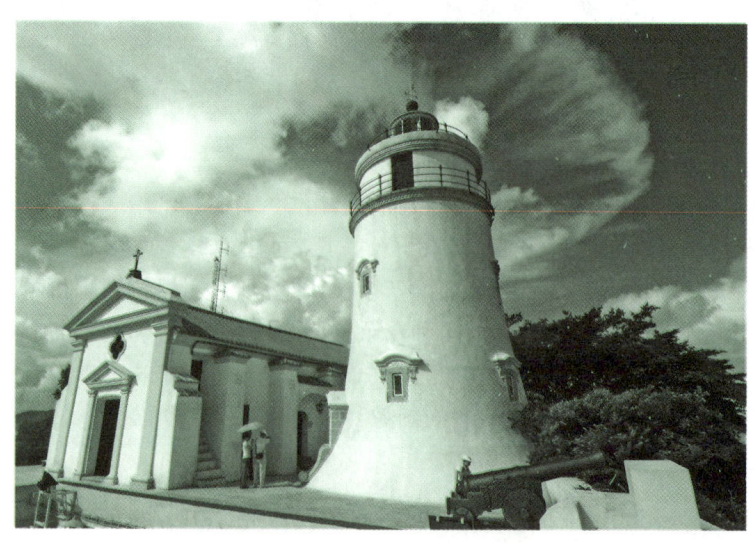

图 7-9 东望洋灯塔和圣母雪地殿教堂

圣母雪地殿教堂又称东望洋山教堂。雪地殿位于山顶，建于1626年。雪地殿在葡萄牙语中的意思为"城之圣母"。教堂奉祀之神为圣彼得，内部建筑保留了17世纪葡萄牙隐修院的特色，现存的教堂几经修葺，富有西班牙宗教特色。现为澳门天主教的行政中枢。东望洋山现辟为市政公园，有登山缆车等旅游服务设施，为澳门旅游胜地。

东望洋灯塔又称松山灯塔，耸立山巅，自1865年开始发光以来，一直照耀到今天，是中国海岸上历史最悠久的灯塔之一，为亚洲第一灯塔。这座灯塔与葡萄牙本土欧洲之角上的灯塔风格完全相同。因其耸立在松山松涛中而得名，为澳门地理坐标的标志点。"灯塔松涛"为澳门八景之一。

小知识

澳门八景

三巴圣迹、妈阁紫烟、灯塔松涛、镜海长虹、卢园探胜、普济寻幽、龙环葡韵、黑沙踏浪为著名的澳门八景。

镜海长虹，包括"镜海"与"长虹"两大部分。"镜海"本是澳门的一个古地名，泛指澳门半岛与氹仔岛之间的海面，几百年间为澳门对外贸易的航道。如今的"镜海"架起两座大桥——澳氹大桥和友谊大桥，势若"长虹"，成为澳门交通大动脉，蔚为壮观。

卢园探胜：卢园就是指卢廉若公园，原称娱园，始建于1904年，1925年才陆续建成。其规模之大为澳门私家花园之最。1973年由澳门政府收购后，重建为公园，于1974年9月正式启用。以将苏州园林及岭南园林融为一体的特色而远近驰名。

普济寻幽，俗称为观音堂的普济禅院，是澳门最大的禅院，也是澳门最具规模的庙宇，创建于明代天启年间，迄今已有近400年的历史。为望厦村及广东省文人雅士相聚之地，内有谢兰生和岭南派书画家高剑父下榻之"妙香堂"。庙内香火鼎盛，为游客必到之处。

龙环葡韵，是指氹仔后背湾一带的欧陆风韵，该处风景优美，市政花园及星星花园分布其间。海湾昔日曾为水上飞机起落点，1968年后形成了一大片红树林海滩。岸边5座1列的葡萄牙式建筑，兴建于1921年，如今掩映在绿树中，成为拍摄婚纱照的好地方。

黑沙踏浪，古称"大环"的路环黑沙海湾，沙滩宽约1 km，因沙细而匀、呈黑色而得名，是澳门地区最大的天然海浴场。岸边种植了一大片木麻黄树，与黑沙海滩相映成趣，宜郊游、划艇、游泳。岸边曾发掘出4 000年前的陶制品，是先民在澳门生活的佐证。

小知识

经典线路：澳门文化历史之旅

第1天　澳门渔人码头—澳门文化中心—澳门艺术博物馆—澳门科学馆—澳门旅游塔—妈阁庙—龙环葡韵住宅式博物馆

澳门渔人码头是澳门首个主题式大型娱乐综合旅游景点，这里从地道小食到非洲特色食品，从旅游纪念品到国际级品牌，从儿童主题乐园到高级娱乐场，应有尽有。从渔人码头出来，可以去澳门文化中心，毗连的建筑是澳门艺术博物馆，这里定期展出中国书画、印章、石湾陶瓷、20世纪的艺术和历史绘画等。附近还有由著名美籍华裔建筑师贝聿铭设计的建筑物——澳门科学馆，馆内设有14个呈螺旋上升状分布的展览厅。接下来可参观高338 m的澳门旅游塔（观光塔），这是一个集美食、购物、娱乐于一身的休闲场所。里面的360°旋转餐厅可供游人边欣赏澳门美丽的景色边品尝餐厅内的美食。午餐后,可以参观澳门的地标建筑——大三巴牌坊,之后去议事亭前地,参观附近的圣奥斯汀教堂。接下来去香火最盛的妈阁庙,它是澳门三大古刹中最古老的一个,这里供奉渔民的守护神——娘妈。穿过妈阁庙前地,这里是当年第一批福建人和葡萄牙人登陆的地方。澳门海事博物馆就坐落于此。周围有一些葡国餐厅(分葡式和澳门式),可在这里品尝著名的美味佳肴。最后到威尼斯人度假村(图7-10)游览。晚餐后,可以看看以澳门特色老建筑为观赏亮点的龙环葡韵住宅式博物馆,逛罢回酒店休息。

图7-10 威尼斯人度假村

第2天 普济禅院(观音堂)—通讯博物馆—澳门水塘—东望洋炮台—塔石广场—国父纪念馆—卢廉若公园—望德圣母堂

早餐后,去普济禅院(观音堂)游览,院后有幽深的后花园。通讯博物馆馆内的展品充满互动性和实验性。往前走有小径通往澳门水塘,游人可在这里拍照留念并欣赏外港一带的风景。乘全程186 m、全球最短的缆车——松山缆车上山,再步行十几分钟就可到达东望洋炮台,这里除数座炮台堡垒外,还有由4组隧道组成的防空洞,可以顺盘山道到防空洞参观。在东望洋灯塔可俯瞰澳门全景和珠江口的壮丽景色,灯塔旁边还有圣母雪地殿教堂。离开炮台,拾级而下,便可到澳门最大的广场——塔石广场。午餐后,前往国父纪念馆。馆内珍藏有孙中山先生的书籍、信函、照片,讲述其生平的报刊等物品。参观完可造访澳门茶文化馆,游人可在这里一边品茗一边欣赏卢廉若公园的外景。该公园是澳门颇具苏州狮子林风格的园林。沿塔石街走至和隆街,便可看到望德圣母堂,它是澳门三大古教堂之一。这里也是文化创意产业的心脏地带,有不少特色店铺在售卖文创商品,游人可漫步游览和拍照留念。晚餐后返回酒店休息。

【练一练】

主题旅游线路设计

1983年,澳门被国务院批准为中国公民自费出境旅游目的地。澳门回归以后,由于中央政府的支持,尤其是开放内地居民赴港澳个人游的政策,为澳门旅游业带来最直接的促进作用。得益于港珠澳大桥开通等因素,2019年澳门旅游业整体表现理想。2019年内地、香港和台湾地区仍位居澳门客源地前三,内地旅客超过2 700万人次,上升10.5%,其中个人游旅客超过1 300万人次。

在访澳游客中,以中青年所占比重最大,目前中国内地有一群青年人准备去澳门观光,想了解澳门的文化、民俗以及旅游名胜,请为他们设计一条有特色的澳门文化观光旅游线路。

主题三　台湾(Taiwan)

一、地区概况

> **案例导入**

我国的宝岛台湾自1624年沦为荷兰殖民地后,又曾被西班牙、日本侵略者占领过,究竟是什么原因让这个面积仅有36 000 km² 的岛屿备受外国侵略者的关注?

案例导读:

台湾一直是中国不可分割的一部分,长期以来是中国的一个省。台湾岛是中国的第一大岛,占台湾地区总面积的99.14%;其次为澎湖列岛、兰屿、渔翁岛、绿岛、白沙岛。其他各岛面积均在10 km² 以下,有的不足1 km²,且岛上无居民。但《联合国海洋公约》规定,每一个露出水面的岛屿,哪怕只是一块石头,都能为其所属国家带来具有绝对主权的450 km² 的领海,及具有经济开发权的13万平方海里的专属经济区及大陆架。正是因为岛屿这种巨大的增值能力,使各国对岛屿的主权归属寸步不让。我国亦如此,而且台湾岛的军事地理位置的优势极为突出。适合驱逐舰、核潜艇、航母、战略轰炸机等各种类型的战机部署,其军事辐射范围广,可以增加战斗机和轰炸机的作战半径,增强对南海、东海的军事影响力。

(一) 地理环境

1. 区域地理

台湾地区简称台,位于我国东南海域,西与福建省隔海相望,东临太平洋,由台湾岛、澎湖列岛、钓鱼岛、赤尾屿、彭佳屿等多个岛屿和周围海域组成。在中国及东南亚海疆形势上至为重要,是我国南北海运的走廊。陆地面积3.6万 km²。

台湾岛是我国最大的岛屿,多山地丘陵,其面积占全岛面积的2/3。山脉集中分布在岛的中东部,以中央山脉为骨干,玉山海拔3 952 m,为本岛及我国东部的最高峰。平原主要分布在台湾岛西部沿海,以台南平原面积最大,是台湾最大的农业区和人口稠密区。台湾多火山、温泉,是地震频繁发生的地区。北部有著名的大屯火山群,地震多发生于东部沿海和本岛西南一带。

> **小知识**

台湾地震频繁发生的原因

台湾是由欧亚板块、冲绳板块和菲律宾板块相互挤压而形成的岛屿。它位于环太平洋火山地震带上,属于地震活跃区,也是中国地震最频繁的地区之一。

台湾分为西部、东部及东北部三个地震带。西部地震带主要是板块碰撞前缘的断层作用而引发的地震活动,震源深度较浅。虽然地震次数较少,但由于该地区人口稠密,因此地震造成的危害较大。东部地震带是由菲律宾板块与欧亚板块碰撞所造成,地震频率高,震源深度较深,地震破坏性相对较小。东北部地震带则受冲绳海槽扩张作用影响,多属浅层地震,经常发生在海里,常伴随有地热与火山活动。

2. 气候特征

台湾属于以高温多雨和季风性强为特征的热带、亚热带季风气候,年降水量 2 000 mm 以上,东北部的火烧寮年降雨量达 8 408 mm,为我国降雨最多的地区。也是我国台风过境最频繁的省份之一,每年 6—10 月为台风季节,其中 7—9 月台风侵袭最多,对旅游具有很大的负面影响。

(二) 人文概况

> **问题导入**
>
> 请自己查询介绍台湾的书籍或网站,填写下表:

人口		英文名称		省　　会	
民族		主要宗教		现任区域首长	
语言		省　　花			
货币		省　　树			

1. 历史简述

台湾古称岛夷,12 世纪中叶,宋朝政府派军驻守澎湖,后历代政府均在澎湖设置巡检司。明天启四年(1624 年),荷兰殖民者侵占台湾南部。清康熙元年(1662 年)民族英雄郑成功收复台湾。清光绪十一年(1885 年)清政府正式划台湾为单一行省,任刘铭传为首任巡抚。1894 年日本发动甲午战争,清政府战败后签订《马关条约》,将台湾、澎湖列岛割让给日本。1945 年 10 月 25 日,依据《开罗宣言》和《波茨坦公告》,台湾和澎湖列岛正式重入中国版图。此后国共内战爆发,经过 3 年多解放战争,中华人民共和国成立,国民党蒋介石退败台湾,在当时美国政府的庇护下,造成台湾与祖国大陆的分离状态。实现祖国统一,是海峡两岸人民的共同愿望。

2. 经济概况

台湾工业以加工外销为主,对外贸易十分发达。纺织、电子、制糖为其支柱产业。名列"亚洲四小龙"之一。

台湾是我国交通运输业最发达的省份之一。密度高、路况好、公路高速化、铁路电气化、航道多、机场多,港口进出便利。铁路已形成北起基隆,南至高雄的环岛网;公路以环岛、三条横贯公路及高速公路为主干线形成公路网;海运以高雄、基隆、花莲、台中等港口为中心;民航有桃园、高雄、花莲、台东、台南等 10 多个机场。

3. 文化艺术

三义木雕（图7-11），古雅美观，深受台湾海外游客喜爱，故三义被誉为"雕刻之乡"。其起源可追溯到1901年。作品分为人物、动物和静物三大类。选料精良、雕刻精巧。小型刻件首选高级的桧木、檀香木和九骨木；大型作品则要用千年以上的樟木。日本为最大的外销市场。

交趾烧又称"交趾陶"，是集塑造、雕刻、绘画和烧陶等多方面为一体的艺术品。台湾最有名的交趾烧制作者以嘉义"叶王"为代表。他本名麟趾，被尊为"王师"，祖籍福建漳州。其作品曾被送往巴黎世界博览会展出，被誉为"台湾绝技"。其作品现只在台南学甲慈济宫和震光宫中得到较大规模的保存。这种技艺在台湾庙宇艺术中扮演了极为重要的角色。

驰名中外的大甲席、大甲帽是台中大甲溪出产的精巧的兰草手工编织品，为欧美人士所钟爱，被誉为"台湾巴拿马"。

图7-11 三义木雕

【练一练】

案例分析

小张8月份准备跟团去台湾旅游，为避免不熟悉当地的民风民情遭遇尴尬的场面，事先查了一下台湾的风俗禁忌。他发现台湾人把农历七月称为"鬼月"。在此期间，不要在台湾人面前讲鬼故事，说死人的事；尤其是晚上不要拍人家的肩膀和后背，以免"拍灭人家的阳火"。

他觉得这些资料并不一定正确，在当今科技高度发达的社会中，台湾人还会相信鬼神之说吗？

二、民俗风情

▶ 案例导入

台湾的风味小吃品种极多，让人垂涎欲滴，如基隆的"甜不辣"、台中的菜根香原汁牛肉、新竹的"贡丸"、嘉义的香菇肉羹。除了以上这些，还有哪些赴台必尝的特色饮食吗？台湾的饮食禁忌又有哪些呢？

案例导读：

台湾的饮茶文化源远流长，他们喜欢喝乌龙茶，讲究茶具的精美和沏泡方法，特别流行"功夫茶"。此外还有风行台湾的蚵仔煎、卤肉饭、芋圆、盐酥鸡、柠檬爱玉，台南的棺材板、担仔面等特色小吃。台湾的饮食禁忌则有：吃饭时不能说"吃白饭"；也不能把筷子插在饭上或者并放在碗上（因为孝敬逝去的亲人时，才有此举）；忌吃饭时掉米粒，或吃完后饭碗中残留米粒;吃鸡、鸭、鹅时不能吃头尾、翅膀、脚爪,等等。

(一) 社交礼仪

每逢节日庆典,台湾人要互赠礼物,以示祝贺。而现代的送礼者讲究"受者实惠,送者大方"。礼品主要有:① 书籍。名著和畅销书一般颇受欢迎。但赠送前,最好了解一下对方爱读的图书和所崇拜的作家,做到有的放矢。② 鲜花。赠送鲜花已成时尚。由于每种花都有特定的含义和象征,送花时不能草率从事。③ 招待券。戏院、电影院、游乐园、音乐厅等娱乐场所的招待券,老少皆宜。但赠送是要"对号送券",并且一定要送2张以上,还要有一定时间的提前量。④ 名酒。珍稀的名酒,特别是大陆产的茅台酒、五粮液等,深受欢迎。

台湾的民间忌讳一般与闽粤地区相同。如到别人家去,不能随便进卧房和厨房,不能站或坐在门槛上,进屋也不能踩踏门槛。不能穿草鞋去别人家,因为台湾民间死了人披麻戴孝送葬时才穿草鞋。门板不能当床板,厅堂忌讳搭铺睡人。灶头上不能放鞋、袜、裤等东西。在渔民家吃饭不能翻碗,吃鱼也不要把鱼翻身。不能用粽子(居丧之家习惯包粽子)、扇子(送扇意味着要抛弃对方)、手帕(送手帕有永别之意)送人。

台湾习俗中小孩从出生到 16 岁"成丁",有四五次庆贺仪式。男女成丁后才开始每年"过生日",正式做寿则一般要到五六十岁以后。民间以红色为吉祥的象征。酬谢别人时,送"红包"。青年男女恋爱时不能相互送伞,送伞即表示"分散"。谈恋爱外出一般也不带伞,即使中途下雨也任凭雨淋。男女订婚、结婚时,不能互送镜子,因为"破镜难圆"。结婚时,朋友贺礼一定不能送钟,因为与"送终"谐音。

小知识

台湾的丧葬礼仪

台湾人普遍把福建、广东称作"唐山",因此,许多丧葬仪式也都跟"唐山"联系在一起。如果妻子死了,在举行丧礼时,她的丈夫一手打着伞,一手拿着包袱,嘴里还念叨着"我转去'唐山'……"之类的词。同时从亡妻的棺材上跨过去,这叫作"跳棺"。据说这样一来,死者认为她已经回到了"唐山",即使男的再娶,死者的"鬼魂"也不会来纠缠了。如果老年人死了,那就比"跳棺"更隆重了。要把死者放在正屋中间,到了晚上,儿孙们还要"守灵"。如果没有条件把死者运回大陆的老家去安葬,便向死者许愿,将来有了条件就拣拾遗骨,护送回原籍安葬。目前在台湾各地,家家户户都保留着这种"拣骨"的风俗,以实现先人的遗嘱:"树高千丈,叶落归根,死了也要回老家。"

(二) 饮食文化

台湾民间十分讲究饮食,故被称为"美食岛",或者说"食在台湾"。全岛共拥有餐馆约 10 万家,饮食摊位 25 万家,走在城市的街头巷尾,餐馆、小食店比比皆是。综观台湾人的宴客佳馔和风味小吃,大致与闽菜、粤菜相同。其特色主要有 3 点:① 台湾的饮食传统源于闽粤,但有变化,具有台湾本身的地方风味。② 台湾风味小吃特别多。③ 台湾食品中以米制品居多,以甜为特色。

(三) 节庆风情

台湾民间的传统节日与大陆基本相同。大致有:除夕、春节、元宵、清明节、端午节(从 1979 年起又被定为观光节)、七月半(中元节)、中秋节、重阳节、十月半(下元节)、冬至等。

1. 春节

春节是台湾民间最为热闹、时间最长的节日,从腊月十六的"尾牙"开始到正月十五元宵节过完,历时一个月。

腊月十六的"尾牙",是商家一年活动的"尾声",也是百姓春节活动的"先声"。按传统习俗,全家人要围聚在一起"食尾牙",主要食物是润饼和刈包。各商号也要大宴员工,以犒赏大家过去一年的辛劳。

腊月二十四是"送神日",也就是大陆说的"祭灶"。祭品多用"甜圆子"(即汤圆)、麦芽糖、猪血糕等又甜又黏的东西,让灶神"好话传上天,坏话丢一边"。这一天要打扫卫生,将家中一切晦气扫除掉,好迎接新年。

腊月三十是除夕,台湾统称"过年日"。天色未晚之前,家家准备供品,像甜橘、柑果(年糕)、"春饭"等。"春饭"就是盛得冒尖的一碗米饭插上红色的春字剪纸,也叫"饭春花"(闽南语"春"与"剩"谐音,用意是"岁岁有余粮,年年食不尽")。此外,还在大门后面,竖放两根连须带叶的甘蔗,叫"长年蔗",取又长又甜以"坚定家运吉利"之意。晚上,全家围坐在一起吃一年中最丰盛的年夜饭。饭后,年长者要给年少者"压岁钱"。然后一家大小欢聚一起"守岁"并举行"辞年"仪式,人人焚香祝福,以示与旧年辞别。由于这是一年中的最后一次祭祖,因此显得特别隆重。除夕之夜"寻根念祖"的气氛非常浓厚。

在台湾,大年初一还有不少"清规戒律":为祈求安宁、和平、幸福,整天不可动用刀、剪、针之类的金属物;过年期间不吃稀饭,只吃干饭,以避免招来过多风雨。初一到初五不能扫地。

大年十五是元宵节,或称上元节、灯节,到处彩灯高悬,举办舞龙灯、舞狮、迎灯、"灯猜"(即灯谜)等民间活动。舞龙灯,在台湾叫作"弄龙",长9～11节的龙身披挂长帛彩绘的鳞甲,在飞流溢彩的灯球指引下,上下飞舞。猜灯谜既有诗情画意,又能达到娱乐的目的,故流传下来。元宵节,家家户户吃汤圆,以示春节过得圆圆满满,过了这一天,新年活动就全部结束了,民间也逐渐恢复正常的生产、生活。

2. 清明祭祖

台湾先民多来自大陆,远离故土,缅怀列祖列宗之情尤为强烈,故祭祖之风日盛。通常每年举行春秋二祭(清明、中秋前后)。每逢祖先的生辰、忌辰以及年节都要祭拜。如元宵节祭以糕饼,清明节祭以润饼,端午节祭以粽子、水果,中元节祭以牲礼,中秋节祭以月饼、文旦,重阳节祭以麻糍,冬至祭以糯米圆、菜包,除夕祭以牲礼、年糕、果品,等等。清明节人们纷纷到先人墓地扫墓,并将金银纸用石压在墓石上面,称为"压墓钱"。墓地不在台湾的,多到祠堂或家庙祭拜,称为"祠祭"。

3. 端午节

台湾和大陆一样,将端午节与中秋节、春节、冬至并称为四大节日。台湾民间认为五月是"毒月"和"恶月"。五月初五乃九毒日之首,故家家大门上插蒲艾,饮雄黄酒,戴香包、香囊,熏洒各种药物等,以预防和消除毒虫、毒物,保障人们的健康。包粽子起源于怀念伟大诗人屈原。不过现在已成为人们祭祖的重要食品了。在台南一带,人们端午节吃"煎锤"(又叫煎堆)。相传郑成功入台时,军粮不足,端午没有米包粽子,民众献甘薯粉、花生、豆等给郑军。郑成功命部下将所得之物拌和起来,油煎成"锤",以度端午佳节,自此沿袭至今。端午节最精彩的活动就是龙舟竞渡,也叫"划龙舟",现已成为竞技体育项目。为了纪念伟大爱国诗人屈原,如今端午节已被定为"诗人节"。

4. 七夕节

农历七月初七,俗称"七夕",相传是天上织女和牛郎"鹊桥"相会的日子。在台湾七夕也称"女儿节""乞巧节""情人节",是所有农历节日中是最富浪漫色彩的。情侣们来到台湾南投县的照明宫(即"情人庙")里的"情爱阁"盟誓"在天愿作比翼鸟,在地愿为连理枝"。在台湾民间,七夕也是"七娘妈"(七仙女)的诞辰。七娘妈是儿童(尤其是女孩子)的保护神,家家户户要在此日以丰盛的供品祭拜,祈愿子女健康成长。

5. 中秋节

节日之夜,各家各户在庭院设香案供奉水果月饼,俗称"拜月娘"。祭月之后,全家人一边分食月饼,一边赏月纳凉。"抛帕招亲"是中秋极富趣味的一项活动。这是由福建南平、龙溪传到台湾的风俗。中秋之夜,在广场上搭一座布置成月宫的彩台,上面布置月兔、桂树等物。月上中天,一些待嫁的姑娘扮成"嫦娥"登台,先和大家一起唱歌,然后把绣有不同花朵的手帕向四方抛去,观众纷纷抢拾。如拾得的手帕与"嫦娥"手中的花色相同,就可以领赏。日月潭一带的高山族人在中秋之夜要举行一年一度的"半年祭"。十多名妇女一组,穿着传统服装,在民族乐器伴奏下,通宵达旦地歌舞。

6. 重阳节

据传,郑成功到台湾,也把大陆有关重阳登高、饮酒、簪菊等民间习俗带到了台湾。从那时起,台湾的读书人也喜欢在重阳节举办诗会,登高饮酒,吟诗作乐。台北的观音山、新竹的飞凤山和十八尖山以及中部的八卦山,都是著名的登高地点。在台湾,重阳节也是祭拜祖先的日子。在这一天的中午,三代以内的祖先生辰、忌辰都要祭拜,拜完才能吃饭。又因"九"与"久"谐音,当日必登高吃糕,以意味"年久寿高"之意。为表达敬老尊贤之意,自1978年开始,台湾定重阳节为老人节。

(四) 旅游纪念品

游遍宝岛,临走之际,您肯定会想挑选一些特产带回家。比较著名的有四样:莺歌(有"台湾景德镇"之称)陶瓷、冈山三宝(豆瓣酱、蜂蜜及羊肉小吃)、澎湖四宝(文石、珊瑚、海树、猫公石)和美浓油纸伞。至于食品类,建议购买高山茶、金门高粱酒以及一些具有台湾特色的糕点,如凤梨酥等。但乌龙茶品种繁多,价格差距颇大,购买时最好有当地朋友做参谋。

台湾的其他一些特产有:大理石、玉制品、花莲石雕、珊瑚贝壳艺术品、台北士林名刀、玻璃器皿、新竹柑橘、屏东菠萝、旗山香蕉、台东香茅油、苗栗大湖草莓、海味名吃盐酥海虾、火把鸡翅、当归鸡、嘉义新港饴、台中太阳饼、宜兰金枣糕、新竹米粉、枝仔冰等。

【练一练】

案例分析

杭州地陪小金第一次接待台湾来的商务旅游团,在欢迎仪式上,他热情洋溢地致完欢迎词后,给每位游客送上了一份精心准备、包装精美的小礼物——当地特产檀香扇。团员们兴奋地接过礼物,看过之后很不高兴。接风宴会上,泡椒凤爪、红烧鸡翅等菜没人动,而别的菜都吃得很干净,有客人抱怨菜不顺口。

小金不明白精心准备的接待怎么会有这么多不尽如人意的地方呢?如何做准备才能满足台湾客人的需要呢?

三、主要旅游景点

> 案例导入

2006年,大陆赴台旅客人数30.0万人次,到2015年达418.4万人次,十年间增长了13倍。此后由于种种原因,到2019年,下降到271.4万人次。回顾大陆游客赴台旅游的热潮,作为一名海外领队,您知道外来游客赴台的购物热点和旅游热点分别集中在哪些方面吗?

案例导读:

根据调查结果,外来游客在台北市支出最多的一项是"购物",大陆团队旅客的"购物"消费最多,每人每日购物花费8 308元。在消费项目中,排名前3位的分别是:名产或特产类(32.65%)、服饰或相关配件类(15.99%)、珠宝或玉器类(15.48%)。而赴台个人游的大陆游客,对化妆品及香水类商品的兴趣要高于珠宝玉器。

各地到访旅客,对于台北市的景点,好感度也有所不同,其中大陆及日本旅客对台北故宫博物院好感度最高。这是因为国民党溃退时带走了北京故宫、沈阳故宫和承德避暑山庄的3 824箱国宝级的珍贵文物和艺术珍品。以陶瓷为例,虽只拿走了一部分,却集中了北京故宫博物院的瓷器精品。该院近70万件藏品,堪称中国文化艺术的宝库。在印象最深刻的项目方面,大陆游客对台北印象最深的是浓浓的人情味,日本游客最钟爱台北的美味菜肴,港澳旅客脑海中的台北印象则以夜市为代表。

(一) 台北市(Taipei)

台北市位于台湾岛北部,是台湾省省会和最大城市,台湾的政治、经济、文化和交通中心。它是台湾省高等学府最多的城市,有著名的台湾大学、台湾师范大学、台北医学院等。市内高508 m的号称世界第一高楼的101大楼(图7-12)是该市的著名地标。此外,还有中山博物馆、台北故宫博物院、孔子庙、龙山寺等文化古迹;阳明山、北投温泉、乌来瀑布、大屯火山群等自然景观。

图7-12 台北101大楼

1. 阳明山风景区

阳明山风景区位于台北市北 16 km。因山上产茅草,原名草山。后当地人为纪念明代哲学家、教育家王阳明而改为此名。阳明山属于台北大屯火山群,以温泉闻名于世,是台湾四大温泉区之一。泉水的喷涌量丰富,长年不断。山上广泛种植樱花、杜鹃花、茶花、梅花、杏花等花木。山腰的阳明山公园,是台湾规模最大、景色最美的郊野公园。分为前山公园(草山公园)和后山公园(阳明公园),分别以曲折幽深,繁花似锦、佳景众多而见长。

2. 北投温泉

北投温泉位于台北市西北 12 km 处,是台湾最大的温泉风景区,素有"温泉之乡"的美称。泉水中含有硫黄,可治疗风湿及多种皮肤病。北投多丛林古木,环境清幽,有中和寺、玉皇宫、善光寺等古迹点缀其间。梵刹钟声、北投夜色、磺泉玉雾并称北投三大景观,是台北休闲度假的理想场所。它与台北市东北的阳明山风景区、东南的士林区,构成台湾东北部最大的游览区。赏阳明山春樱,泡北投温泉是游客们的必选。

3. 台北故宫博物院

台北故宫博物院于 1965 年建成,位于台北市东北外双溪北侧的士林群山中,是一座仿北京故宫式样的建筑。博物院共 4 层,正面的平面图呈梅花形,分成 5 个大厅。在这里收藏着从大陆运过去的文物珍品 3 824 箱。据 1991 年台北故宫博物院公布的数据,现馆藏文物总数为 645 784 件。约有 9 000 多件书画、2.4 万件瓷器、1.2 万件铜器、玉器 5.1 万件、杂项 2.6 万件、17 万册以上的善本古籍和档案文献 30 余万件。"中国历代文物重器,其精品几乎尽在于此"。如铜器中西周的"毛公鼎",玉器中的"辟邪雕刻"(六朝古墓出土),书卷中号称三幅稀世之宝之一的王羲之《快雪时晴帖》,元代画家黄公望的《富春山居图》后部长卷等。目前,经常展出的藏品为 8 000 件。据估算,如果将所有藏品每次展出 2 000 件,三个月更换一次,那么需要 80 年才能全部展出完,足见其藏品内容之丰富。

(二)北港朝天宫(Chaotian Temple)

北港朝天宫(图 7-13)是台湾规模最大、香火最盛的妈祖庙,是全台湾妈祖信徒的圣地,素有全台 300 余座妈祖庙总庙的称号。朝天宫又名天后宫,位于北港镇中正路的中段。在台湾民间,特别是在妇女心目中,认为能到北港妈祖庙进一次香,是一生的荣耀。

图 7-13 北港朝天宫

此庙建于清康熙三十三年,经过 6 次改扩建才有了现在的规模。朝天宫各殿坐北朝南,正殿为最重要的建筑。殿内正中供奉"天上圣母",又名"镇殿妈""湄州妈"(即妈祖),还有 30 尊妈祖的"分身"。

朝天宫的祭典在农历三月二十三妈祖诞辰前后。届时,从台湾各地赶来进香的善男信女,可达二三万之多。其中,最引人注目的是大甲妈祖(镇澜宫)的数万信徒,从大甲徒步至此,历时数天,直到妈祖诞辰那天抵达此地朝拜。

(三) 阿里山(Ali Mountain)

台湾有句俗话:"不到阿里山,就不知道台湾的美丽。"阿里山位于台中嘉义市东北,纵贯台湾岛西部,主峰大塔山,海拔 2 663 m。它景色优美,气候凉爽,有长达 72 km 的森林铁道(图 7-14),被称为世界铁路建筑史上的奇迹,其"螺旋形铁道"和"伞形齿轮直立汽缸式火车头",被认为是"疯狂的设计",它使登山旅游更为便捷。阿里山是台湾著名的风景游览区和最佳的避暑胜地。攀天神木、云海壮观、日出奇景、艳红樱花是该景区最著名的四大奇观。山中多千年古木,其中有一棵树龄为 3 000 多年的红桧,高约 53 m,树干粗约 23 m,直径近 4.5 m,被誉为"阿里山神木"。观日楼是该景区内看日出的最佳处;塔山断崖则能观赏到壮观的云海;而在该景区赏樱的最佳时节是每年的三四月间。

图 7-14 阿里山上的铁道

(四) 日月潭(Sun Moon Lake)

日月潭(图 7-15)是台湾最大的天然湖泊,位于台湾中部玉山以北南投的丛山中,素有"双潭秋月"之称。湖面海拔 760 m,面积 7.7 km^2,平均水深约 30 m,是我国为数不多的高山湖泊之一,被称为台湾"天池"。相传 300 多年前,嘉义县有 40 多个高山族人集体出猎,发现一只体形硕大的白色神鹿向西北奔跑,于是便尾随追踪,追了三天三夜,白鹿消失在崇山密林之中。第 4 天,他们穿过山林,面前豁然开朗,只见一池碧水在山岭的怀抱中静静地闪耀。湖水中有个树木茂密的圆形小岛,把大湖分为两半,一半为圆形似太阳,水为红色;一半为半圆形似新月,水色澄碧。于是,他们把大湖叫作"日月潭",小岛叫作"珠仔屿"。他们发现这里土壤肥沃,森林茂密,宜耕宜猎,于是决定迁居此地。他们便是今日曹族的祖先。

日月潭的景色之美,在于环湖皆山,林木葱郁,夏季凉爽舒适,为著名的避暑胜地。

图 7-15 台湾日月潭

小知识

经典线路：我国台湾西线经典旅游线路

第 1 天　北京—高雄

从北京搭乘航班飞往我国美丽的宝岛——台湾。抵达后，入住高雄的酒店休息。

第 2 天　高雄—嘉义

早餐后，前往西子湾，这里是游客观海的最佳去处，更是眺望高雄港的最佳位置。接下来，参观前英国领事馆，它建于 1858 年，是清朝时期外国人在台湾正式建造的第一座领事馆。领事馆内部目前陈列珍贵的高雄历史数据、图片、实物及模型，又名高雄史迹博物馆。午餐后，前往阿里山森林游乐区，该景区以日出、云海、晚霞、森林、火车五大奇观闻名世界，阿里山的林木品种多且树龄很老，有高龄千年的神木。途中可观赏阿里山的花团锦簇。后行经新中横景观公路，本区具有台湾最古老的地层结构，以及断崖、哨壁、峡谷等各种雄奇的地形景观。塔塔加游憩区是旅游重点之一，在这里可见到褶曲断层等地质景观，或者选择一眺望点，欣赏玉山群峰在云海中的壮丽多姿，还有不可错过的夫妻树……晚餐后，夜宿嘉义。

第 3 天　嘉义—南投

早餐后，前往日月潭风景区，它是台湾最大、最美丽的湖泊。到达之后，先参观圣贤之地文武庙，登上慈恩塔的塔顶，日月潭景色一览无遗。搭乘有专人沿途讲解的豪华游艇，游览拉鲁岛、日月潭出水口、水鸟保护区、玄光寺等景点，上岸后参观日月潭地区最大的多民族共居地，最令人难忘的莫过于邵族文化村。最后前往埔里地区最大的佛寺——中台禅寺参观游览。这座寺庙融合了中西方建筑文化特色。晚餐后入住嘉义的酒店休息。

第 4 天　南投—台北

早餐后，前往台北故宫博物院。该博物院以收藏中国历代古物、图书、文献为主，主要为宋、元、明、清四朝的宫廷收藏，多为中国的传世之宝，有"中华文化宝库"之誉。午餐后，参观国父纪念馆，巍峨庄严的建筑，由著名建筑师王大闳设计，坐落在绿草如茵、花木扶疏的中山公园内,是台北东区一颗璀璨的明星。然后参观台湾特有的红珊瑚精品。晚餐后,可前往热闹的西门町和士林夜市,品尝台湾各地的风味美食。夜宿台北。

第5天　台北—北京

早餐后,先去维格食品,采购台湾的土特产品。然后前往参观有台北曼哈顿之称的101信义商圈,搭乘高速电梯37秒就可登上位于101大楼89层的景观平台观赏台北景色。还可以接着逛街购物。午餐后乘车前往机场,结束本次愉快的宝岛之旅!

【练一练】

主题旅游线路设计

目前中国大陆有一群老人准备去台湾观光,想了解当地的传统文化、物产、民俗风情以及风景名胜,请为他们设计一条有特色的台湾文化观光旅游线路。

【分组研讨课题】

在本单元所学习的3个地区中任选自己最感兴趣的一部分内容,利用课余时间搜集资料、制作电子课件,在组内进行讲解练习。每组推选讲解练习中表现最好的同学,在班内进行成果展示。

【思考题】

1. 试举例说明为什么港澳台能成为主要的旅游客源市场?
2. 对中国内地游客而言,港澳台三个地区的旅游特色有何异同?
3. 相比港澳而言,台湾有什么特别的民俗特色?

习题一　　习题二

主要参考文献

［1］中国旅游研究院.中国入境旅游发展年度报告2021[M].北京：旅游教育出版社,2022.
［2］中国旅游研究院.中国出境旅游发展年度报告2021[M].北京：旅游教育出版社,2022.
［3］包富华.中美两国出境旅游市场演化比较研究——基于内外双重视角的分析[J].旅游学刊,2021,37(7)：133-147.
［4］饶华清.中国出境旅游目的地概况[M].2版.北京：中国人民大学出版社,2020.
［5］王兴斌.中国旅游客源国概况[M].8版.北京：旅游教育出版社,2019.
［6］夏林根.出境旅游目的地概述[M].北京：旅游教育出版社,2016.
［7］《目的地国家（地区）知识》编写组.目的地国家地区知识[M].北京：中国旅游出版社,2015.
［8］刘德兵.中国旅游客源地与目的地概况[M].2版.北京：高等教育出版社,2014.
［9］布朗碧拉.美丽的地球：亚洲[M].北京：中信出版社,2016.
［10］布朗碧拉.美丽的地球：北美洲[M].北京：中信出版社,2016.
［11］吴振扬,李晓池.美丽的地球：大洋洲[M].北京：中信出版社,2021.
［12］Lonely Planet公司.欧洲[M].北京：中国地图出版社,2016.
［13］Lonely Planet公司.非洲[M].北京：北京三联出版社,2009.
［14］Lonely Planet公司.美国[M].北京：中国地图出版社,2019.
［15］《亲历者》编辑部.香港澳门深度游Follow Me[M].3版.北京：中国铁道出版社,2018.
［16］《畅游台湾》编辑部.畅游台湾[M].北京：华夏出版社,2019.
［17］赵春珍.中外礼仪故事与案例赏析[M].北京：首都经济贸易大学出版社,2011.
［18］蒋依依,郭佳明.提升可持续发展能力,助力全球旅游业复苏振兴[N].中国旅游报,2023-02-23.
［19］林文凯,夏会琴,胡海胜.改革开放以来中国入境旅游周期波动的阶段性变迁分析[J].江西财经大学学报,2023(01).

郑重声明

高等教育出版社依法对本书享有专有出版权。任何未经许可的复制、销售行为均违反《中华人民共和国著作权法》，其行为人将承担相应的民事责任和行政责任；构成犯罪的，将被依法追究刑事责任。为了维护市场秩序，保护读者的合法权益，避免读者误用盗版书造成不良后果，我社将配合行政执法部门和司法机关对违法犯罪的单位和个人进行严厉打击。社会各界人士如发现上述侵权行为，希望及时举报，我社将奖励举报有功人员。

反盗版举报电话　（010）58581999　58582371
反盗版举报邮箱　dd@hep.com.cn
通信地址　北京市西城区德外大街4号　高等教育出版社知识产权与法律事务部
邮政编码　100120

教学资源服务指南

仅限教师索取

感谢您使用本书。为方便教学,我社为教师提供资源下载、样书申请等服务,如贵校已选用本书,您只要关注微信公众号"高职财经教学研究",或加入下列教师交流QQ群即可免费获得相关服务。

资源下载: 点击"**教学服务**"—"**资源下载**",注册登录后可搜索相应的资源并下载。(建议用电脑浏览器操作)
样书申请: 点击"**教学服务**"—"**样书申请**",填写相关信息即可申请样书。
样章下载: 点击"**教学服务**"—"**教材样章**",即可下载在供教材的前言、目录和样章。
题库申请: 点击"**题库申请**",填写相关信息即可申请题库或下载试卷。
师资培训: 点击"**师资培训**",获取最新会议信息、直播回放和往期师资培训视频。

联系方式

旅游大类QQ群:142032733
联系电话:(021)56961310　　电子邮箱:3076198581@qq.com